21世纪应用型本科财税系列规划教材

税收理论与实务

（第二版）

杨莹莹　朱利荣　李敏　编著

东北财经大学出版社
Dongbei University of Finance & Economics Press
大　连

图书在版编目(CIP)数据

税收理论与实务 / 杨莹莹，朱利荣，李敏编著. —2版.
—大连：东北财经大学出版社，2015.9
（21世纪应用型本科财税系列规划教材）
ISBN 978-7-5654-2061-0

Ⅰ. 税… Ⅱ. ①杨… ②朱… ③李… Ⅲ. ①税收理论-中国-高等学校-教材 ②税收管理-中国-高等学校-教材
Ⅳ. F812.42

中国版本图书馆CIP数据核字(2015)第180894号

东北财经大学出版社出版
(大连市黑石礁尖山街217号 邮政编码 116025)
教学支持：（0411）84710309
营 销 部：（0411）84710711
总 编 室：（0411）84710523
网 址：http：//www.dufep.cn
读者信箱：dufep@dufe.edu.cn

大连永盛印业有限公司印刷 东北财经大学出版社发行

幅面尺寸：148mm×210mm 字数：449千字 印张：14 3/4

2015年9月第2版 2015年9月第2次印刷

责任编辑：田玉海 责任校对：惠恩乐
封面设计：张智波 版式设计：钟福建

定价：26.00元

第二版前言

本教材是针对应用型本科院校的经济类和管理类相关专业的教学要求及特点而编写的，讲授税收理论与实务。本教材既重视对税收基本理论的阐述，又注重税收实务的应用，力求简明扼要、具体务实，并反映我国税制改革方面的最新内容。

本教材出版以来，被广大教师选用，这是对我们的厚爱，更是对我们的鞭策，让我们不能有丝毫懈怠。衷心感谢读者和出版社给予我们机会，让本书有改进和再版的机会。

本教材基于如下基本出发点编写：通过对知识的学习，使学生具备从事经济类和管理类相关专业的具体业务所必需的税收基本理论、基本知识和基本技能，熟悉我国现行税收制度和税收法规的基本内容；通过案例分析，使学生能够更好地理解和掌握税收的理论与实务，从而增强他们的理论分析能力、动手操作能力和解决实际问题的能力。

在本教材编写中，我们一是坚持创新原则，创新教材内容和结构体系；二是坚持理论阐述以“够用”为原则，选取一种简洁的理论框架，突出知识点；三是坚持与就业岗位相对接的原则，教材内容充分满足学生就业岗位的需要；四是坚持留有余地的原则，以利于教师的课堂讲授，且可以根据我国税收制度改革及时调整教学内容。

本教材在编写过程中按照本科教育的培养目标要求，突出应用型教育教学特色，具体编写特点体现在以下四个方面：一是创新模式，整合内容。创新教材编写模式，更新和整合内容，在结构上每章都设有“学习目标”、“重要提示”、“知识拓展”、“知识点应用”、“案例分析”、“本章小结”、“练习与思考”，使教材能够同时满足课堂教学和学生自学的需要。二是注重实务，应用性强。坚持以能力为本位，在注重基本理论、基本知识介绍的同时，更加突出基本技能的训练，案例丰富，实用性强，能够满足培养高质量、高素质应用型人才的需要。三是简明扼要，内容准确。适当压缩理论阐述内容，以够用为原则，准确表述主要知识点。四是“政策最新，体现税改”。我国目前正处于税收制度不断完善时期，本教材力求做到政策最新，及时反映我国税收制度改革的最新动态。为方便教学，本书配有电子课件，请授课教师登录www.dufep.cn下载，课件中除有关知识要点外，还包含章后练习题的答案。

本教材由吉林工商学院杨莹莹教授、朱利荣教授和李敏教授共同编写完成，具体分工是：杨莹莹教授负责编写第一、三、四、五、六章；朱利荣教授负责编写第二、七、八、九章；李敏教授负责编写第十、十一、十二、十三章。

在本教材的编写过程中，我们参考了已出版的相关教材，借鉴了相关学者已有的研究成果，在此向他们表示衷心的感谢。

由于我国税收法规正处于改革和完善阶段，税收政策不断更新，同时作者水平有限，编写时间仓促，教材中难免会有不当之处，敬请广大读者批评指正。

编　者

2015年夏

目　录

第一章

税收总论

学习目标

税收是国家财政收入的重要来源，通过本章的学习，应掌握税收的概念、认识税收的特征、了解税收的职能作用和原则，为本课程后续内容的学习打下良好的基础。

重要提示

几千年来，不管社会形态如何变迁，国家形式如何变化，税收始终是国家财政收入的主要形式。因此，税收对国家来说具有特别的重要性。这是因为，国家要生存和发展，就需要设置相应的机构、配备相应的人员，这些机构和人员需要耗费一定的物质财富，但国家又不生产物质财富，这个矛盾怎样解决呢？在这种情况之下，国家就依靠国家的权力，强制地、无偿地占有和支配一部分剩余产品，以满足现实需要。这种对剩余产品的索取形式就是税收，国家如果没有税收作为收入来源，就不可能存在和发展下去。这种税收与政府的关系，正如马克思所说："赋税是喂养政府的奶娘。"

第一节 税收的概念与特征

一、税收的概念

税收是国家为了实现其职能，满足社会公共需要，凭借国家的政治权力，依据一定的法律标准，强制、无偿地集中部分社会产品所形成的特定的分配关系。

税收是一个历史范畴，同时也是一个经济范畴。从人类发展的历史来看，税收与国家有着本质的联系。它作为国家参与分配的主要形式，是随着国家的形成而产生的。初期的国家，社会需求主要是以武力保卫国民的社会安全、维持公共秩序、兴建水利灌溉和宗教祭祀的公共工程和公共事业，以及对外发动战争等。所以，国家是以地域划分国民、设立公共权力、调节社会矛盾、维护公共秩序、兴办公共工程、处理公共事务、维持国家安全的权力机构。它的基本职能是对内维持公共秩序、兴办公共工程和公共事业，对外维护国家的安全。而税收实际上就是国家为实现其职能，以政治权力参与社会产品分配而形成的分配关系，它反映了国家和社会成员之间的经济利益关系。

马克思指出："赋税是政府机器的经济基础，而不是其他任何东西。""国家存在的经济体现就是捐税。"恩格斯指出："为了维持这种公共权力，就需要公民缴纳费用——捐税。"19世纪，美国大法官霍尔姆斯说："税收是我们为文明社会付出的代价。"这些都说明了税收对于国家经济生活和社会文明的重要作用。

对税收的内涵，可以从以下几个方面来理解。

（一）征税的主体是国家

税收是由政府所属的职能部门负责征收的，而税收的征收办法是由国家立法机关或国家行政机关（政府）制定的。征税活动由政府所属的相关职能机关具体组织进行，取得的税收收入形成政府的财政预算收入，然后再通过政府财政预算安排预算支出，以实现国家职能，满足社会公共需要，所以说征税的主体是国家。

（二）征税的目的是为了实现国家职能，满足社会公共需要

税收是为实现国家职能服务的，这是所有国家税收的共性。国家为了维持自身的存在和发展，必须耗用一定的资金和公共物品，而这种资金和公共物品不能由市场机制形成和提供，必须由政府提供。政府提供公共物品与劳务要花费人力、物力、财力等，而政府本身不从事生产，不创造财富，所以它必须以某种形式取得一定收入，这样就产生了税收。可以说，国家征税是为了实现国家职能，向社会提供公共物品与劳务，满足社会公共需要。

（三）征税凭借的是国家政治权力

税收存在于社会再生产的分配环节，本质上是一种以国家为主体的特殊分配关系，分配是解决社会产品归谁占有、由谁支配以及占有多少的问题。这就说明，社会产品分配的实现总要依据一定的权力，或是依据国有资产的财产所有权，或是依据国家的政治权力。作为国家，取得任何一种财政收入总是凭借国家的某种权力，国家征税的过程也是税收分配的过程，它凭借的是国家的政治权力而不是财产权利。在征税时国家的政治权力以法律、法规的形式来实现。

（四）征税的方式是依据法律标准强制、无偿地征收

法律是体现国家意志、强制调整人们行为的规范。税收作为一种凭借国家政治权力进行的社会产品分配形式，本身具有鲜明的特征，也就是政府为了向社会提供公共物品与劳务，必须取得公共物品与劳务的价值补偿。然而，由于公共物品与劳务的利益外在性，它无法通过市场以价格的形式得到补偿，所以必须通过政府无偿取得的税收收入来补偿。税收是无偿取得的，因此必须强制征收，并且要预先规定一个标准，以法律的形式规定征纳双方的权利和义务。这就是税收区别于其他财政收入的基本标志，概括起来说，就是税收具有强制性、无偿性和固定性三个基本特征。

（五）征税的本质是一种特定的分配关系

税收作为国家组织财政收入的一种形式，在社会再生产过程中属于分配环节，分配在经济学中是指确定社会产品归谁占有和占有多少的问题。如按马克思关于社会总产品的价值理论，社会总产品（W）$=C+V+M$，在社会产品的初次分配中，根据财产所有权和劳动力所有权，

将W分为C、V、M三部分，国家再将原来属于个人和企业所有的新创造的价值分割一块出来归国家占有，这样取得的收入就是税收。显然，国家取得税收收入的过程也是国家参与社会财富二次分配的过程，这说明税收的本质其实与财政一样，也是一种分配关系。同时，国家征税是凭借政治权力强制和无偿进行的，这体现出其分配的特殊性。

【知识点应用】

税收是国家凭借（　　）取得财政收入的一种形式。

A. 国有资产所有权　　B. 国家对纳税人提供的服务

C. 政治权力　　D. 债权

【答案】C

知识拓展

我国税收发展历程的三个阶段

1.“贡”、“助”、“彻”是我国税收的雏形阶段

夏王朝是中国的第一个奴隶制国家。夏朝统治者为满足其财政需要，除了凭借对土地和奴隶的占有，直接剥夺奴隶的劳动成果外，还凭借其军事实力进行强制课征，“贡”就是这种强制课征的最初形式。“贡”大致可以分为两类：一类是夏朝对联盟所属部落和被征服部落征收的土贡，即土特产品；另一类是由耕种土地的平民向贵族的贡纳。到了周朝，这种贡纳发展成为受分封的各个诸侯国向王室的进贡。

到了商朝，“贡”法逐渐演变为“助”法。“助”即“借民力而耕之”，这是和商朝的井田制相联系的一种力役税形式。“方百里而井，井九百亩，其中为公田，八家皆私百亩，同养公田。公事毕，然后敢治私事。”其中，农户助耕公田上的收获物上交给国家，成为国王的租税收入。

周朝的土地课征制度是“彻”法。“彻”法是按田亩征收实物的税收制度，即每户平民耕种的土地要以一定的产量缴纳给王室。“彻”法按土地数量进行课征，比“贡”法和“助”法都有了很大的进步。

上述这些形式都是较为原始低级的税收形式，它们既有税的因素，也含租的成分。但从税收的起源来看，它们都属于税，是税收的雏形阶段。

2.“关市之赋”是我国工商税收的萌芽阶段

我国对商业手工业征收赋税始于周朝。在此之前，城镇内的工商各业虽有所发展，但多为管家经营，所以对这些行为都不征税。经过市界、国界的物品虽要进行检查，但也不征税。到了周朝才开始征收“关市之赋”、“山泽之赋”。其中，前者属于商旅税，后者包括对矿产、林业、渔业及盐的课税。这是我国最早的工商税收。

3.“初税亩”标志着我国税收进入成熟阶段

春秋时期是我国奴隶制社会向封建社会转变时期，为了适应这一变革，税收制度也发生了巨大变革，尤以鲁国的改革最为突出。

由于生产力的进一步发展和奴隶的大量逃亡，私田如雨后春笋般地发展起来，奴隶社会的经济基础——井田制开始土崩瓦解。公元前594年，诸侯国之一的鲁国决定不论公田还是私田，一律按田亩课征田赋，历史上称为“初税亩”。“初税亩”的历史意义在于：首次以法律的形式正式承认土地私有制的合法性，开始了我国社会封建化的历史进程；对私田课税，表明我国税收开始脱离租税不分的雏形阶段，进入成熟时期；按田亩征税，开创了我国田赋制度之先河。

我国税收就是这样随着生产力的发展而发展，随着商品经济的发展而成熟的。

二、税收的特征

税收作为国家筹集财政收入的一种规范形式，具有区别于其他财政收入形式的特点。与其他分配方式相比，税收具有无偿性、强制性和固定性的特征，这三个特征通常被称为税收的“三性”。

（一）无偿性

税收的无偿性，是指国家征税后税款即为国家所有，一律纳入国家财政预算，由财政统一分配，不向纳税人支付任何报酬和代价，征税后不再直接归还给纳税人。列宁曾说：“所谓赋税，就是国家不付任何报酬，而向居民取得东西。”

税收的无偿性包含了以下两层含义：

1.税收对具体纳税人而言不具有直接偿还性

税收对某一具体纳税人而言是无偿的，即政府与具体纳税人之间的权利和义务关系是不对等的，政府向纳税人征税不是以具体提供公共物品为依据，而纳税人向政府纳税也不是以具体分享多少公共物品为前提的。税收的无偿性表明了税收是价值的单方面运动，纳税人在纳税的时候，不能取得任何等价物。这是税收最本质的特征，也是税收“三性”的核心。

2.税收对全体纳税人而言又具有间接的偿还性

因为国家提供的公共物品与劳务是由全体社会成员享受的，国家征税虽然不对具体纳税人进行直接偿还，但纳税人可以享用国家用税收兴办的各项公共事业，此时在量上可能不存在直接对等关系，但是税收的间接偿还性已得到了体现。

税收的无偿性是由税收收入作为国家预算的主要收入，再通过国家预算安排预算支出使用的无偿性决定的。国家财政支出大多采取无偿的方式，如对行政机构、司法机构、军队、国防、公安、警察等的经费拨款，一般是纯消费性的，是一种价值的单方面转移。而这些机构是国家职能的具体执行机构，是代表国家向全体社会成员提供公共物品与劳务的。某一具体纳税人在享受国家提供的公共物品与劳务时是无偿的，而国家本身不创造财富，为了保持财政收支平衡，只能采取无偿的方式取得收入，在所有收入方式中覆盖面最广的就是税收。所以说，税收的无偿性是由财政支出的无偿性决定的。

（二）强制性

税收的强制性，是指国家征税是凭借国家政治权力，以法律、法令形式对税收征纳双方的权利与义务进行制约，既不是由纳税主体按照个人意志自愿缴纳，也不是按照征税主体随意征税，而是通过国家颁布法律、法规的形式进行的。税收的法律、法规是国家法律的重要组成部分，任何单位和个人都必须遵守，都必须依法纳税，否则就要受到法律的制裁。

税收的强制性包括以下三层含义：

1.凭借国家政治权力征税

在对社会产品分配过程中，通常存在着两种权力：一种是所有者权力；另一种是政治权力。国家征税是以社会管理者的身份凭借其政治权力，而非财产所有者权力；国家征税所依据的政治权力作为社会最高管理者所拥有的社会公共权力凌驾于所有权之上，可以对一切所有者行使，不受任何财产所有权和生产资料所有制形式的制约。依据政治权力强制征税是税收作为一种财政范畴的前提条件，也是政府满足公共需要的必要保证。

2.纳税人负有纳税的义务

《中华人民共和国宪法》（以下简称《宪法》）明确规定，我国公民有依照法律纳税的义务，纳税人必须依法纳税，否则就要受到法律的制裁。税收的强制性是社会资源从具体的纳税人手中，无偿地转移到政府手中。就本质上而言，任何纳税人都不会自愿纳税，而必须通过强制手段来实现。从另一角度分析，每一个社会成员都享受国家举办的社会公共需要的产品或质量，同时必须负担满足社会公共需要的资金，即负有纳税的义务。

3.征纳双方的分配关系以法律形式加以规范和制约

税收强制性的具体体现，就是以法治税。税收分配的实质是一种法律关系，是由税法所调整的税收征纳双方的权利和义务关系，任何一方，只要不遵守这种以法律规范的权利与义务的关系，都要受到法律的制裁。需要说明的是，税收的强制性亦称强制而非惩罚性。它与国家凭借其政治权力，对各种违法活动进行的罚款及没收收入等形式有着根本的区别。在财政收入中，虽然税收与罚没收入都具有强制性，但罚款和没收的前提是主体违反了法律和行政法规，而税收是国家对正常经营活动的主体依法征税。

税收的强制性是由其无偿性决定的。税收的强制性说明，依法纳税是人们不应回避的法律义务，由于国家是无偿征税，如果没有强制力作保证，税款将很难征收上来，从而会影响财政收入的可靠和稳定取得。所以《宪法》第五十六条明确规定：“中华人民共和国公民有依照法律纳税的义务。”

（三）固定性

税收的固定性，是指国家征税预先规定了统一的征税标准，包括纳税人、课税对象、税率、纳税期限、纳税地点等。这些标准一经确定，在一定时间内是相对稳定的。

税收的固定性包括以下三层含义：

1.税收法律法规具有相对的稳定性

税收已渗透到社会经济活动和人们日常生活的各个方面，国家对纳税人进行强制、无偿的征税，必须使纳税人熟悉法律对税收的有关规定，以便于履行纳税义务。同时由于国家征税会影响到纳税人的生活和生产决策，所以税收法律法规具有相对稳定性。

2.征纳双方以法律、法规为准绳

税收的法律法规对纳税人与征税机关均有约束力，不仅要求纳税人依法纳税，同时也要求征税机关依法征税。税收制度确立之后，纳税人只要取得了应税物品，发生了应税行为，就应该按照税收法律法规规定的标准缴纳税款。同时征税机关作出的各种征税行为和其他具体行政行为，也必须以税收法律法规为依据。

3.税收固定性是相对的

税收的固定性并非意味着税收法律法规是一成不变的。当社会经济发生或即将发生重大变化时，客观上要求对课税对象及税收标准等进行科学、合理的调整，同时税法也要进行适当的修改，这样才能对经济的发展发挥有效的调节和促进作用。但是，为了不影响人们的正常生活和生产决策，税收法律法规应当具有相对的稳定性，绝不能朝令夕改，随心所欲。这种稳定性主要表现为：税收立法权力和执法权力的分离，税收法律法规的变更必须经过一定的立法程序，国家各级行政机关作为执法部门，无权随意变更税法。坚持按照法定程序制定、修订税法，是实现依法治税的重要内容。

税收的固定性是由其无偿性和强制性共同决定的。税收是强制、无偿地征收，而且依据的是国家政治权力，所以如果没有一个事先确定的标准，则很可能造成税收的滥征、随意加征，就会加重纳税人的负担，甚至激起人民的不满和反抗，导致社会动荡不安。所以，为了避免这种情况的发生，必须事先确定一个标准，让征纳双方共同维护，以保持社会稳定。

税收的上述三个基本特征，是税收内在本质属性的外在表现，是一切税收的共性，是税收区别于其他财政收入形式的重要标志，三个基本特征是一个完整的统一体，相互联系，缺一不可。它们之间的关系是无偿性是税收分配的核心，强制性和固定性是对无偿性的保证和约束。三者相互配合，保证了政府财政收入的稳定。

【知识点应用】

关于税收的三个基本特征，以下表述错误的是（　　）。

A. 税收的强制性是由其无偿性决定的

B. 税收“三性”是一切税收的共性

C. 强制性是税收最本质的特征，也是税收分配的核心

D. 税收“三性”是税收区别于其他财政收入形式的重要标志

【答案】C

三、税收的分类

税收制度的主体是税种，当今世界各国普遍实行由多个税种组成的复合税税收体系。在这一体系中各种税既有各自的特点，又存在着多方面的共同点。因此，可从不同的角度对各种税进行分类。按某一种标准，把性质相同的或近似的税种归为一类，而与其他税种相区别，这就是税种分类。按照不同的分类标准，税种的分类方法一般有以下几种。

（一）按照征税对象分类

征税对象是税法的一个基本要素，是一种税区别于另一种税的主要标志。因此，按征税对象的不同来分类，是税种最基本和最主要的分类方法。按照这个标准，我国税种大体可分为以下五类：

1.货物与劳务税

货物与劳务税是以货物生产流转额和非生产流转额为课税对象征收的一类税。它是我国税制结构中的主体税类，包括增值税、消费税、营业税和关税等税种。

2.所得税

所得税是指以各种所得额为课税对象的一类税。所得税也是我国税制结构中的主体税类，包括企业所得税、个人所得税等税种。

3.财产税

财产税是指以纳税人所拥有或支配的财产为课税对象的一类税，包括房产税、车船税和契税等。

4.行为税

行为税是指以纳税人的某些特定行为为课税对象的一类税。我国现行税制中的城市维护建设税、印花税和车辆购置税等都属于行为税。

5.资源税

资源税是指对在我国境内开发、利用和占有自然资源的单位和个人征收的一类税。我国现行税制中资源税、土地增值税、耕地占用税和城镇土地使用税都属于资源税。

【知识点应用】

下列税种中属于对行为课税的有（　　）。

A. 契税　　B. 消费税

C. 资源税　　D. 房产税

【答案】A

（二）按照税收管理和使用权限分类

税收按其管理和使用权限划分，可分为中央税、地方税、中央地方共享税。

这是在分税制下的一种重要的分类方法。通过这种划分，可以使各级财政有相应的收入来源和一定范围的税收管理权限，从而有利于调动各级财政组织收入的积极性，更好地完成一级财政的任务。

一般的做法是，将税源集中、收入大、涉及面广，而由全国统一立法和统一管理的税种，划作中央税。一些与地方经济联系紧密，税源比较分散的税种，列为地方税。一些既能兼顾中央和地方经济利益，又有利于调动地方组织收入积极性的税种，列为中央地方共享税。目前我国的中央税主要有消费税、关税、车辆购置税、海关代征的进口环节增值税等。地方税主要有城镇土地使用税、耕地占用税、土地增值税、房产税、车船税、契税等。中央地方共享税主要有增值税、营业税、企业所得税、个人所得税、资源税、城市维护建设税和印花税等。

(三) 按照税收与价格的关系分类

按税收与价格的关系划分，税收可分为价内税和价外税。

在市场经济条件下，税收与商品、劳务或财产的价格有着密切的关系，对商品和劳务课征的税收既可以包含于价格之中也可以在价格之外。凡税收构成价格组成部分的税收称为价内税；凡税收是价格之外的附加额的税收称为价外税。价内税，有利于国家通过对税负的调整，直接调节生产和消费，但往往容易造成对价格的扭曲。价外税与企业的成本核算和利润、价格没有直接联系，能更好地反映企业的经营成果，不致因征税而影响公平竞争；同时，不干扰价格对市场供求状况的正确反映，因此，更适应市场经济的要求。

(四) 按照计税标准分类

税收按其计税依据的不同，可分为从价税和从量税。

从价税是指以课税对象的价格为依据，按一定比例计征的一类税。从价税实行比例税率和累进税率，税收负担比较合理，税额的多少随着价格的变动而相应增减。如我国现行的增值税、营业税、关税和各种所得税等税种。从量税是指以课税对象的数量（重量、面积、件数）为依据，按固定税额计征的一类税。从量税实行定额税率，具有计算简便等优点。如我国现行的车船税和城镇土地使用税等。

(五) 按照税负能否转嫁分类

税收按其负担是否易于转嫁，可分为直接税和间接税。

所谓税负转嫁，是指纳税人依法缴纳税款之后，通过种种途径将所缴税款的一部分或全部转移给他人负担的经济现象和过程，它表现为纳税人与负税人的非一致性。由纳税人直接负担的税收为直接税。在这种情况下纳税人即负税人，如所得税；可以由纳税人转嫁给负税人的税收为间接税，即负税人通过纳税人间接缴纳的税收，如增值税、消费税、营业税、关税等。

除上述主要分类外，还有一些其他分类方法：根据税收的存续时间可分为经常税和临时税；根据税收是否具有特定用途可分为一般税和目的税；根据税制的总体设计类型可分为单一税和复合税；根据应纳税额的确定方法可分为定率税和配赋税；根据征税是否构成独立税种可分为正税和附加税等。

【知识点应用】

怡和卷烟厂从事卷烟和烟丝的生产销售，2014年发生的业务中涉及8种应税行为，分别是增值税、消费税、城市维护建设税、印花税、房产税、车船税、城镇土地使用税、车辆购置税。以税收征管和支配权限为依据将所涉及的税种进行划分，哪些属于中央税？哪些属于地方税？哪些属于共享税？

【答案】

（1）中央税包括：消费税、车辆购置税；

（2）地方税包括：房产税、车船税、城镇土地使用税；

（3）中央与地方共享税：增值税、城市维护建设税、印花税。

第二节　税收的职能和作用

一、税收的职能

税收职能一般指税收这种分配关系本身在一定社会制度下所固有的职责与功能，是事物的一种长期固定属性。职责是指税收在社会再生产中所承担的根本任务，表明税收应该做什么；功能指税收完成任务的能力，表明税收能够做什么。

一般而言，税收的职能包括财政收入职能、资源配置职能、收入分配职能和宏观调控职能。

（一）财政收入职能

税收的财政收入职能，是指税收具有组织财政收入的功能，即国家凭借其政治权力进行的一种强制、无偿的分配形式，可以将一部分社会产品以价值形式从分散的社会成员手中转移到国家手中，形成可供国家支配的财政收入，以保证国家行使其职能和满足社会公共需要。

财政收入职能是税收的最基本的职能，它具有以下特点：

1.收入来源的广泛性

由于税收是国家凭借政治权力向纳税人进行的强制征收，因此，从纳税人看，包括国家主权管辖范围内的一切企事业单位、经济组织和个人，没有所有制、行业、地区、部门的区别和限制。从征税对象看，可以是所得、财产、行为、资源，也可以是货物或劳务在购买和销售过程中发生的销售收入额或营业收入额。

2.收入取得的及时性

由于税法中明确规定了纳税义务成立的时间和纳税期限，保证了税收收入及时、均衡入库。如货物与劳务税以纳税人实现销售收入为纳税义务成立的时间，纳税人只要实现销售收入，不论盈亏与否都要依法纳税，又如纳税结算期和缴款期的规定，对纳税人缴纳税款的时间给予了严格的限制，有利于国家及时取得财政收入，以保证财政支出的需要。所以不管是对什么对象征税，税收最终来源于国民收入，只要社会经济活动连续不断地进行，国民经济正常运行，税收就可源源不断地获取。

3.收入形成的稳定性

税收的稳定性由多种因素决定的。首先，税收来源的广泛性使税收受特定因素的影响较小；其次，税收是按照法定的标准征收的，只要有稳定的税基，就有稳定的税收；最后，税收受法律制度保护，具有强制征收的特点，从而保证了税收收入的实现。

为了使国家能有效地履行各项职能，必须强化税收的财政收入职能，但这并不意味着国家可随意征税，过度征税可能反而使税收收入减少。所以国家应制定合理的税率，从国民经济整体而言，就是要确定合理的国民收入税收负担率，过低的国民收入税收负担率不利于国家筹集财政收入，也不利于国家职能的充分发挥，但过高的税收负担率却损害经济增长，不利于国民经济长期健康发展。

（二）资源配置职能

税收的资源配置职能，是指税收所具有的，通过税收政策和制度等影响人们的经济行为，从而使市场形成的资源配置格局发生变化，使社会经济资源得以重新优化组合的功能。在没有国家以税收等手段干预市场的情况下，市场将依据其自身的规律，配置社会资源，如果市场是充分竞争的，一般而言，市场形成的资源配置格局也是较为有效的，这已为经济学原理所证明。但现实中的市场往往存在各种各样的不完全性，市场缺陷不可避免会出现，从而使得市场形成的资源配置无效，国家可利用税收对经济的影响，改变人们的经济行为，使市场原有的资源配置得到调整。

（三）收入分配职能

税收的收入分配职能，是指通过税收分配活动实现收入在全社会范围内的公平分配，将收入差距保持在社会可以接受的范围内。在市场经济下，由生产要素的供求决定生产要素价格，并以生产要素价格调节劳动、资本、土地等生产要素的使用，有利于生产要素的合理配置，同时，生产要素的价格也调节着社会的收入分配。但由于个人所拥有的生产要素的数量和质量差异，使收入分配出现差距，有时这种差距会非常大，就有可能与社会伦理所要求的公平分配相背离，激化社会矛盾，导致社会不稳定，也不利于经济的进一步发展，因此，国家必须对市场形成的初次分配进行调节，税收的收入分配职能便应运而生。

（四）宏观调控职能

税收的宏观调控职能，是指税收所具有的，通过一定的税收政策和税收制度，影响社会经济运行，促进社会经济稳定健康运行的功能。市场经济运行存在一定的缺陷，在宏观经济方面，市场缺陷的一个重要表现是经济运行中的波动现象，即经济周期。周而复始的经济波动不利于经济的长期健康发展，税收是国家调节宏观经济，“熨”平经济周期的重要手段。经济周期的背后是宏观总需求与总供给的不平衡，税收之所以可起到宏观调控的职能，是因为税收对宏观总需求和总供给具有一定的影响。

【知识点应用】

税收的职能通常是指税收（　　）的功能。

A. 长期形成　　　　B. 被人们赋予

C. 受外界影响形成　　　　D. 自身固有

【答案】A、D

二、税收的作用

在市场经济条件下，税收的作用主要有以下七个方面。

（一）组织财政收入的作用

在社会主义市场经济条件下，税收成为我国财政收入的主要形式，税收收入逐年大幅度上升，税收组织财政收入的作用，主要表现在以下两个方面：

1.税收来源的广泛性

税收不仅可以对货物和劳务的流转额征税，还可以对各种所得、资源、财产、行为征税；不仅可以对国有企业、集体企业征税，还可以对外资企业、私营企业、个体工商户征税等等。税收保证财政收入来源的广泛性，是其他任何一种财政收入形式不能比拟的。

2.税收收入的及时性、稳定性和可靠性

由于税收具有无偿性、强制性、固定性的特征，因此税收就把财政收入建立在及时、稳定、可靠的基础之上，成为国家满足公共需要的主要财力保障。

（二）配置资源的作用

在社会主义市场经济条件下，市场对资源配置起主导作用，但市场配置资源，也有它的局限性，可能出现市场失灵，这时，就有必要通过税收保证公共产品的提供，以税收纠正外部效应，以税收配合价格调节具有自然垄断性质的企业和行业的生产，使资源配置更加有效。

（三）调节需求总量的作用

税收对需求总量进行调节，以促进经济稳定，其作用主要表现在以下两个方面：

1.运用税收对经济的内在稳定功能，自动调节总需求

累进所得税制可以在需求过热时，随着国民收入的增加而自动增加课税，以抑制过度的总需求；反之，亦然。从而，起到自动调节社会总需求的作用。

2.根据经济情况变化，制定相机抉择的税收政策来实现经济稳定

在总需求过度引起经济膨胀时，选择紧缩性的税收政策，包括提高税率、增加税种、取消某些税收减免等，扩大征税以减少企业和个人的可支配收入，压缩社会总需求，达到经济稳定的目的；反之，则采取扩张性的税收政策，如降低税率、减少税种、增加某些税收减免等，减少征税以增加企业和个人的可支配收入，刺激社会总需求，达到经济稳定的目的。

（四）调节经济结构的作用

在社会主义市场经济条件下，税收对改善国民经济结构发挥着重要

作用，主要表现在以下三个方面：

1.促进产业结构合理化

税收涉及面广，通过合理设置税种，确定税率，可以鼓励薄弱部门的发展，限制畸形部门的发展，实现国家的产业政策。

2.促进产品结构合理化

通过税收配合国家价格政策，运用高低不同的税率，调节产品之间的利润差别，促进产品结构合理化。

3.促进消费结构的合理化

通过对生活必须消费品和奢侈消费品采取区别对待的税收政策，促进消费结构的合理化。

此外，通过税收调节，还可以促进社会经济组织结构、流通交换结构等的合理化。

（五）调节收入分配的作用

在市场经济条件下，由市场决定的分配机制，不可避免地会拉大收入分配上的差距，客观上要求通过税收调节，缩小这种收入差距。税收在调节收入分配方面的作用，主要表现在以下两方面：

1.公平收入分配

通过开征个人所得税、遗产税等，可以适当调节个人间的收入水平，缓解社会分配不公的矛盾，促进经济发展和社会稳定。

2.鼓励平等竞争

在市场机制失灵的情况下，由于价格、资源等外部因素引起的不平等竞争，需要通过税收进行合理调节，以创造平等竞争的经济环境，促进经济的稳定和发展。

（六）保护国家权益的作用

税收是对外开放进程中保护国家权益的重要手段。税收在这方面的作用，主要有：

第一，根据独立自主、平等互利的原则，与各国进行税收谈判，签订避免双重征税协定，以发展我国的对外贸易和国际经济技术交往。

第二，根据国家经济建设发展的需要，对进口商品征收进口关税，保护国内市场和幼稚产业，维护国家的经济独立和经济利益。

第三，根据我国的实际情况，对某些出口产品征收出口关税，以限制国内紧缺资源的外流，保证国内生产、生活的需要。

第四，为扩大出口，实行出口退税制度，鼓励国内产品走向国际市场，增强出口产品在国际市场上的竞争力。

第五，根据发展生产和技术进步的需要，实行税收优惠政策，鼓励引进国外资金、技术和设备，加速我国经济的发展。

第六，对外国人和外国企业来源于我国的收入和所得征收所得税，维护国家主权和利益。

（七）监督经济活动的作用

社会主义市场经济体制下，在根本利益一致的基础上仍然存在着整体利益与局部利益、长远利益与眼前利益的矛盾，因此，必须加强税收监督，督促纳税人依法履行纳税义务，保障社会主义市场经济的健康发展，其主要作用表现在以下四个方面：

1.保证税收组织财政收入任务的圆满完成

随着我国经济形势的不断发展，出现了一些偷逃税款的现象，使国家财政收入遭受严重损失，因此，必须加强税收监督，严肃税收法令和纳税纪律，才能保证税收组织财政收入任务的顺利完成。

2.保证经济杠杆作用的充分发挥

通过税收监督，可以了解税收政策的效应，有利于协调税收活动与整个宏观经济的运行相吻合，更好地发挥税收调节经济的作用；同时，将搜集到的税收信息及时传递给企业，可以使税收更好地发挥促进企业加强经济核算、提高经济效益的作用。

3.保证国家税法的正确贯彻执行

通过税收监督，可以揭露、制止和查处违反国家税法的行为，增强纳税人依法纳税的自觉性，从而保证国家税法得到正确的贯彻执行。

4.保证社会经济运行的良好秩序

通过税收监督，积极配合公安、司法、工商行政管理等部门，严厉打击各类违法犯罪行为，自觉维护社会主义财经纪律，保证社会经济运行的良好秩序。

【知识点应用】

在社会主义市场经济条件下，税收调节经济结构的作用主要表现在（　　）。

A.促进产业结构合理化　　B.促进产品结构合理化

C.促进消费结构的合理化　　D.促进价格结构合理化

【答案】ABC

第三节　税收原则

进入社会主义市场经济时期，通过总结社会主义实践中行之有效的税收原则理论、吸收市场经济国家比较成熟的税收原则理论，并结合我国实际，形成了新时期的税收原则，即财政、经济、社会、行政四大原则，并赋予其新的内涵。

一、财政原则——兼顾需要与可能

组织财政收入是税收最基本的职能，税收作为国家财政的重要支柱，税收收入状况直接决定了财政收支状况，因此保障财政收入是税收制度设计的首要原则。其具体原则包括：普遍纳税；财政收入适度合理；整顿税收秩序，控制税源流失。

（一）普遍纳税

普遍纳税，一方面，凡有纳税能力的人包括自然人和法人，都应依法纳税；另一方面，国家在制定税收政策、设计税收制度时，也应体现普遍性。

（二）财政收入的适度合理

财政收入的适度是指税收收入取之有度，税收征收率不能过高，尽可能避免过多征收而伤害纳税人的生产积极性，影响经济稳定、持续发展，从而最终影响财政收入的增长。只有适度，才能兼顾国家与纳税人之间的利益。

（三）整顿税收秩序，控制税源流失

通过建立、健全税收管理制度，强化税收征管的手段与方法，堵塞漏洞，防止偷税，减少税源流失。

二、经济原则——公平税负，适当调节

经济是财政的基础，税收是财政的来源，离开了经济发展，税收就成了无源之水，无本之木。因此，发展经济就成为税收的一项重要原则。发展经济原则从另一方面来看，就是要充分发挥税收对经济的调节作用。我国税收具有调节经济的作用，只有这些作用通过税收制度充分发挥出来，我国经济才能得到更快的发展。

（一）公平税负

公平税负，这是社会主义市场经济运行的必要条件，其目的是为了促使不同的企业在平等税负的条件下市场竞争。因此，“公平”包含了两层含义：

1.税负公平

税负公平即体现量能负税观念，纳税人承担的税负要与其纳税能力相一致。具有相同负税能力的人要纳相同数量的税，具有不同纳税能力的人则纳不同数量的税。

2.机会公平

机会公平即运用税收机制为纳税人创造机会平等的竞争环境。

（二）适当调节

适当调节，就是遵循价值规律的要求，适应供求关系的变化，运用税收这种特殊的再分配手段，对市场经济产生影响，从而实现国家经济政策，引导市场健康发展。

三、社会原则——区别对待，合理负担

区别对待，合理负担，是处理税收总额在不同纳税人之间分配关系的原则，是税收政策的具体体现。

（一）区别对待

区别对待，就是承认纳税人客观存在的各种差别，规定不同的税负水平。在税收负担、税率高低、减免优惠等方面要有所区别。

（二）合理负担

合理负担就是按照能力的大小来确定税收负担水平，能力大的多纳，能力小的少纳，无纳税能力的不纳。

四、行政原则——依法治税，提高效率

行政原则，是指在税收行政管理中所必须遵循的原则，即提高税收管理效益的原则，它具体包括：确实、便利、简化、节省等原则。

（一）确实

确实是指一切与征税有关的纳税人、征税对象、税率及纳税期限、纳税地点、征收方法等事项，在税法上都应明确规定，由征纳双方共同遵守执行，双方都无权任意改变或变更税法的规定。

（二）便利

便利是指税法的制定要有利于征收管理，在保证税收收入和发挥税收作用的前提下，尽量做到使用现代化管理手段，简化税收手续，缩短办税时间，为纳税人提供方便。

（三）简化

简化是指简化税收制度和纳税程序。在确保税收职能得以充分实现的前提下，尽可能减少税种，简便计算，简化纳税手续，达到简化税制的目标。

（四）节省

节省是指在征纳过程中节约征纳双方支付的税收费用，包括征收费用和纳税执行费用。征收费用是指税务机关征税入库所支出的人员经费、办公费、税收诉讼费、宣传费、辅导讲习费、技术装备费等各项费用。

上述四原则的关系是：财政原则是基础，因为税收的基本职能就是为国家筹集财政资金；经济原则和社会原则是以财政原则为基础的，因为税收的经济和社会职能是以财政目标的实现来体现的；行政原则属于技术性原则，是以前三个原则为前提的，同时也是实现前三个原则的保证。

因此，税收的四大原则在实际运用中是相辅相成、缺一不可的。在设计税收制度的过程中，要同时对它们加以考虑，才能逐步建立起一套适合我国国情的科学、合理的税收制度。

【知识点应用】

在税收原则的规定中，（　　）是基础。

A.财政原则　　　　B.经济原则
C.社会原则　　　　D.行政原则
【答案】A

本章小结

1.税收是国家为了实现其职能，满足社会公共需要，凭借国家的政治权力，依据一定的法律标准，强制、无偿地集中部分社会产品所形成的特定的分配关系。

对税收的认识，可以从五个方面来理解：征税的主体是国家；征税的目的是为了实现国家职能，满足社会公共需要；征税凭借的是国家政治权力；征税的方式是依据法律标准强制、无偿地征收；征税的本质是一种特定的分配关系。

2.税收特征。税收具有无偿性、强制性、固定性三大特征。

3.税收分类。一个国家的税收一般由多个税种组成，形成了较为复杂的税收体系。为了便于理论分析和实际管理，可以按照征税对象、税收管理和使用权限、税收与价格的关系、计税标准、税负能否转嫁等不同标准对现有税种进行分类。

4.税收职能一般指税收这种分配关系本身，在一定社会制度下所固有的职责与功能，是事物的一种长期固定属性。一般情况下，税收的职能包括财政收入职能、资源配置职能、收入分配职能和宏观调控职能。

5.在市场经济条件下，税收的作用主要有：组织财政收入的作用；配置资源的作用；调节需求总量的作用；调节经济结构的作用；调节收入分配的作用；保护国家权益的作用；监督经济活动的作用。

6.在社会主义市场经济新时期，我国的税收原则可以归纳为财政、经济、社会、行政四大原则。

练习与思考

一、单项选择题

1.税收存在于社会再生产的（　　）环节。

A.生产　　B.交换
C.分配　　D.消费
2.税收的征收主体是（　　）。
A.国家　　B.税务机关
C.行政机关　　D.企业
3.下列选项中属于社会公共产品的是（　　）。
A.食品　　B.衣服
C.家电　　D.公园
4.税收具有强制性、无偿性、固定性的特点，其中（　　）是其核心。
A.强制性　　B.无偿性
C.规范性　　D.固定性
5.税收首要和基本的职能是（　　）。
A.财政收入职能　　B.资源配置职能
C.收入分配职能　　D.宏观调控职能
6.下列税种中属于中央税的是（　　）。
A.增值税　　B.消费税
C.营业税　　D.印花税
7.政府为满足社会公共需要而取得财政收入的最佳形式是（　　）。
A.货币发行　　B.举借公债
C.税收　　D.专卖收入
8.按照税收与价格的关系分类，可以把税收分为（　　）。
A.价内税和价外税　　B.从价税和从量税
C.直接税和间接税　　D.单一税和复合税
9.（　　）实行比例税率或累进税率，税收负担比较合理，税额的多少随着价格的变动而相应增减。
A.价内税　　B.价外税
C.从价税　　D.从量税
10.下列各项的表述错误的是（　　）。
A.征税的主体是国家

B.征税的目的是为了实现国家职能，满足社会公共需要

C.征税凭借的是财产权力

D.征税的本质是一种特定的分配关系

二、多项选择题

1.关于税收“三性”理解正确的有（　　）。

A.税收“三性”是区别于其他财政收入的主要特征

B.税收强制性是指国家征税依据的是国家所有权

C.税收固定性意味着征税对象和征税数额是固定的

D.税收无偿性指的是国家不向纳税人直接支付任何报酬

2.国家征税的目的是为了满足（　　）。

A.实现国家职能　　B.满足社会公共需要

C.满足企业需要　　D.满足公民需要

3.按税收分类的不同标准，增值税属于（　　）。

A.中央、地方共享税　　B.货物与劳务税

C.价内税　　D.间接税

4.税收组织财政收入的作用主要表现在（　　）方面。

A.税收来源的广泛性　　B.税收收入的及时性

C.税收收入的稳定性　　D.税收收入的可靠性

5.我国中央税包括（　　）。

A.增值税　　B.消费税

C.关税　　D.车辆购置税

6.税收的行政原则是指在税收行政管理中所必须遵循的原则，即提高税收管理效益的原则，它具体包括（　　）等原则。

A.公平　　B.确实

C.便利　　D.简化

7.下列项目中属于地方税的是（　　）。

A.城镇土地使用税　　B.耕地占用税

C.土地增值税　　D.房产税

8.税收“三性”的关系是无偿性是税收分配的核心，强制性和固定性是对无偿性的（　　）。

A.保证　　B.调控

C. 约束　　　　　　　　　　D. 监督

9. 公平税负是税收经济原则的一个重要方面，是社会主义市场经济运行的必要条件，其目的是为了促使不同的企业在平等税负的条件下市场竞争，其“公平”包含了（　　）几方面。

A. 机会公平　　　　　　　　B. 经济公平

C. 社会公平　　　　　　　　D. 税负公平

10. 按照计税标准分类，可以把税收分为（　　）。

A. 价内税　　　　　　　　　B. 价外税

C. 从价税　　　　　　　　　D. 从量税

三、判断题

1. 税收是由政府所属的职能部门负责征收的，税收的征收办法是由国家财政部和国家税务总局制定的。（　　）

2. 征税的目的是为了实现国家职能，满足社会公共需要。（　　）

3. 税收存在于社会再生产的分配环节，本质上是一种以纳税人为主体的特殊分配关系。（　　）

4. 税收作为国家筹集财政收入的一种规范形式，具有区别于其他财政收入形式的特点。（　　）

5. 强制性是税收分配的核心，无偿性和固定性是对强制性的保证和约束。（　　）

6. 按照税负能否发生税负转嫁进行分类，可以把税收分为价内税和价外税。（　　）

7. 所得税以纳税人实现销售收入为纳税义务成立的时间，纳税人只要实现销售收入，不论盈亏与否都要依法纳税。（　　）

8. 国民收入税收负担率越高越有利于国家筹集财政收入和国家职能的充分发挥。（　　）

9. 在市场机制失灵的情况下，由于价格、资源等外部因素引起的不平等竞争，需要通过税收进行合理调节。（　　）

10. 国家在制定税收政策、设计税收制度时，应体现普遍纳税的原则。（　　）

四、思考题

1. 如何理解税收的含义？

2. 如何理解税收的三个特征？

3. 税收最基本的分类方法是什么？分析各税类的不同点。

4. 如何理解直接税和间接税？

5. 结合你身边的税收现象总结税收的作用。

第二章

税收制度与税制结构

学习目标

税收制度与税制结构是税收基础理论。通过本章的学习，应了解税收制度和税制结构的概念，熟悉税制结构的制约因素，掌握税制的构成要素以及税制结构的基本类型。

重要提示

目前，世界各国在主体税种的选择上主要有三种情况：一是以所得税为主体税种，该模式为多数发达国家所采用；二是以货物劳务税为主体税种，该模式为多数发展中国家所采用；三是同时以所得税和货物劳务税为主体税种，该模式为一部分发达国家和发展中国家所采用。

以所得税为主体的税制结构，强调所得税在宏观经济调节和收入分配方面的作用，在一定程度上对宏观经济的过热或过冷产生“熨平”效果，但该税制结构存在稳定性和及时性差、征管成本高的缺点。

以货物劳务税为主体的税制结构强调货物劳务税在财政收入和调节产业结构方面的作用，税源稳定，收入及时可靠，计算简便易行，但该税制结构难以发挥税收在促进收入公平分配、促进经济稳定方面的作用。

货物劳务税和所得税双主体税制结构可以发挥两类主体税的综合优势，互相弥补各自的缺陷，但该税制结构只是一种转换时期的过渡模式，最终将被另外两种税制结构模式所取代。

我国生产力发展水平还不发达、政府为弥补市场经济缺陷而必须对宏观经济进行调节，这些因素决定了我国实行以货物劳务税和所得税为双主体、其他税种配合发挥作用的税制体系。

第一节　税收制度

一、税收制度的概念

（一）税收制度概念

税收制度简称税制，是国家通过法定程序确定的，用以调整国家与纳税人之间税收征纳关系的规范，包括国家制定的各种税收法律、暂行条例、实施条例、实施细则及各种规范性文件等。

从纳税人的角度看，税收制度是纳税人履行纳税义务的行为规范；对于征税机关而言，税收制度是征税依据和工作规程。国家要征税，纳税人要纳税，双方形成一种征纳关系。这种征纳关系必须以法律或制度的形式加以规定，就形成了税收制度。

（二）税收制度分为广义税制和狭义税制

税制的内容有广义和狭义之分，广义税制包括税收法规、税收条例、税收征管制度和税收管理体制等一切和税收相关的法律制度；狭义税制，仅指各个单行税种的基本法律制度，如《中华人民共和国增值税暂行条例》（以下简称《增值税暂行条例》）、《中华人民共和国企业所得税法》（以下简称《企业所得税法》）等。

二、税收制度构成要素

税收制度的构成要素，简称税制要素，是指构成一个完整的税种所必需的基本因素，是规范征纳双方权利与义务的法律制度的具体表现。一般而言，无论一国采用何种税收制度，其税制要素都包括征税对象、纳税人、税率、纳税环节、纳税期限、减免税和法律责任等。其中，征税对象、纳税人和税率通常被称为税收制度的三大基本要素。

（一）纳税义务人

1.纳税人

纳税人即纳税义务人，也被称为纳税主体，是税法规定直接负有纳税义务的单位和个人。无论什么税都有关于纳税义务人的规定，通过规定纳税义务人落实税收负担和法律责任。纳税人包括自然人和法人两种基本形式。

（1）自然人

自然人是基于自然规律出生，依法享有民事权利和承担民事义务的个人，包括本国公民、外国人和无国籍的人。例如，在我国从事工商活动的个人，以及工资、劳务报酬和其他所得的获得者等，都是以个人身份来承担法律规定的民事责任及纳税义务。

（2）法人

法人是按照法定程序设立、具有一定组织机构和独立的财产并能以自己的名义享有民事权利和承担民事义务的社会组织。例如，企业、社会组织和社会团体，都是以其社会组织的名义承担民事责任的。法人是符合一定条件的社会组织在法律关系中的人格化。法人和自然人一样，负有依法向国家纳税的义务。

2.与纳税人相关的概念

在实际纳税过程中，与纳税人相关的概念有：代扣代缴义务人、代收代缴义务人、负税人、纳税单位。

（1）代扣代缴义务人

代扣代缴义务人是指尽管不承担纳税义务，但依照有关规定，在向纳税人支付收入、结算货款、收取费用时有义务代扣代缴其应纳税款的单位和个人。如中国个人所得税法规定，出版社在向作者支付稿酬所得时，应代扣代缴个人所得税。

（2）代收代缴义务人

代收代缴义务人是指虽然不承担纳税义务，但依照有关规定，在向纳税人收取商品或劳务收入时，有义务代收代缴其应纳税款的单位和个人。如中国消费税条例规定，委托加工的应税消费品，除受托方为个人外，由受托方在向委托方交货时代收代缴委托方应缴纳的消费税。

（3）负税人

纳税人与负税人是两个不同的概念。纳税人是直接缴纳税款的人，负税人是指最终承受税收负担的人。纳税人是一个法律概念，是法律上的纳税主体；负税人是一个经济学上的概念，是税收负担的实际承受者。二者有时一致，有时不一致，这取决于税收负担是否能够转嫁。存在税负转嫁的情况下，纳税人和负税人分离，比如，消费税的纳税人是企业，负税人是消费者。在税收负担无法转嫁的情况下，纳税人就是税负的承担者，比如，企业所得税的纳税人本身就是负税人。

（4）纳税单位

纳税单位是指申报缴纳税款的单位，是纳税人的有效集合。所谓有效就是为了征管和缴纳税款的方便，可以允许在法律上负有纳税义务的同类型纳税人作为一个纳税单位，填写一份申请表纳税。比如有些国家的个人所得税，可以以个人为一个纳税单位，也可以以夫妻俩为一个纳税单位，还可以以一个家庭为一个纳税单位。公司所得税可以以每个分公司为一个纳税单位，也可以以总公司为一个纳税单位。

（二）征税对象

1.定义

征税对象是税法规定的应当纳税的客观对象。它表明征纳双方权利义务共同指向的客体或标的物。征税对象可以包括物与行为两大类。物是在一定社会关系中由人类控制和支配的财富，行为是指人的活动及其结果。

征税对象是税收制度最基本的要素，也是一种税区别于另一种税的主要标志。税种的名称、税种的性质，主要是由征税对象决定的。如消费税、个人所得税、土地增值税等，这些税种因征税对象不同、性质不同，税种名称也就不同。

2.与征税对象相关的概念

为了计算税额，在税法中还必须对征税对象的质和量作更为具体的规定，这就涉及税目和计税依据等税收要素。

（1）税目

税目是税法规定的同一征税对象范围内的具体项目，是对征税对象质的界定。税目的设置首先是为了明确具体的征税范围，列入税目的就是应税项目，未列入税目的，就不是应税项目。其次，通过税目的设置，还可以对不同的应税项目制定高低不同的税率，以体现不同的国家政策。值得注意的是，并不是所有的税种都需要规定税目。有些税种不区分征税对象的具体项目，一律按照征税对象的应税数额采用同一税率计征税款，因此一般无须设置税目，如企业所得税。有些税种的征税对象则相对复杂，需要确定税目，如消费税、营业税等，一般都规定有不同的税目。

（2）税基

税基又叫计税依据，是据以计算征税对象应纳税额的数量依据，是征税对象的数量表现。根据计量单位的差异，税基可以分为两种基本形态，即价值形态和自然形态。价值形态包括应纳税所得额、销售收入、营业额等；自然形态则表现为面积、体积、重量等形式。以价值形态为税基也被称为从价计征，即按征税对象的货币价值计算应纳税额。如生产销售化妆品的消费税采用的就是从价计征办法，应纳税额由化妆品的销售收入乘以税率得出，其税基为销售收入。另一种方法是从量计征，即直接按照征税对象的自然单位计算应纳税额。如城镇土地使用税采用的就是从量计征的办法，应纳税额是采用占用土地的面积乘以每单位面积的应纳税额计算出来的。征税对象和税基反映的都是征税客体，征税对象反映的是对什么征税，税基解决的是如何计量。

（3）税源

税源指税收的源泉，即税收的最终来源。在商品经济条件下，税收收入总是当年新创造的国民收入的构成部分。能够成为税源的只能是国民收入分配中形成的各种收入，如工资、资金、利润、利息等。税源和征税对象是有区别的，征税对象是指对什么征税，税源则是指税收的价值源泉。多数情况下两者不一致，如对财产征税，征税对象为财产，税源是纳税人的收入，两者不一致；而企业所得税，则征税对象和税源是一致的。

（4）税本

税本是产生税源的物质要素及形成税收收入的经济基础。按照马克思关于社会总产品的价值理论，“社会总产品 W=C + V + M”，C是构成税本的主要因素。从税本和税源的关系来看，西方财政学者常将税本比作“因”，将税源比作“果”，将税本比作树木的“根干”，将税源比作树木的“果实”。两者的关系为由因生果，由根干生果实，由税本生税源。国家的税收征自税源，不能征自税本。如果征自税本，势将损害国民经济的生产力；生产力损害后，税收收入也就没有了经济基础。犹如树木的“根干一枯，果实也无从出；果实一缺，税收遂无支给之源”。

（三）税率

税率是对征税对象的征收比例或征收额度。税率是计算税额的尺度，也是衡量税负轻重与否的重要标志。我国现行的税率主要有：

1.比例税率

即对同一征税对象，不分数额大小，规定相同的征收比例。我国的增值税、营业税、企业所得税等采用的是比例税率。比例税率在实际运用中又可分为三种具体形式：

（1）单一比例税率

单一比例税率是指对同一征税对象的所有纳税人都适用同一比例税率。

（2）差别比例税率

差别比例税率是指对同一征税对象的不同纳税人适用不同的比例征税。我国现行税法又分别按产品、行业和地区的不同将差别比例税率划分为以下三种类型：一是产品差别比例税率，即对不同产品分别适用不同的比例税率，同一产品采用同一比例税率，如消费税、关税等；二是行业差别比例税率，即对不同行业分别适用不同的比例税率，同一行业采用同一比例税率，如营业税等；三是地区差别比例税率，即区分不同的地区分别适用不同的比例税率，同一地区采用同一比例税率，如我国城市维护建设税等。

（3）幅度比例税率

幅度比例税率是指对同一征税对象，税法只规定最低税率和最高税率，各地区在该幅度内确定具体的适用税率。

比例税率具有计算简单、税负透明度高等优点，符合税收效率原则。但其不能针对不同的纳税人收入水平实施不同的税收负担，难以体现税收的公平原则。

2.累进税率

累进税率是指随着征税对象数量增大而随之提高的税率，即按征税对象数额的大小划分为若干等级，不同等级的课税数额分别适用不同的税率，课税数额越大，适用税率越高。累进税率一般在所得课税中使用，可以充分体现对纳税人收入多的多征、收入少的少征、无收入的不征的税收原则，从而有效地调节纳税人的收入，正确处理税收负担的纵向公平问题。累进税率在实际运用中又可分为以下几种形式：

（1）全额累进税率

全额累进税率是指按征税对象的数额划分为若干等级，对每个等级分别规定相应税率，当税基超过某个级距时，课税对象的全部数额都按提高后级距的相应税率征税的一种税率形式，见表2-1。

表2-1　**三级全额累进税率**

级 数	全月应纳税所得额（元）	税率（%）
1	5 000（含）以下	10
2	5 000 ~ 20 000（不含）	20
3	20 000（含）以上	30

运用全额累进税率的关键是查找每一纳税人应税收入在税率表中所属的级次，找到了收入级次，与其对应的税率便是该纳税人所适用的税率，全部税基乘以适用税率即可计算出应缴税额。

【知识点应用】

某纳税人某月应纳税所得额为6 000元，计算其应纳税额。

【答案】

按表2-1所列税率，适用第2级次：

应纳税额=6 000×20%=1 200（元）

全额累进税率计算方法简便，但税收负担不合理，特别是在划分级距的临界点附近，税负呈跳跃式递增，甚至会出现税额增加超过课税对象数额增加的不合理现象，不利于鼓励纳税人增加收入。

（2）超额累进税率

超额累进税率是指按征税对象数额的大小分成若干等级，每一等级规定一个税率，税率依次提高，但每一纳税人的征税对象则依所属等级同时适用几个税率分别计算，将计算结果相加后得出应纳税额的一种税率形式，见表2-2。

表2-2 三级超额累进税率表

级数	全月应纳税所得额（元）	税率（%）	速算扣除数
1	5 000（含）以下	10	0
2	5 000～20 000（不含）	20	500
3	20 000（含）以上	30	2 500

【知识点应用】

某纳税人某月应纳税所得额为6 000元，计算其应纳税额。

【答案】

如表2-2所列税率，其应纳税额可以分步计算：

第1级的5 000元适用10%税率，应纳税为：5 000×10%=500（元）

第2级的1 000元（6 000－5 000）适用20%的税率，应纳税为：1 000×20%=200（元）

该月应纳税额=5 000×10%＋1 000×20%=700（元）

（3）全率累进税率

全率累进税率是指按征税对象的相对额划分若干级距，每个级距规定的税率随课税对象相对额的增大而提高，纳税人的全部课税对象都按与课税对象相对额所对应的税率计算征税的一种税率形式。

（4）超率累进税率

超率累进税率是指按征税对象数额的相对率划分若干级距，分别规定相应的差别税率，相对率每超过一个级距的，对超过的部分就按高一级的税率计算征税，将计算结果相加后得出应纳税额的一种税率形式。目前采用这种税率的是土地增值税。

3.定额税率

即按征税对象确定的计算单位，直接规定一个固定的税额。目前采用定额税率的有城镇土地使用税、车船税等。

（四）纳税环节

纳税环节是税法规定的征税对象应当缴纳税款的环节。合理选择纳税环节，对加强税收征管，有效控制税源，保证国家财政收入的及时、稳定、可靠，方便纳税人生产经营和财务核算，灵活发挥税收调节经济的作用，具有重要的理论和实践意义。从纳税环节上看，有的税种仅要求纳税人在生产或销售的单一环节纳税，有的税种则要求纳税人多环节纳税。例如，我国现行消费税的纳税环节具有单一性的特点。为了加强税源控制，防止税款流失，消费税的纳税环节主要确定在产制环节或进口环节。而增值税则要求道道纳税，即货物从生产到销售，每经历一个环节，就要纳一次税。

（五）纳税期限

纳税期限是指税法规定的关于税款缴纳时间方面的限定。与纳税期限规定有关的概念包括纳税义务发生时间、纳税计算期和税款缴库期。

1.纳税义务发生时间

纳税义务发生时间是指纳税人发生应税行为，应当承担纳税义务的起始时间。例如，增值税条例规定，采取预收货款方式销售货物的，其纳税义务发生时间为货物发出的当天。明确规定纳税义务发生时间，不但可以在法律上正式确认纳税人已经发生的行为属于应税行为，应承担纳税义务，而且有利于税务机关进行税收管理，合理规定纳税期限，监督纳税人按期履行纳税义务，保证国家财政收入。

2.纳税计算期

纳税计算期是指税法规定的纳税人计算应纳税额的间隔期。纳税计算期分为按次计算和按期计算两种形式。按次计算是以纳税人发生纳税义务的次数作为税款计算期。如中国对进口商品征收增值税和消费税，都是在发生纳税义务后按次计算应纳税款。按期计算是以纳税人发生纳税义务的一定时段作为税款计算期，纳税人应当按税款计算期逐一计算税款。如中国的增值税按照应纳税款数额的大小，分别核定为1日、3日、5日、10日、15日、1个月或者1个季度。

3.税款缴库期

税款缴库期是指税款计算期满后缴纳税款的法定期限。如《增值税暂行条例》规定，纳税人以1个月或者1个季度为纳税计算期的，应于期满后15日内将税款报缴入库；以1日、3日、5日、10日或者15日为纳税计算期的，应于期满后5日内预缴税款，于次月1日起15日内申报纳税并结清上月应纳税款。

（六）纳税地点

纳税地点是纳税人以及扣缴义务人申报缴纳税款的地点。不同的税种，由于征税对象和纳税人的性质不同，对纳税地点的规定也不同。合理规定纳税人申报纳税的地点，有利于税务机关实施税源管理，防止税收流失，又便于纳税人缴纳税款。

（七）减税免税、税收加征

1.税收减免

税收减免是指税法规定的对某些特殊情况对纳税人给予减轻或免除税收负担的一种税收优惠措施。具体而言，减税是对应征税款减征一部分，免税是免除全部税收负担。税收减免体现了国家一定时期的经济和社会政策，有较强的政策目的和针对性，是一项重要的税制要素。

从形式上看，减免税主要包括税基式减免、税率式减免、税额式减免和时间式减免。

（1）税基式减免

税基式减免是通过减少计税依据实现减免税的一种形式，包括起征点、免征额和项目扣除等方式。

起征点是税法规定的征税对象达到征税数额开始征税的界限。在规定了起征点的情况下，征税对象的数额未达到起征点的不征税；达到或超过起征点的则须全额征税。

免征额是税法规定的征税对象全部数额中免于征税的数额。它是按照一定标准从征税对象数额中预先扣除的部分。不论课税对象的数额有多大，免征额部分始终不征税，仅对超过免征额的部分征税。

项目扣除是指在征税对象总额中先扣除某些项目的金额后，仅就其余额为依据计算应纳税额。它是在税法规定的一般扣除项目的基础上，扩大或增加扣除项目，通过缩小税基的方式实现的减免税。

（2）税率式减免

税率式减免是以降低税率的方式来减轻或免除纳税人税收负担，即对某些特定的征税对象或纳税义务人按照低于一般税率的税率征税。

（3）税额式减免

税额式减免是指通过减少一部分税额或免除全部税额的方式实现减免税，

（4）时间式减免

时间式减免（时间式优惠）是以延缓纳税期限的形式来减轻或缓解纳税人的税收负担，如加速折旧和延期纳税。

加速折旧是允许纳税义务人在固定资产使用初期提取较多折旧，其实质是税款缴纳时间向后推移。随着纳税时间向后推移，纳税人的税收负担会有所降低。

延期纳税是允许纳税义务人延期缴纳应纳税款。实际上等同于为纳税义务人提供一笔无息贷款。

2.税收加征

税收加征就是在应纳税额的基础上加征一定比例税额的措施，包括地方附加、加成征收和加倍征收三种形式。

（1）地方附加

地方附加简称附加，是地方政府在正税之外，附加征收的一部分税款。通常把按国家税法规定的税率征收的税款称为正税，而把在正税以外按税收附加率征收的附加称为附加税。税收附加率由国家统一规定，地方政府不能擅自改变。对于各种附加款项，国家也规定了专门的使用范围，地方也不得自行变更。地方附加的征收是为了给地方政府筹集一部分财力用于发展地方事业。

（2）加成征收

加成征收简称加成，是在应纳税额的基础上加征一定成数的税额。每成为应纳税额的1／10。加成的幅度一般规定在一成至十成之间。加成是税率的延伸，是对税率的补充规定。

（3）加倍征收

加倍征收简称加倍，是在应纳税额的基础上加征一定倍数的税额。一倍为原应纳税额的100%。加倍征收实际上是累进税率的一种特别补充，但它的延伸程度远远大于加成征收。加成没有超过税率自身的规定范围，最大的加成幅度才1倍。因此，加倍征收只适合用于那些收入特别大的纳税人。加成征收与加倍征收是加重纳税人负担的一种税收调节手段。主要应用于收益类税种，它的调节范围较窄，但针对性强，作用力大。

（八）法律责任

法律责任是对纳税人违反税收法规的行为采取的处罚措施。纳税人违反税收法规的行为主要包括偷税、抗税、欠税、骗税等，处理方法有经济制裁、行政制裁和刑事制裁三种。对于税务违章行为，税务机关一般可采用征收滞纳金、处以罚款、扣押财产抵缴等措施加以处理。

知识拓展

改革开放30多年来，经过几次较大的改革，我国税收制度日臻完善。改革开放初期的税制改革是以适应对外开放需要，建立涉外税收制度为突破口的。后来，又先后分两步实施国营企业"利改税"改革，把国家与企业的分配关系以税收的形式固定下来。1994年，国家实施了新中国成立以来，规模最大、范围最广、成效最显著、影响最深远的一次税制改革。这次改革围绕建立社会主义市场经济体制的目标，积极构建适应社会主义市场经济体制要求的税制体系。2003年以来，按照科学发展观的要求和十六届三中全会的部署，围绕完善社会主义市场经济体制和全面建设小康社会的目标，分步实施了税制改革和出口退税机制改革。几经变革，目前，中国共有增值税、消费税、营业税、企业所得税、个人所得税、资源税、城镇土地使用税、房产税、城市维护建设税、耕地占用税、土地增值税、车辆购置税、车船税、印花税、契税、烟叶税、关税、船舶吨税、固定资产投资方向调节税等19个税种。固定资产投资方向调节税国务院决定从2000年起暂停征收。

第二节　税制结构

税制结构问题可以说是税制设计的根本战略问题。合理的税制结构是实现税收职能作用的首要前提，它决定税收作用的范围和深度。只有税制结构合理了，才能从总体上做到税制的合理，才能充分发挥税收的作用。

一、税制结构概念

（一）概念

税制结构是指一国税收体系的整体布局和总体结构，是国家根据当时经济条件和发展要求，在特定税收制度下，由税类、税种、税制要素和征收管理层次所组成的，分别主次，相互协调、相互补充的整体系统。

（二）税制结构中主体税种的确定

税制结构的研究范围主要包括主体税种的选择以及主体税种与辅助税种的配合等问题。主体税种是一个国家税制结构中占据主要地位，起主导作用的税种。

主体税种应具备的条件：

第一，在全部税收收入中占有较大比重；

第二，在体现国家政策和履行税收职能方面起主要作用；

第三，税法和征税方法的变化会对整个财政经济和税收制度产生较大的影响。

主体税种可能是一种税，也可能是一个税系或税类。我国现行税制以流转税和所得税为主体税种。

二、税制结构理论

一般地，根据税种的多寡，税制结构分为单一税制结构和复合税制结构两种不同类型。

（一）单一税制

单一税制是以一种事物为对象设置税种而形成的税制。其具体税种可以是一个，也可以是少数几个，但这几个税种的性质完全相同。由于单一税制无法保证财政收入的充裕、稳定和可靠，也难以充分发挥税收的调节作用，因此在实践中并未真正推行过，只是一种理论上的主张。

（二）复合税制

复合税制是以多种事物为对象设置税种所形成的税制。复合税制下的税种较多，可以相互配合、相互补充，有利于保证财政收入，实现对国民经济的有效调节，因此也被世界各国普遍采用。

三、税制结构模式

（一）以所得税为主体的税制结构模式

以所得税为主体的税制结构是指在整个税制体系中，所得税作为主体税种，占最大比重，并起主导作用。目前，绝大多数经济发达国家以及少数发展中国家采用的是这种税制结构。发达国家实行以所得税为主体的税制结构，主要原因在于税收管理体制更为完善，具备实施所得税的制度环境和条件。所得税以纳税人的所得为征税对象，税收收入能够准确反映国民收入的增减变化，有利于调节纳税人的实际收入，可以对消费、储蓄和投资等行为产生迅速而强有力的影响和制约作用。

以所得税为主体的税制结构，强调所得税在宏观经济调节和收入分配方面的作用，尤其是累进所得税制，既能发挥对高收入者多征税、对低收入者少征税或不征税的调节作用，体现税收的纵向公平原则，又能发挥“自动稳定器”的作用，一定程度上对宏观经济的过热或过冷产生“熨平”效果。但以所得税为主体的税制结构也存在局限性，主要体现在其收入的稳定性和及时性不如货物劳务税，而且所得税的计算涉及成本、费用的扣除，计算繁琐，执行和征管成本较高。

（二）以货物和劳务税为主体的税制结构模式

以货物和劳务税为主体的税制结构，是指在整个税制体系中，货物和劳务税税作为主体税，占最大比重，并起主导作用。绝大多数发展中国家和少数经济发达国家采用这种税制结构。大多数发展中国家以货物和劳务税为主体税种的现象是与发展中国家社会经济发展状况相适应的。例如，货物和劳务税多采用统一税率，对货物和劳务的交易额征收，征管简便易行，且不受成本变动的影响，有利于保证财政收入的稳定可靠和及时取得，这在发展中国家税源相对匮乏的条件下是十分重要的。

以货物劳务税为主体的税制结构强调货物劳务税在财政收入和调节产业结构方面的作用，货物劳务税具有征收面广泛、税源稳定、收入及时可靠、计算简便易行等特点，作为核心税种的增值税符合税收中性原则，对市场干扰较小；对不同应税消费品制定不同的税收负担，能体现国家的产业结构政策。但货物劳务税难以发挥税收在促进收入公平分配、促进经济稳定方面的作用。

（三）货物劳务税和所得税双主体的税制结构模式

货物劳务税与所得税并重的税制结构是指在整个税制体系中，货物劳务税和所得税占有相近的比重，在取得财政收入和调节经济运行方面共同起着主导作用。选择货物劳务税与所得税并重的税制结构既有利于确保财政收入稳定可靠，又能充分发挥税收的宏观调控作用。一般而言，在由以货物劳务税为主体向以所得税为主体的转换过程中，或者在由以所得税为主体转向发展货物劳务税的过程中，都有可能形成货物劳务税与所得税并重的税制结构。尽管货物劳务税与所得税并重的税制结构是一种现实的税制结构类型，但从发展的角度看，这种类型只是一种转换时期的过渡模式，将被以货物劳务税为主体的税制结构或以所得税为主体的税制结构模式所取代。

货物劳务税和所得税双主体税制结构可以发挥两类主体税的综合优势，互相弥补各自的缺陷。在组织财政收入方面，可以充分利用货物劳务税的刚性收入特点和所得税的弹性收入特点实现互补；在发挥税收调节经济作用方面，可以同时利用货物劳务税体现国家产业政策和消费政策的功能以及所得税在促进经济稳定方面的调节作用；在公平收入分配方面，可以运用所得税的累进税率发挥收入调节作用，以弥补货物劳务税在收入调节方面的缺陷，实现社会稳定。

四、税制结构的制约因素

同一时期不同国家的税制结构不同，同一国家不同时期的税制结构也存在着很大差异。因此，我们有必要了解导致税制结构差异的原因。每一国家不同时期的税制结构都有其具体的形成和发展原因，我们从总体上将影响税制结构的主要原因归纳为如下几个方面。

（一）社会生产力水平对税制结构的制约

社会生产力水平是影响并决定税制结构的最基本因素。发达国家生产力水平相对较高，人均国民收入处于较高水平。大部分收入在做了必要的扣除后还有较多剩余，这就为所得税的征收提供了丰富的税源和宽泛的税基，尤其使个人所得税具备普遍征收的物质基础。此外，由于生产力高度发展所形成的经济商品化、货币化、城市化和公司化程度较高，这也为所得税的征收和管理创造了便利条件。相比之下，发展中国家生产力水平较低，人均国民收入水平不高，其收入主要用于维持基本生活需要，因此所得税尤其是个人所得税的税源十分有限。由于商品经济发展初期所形成的商品交易日益活跃，商品交易额迅速膨胀，使得货物劳务税的税源远远大于所得税的税源，进而形成以货物劳务税为主体的税制结构。

（二）社会经济结构对税制结构的制约

税收是一个经济范畴，税制的结构必然要受社会经济结构的制约。社会经济结构是人类社会发展到一定阶段占主要地位的生产关系的总和，它一般包括生产资料所有制结构、产业结构（或部门结构）、地区结构、技术结构、积累与消费结构等等。从税收制度的发展史中可以看到，当客观经济状况发生变化时，社会经济结构必然发生变化，从而引起税制结构的变化。一种税制结构在一定历史时期内是合理的，当经济条件、经济结构发生了变化以后，就可能是不合理的。因此，税制结构必须根据社会经济状况和经济结构的情况来建立、调整和完善。

（三）经济管理体制与经济运行机制对税制结构的制约

在生产资料所有制既定的前提下，生产关系对生产力的促进或阻碍作用，主要表现在经济管理体制或经济运行体制上。所谓经济运行机制是指经济运行的形式和运行的具体制度。从经济运行的形式看，一个国家或者实行计划调节，或者实行市场调节，或者实行计划调节和市场调节相结合。但无论实行什么样的运行方式，都必然要反映到税收制度上来，并对税制结构起制约作用。这是因为在不同的社会制度下，可以有各种不同的经济运行方式，不同的经济运行方式对税制的要求就不同。从经济管理体制来看，分配体制是一个重要环节，税收作为一种分配形式，必须与分配体制相适应。实行什么样的经济管理体制，对税制结构都有一定的制约作用。这是因为，税收作为一种分配形式，其税种的设置与管理、税种之间的协调配合等，是在一定的经济管理体制之下进行的，必须符合经济管理体制的要求。

除上述制约因素外，不同的国家的税收的政策目标、税收征管水平、历史因素对税制结构也有一定的制约作用。

本章小结

1. 税收制度简称税制，是国家通过法定程序确定的，用以调整国家与纳税人之间税收征纳关系的规范，包括国家制定的各种税收法律、暂行条例、实施条例、实施细则及各种规范性文件等。

2. 税制要素包括征税对象、纳税人、税率、纳税环节、纳税期限、减免税和法律责任等。其中，征税对象、纳税人和税率通常被称为税收制度的三大基本要素。

3. 税制结构是指一国税收体系的整体布局和总体结构，是国家根据当时经济条件和发展要求，在特定税收制度下，由税类、税种、税制要素和征收管理层次所组成的，分别主次，相互协调、相互补充的整体系统。现代各国的税制结构主要包括以货物和劳务税为主体的税制结构、以所得税为主体的税制结构、货物劳务税与所得税并重的税制结构。

4. 税制结构的制约因素主要有社会生产力水平、社会经济结构、经济管理体制与经济运行机制以及征管水平和历史因素等。

练习与思考

一、单项选择题

1. 在税收制度的构成要素中，区分不同税种的主要标志的要素是（　　）。

A. 纳税义务人　　B. 征税对象

C. 税率　　D. 税目

2. 某税种征税对象为应税收入，采用超额累进税率，应税收入1 500元以下的，适用税率为3%；应税收入1 500～4 500元的，适用税率为10%；应税收入4 500～9 000元的，适用税率为20%。某纳税人应税收入为4 000元，则应纳税额为（　　）。

A. 125元　　B. 220元

C. 295元　　D. 600元

3. 下列税种中，征税对象与计税依据一致的有（　　）。

A. 个人所得税　　B. 耕地占用税

C. 车船税　　D. 房产税

4. 关于税收制度构成要素，下列说法正确的有（　　）。

A. 个人所得税全部采用超额累进税率，土地增值税全部采用超率

累进税率

B.纳税期限是指纳税人按照税法规定缴纳税款的期限，同一税种的纳税期限相同

C.税目是征税对象的具体化，流转税的税种均有税目

D.纳税环节是税法规定的征税对象应当缴纳税款的环节

5.对同一征税对象或同一税目，不论数额大小只规定一个百分比的税率的是（ ）。

A.比例税率　　　　B.超额累进税率

C.超率累进税率　　　　D.定额税率

6.体现课税深度的税制要素是（ ）。

A.课税对象　　　　B.税率

C.纳税人　　　　D.纳税环节

7.在我国现行的下列税种中，适用超率累进税率的是（ ）。

A.增值税　　　　B.消费税

C.土地增值税　　　　D.城市维护建设税

8.税收制度三个最基本的要素是指（ ）。

A.纳税义务人、税率、违章处理

B.纳税义务人、税目、税率

C.纳税义务人、税率、征税对象

D.纳税义务人、税率、纳税期限

9.将纳税对象中的一定数额给予减免，只就减除后的剩余部分计征税款，这一数额为（ ）。

A.起征点　　　　B.征税标准

C.减征额　　　　D.免征额

10.加成征收，简称加成，是在应纳税额的基础上加征一定成数的税额。加一成即为加应纳税额的（ ）。

A.1/10　　　　B.1/100

C.1/5　　　　D.2/5

二、多项选择题

1.比例税率是指对同一征税对象，不分数额大小，规定相同的征收比例，其在适用中又可以分为的具体形式有（ ）。

A．单一比例税率　　B．差别比例税率

C．幅度比例税率　　D．双重比例税率

2．目前关于我国税制结构的表述正确的有（　　）。

A．我国间接税占全部税收收入的比例50％左右，直接税（企业所得税、个人所得税）占全部税收收入的比例35％左右

B．我国目前税制基本上是以间接税和直接税为“双主体”的税制结构

C．以间接税为主体的税制结构的主要税种，包括增值税、营业税和消费税

D．以直接税为主体的税制结构的主要税种，包括个人所得税和企业（法人）所得税

3．减税、免税的基本形式有（　　）。

A．税基式　　B．税率式

C．税额式　　D．时间式

4．采用累进税率征收的税种有（　　）。

A．资源税　　B．土地增值税

C．个人所得税　　D．企业所得税

5．我国现行税收制度规定的基本税率形式有（　　）。

A．比例税率　　B．累进税率

C．定额税率　　D．超额累进税率

6．税制结构的制约因素有（　　）。

A．社会生产力水平

B．社会经济结构

C．经济管理体制与经济运行机制

D．征管水平和历史因素

7．税制要素包括征税对象、纳税人、税率、纳税环节、纳税期限、减免税和法律责任等。其中被称为税收制度的三大基本要素的是（　　）。

A．征税对象　　B．纳税人

C．税率　　D．纳税环节

8．现代各国的税制结构主要包括以下几种形式（　　）。

A. 以货物和劳务税为主体的税制结构

B. 以所得税为主体的税制结构

C. 以货物和劳务税与所得税并重的税制结构

D. 以行为税为主体的税制结构

9. 纳税期限是指税法规定的关于税款缴纳时间方面的限定。与纳税期限规定有关的概念包括（　　）。

A. 纳税义务发生时间　　B. 纳税计算期

C. 税款缴库期　　D. 纳税地点

10. 主体税种可能是一种税，也可能是一个税系或税类。我国现行税制主体税种有（　　）。

A. 货物和劳务税　　B. 所得税

C. 财产税　　D. 资源税

三、判断题

1. 扣缴义务人与纳税人负有相同的纳税义务。（　　）

2. 免征额就是征税对象达到一定数额开始对全部额度征税。（　　）

3. 定额税率一般适用于从价计征的商品的课税。（　　）

4. 发达国家通常是以流转税为主体的税制结构。（　　）

5. 一般地，根据税种的多寡，税制结构分为单一税制结构和复合税制结构两种不同类型。（　　）

6. 所有的税种都需要规定税目。（　　）

7. 税基又叫计税依据，是据以计算征税对象应纳税额的数量依据，是征税对象的数量表现。（　　）

8. 我国个人所得税中有3项所得采用超额累进税率。（　　）

9. 加成征收，简称加成，是在应纳税额的基础上加征一定成数的税额。每成为应纳税额的1/100。（　　）

10. 从形式上看，减免税主要包括税基式减免、税率式减免、税额式减免和时间式减免。（　　）

四、案例分析题

某税种征税对象应税收入，采用超额累进税率，应税收入1 500元以下的，适用税率为3%；应税收入1 500~4 500元的，适用税率为10%；应税收入4 500~9 000元的，适用税率为20%。某纳税人应税收入为5 000元，则应纳税额是多少？如果采用全额累进税率，其应纳税额是多少？

五、思考题

1.税制要素包括哪些？

2.超额累进税率与全额累进税率有何不同？

3.税收减免有哪些形式？

4.现代各国的税制结构模式主要有哪些？

第三章

增值税

学习目标

增值税是货物与劳务税中的一个重要税种。通过本章的学习，应了解增值税的概念、类型及特点；熟悉增值税一般纳税人、小规模纳税人、征税范围、适用税率、征收率、出口退免税及征收管理规定；掌握销项税额、进项税额及应纳税额的计算、税收优惠、进口货物征税等具体规定。

重要提示

增值税是我国目前税收体系中的核心税种，它与消费税、营业税共同构成货物与劳务税类，货物与劳务税类与所得税类是我国现行税制结构中的双主体税。

增值税是对货物即一切有形动产和部分应税劳务及部分应税服务征收的，营业税是对部分劳务和不动产及无形资产征收的，二者并列征收、互不交叉。消费税是在普遍征收增值税的基础上选择15个税目的应税消费品进行的一种交叉征收。

增值税按增值额征税，有效地排除了按销售全额计税所造成的重复征税的弊端，使税负不受生产组织结构和经营方式变化的影响，始终保持税负平衡。因此，增值税不但有利于生产向专业化协作方向发展，也不影响企业在专业化基础上的联合经营，从而有利于社会生产要素的优化配置，调整生产经营结构。

第一节　增值税概述

一、增值税的概念

增值税是1954年由法国开始实行的。它是法国为适应经济发展和财政需要，对原来征收的营业税加以改进演变而成的。一般认为，增值税是对纳税人在生产经营过程中实现的增值额征收的一种税。在我国，是指对在中国境内销售货物或提供加工、修理修配劳务以及进口货物的单位和个人，以其实现的增值额为征税对象征收的一种税。

所谓增值额，是指从事工业制造、商业经营和提供劳务过程中新创造的那部分价值。可从以下几方面理解：

（一）从理论上分析增值额

根据马克思的劳动价值理论，增值额是指劳动者在生产过程中新创造的价值额。它相当于商品价值“C + V + M”中的“V + M”部分。C是属于消耗掉的生产资料的部分，在产品销售后作为成本收回，用于购买生产资料，维持再生产的正常进行，因此它不是税收的征税对象。V是工资，是劳动者必要劳动为自己所创造的价值。M即剩余产品价值或盈利，是劳动者剩余劳动为社会所创造的剩余价值，具体可分解为利息、租金、利润等项目。V与M同属于劳动者新创造的价值，就全社会来说即国民收入。增值税就是对国民收入的初次分配，V + M就是理论上作为增值税征税对象的增值额。

（二）从货物生产经营全过程分析增值额

从一种货物经营全过程看，一件货物最终实现消费时的最后销售价格，相当于该货物从生产到销售各个生产经营环节的增值额之和。例如，某种货物从生产流通到消费要经过以下几个环节，其各个环节的销售额和增值额详见表3-1。

从表3-1中可以看出，该货物各个生产经营环节的销售额，正好与

表3-1　　**销售额和增值额的关系**　　单位：元

产销阶段	销售金额	购入金额	增值额
采　矿	40	0	40
冶　炼	100	40	60
机械制造	300	100	200
批　发	400	300	100
零　售	480	400	80
合　计			480

各环节累计增值额相等，即一种货物的最后销售价格是由各个经营环节的增值额组成的。

（三）从一个生产经营单位分析增值额

就一个生产经营单位而言，增值额是这个单位的货物销售额或经营收入额扣除非增值性项目金额后的余额。从理论上讲，非增值性项目主要是转移到商品价值中去的原材料、燃料、动力、包装物、低值易耗品和固定资产折旧等。

（四）从税收征管实际分析增值额

就税收征管实际而言，增值额是指货物或劳务的销售额扣除法定外购项目金额后的余额。

需要指出的是，上述增值额仅仅是一种理论上的增值额，在现实生活中，各个国家基于特定的社会经济、财政状况及其税收政策考虑，所规定的法定增值额与理论增值额一般是不一致的。因此，实行增值税的国家，据以征税的增值额都是一种法定增值额，并非理论上的增值额。

【知识点应用】

增值税是以（　　）为征税对象征收的一种税。

A.营业额　　B.增值额

C.销售额　　D.收益额

【答案】B

二、增值税的类型

目前，国际上凡实施增值税的国家对于纳税人生产过程中所耗费的非固定资产项目，如外购原材料、燃料、零部件、动力、包装物等都一律允许扣除，因为这些不是本环节新创造的价值，理应全部扣除，这是符合增值税基本原理的。但对于购入的固定资产，如厂房、机器、设备等是否允许扣除，如何扣除，则不尽相同。增值税也因对固定资产的不同处理分为三种不同的类型。

（一）消费型增值税

消费型增值税就是在征收增值税时，允许将购置的用于生产的固定资产的价值或已纳税款一次性全部扣除。这些固定资产虽然在以前经营环节已经征过税，但是当购入作为“资本资产”使用时，允许将已纳税金全部扣除，也就是说，纳税企业用于生产的全部外购生产资料都不在课税之列。这样，从全社会来看，增值税的征税对象只相当于消费资料的部分，故称消费型增值税。西方发达国家多实行这种类型的增值税。其目的在于彻底消除重复课税的因素，鼓励投资，加速设备更新。

（二）收入型增值税

收入型增值税就是在征收增值税时，只允许扣除固定资产的当期折旧部分的价值或已纳税款。这样，从全社会来看，课税的依据相当于国民收入，故称为收入型增值税。这种类型的增值税，同消费型增值税相类似，也允许对生产用的固定资产进行扣除，只是扣除的时间和方法不同。

（三）生产型增值税

生产型增值税，就是在征收增值税时，不允许扣除固定资产的价值或已纳税款。这样，从全社会来看，课税的依据既包括消费资料，也包括生产资料，相当于同期的固定资产和各种消费品的生产总值之和，即课征的范围与国民生产总值相一致，故称为生产型增值税。由于扣除范围中不包括固定资产，所以，生产型增值税仍在一定程度带有阶梯式流转税的弊端，并且会人为地提高新投资的成本，影响纳税人投资的积极性。但是，生产型增值税对资本有机构成低的行业或企业和劳动密集型的生产有利，因此，在经济不发达的一些国家多选择生产型增值税。

综上分析可以看出，作为增值税计税依据的增值额，在“生产型”和“收入型”两种增值税制下，并非纯增值额“v+m”，而是法定增值额。

我国自1984年开始实施增值税一直采用生产型增值税。2004年7月1日起，在东北、中部等部分地区先后进行增值税转型改革试点，取得了预期成效。为扩大国内需求，降低企业设备投资的税收负担，促进企业技术进步、产业结构调整和转变经济增长方式，自2009年1月1日起，在全国所有地区、所有行业推行增值税转型改革，实行消费型增值税。

【知识点应用】

按照外购固定资产处理方式不同，作为课税基数的法定增值额最少的增值税类型是（　　）。

A.生产型增值税　　B.收入型增值税

C.支出型增值税　　D.消费型增值税

【答案】D

三、增值税的特点

（一）具有税不重征的特点

增值税只对增值额征税，也就是按照货物和劳务的增值额为计税依据，即按照货物和劳务的销售收入额中属于本单位新创造而未征过税的那部分销售额征税，这与按货物销售全额、劳务收入全额征收的其他流转税形成最显著的区别。所以，增值税能有效地排除传统流转税重复征税和税负不平等的弊端，解决了由于生产流通环节多少的不同而造成的税负不同的矛盾。

（二）具有道道征税的特点

增值税就各个生产流通环节道道征税，是一种多环节连续性课征的税种。它的征收范围可以延伸到生产、流通的各个领域，体现普遍征收的原则。同时，一种货物从生产到最后进入消费，每经过一道环节就征一道税，因此从生产经营的全过程看，具有道道征税的特点。

（三）具有税负公平的特点

增值税税负不受货物生产、经营环节和结构变化的影响，也就是说一种货物，只要最后销售价格相同，不论它经过生产、经营环节的多与少，其所纳的增值税额总是相同的，即售价相同、税负相同，体现了公平税负，有利于平等竞争。

（四）具有价外计征的特点

增值税实行价外税，即税金不包含在销售价格内，把税款同价格分开，使企业的成本核算不受税收的影响。货物或应税劳务的增值税税款，由纳税人向购买方收取，可以更鲜明地体现增值税的转嫁性质。同时，实行价外计征，为使用专用发票注明税款抵扣制奠定了基础。在零售环节出售商品和对消费者提供劳务时，为符合我国群众的消费心理，价格和税金虽不分开标明，但这时的税金仍然是价外税。

【知识点应用】

一种货物的最后售价等于该货物各生产流通环节的（　　）之和。

A.销售额　　　　B.增值额

C.增值税　　　　D.利润额

【答案】B

四、增值税的计税方法

（一）直接计税法

直接计税法就是指根据法定增值额和适用税率直接计算应纳增值税额的方法。其计算公式如下：

应纳增值税额=法定增值额×增值税税率

直接计税法中，因法定增值额的计算方法不同，又分为“加法”和“减法”两种。

1.加法

加法又称分配法，是指将纳税人在一定时期内生产经营活动中新增加的价值额逐项相加，求出增值额，据以计算应纳增值税额的方法。其计算公式为：

增值额=工资+利息+租金+利润+其他增值项目金额

以上方法，由于增值因素与非增值因素不易划分，使得增值额计算复杂，难以计算准确，因而实际工作中很少采用。

2.减法

减法又称扣额法，是指以纳税人的销售额减去生产经营过程中外购的非增值项目后的余额为增值额，据以计算应纳增值税额的方法。其计算公式为：

增值额=销售额－法定扣除额

（二）间接计税法

间接计税法又称扣税法，是指按纳税人的销售额乘以适用税率，再减去法定扣除项目的已纳税金，求出应纳增值税额的方法。其计算公式如下：

应纳增值税额=销售额×增值税税率－法定扣除项目已纳税金

这种方法既能排除重叠征税，又能避开直接计算增值额的繁琐，且能体现课税对象的整体税负，为大多数实行增值税的国家所采用。

我国现行增值税采用购进扣税法，即在计算进项税额时，按当期购进货物已纳税额计算。在实际征收中，通过购进货物取得的增值税专用发票或其他合法扣税凭证所列税款进行抵扣。

知识拓展

增值税自1954年在法国开征以来，因其有效地解决了传统销售税的重复征税问题，迅速被世界其他国家采用。目前，已有170多个国家和地区开征了增值税，征税范围大多覆盖所有货物和劳务。我国1979年引入增值税，最初仅在襄樊、上海、柳州等城市对机器机械等5类货物试行。1984年国务院发布增值税条例（草案），在全国范围内对机器机械、汽车、钢材等12类货物征收增值税。1994年税制改革，将增值税征税范围扩大到所有货物和加工修理修配劳务，对其他劳务、无形资产和不动产征收营业税。为了鼓励投资、促进技术进步，在地区试点的基础上，2009年1月1日在全国范围内实施增值税转型改革，由原来的生产型增值税转型为消费型增值税，将机器设备纳入增值税抵扣范围。2011年11月17日，财政部、国家税务总局就有关营业税改征增值税试点改革文件公布，明确规定从2012年1月1日起在上海市交通运输业和部分现代服务业开展营业税改征增值税的试点改革，2013年8月1日起，营业税改征增值税（简称为“营改增”）在全国范围实施，首先交通运输业和部分现代服务业营业税改征增值税；2014年1月1日起邮政业营业税改征增值税；2014年6月1日起电信业营业税改征增值税。2015年计划全面完成营业税改征增值税，范围扩大到全行业。

第二节　增值税基本制度

一、增值税纳税人

（一）纳税义务人的一般规定

增值税的纳税人为在中华人民共和国境内销售货物或者提供应税劳务和应税服务以及进口货物的单位和个人。

上述纳税人概念中所称中华人民共和国境内销售货物，是指销售货物起运地或所在地在我国境内；所称的境内提供劳务或服务，是指所提供的应税劳务或服务发生在我国境内；所称单位，是指企业、行政单位、事业单位、军事单位、社会团体和其他单位；个人是指个体工商户和其他个人。单位租赁或承包给其他单位和个人经营的，以承租人或承包人为纳税人。

（二）一般纳税人和小规模纳税人的划分

从理论上讲，所有纳税人都应当实行规范化增值税的计算方法即发票扣税法。凭发票注明税款抵扣进项税额的制度实行的范围越广，就越能充分发挥增值税的优越性。但是，规范化增值税的计算方法要求纳税人具备健全的会计核算制度和能力。但在实践中，有许多纳税人由于会计核算不健全，难以实行规范化增值税的计税方法。为了既有利于增值税的推行，又便于简化征收、加强征管，将增值税的纳税人以会计核算水平和经营规模大小这两个标准为依据划分为一般纳税人和小规模纳税人，分别采取不同的增值税计税方法。

1.一般纳税人的认定

一般纳税人是指年应征增值税销售额超过税法规定的小规模纳税人标准的企业和企业性单位。具体包括以下几类：

（1）从事货物生产或提供应税劳务的纳税人，以及以从事货物生产或提供应税劳务为主，并兼营货物批发或零售的纳税人，年应税销售额在50万元以上的。

（2）从事货物批发或零售的纳税人，年应税销售额在80万元以上的。

（3）从事应税服务的纳税人，年应税销售额在500万元以上的。

（4）新开业的符合一般纳税人条件的企业，应在办理税务登记的同时申请办理一般纳税人认定手续。

（5）符合一般纳税人资格认定标准的纳税人应当向其机构所在地的县（市、区）主管税务机关申请一般纳税人资格认定。一般纳税人总分支机构不在同一县（市、区）的，应分别向其机构所在地主管税务机关申请办理一般纳税人认定手续。

（6）为了加强对加油站成品油销售的征收管理，从2002年1月1日起，对从事成品油销售的加油站，无论其年应税销售额是否超过80万元，一律按增值税一般纳税人征税。

（7）年应税销售额不低于30万元的小规模企业如果有会计，有账簿，能够正确计算销项税额、进项税额和应纳税额，并能按规定报送有关税务资料，经企业申请，可以认定为一般纳税人。

2.小规模纳税人的认定

小规模纳税人是指年应征增值税销售额在规定标准以下，并且会计核算不健全，不能按规定报送有关税务资料的增值税纳税人，具体包括：

（1）从事货物生产或提供应税劳务的纳税人，以及以从事货物生产或提供应税劳务为主，并兼营货物批发或零售的纳税人，年应税销售额在50万元以下的（含本数）。

（2）从事货物批发或零售的纳税人，年应税销售额在80万元以下的（含本数）。

（3）从事应税服务的纳税人，年应税销售额在500万元以下（含本数）。

（4）年应税销售额超过小规模纳税人标准的其他个人按小规模纳税人纳税。

（5）非企业性单位、不经常发生应税行为的企业可选择按小规模纳税人纳税。

从1998年7月起，凡年应税销售额在180万元（现为80万元）以下的小规模商业企业、企业性单位，以及以从事货物批发或零售为主并兼营货物生产或提供应税劳务的企业、企业性单位，无论财务核算是否健全，一律不得认定为一般纳税人。

【知识点应用】

按照现行规定，下列各项中必须被认定为小规模纳税人的是（　　）。

A.年应税销售额60万元的汽车修理厂

B.年不含税销售额90万元以上的从事货物批发的纳税人

C.年不含税销售额为80万元以下，会计核算制度不健全的从事货物零售的纳税人

D.非企业性单位

【答案】C

（三）增值税的扣缴义务人

扣缴义务人是指依法负有代扣代缴税款义务的人。增值税税法规定，境外的单位或个人在境内销售应税劳务或应税服务而在境内未设有经营机构的，其应纳税款以代理人为扣缴业务人；没有代理人的，以购买者为扣缴义务人。

二、增值税征税范围

（一）征税范围的一般规定

增值税的征税范围是指在中华人民共和国境内销售货物、提供应税劳务或应税服务以及进口的货物。

1.销售货物

销售货物是指有偿转让货物的所有权。货物是指除土地、房屋和其他建筑物等不动产之外的有形动产，包括电力、热力和气体在内。凡是把货物的所有权交给购买方，并从购买方取得货币、货物或其他经济利益，都属于销售货物。

在境内销售货物，是指销售货物的起运地或者所在地在中国境内。

2.提供应税劳务

提供应税劳务，是指有偿提供加工、修理修配劳务。加工，是指受托加工货物，即委托方提供原料及主要材料，受托方按照委托方的要求制造货物并收取加工费，加工后货物的所有权仍归属委托方的业务；修理修配，是指受托对损伤和丧失功能的货物进行修复，使其恢复原状和功能的业务。单位或者个体工商户聘用的员工为本单位或雇主提供加工、修理修配劳务，不包括在内。

在境内提供的加工、修理修配劳务，是指所提供的加工、修理修配劳务发生在中国境内。

3.提供应税服务

（1）交通运输业，具体包括：陆路运输服务，含铁路运输、公路运输、缆车运输、索道运输及其他陆路运输；水路运输服务，含远洋运输的程租、期租业务；航空运输服务，含航空运输的湿租业务；管道运输服务，含通过管道输送气体、液体、固体物质的运输服务。

（2）邮政业，具体包括：邮政普遍服务，含函件、包裹等邮件寄递，以及邮票发行、报刊发行和邮政汇兑等业务活动；邮政特殊服务，含义务兵平常信函、机要通信、盲人读物和革命烈士遗物的寄递等业务活动；其他邮政服务，含邮册等邮品销售、邮政代理等业务活动。

（3）电信业，具体包括：基础电信服务，含固网、移动网、互联网等服务；增值电信服务，含利用固网、移动网、互联网等提供的服务。

（4）部分现代服务业，具体包括：研发和技术服务，含研发服务、技术转让服务、技术咨询服务、合同能源管理服务、工程勘察勘探服务；信息技术服务，含软件服务、电路设计及测试服务、信息系统服务和业务流程管理服务；文化创意服务，含设计服务、商标著作权转让服务、知识产权服务、广告服务和会议展览服务；物流辅助服务，含航空服务、港口码头服务、货运客运场站服务、打捞救助服务、货物运输代理服务、代理报关服务、仓储服务和装卸搬运服务；有形动产租赁服务，含有形动产融资租赁和有形动产经营性租赁及远洋运输的光租业务、航空运输的干租业务；鉴证咨询服务，含认证服务、鉴证服务和咨询服务；广播影视服务，含广播影视节目（作品）的制作服务、发行服务和播映（含放映）服务。

4.进口货物

进口货物是指报关进口的有形动产。

【知识点应用】

根据我国现行增值税法规的规定，纳税人提供下列劳务应当缴纳增值税的有（　　）。

A.汽车的租赁　　B.汽车的修理

C.房屋的修理　　D.受托加工白酒

【答案】BD

【知识点应用】

下列服务项目中，属于营改增应税服务的有（　　）。

A.代理记账　　B.互联网接入

C.搬家服务　　D.场地租赁

【答案】ABC

（二）征税范围的特殊规定

1.特殊项目

（1）货物期货（包括商品期货和贵金属期货），应当征收增值税；纳税环节为期货的实物交割环节。交割时由期货交易所开具发票的，以期货交易所为纳税人。由供货的会员单位直接将发票开给购货会员单位的，以供货会员单位为纳税人。

（2）银行销售金银的业务，应当征收增值税。

（3）典当业的死当物品销售业务和寄售业代委托人销售寄售物品的业务，均应征收增值税。

（4）企业接受出版单位委托，自行购买纸张，印刷有统一刊号（CN）以及采用国际标准书号编序的图书、报纸和杂志，按货物销售征收增值税。

（5）电梯销售与维修：对企业销售电梯（购进的）并负责安装及保养、维修取得的收入，一并征收增值税；对不从事电梯生产、销售，只从事电梯保养和维修的专业公司对安装运行后电梯进行的保养、维修收取的收入，征收营业税。

（6）电力公司向发电企业收取的过网费，应当征收增值税。

2.特殊行为

（1）视同销售货物的行为。

销售货物的重要标志是有偿转让货物的所有权。但在实际的生产经营活动中，会出现转让货物不发生所有权转移或者不是以直接有偿形式进行，这些形式的货物转移行为，都要视同销售征收增值税，主要包括：

①将货物交付其他单位或者个人代销。

②销售代销货物。

③设有两个以上机构并实行统一核算的纳税人，将货物从一个机构移送至其他机构用于销售，但相关机构设在同一县（市）的除外。

④将自产、委托加工的货物用于非增值税应税项目。

⑤将自产、委托加工的货物用于集体福利或者个人消费。

⑥将自产、委托加工或者购买的货物作为投资，提供给其他单位或个体工商户。

⑦将自产、委托加工或者购买的货物分配给股东或者投资者。

⑧将自产、委托加工或者购买的货物无偿赠送其他单位或者个人。

⑨视同应税服务，单位和个体工商户向其他单位或个人无偿提供应税服务，但以公益活动为目的或以社会公众为对象的除外。

（2）混合销售行为。

一项销售行为，如果同时涉及货物和非增值税应税劳务，为混合销售行为。非增值税应税劳务是指属于应缴营业税征收范围的劳务。

按照税法规定，对于从事货物的生产、批发或零售的企业、企业性单位以及个体工商户，包括以从事货物的生产、批发或零售为主，兼营非应税劳务或非应税服务的企业、企业性单位和个体工商户的混合销售行为，视为销售货物，应纳入增值税的征税范围。对其他单位和个人的混合销售行为，视为销售非应税劳务，不征收增值税。

（3）兼营非增值税应税劳务行为。

纳税人在生产经营活动中，既存在属于增值税征收范围的销售货物或提供应税劳务及服务的行为，又存在不属于增值税征收范围的提供非应税劳务及服务的行为，且二者之间没有直接的联系或从属关系，不是一项销售行为，这种行为就是兼营非增值税应税劳务行为。

纳税人兼营非增值税应税劳务的，应分别核算货物或增值税应税劳务和非增值税应税劳务的销售额，分别计算征收增值税和营业税；未分别核算的，由主管税务机关核定货物或者应税劳务的销售额。

实行这一政策的主要目的是简化增值税的计算征收、督促企业真实地核算和反映增值税、营业税各自的销售额。

综上可以看出，我国现行增值税的征税范围是广泛的。从征收环节来看，它包括了货物从生产到消费的各个流转环节；从征收对象来看，它包括了除不动产、无形资产及个别免税货物以外的所有货物和个别劳务，充分体现了增值税普遍调节和普遍组织财政收入的功能。今后，随着我国经济特别是第三产业的发展，增值税的征税范围还将逐步扩大。

【知识点应用】

某装饰材料销售公司，5月3日向某客户销售了价值10 000元的复合地板，由该公司所属的装修队负责安装，收取安装费1 000元，由该公司统一向客户开具金额为11 000元的发票。请问此项业务属于（　　）。

A.销售货物行为　　B.加工、修理修配劳务

C.混合销售行为　　D.兼营非应税劳务行为

【答案】C

知识拓展

财政部、国家税务总局于2011年11月16日颁发财税[2011]110号文件，正式公布了营业税改征增值税试点方案及相关文件，明确从2012年1月1日起在上海市交通运输业和部分现代服务业开展营业税改征增值税试点的有关问题。

这次改革是继2009年全面实施增值税转型之后，货物劳务税收制度的又一次重大改革，也是一项重要的结构性减税措施。改革将有助于消除目前对货物和劳务分别征收增值税与营业税所产生的重复征税问题，通过优化税制结构和减轻税收负担，为深化产业分工和加快现代服务业发展提供良好的制度支持，有利于促进经济发展方式转变和经济结构调整。

全国范围内改革试点的进程和主要内容为：2013年8月1日，交通运输业和部分服务业纳入营改增范围；2014年1月1日，铁路运输和邮政业纳入营改增范围；2014年6月1日，电信业纳入营改增范围。同时在原增值税17%和13%两档税率的基础上，新增设11%和6%两档低税率，即纳税人提供交通运输服务、邮政服务、基础电信服务适用11%的增值税税率，纳税人提供现代服务业服务（有形动产租赁服务之外）、增值电信服务适用6%的增值税税率。现行增值税一般纳税人向试点纳税人购买服务，可抵扣进项税额；试点纳税人原适用的营业税差额征税政策，试点期间可以延续；原归属试点地区的营业税收入，改征增值税后仍归属试点地区。

三、增值税税率与征收率

为了适应社会主义市场经济发展的要求，增值税税率设计的总原则是中性和简便的原则。现行增值税实行比例税率，税率适用于一般纳税人，共设4档17%、13%、11%、6%；征收率适用于小规模纳税人和采用简易办法征收增值税的一般纳税人。

（一）税率

1.基本税率17%

纳税人销售或进口货物，除另有规定者外，均适用基本税率。

纳税人提供加工、修理修配劳务（即应税劳务）适用基本税率。

纳税人提供有形动产租赁服务适用基本税率。

2.低税率13%

纳税人销售或者进口下列货物适用低税率征税：（1）粮食、食用植物油（包括橄榄油）、鲜奶。（2）自来水、暖气、冷气、热水、煤气、石油液化气、天然气、沼气、居民用煤炭制品。（3）图书、报纸、杂志。（4）饲料、化肥、农药、农机、农膜。（5）国务院及其有关部门规定的其他货物，包括：农产品（种植业、养殖业、林业、牧业、水产业生产的各种植物、动物的初级产品）；音像制品（正式出版的录有内容的录音带、录像带、唱片、激光唱盘和激光视盘）；电子出版物；二甲醚；食用盐；干姜、姜黄。

3.低税率11%

纳税人提供交通运输服务、邮政服务、基础电信服务适用11%的增值税税率。

4.低税率6%

纳税人提供现代服务业服务（有形动产租赁服务之外）、增值电信服务适用6%的增值税税率。

（二）零税率

零税率制是国家鼓励出口的一项优惠措施，纳税人出口的货物，国家另有规定的除外，税率为零。纳税人出口的货物，如果该货物在生产流通环节已经缴纳了增值税，则应全部退还。

税率为零不是简单地等同于免税。出口货物免税仅指在出口环节不征收增值税，而零税率是指对出口货物除了在出口环节不征增值税外，还要对该产品在出口前已经缴纳的增值税进行退税，使该出口产品在出口时完全不含增值税税款，从而以无税产品进入国际市场。当然我国目前并非对全部出口产品都完全实行零税率。我们根据经济形势的变化和调节出口产品结构规定了出口退税率，对大部分出口产品实行零税率，对某些出口产品也并非完全实行零税率。

（三）征收率

1.小规模纳税人的征收率

考虑到小规模纳税人经营规模小，且会计核算不健全，难以按上述增值税税率计税和使用增值税专用发票抵扣进项税额，因此对小规模纳税人销售货物、提供应税劳务或应税服务，适用简易办法计算缴纳增值税，征收率为3%。

2.一般纳税人的征收率

一般纳税人销售自产的以下列举货物，可选择按照简易办法依照3%征收率征收增值税：

（1）县级及县级以下小型水力发电单位生产的电力。

（2）建筑用和生产建筑材料用的砂、土、石料。

（3）以自己采掘的砂、土、石料或其他矿物连续生产的砖、瓦、石灰（不含黏土实心砖、瓦）。

（4）用微生物、微生物代谢产物、动物毒素、人或动物的血液或组织制成的生物制品。

（5）自来水。

（6）商品混凝土（仅限于以水泥为原料生产的水泥混凝土）。

（7）属于增值税一般纳税人的单采血浆站销售非临床用人工血液。

一般纳税人选择简易办法计算缴纳增值税后，36个月内不得变更。

3. 销售特定货物的征收率

一般纳税人销售下列货物，暂按简易办法依照3%征收率征收增值税：

（1）寄售商店代销寄售物品（包括居民个人寄售的物品在内）。

（2）典当业销售死当物品。

（四）特殊规定

1. 纳税人销售自己使用过的物品

（1）一般纳税人销售自己使用过的物品按照下列政策执行：①一般纳税人销售自己使用过的除固定资产以外的物品，按照适用税率征收增值税；②一般纳税人销售自己使用过2009年1月1日以前购进或者自制的固定资产，按照简易办法计算：在2014年7月1日前，依照4%征收率减半征收增值税；在2014年7月1日后，依3%征收率减按2%征收增值税。③一般纳税人销售自己使用过2009年1月1日以后购进或者自制的固定资产，按照适用税率征收增值税。

（2）小规模纳税人销售自己使用过的物品按照下列政策执行：①小规模纳税人销售自己使用过的固定资产，减按2%征收率征收增值税。②小规模纳税人销售自己使用过的固定资产以外的物品，按3%的征收率征收增值税。

2. 纳税人销售旧货

纳税人销售旧货，按照简易办法征收增值税。旧货是指进入二次流通的具有部分使用价值的货物（含旧汽车、旧摩托车、旧游艇），但不包括自己使用过的物品。

一般纳税人和小规模纳税人销售旧货，按照简易办法依照3%征收率减按2%征收增值税，其销售额和应纳税额为：

销售额=含税销售额÷（1+3%）

应纳税额=销售额×2%

【知识点应用】

某企业（一般纳税人）于2014年1月将一辆自己使用过3年的设备（未抵扣增值税），以10万元的价格售出，其正确的税务处理方法是（　　）。

A.按2%简易办法计算应纳增值税

B.按4%简易办法计算应纳增值税

C.按4%简易办法减半计算应纳增值税

D.应纳增值税为1 923元

【答案】CD

（五）混业经营适用税率的规定

1.纳税人兼营不同税率的货物或应税劳务的适用税率

纳税人兼营不同税率的货物或者应税劳务，应当分别核算不同税率货物或者应税劳务的销售额。未分别核算或不能准确核算销售额的，从高适用税率。

2.纳税人兼营应征增值税的非应税劳务的适用税率

纳税人销售不同税率货物或应税劳务，并兼营应一并征收增值税的非应税劳务的，其非应税劳务应从高适用税率。

四、增值税的税收优惠

现行增值税减免税的范围大大缩小，减免税的权限高度集中，只有国务院才有权规定减免税项目，其他任何部门和地区均不得规定减免税项目。

（一）增值税的法定减免

1.农业生产者销售的自产农业产品。具体是指直接从事种植业、养殖业、林业、牧业、水产业的单位和个人销售自产的属于税法规定范围的农业产品。免征增值税的农业产品必须符合两个条件：一是农业生产者自己生产的初级农业产品；二是农业生产者自己销售的初级农业产品。

2.避孕药品和用具。

3.古旧图书。是指向社会收购的古书和旧书。

4.直接用于科学研究、科学试验和教学的进口仪器、设备。

5.外国政府、国际组织无偿援助的进口物资和设备。

6.由残疾人组织直接进口供残疾人专用的物品。

7.销售的自己使用过的物品（指其他个人自己使用过的物品）。

（二）增值税的其他减免

1.对资源综合利用、再生资源、鼓励节能减排等方面的优惠规定。

（1）对再生水、以废旧轮胎为全部生产原料生产的胶粉、翻新轮胎、污水处理劳务等免征增值税。

（2）销售以工业废气为原料生产的高纯度二氧化碳产品、以垃圾为燃料生产的电力或者热力、以煤炭开采过程中伴生的舍弃物油母页岩为原料生产的页岩油等自产货物，实行即征即退政策。

（3）对销售退役军用发射药为原料生产的涂料硝化棉粉、以煤矸石、煤泥、石煤、油母页岩为燃料生产的电力和热力、利用风力生产的电力等自产货物，实行即征即退50%的政策。

2.蔬菜流通环节（包括批发、零售）免征增值税。

3.粕类产品，豆粕属征税饲料，其他粕类饲料免征增值税。

4.制种企业生产销售种子，属于农业生产者销售自产农业产品，免征增值税。

5.纳税人生产销售和批发、零售有机肥产品免征增值税。

6.按债转股企业与金融资产管理公司签订的债转股协议，债转股原企业将货物资产作为投资提供给债转股新公司的，免征增值税。

7.节能服务公司将项目中的货物转让给用能企业，免征增值税。

8.销售自产利用太阳能生产的电力产品，增值税即征即退50%。

9.对小微企业优惠：

自2013年8月1日起，对小微企业中月销售额不超过2万元的增值税小规模纳税人和营业税纳税人，暂免征收增值税和营业税。

自2014年10月1日至2017年12月31日，对月销售额2万元至3万元的增值税小规模纳税人和营业税纳税人暂免征收增值税和营业税。

10.延续宣传文化增值税的优惠政策：

2013年1月1日至2017年12月31日，对指定出版物在出版环节增值税先征后退100%、50%；免征图书批发、零售增值税。

11.对电影产业的税收优惠：

对电影制片企业销售电影拷贝（含数字拷贝）、转让版权取得的收入，电影发行企业取得的电影发行收入，电影放映企业在农村的电影放映收入，自2014年1月1日至2018年12月31日免征增值税。

凡是税法规定为免税项目的，对用于免税项目的购进货物或应税劳务的进项税额都不能抵扣。纳税人兼营免税项目的，应当单独核算免税项目的销售额；未单独核算销售额的不得免税。

纳税人销售货物或者应税劳务适用免税规定的，可以放弃免税，依照条例规定缴纳增值税。放弃免税后，36个月内不得再申请免税。

（三）增值税起征点的规定

税法规定，纳税人销售额未达到规定的增值税起征点的，免征增值税。增值税起征点的幅度规定如下：

1.销售货物的起征点为月销售额5 000～20 000元。

2.销售应税劳务的起征点为月销售额5 000～20 000元。

3.按次纳税的起征点为每次（日）销售额300～500元。

其中，销售额是指不含税销售额。纳税人以价税合并收取方式实现的销售额，需换算成不含增值税的销售额。增值税起征点的适用范围仅限于个人。

第三节 增值税的计算

一、一般纳税人应纳税额的计算

我国现行增值税一般纳税人应纳税额的计税方法为国际上通行的购进扣税法，即先按当期销售额和适用税率计算出销项税额，然后对当期购进项目已经缴纳的税款进行抵扣，从而间接计算出对当期增值额部分的应纳税额。

增值税一般纳税人销售货物、提供应税劳务或应税服务的应纳税额，应该等于当期销项税额抵扣当期进项税额后的余额。具体计算公式为：

应纳税额＝当期销项税额－当期进项税额

（一）销项税额的确定

销项税额是指纳税人销售货物、提供应税劳务或应税服务，按照应税销售额和规定税率计算并向购买方收取的增值税税额。其含义：一是销项税额是计算出来的，对销售方来讲，在没有依法抵扣其进项税额前，销项税额不是其应纳增值税额，而是销售货物或应税劳务和服务的整体税负。二是销售额是不含销项税的销售额，是从购买方收取的，体现了价外税性质。其计算公式为：

销项税额＝应税销售额×税率

或　　　＝组成计税价格×税率

1.一般销售方式下销售额的确定

（1）销售额的一般规定。

销售额为纳税人销售货物、提供应税劳务或应税服务向购买方收取的全部价款和价外费用。特别强调的是，尽管销项税额也是销售方向购买方收取的，但是增值税采用价外计税方式，用不含税价作为计税依据，因而销售额中不包括向购买方收取的销项税额。

价外费用，包括价外向购买方收取的手续费、补贴、基金、集资费、返还利润、奖励费、违约金、滞纳金、延期付款利息、赔偿金、代收款项、代垫款项、包装费、包装物租金、储备费、优质费、运输装卸费以及其他各种性质的价外收费。上述价外费用无论其会计制度如何核算，都应并入销售额计税。

但下列项目不包括在销售额中：

①向购买方收取的销项税额。

②受托加工应征消费税的货物，而由受托方向委托方代收代缴的消费税。

③同时符合以下条件的代垫运费：即承运部门的运费发票开具给购货方，并且由纳税人将该项发票转交给购货方的。

④同时符合以下条件代为收取的政府性基金或者行政事业性收费：由国务院或者财政部批准设立的政府性基金；由国务院或者省级人民政府及其财政、价格主管部门批准设立的行政事业性收费；收取时开具省级以上财政部门印制的财政票据；所收款项全额上缴财政。

⑤销售货物的同时代办保险等而向购买方收取的保险费，以及向购

买方收取的代购买方缴纳的车辆购置税、车辆牌照费。

（2）不含税销售额的换算。

增值税是价外税，纳税人向购买方销售货物、提供应税劳务或应税服务所收取的价款中不应包含增值税税款。但在现实生活中，经常出现一般纳税人将销售货物、提供应税劳务或应税服务的销售额和销项税额合并定价的现象，另外零售行业的一般纳税人也以价税合计金额标示货物零售价格，从而形成含税销售额。这样，在计算应纳增值税税额时，应将含增值税的销售额换算成不含税的销售额。换算公式为：

不含税销售额=含税销售额÷（1＋增值税税率）

【知识点应用】

某工业企业（一般纳税人）当月销售货物取得不含税收入500 000元，销售时向购买方收取手续费、包装费1 170元，代购买方支付给承运部门运输费1 500元，取得运输部门开具的普通发票，发票已转交给购买方。计算当月计税销售额。

【答案】

计税销售额=500 000+1 170÷（1+17%）=501 000（元）

（3）混合销售和兼营非应税劳务销售额的确定。

应征增值税的混合销售行为，其销售额为货物销售额与非应税劳务的营业额的合计，销售货物（包括增值税应税劳务）的销售额根据实际情况来判断含税与否；非应税劳务的营业额应视为含税收入，在并入销售额时应将其换算为不含税收入再并入销售额。

与混合销售的销售额的确定方法相同，对纳税人兼营非应税劳务的且按规定应当征收增值税的，其销售额为货物或应税劳务与非应税劳务的销售额合计。

（4）视同销售行为销售额的确定。

纳税人销售货物、应税劳务或应税服务的价格明显偏低且无正当理由的，或者是纳税人发生了视同销售货物的行为，而无销售额的，主管税务机关有权核定其销售额。其确定顺序及方法如下：

①按纳税人最近时期同类货物的平均销售价格确定；

②按其他纳税人最近时期同类货物的平均销售价格确定；

③按组成计税价格确定。其计算公式为：

组成计税价格＝成本×（1＋成本利润率）

属于应征消费税的货物，其组成计税价格应加上消费税税额。计算公式为：

组成计税价格＝成本×（1＋成本利润率）＋消费税额

$$\text{或}\quad =\frac{\text{成本}\times(1+\text{成本利润率})+\text{定额消费税}}{1-\text{消费税税率}}$$

公式中的“成本”分为两种情况：属于销售自产货物的为实际生产成本；属于销售外购货物的为实际采购成本。

公式中的“成本利润率”为10%。但属于应征收消费税的货物，其组成计税价格公式中的成本利润率为国家税务总局确定的全国平均成本利润率（详见第四章消费税中的表4-3）。

【知识点应用】

某针织厂2014年7月份将自产的针织内衣发给本厂职工作为福利，共发放A型内衣100套，每套不含税售价150元；发放B型内衣200套，无同类产品售价，已知制作B型内衣的成本为36 000元，成本利润率为10%，计算其应纳增值税的销项税额。

【答案】

增值税的销项税额=100×150×17%＋36 000×（1＋10%）×17%=9 282（元）

（5）以外币结算销售额的确定。

销售额以人民币计算。纳税人以人民币以外的货币结算销售额的，应当折合成人民币计算。人民币折合率可以选择销售额发生的当天或者当月1日的人民币汇率中间价。纳税人应事先确定采用何种折合率，确定后1年内不得变更。

2.特殊销售方式的销售额的确定

在市场竞争过程中，纳税人会采取某些特殊、灵活的销售方式销售货物，以求扩大销售、占领市场。这些特殊销售方式及销售额的确定方法是：

（1）采用折扣方式销售货物。

折扣方式销售通常有折扣销售、销售折扣和销售折让三种方式。

折扣销售是指销货方在销售货物、应税劳务或应税服务时，因购货方购货数量较大等原因，而给予购货方的价格优惠。纳税人采取折扣方式销售货物，如果销售额和折扣额同在一张发票上分别注明的，可以按折扣后的销售额征收增值税；如果将折扣额另开发票，不论其在财务上如何处理，均不得从销售额中减除折扣额。

销售折扣是指销售方在销售货物、提供应税劳务或应税服务时，为鼓励购货方及时还款而给予的一种折扣优待。销售折扣是一种融资性质的理财费用，不能从销售额中减除。折扣销售仅限于货物价格的折扣，不包括实物折扣，若将货物用于实物折扣，则该实物货款应视同销售计算应纳增值税额。

销售折让是指货物销售后，由于品种、质量等原因购货方虽未退货，但销售方给予购货方的一种价格折让，销售折让允许在销售额中扣除。

【知识点应用】

某新华书店批发图书一批，每册标价20元，共计1 000册，由于购买方购买数量较多，按七折优惠价格成交，并将折扣部分与销售额同开在一张发票上。10日内付款，给予2%折扣，购买方如期付款。请计算该书店增值税的销项税额。

【答案】

计税销售额=20×70%×1 000÷（1＋13%）=12 389.38（元）

销项税额=12 389.38×13%=1 610.62（元）

（2）采用以旧换新方式销售货物。

以旧换新是指纳税人在销售自己的货物时，有偿收回旧货物的行为。因为销售货物和收购货物是两个不同的业务活动，销售额与收购额不能相互抵减，为了防止出现销售额不实、减少纳税的现象，税法规定，纳税人采取以旧换新方式销售货物的，应按新货物的同期销售价格确定销售额，不得扣减旧货物的收购价格（但金银首饰除外，金银首饰按实际收到的全部价款征收增值税）。

【知识点应用】

某电视机厂为增值税一般纳税人，生产某种电视机产品，本月采用以旧换新方式促销，销售该电视机700台，每台旧电视机作价585（含税）元，按照出厂价扣除旧货收购价实际取得不含税收入800 000元，计算该电视机厂增值税的销项税额。

【答案】

销项税额=[800 000＋700×585÷（1＋17%）]×17%=195 500（元）

（3）采用还本销售方式销售货物。

还本销售是指纳税人在销售货物后，到一定期限由销售方一次或分次退还给购货方全部或部分价款。这种方式实际上是筹集资金的方法——以货物换取资金的使用价值，到期还本不付息。税法规定，纳税人采取还本销售货物的，其销售额就是货物的销售价格，不得从销售额中减除还本支出。

【知识点应用】

某钢琴厂为增值税一般纳税人，本月采取还本销售方式销售钢琴，开具普通发票20张，共收取货款25万元。企业以扣除还本准备金后的23万元作销售处理，其增值税的计税销售额为多少？

【答案】

25÷（1＋17%）=21.37（万元）

（4）采用以物易物方式销售货物。

以物易物是一种较为特殊的购销活动，是指购销双方不是以货币结算，而是以同等价款的货物相互结算，实现货物购销的一种方式。以物易物双方都应作购销处理，以各自发出的货物核算销售额并计算销项税额，以各自收到的货物核算购货额并计算进项税额。

【知识点应用】

某烟厂本月销售雪茄烟300箱给各专卖店，取得不含税销售收入600万元；以雪茄烟40箱换回小轿车2辆、大货车1辆。计算其增值税的销项税额是多少？

【答案】

销项税额=（600＋600÷300×40）×17%=115.6（万元）

（5）包装物押金的处理。

纳税人为销售货物而出租出借包装物收取的押金，如果单独记账核算，且没有逾期，则不并入销售额征税，但对逾期（以一年为期限）的包装物押金，无论是否退还均并入销售额征税。这里需注意两个问题：一是逾期包装物押金都视为含税收入，需换算成不含税价再并入销售额征税；二是征税税率按照所包装货物的适用税率。

另外，包装物押金不同于包装物租金，包装物租金在销货时作为价外费用并入销售额计算销项税额。从1995年6月1日起，对销售除啤酒、黄酒以外的其他酒类产品而收取的包装物押金，无论是否逾期，均应并入当期销售额征税。对销售啤酒、黄酒所收取的押金，按上述一般押金的规定处理。

【知识点应用】

某酒厂为一般纳税人。本月向一小规模纳税人销售白酒，并开具普通发票上注明金额93 600元；同时收取单独核算的包装物押金2 000元（尚未逾期），计算此业务酒厂应确认的销项税额。

【答案】

销项税额＝（93 600＋2 000）÷（1＋17%）×17%＝13 890.6（元）

3.营改增纳税人销售额的确定

（1）融资租赁：经中国人民银行、商务部、银监会批准从事融资租赁业务的试点纳税人提供有形动产融资租赁服务：

提供融资性售后回租的有形动产租赁：以取得的全部价款和价外费用，扣除向承租方收取的有形动产价款本金，以及对外支付的借款利息（包括外汇借款和人民币借款利息）、发行债券利息后的余额为销售额。

提供除融资性售后回租以外的有形动产租赁：以取得的全部价款和价外费用，扣除支付的借款利息（包括外汇借款和人民币借款利息）、发行债券利息、安装费、保险费和车辆购置税后的余额为销售额。

（2）电信业：中国移动通信集团公司、中国联合网络通信集团有限公司、中国电信集团公司及其成员单位通过手机短信公益特服号为公益性机构接受捐款服务，以其取得的全部价款和价外费用，扣除支付给公益性机构捐款后的余额为销售额。

（3）航空运输服务：销售额不包括代收的机场建设费和代售其他航空运输企业客票而代收转付的价款。

（4）现代服务：

客运场站服务：销售额为取得的全部价款和价外费用扣除支付给承运方运费后的余额，从承运方取得的增值税专用发票注明的增值税，不得抵扣。

提供知识产权代理服务、货物运输代理服务、代理报关服务，以取得的全部价款和价外费用，扣除向委托方收取并代为支付的政府性基金或行政事业性收费（不得开具增值税专用发票）后的余额为销售额。

国际货物代理运输：销售额为取得的全部价款和价外费用扣除支付给国际运输企业的国际运输费后的余额。

纳税人从全部价款和价外费用中扣除价款，应当取得符合法律、行政法规和国家税务总局规定的有效凭证。否则不得扣除。

（二）进项税额的确定

进项税额是纳税人购进货物或接受应税劳务所支付或负担的增值税额，它与销售方收取的销项税额相对应。实际负担的进项税要根据配比原则确认是否可以扣除。

1.准予从销项税额中抵扣的进项税额

（1）从销售方取得的增值税专用发票上注明的增值税额。

（2）从海关取得的海关进口增值税专用缴款书上注明的增值税额。

（3）购进免税农产品进项税额的抵扣。

增值税一般纳税人向农业生产者购买的免税初级农产品，或者向小规模纳税人购买的初级农产品，准予按照农产品收购发票或者销售发票上注明的农产品买价和13%的扣除率计算进项税额，从当期销项税额中扣除。计算公式为：

进项税额=买价×扣除率（13%）

对烟叶税纳税人按规定缴纳的烟叶税，准予并入烟叶产品的买价计算增值税的进项税额，并在计算缴纳增值税时予以抵扣。具体计算方法如下：

烟叶收购金额 = 收购价款×（1 + 10%），10%为价外补贴

应纳烟叶税税额 = 收购金额×20%

烟叶进项税额 = （收购金额 + 烟叶税）×13%

一般纳税人从农业合作社购进的免税农产品，可按13%的扣除率计算可以抵扣的增值税进项税额。

【知识点应用】

某卷烟厂2014年6月收购烟叶生产卷烟，收购凭证上注明价款50万元，并向烟叶生产者支付了价外补贴。计算该卷烟厂6月份收购烟叶可抵扣的进项税额。

【答案】

可抵扣进项税额=50×（1 + 10%）×（1 + 20%）×13%=8.58（万元）

（4）接受境外提供的应税服务。

接受境外单位或者个人提供的应税服务，从税务机关或者境内代理人取得的解缴税款的中华人民共和国税收缴款凭证（以下称税收缴款凭证）上注明的增值税额。

（5）信托资金融资。

自2010年10月1日起，项目运营方利用信托资金融资进行项目建设开发，在项目建设期内取得的增值税专用发票和其他抵扣凭证，允许其按现行增值税有关规定予以抵扣。

（6）资产重组。

增值税一般纳税人在资产重组过程中，将全部资产、负债和劳动力一并转让给其他增值税一般纳税人，并按程序办理注销税务登记的，其在办理注销登记前尚未抵扣的进项税额可以结转至新纳税人处抵扣。

（7）增值税一般纳税人购置税控收款机所支付的增值税税额，准予在该企业当期的增值税销项税额中抵扣。

在确定进项税额时应当注意，纳税人购进货物或者应税劳务，取得的增值税扣税凭证不符合法律、行政法规或者国务院税务主管部门有关规定的，其进项税额不得从销项税额中抵扣。所称增值税扣税凭证，是指增值税专用发票、海关进口增值税专用缴款书、农产品收购发票和农

产品销售发票，以及运输单位开具的套印全国统一发票监制章的货票。

2.不得从销项税额中抵扣的进项税额

下列项目的进项税额不得从销项税额中抵扣，应将其计入相关项目的成本。

（1）用于简易计税方法计税项目、用于非增值税应税项目、免征增值税项目、集体福利或者个人消费的购进货物或者应税劳务。

所称购进货物，不包括既用于增值税应税项目也用于简易计税方法计税项目、非增值税应税项目、免征增值税项目、集体福利或者个人消费的固定资产。

所称固定资产，是指使用期限超过12个月的机器、机械、运输工具以及其他与生产经营有关的设备、工具、器具等。

所称非增值税应税项目，是指提供非增值税应税劳务、转让无形资产、销售不动产和不动产在建工程。不动产是指不能移动或者移动后会引起性质、形状改变的财产，包括建筑物、构筑物和其他土地附着物。纳税人新建、改建、扩建、修缮、装饰不动产，均属于不动产在建工程。

所称个人消费，包括纳税人的交际应酬消费。

值得注意的是，纳税人发生的混合销售行为，按照规定应当一并缴纳增值税的，该混合销售行为所涉及的非增值税应税劳务所用购进货物的进项税额，符合税法规定的，准予从销项税额中抵扣。

（2）非正常损失的购进货物及相关的应税劳务。

所称非正常损失，是指因管理不善造成被盗、丢失、霉烂变质的损失。

（3）非正常损失的在产品、产成品所耗用的购进货物或者应税劳务。

（4）纳税人自用的应征消费税的摩托车、汽车、游艇，2013年8月1日之前其进项税额不得从销项税额中抵扣；之后可以抵扣。

（5）原增值税一般纳税人接受营改增试点纳税人提供的应税服务，下列项目的进项税额不得从销项税额中抵扣：

①用于简易计税方法计税项目、非增值税应税项目、免征增值税项目、集体福利或者个人消费，其中涉及的专利技术、非专利技术、商

誉、商标、著作权、有形动产租赁，仅指专用于上述项目的专利技术、非专利技术、商誉、商标、著作权、有形动产租赁；

②接受的旅客运输服务；

③与非正常损失的购进货物相关的交通运输业服务；

④与非正常损失的在产品、产成品所耗用购进货物相关的交通运输业服务。

【知识点应用】

下列行为中，涉及的进项税额不得从销项税额中抵扣的是（　　）。

A.将外购的货物用于本单位集体福利

B.将外购的货物分配给股东和投资者

C.将外购的货物无偿赠送给其他个人

D.将外购的货物作为投资提供给其他单位

【答案】A

（6）一般纳税人兼营免税项目或者非增值税应税劳务而无法划分不得抵扣的进项税额的，按下列公式计算不得抵扣的进项税额：

$$\text{不得抵扣的进项税额}=\text{当月无法划分的全部进项税额}\times\text{当月免税项目销售额、非增值税应税劳务营业额合计}\div\text{当月全部销售额、营业额合计}$$

【知识点应用】

某制药厂（增值税一般纳税人）3月份销售抗生素药品取得不含税收入100万元，销售免税药品60万元，当月购入生产用原材料一批，取得增值税专用发票上注明税款6.8万元，抗生素药品与免税药品无法划分耗料情况，计算该制药厂当月应纳增值税。

【答案】

本月可以抵扣的进项税额=6.8－6.8×60÷160=4.25（万元）

本月应纳增值税税额=100×17%－4.25=12.75（万元）

3.进项税额转出

一般纳税人购进货物、提供应税劳务或应税服务，在“当期”抵扣了进项税额之后，如果事后改变用途，发生上述不得抵扣的进项税额情形的，需要进行进项税额转出处理。应当将该项购进货物、应税劳务或应税服务的进项税额从当期的进项税额中扣减；无法确定该项进项税额的，按当期实际成本计算应扣减的进项税额。

【知识点应用】

某自行车厂2月自产的10辆自行车被盗，每辆成本为300元（材料成本占65%），每辆对外不含税销售额为420元，请计算本月进项税额的转出额。

【答案】

进项税额转出额=10×300×65%×17%=331.5（元）

（三）应纳税额的计算

1.计算销项税额的时间界定

增值税纳税人销售货物、提供应税劳务或应税服务后，什么时间计算销项税额关系到当期销项税额的大小。关于销项税额的确定时间，总的原则是：销项税额的确定不得滞后。税法对销售货物、应税劳务或应税服务应计算销项税额的具体时间界定做了具体规定，详见本章第五节 增值税的征收管理中“一、增值税纳税义务发生时间”。

2.进项税额抵扣的时间界定

（1）2010年1月1日以后开具的增值税专用发票、公路内河货物运输业统一发票和机动车销售统一发票，应在开具之日起180日内到税务机关办理认证，并在认证通过的次月申报期内，向主管税务机关申报抵扣进项税额。

（2）实行海关进口增值税专用缴款书“先比对后抵扣”管理办法的增值税一般纳税人取得2010年1月1日以后开具的海关缴款书，应在开具之日起180日内向主管税务机关报送《海关完税凭证抵扣清单》申请稽核比对。

未实行海关缴款书“先比对后抵扣”管理办法的增值税一般纳税人取得2010年1月1日以后开具的海关缴款书，应在开具之日起180日后的第一个纳税申报期结束以前，向主管税务机关申报抵扣进项税额。

3.进项税额大于销项税额的处理

如果当前销项税额小于当期进项税额不足抵扣时，其不足部分可以结转到下期继续抵扣。

4.销货退回或折让及进货退出或折让的税务处理

增值税一般纳税人因销售货物退回或者折让而退还给购买方的增值税额，应从发生销售货物退回或者折让当期的销项税额中扣减；因购进货物退出或者折让而收回的增值税额，应从发生购进货物退出或者折让当期的进项税额中扣减。

5.增值税一般纳税人应纳税额计算例示

【例3-1】某生产企业为增值税一般纳税人，适用增值税税率17%，2014年5月的有关生产经营业务如下：

（1）销售甲产品给某大商场，开具增值税专用发票，取得不含税销售额80万元；另外，开具普通发票，取得销售甲产品的送货运输费收入5.85万元。

（2）销售乙产品，开具普通发票，取得含税销售额29.25万元。

（3）将试制的一批应税新产品用于本企业基建工程，成本价为20万元，成本利润率为10%，该新产品无同类产品市场销售价格。

（4）销售2013年1月购进作为固定资产使用过的进口摩托车5辆，开具普通发票，每辆取得含税销售额1.17万元；该摩托车原值每辆0.9万元。

（5）购进货物取得增值税专用发票，注明支付的货款60万元，进项税额10.2万元；另外支付购货的运输费用6万元，取得运输公司开具的普通发票。

（6）向农业生产者购进免税农产品一批，支付收购价30万元，支付给运输单位的运费5万元，取得相关的合法票据。本月下旬将购进的农产品的20%用于本企业职工福利。

以上相关票据均符合税法的规定。请按下列顺序计算该企业5月应缴纳的增值税税额。

（1）计算销售甲产品的销项税额；

（2）计算销售乙产品的销项税额；

（3）计算自用新产品的销项税额；

（4）计算销售使用过的摩托车应纳税额；

（5）计算外购货物应抵扣的进项税额；

（6）计算外购免税农产品应抵扣的进项税额；
（7）计算该企业5月份合计应缴纳的增值税额。

【解析】

（1）销售甲产品的销项税额=80×17%＋5.85÷（1＋17%）×17%
=14.45（万元）

（2）销售乙产品的销项税额=29.25÷（1＋17%）×17%＝4.25（万元）

（3）自用新产品的销项税额=20×（1＋10%）×17%＝3.74（万元）

（4）未抵扣过进项的摩托车，销售时按4%减半征收增值税

销售使用过的摩托车应纳税额=1.17÷（1＋4%）×4%÷2×5＝0.11（万元）

（5）外购货物应抵扣的进项税额=10.2＋6×7%＝10.62（万元）

（6）外购免税农产品应抵扣的进项税额＝（30×13%＋5×7%）×（1－20%）=3.4（万元）

（7）该企业5月份应缴纳的增值税额=14.45＋4.25＋3.74＋0.11－10.62－3.4
=8.53（万元）

二、小规模纳税人应纳税额的计算

按照税法规定，小规模纳税人销售货物、提供应税劳务或应税服务，实行简易办法计算应纳增值税。依照增值税计税销售额（不含增值税的销售额）和规定的征收率计算应纳税额，不得抵扣进项税额。其计算公式为：

应纳税额＝不含税销售额×征收率

其中，“不含税销售额”的内容与一般纳税人关于销售额的解释一致，即销售货物、提供应税劳务或应税服务向购买方收取的全部价款和价外费用，但不包括按征收率向购买方收取的增值税税额。但由于小规模纳税人在销售货物、提供应税劳务或应税服务时，一般只能开具普通发票，其取得的销售额一般为含税销售额，所以在计算应纳增值税时，应按下列方式换算为不含税销售额：

不含税销售额＝含税销售额÷（1＋征收率）

小规模纳税人因销货退回或折让退还给购买方的销售额，应从发生销货退回或折让当期的销售额中扣减。

小规模纳税人购置税控收款机，经主管税务机关审核批准后，可凭购进税控收款机取得的增值税专用发票，按照发票上注明的增值税额，

抵免当期应纳增值税额，或者按照购进税控收款机取得的普通发票上注明的价款计算可抵免税额。

可抵免税额=价款÷（1+17%）×17%

当期应纳税额不足抵免的，未抵免部分可在下期继续抵免。

【知识点应用】

某商业零售企业为增值税小规模纳税人，2015年4月购进货物取得普通发票，共计支付金额120 000元；本月销售货物取得零售收入共计150 000元，另外取得包装费8 080元。本月还销售自己使用过的旧车一辆，取得收入45 000元。请计算该企业9月份应缴纳的增值税。

【答案】

该企业本月应纳增值税为：

158 080÷（1+3%）×3%+45 000÷（1+3%）×2%=5 478.06（元）

三、进口货物应纳税额的计算

税法规定，只要是报关进口的应税货物，不论其是国外产制还是我国已出口而转销国内的货物，是进口者自行采购还是国外捐赠的货物，是进口者自用还是作为贸易或其他用途等，均应按照规定缴纳进口环节的增值税。

纳税人进口货物，按照组成计税价格和税法规定的税率计算应纳税额，不得抵扣进项税额。组成计税价格和应纳税额的计算公式为：

应纳税额=组成计税价格×税率

组成计税价格=关税完税价格+关税+消费税

或 $$=\frac{\text{关税完税价格}\times(1+\text{关税税率})+\text{定额消费税}}{1-\text{消费税税率}}$$

进口货物的增值税由海关代征，并负责向进口人开具进口增值税完税凭证。

【知识点应用】

某商场2015年2月进口货物一批。该批货物在国外的买价40万元，运抵我国海关前发生的包装费、运输费、保险费等共计20万元。货物报关后，商场按规定缴纳了进口环节的增值税并取得了海关开具的完税凭证。假定该批进口货物在国内全部销售，取得不含税销售额80万元。

计算该批货物进口环节、国内销售环节分别应缴纳的增值税税额（货物进口关税税率为15%，增值税税率为17%）。

【答案】

（1）关税的组成计税价格：40+20=60（万元）

（2）应缴纳进口关税：60×15%=9（万元）

（3）进口环节应纳增值税的组成计税价格：60+9=69（万元）

（4）进口环节应缴纳增值税的税额：69×17%=11.73（万元）

（5）国内销售环节的销项税额：80×17%=13.6（万元）

（6）国内销售环节应缴纳增值税税额：13.6－11.73=1.87（万元）

第四节　增值税出口货物退（免）税

为了鼓励本国货物出口，增强本国出口货物在国际市场上的竞争能力，使出口货物不受税收因素影响，各国普遍采用出口货物退（免）税政策。我国对出口货物，在遵循“征多少、退多少”、“未征不退和彻底退税”基本原则的基础上，实行免税和退税相结合的政策。

一、出口货物退（免）税基本政策

我国对出口货物退（免）税的基本政策分为以下三种形式：

（一）出口免税并退税

出口免税，是指对出口货物在出口环节免征增值税。出口退税，是指对出口货物在出口前实际承担的税款，按规定退还给出口企业。对有进出口经营权的生产企业自营出口的自产货物、生产企业委托外贸企业代理出口的自产货物、外贸企业自营出口和委托其他外贸企业代理出口的货物，除另有规定者外，给予退（免）税。

（二）出口免税但不退税

对某些出口货物，免征出口环节的增值税，但不退税。适用这一政策的，一般是因为货物在出口前的诸环节是免税的，所以，在出口环节无须退税。同时，国家出于某种政策考虑，规定某些出口货物适用免税但不退税的政策。目前，对小规模纳税人自营和委托出口的货物，以及一些特定的出口货物，免征增值税，但不予退税。

（三）出口不免税也不退税

对某些出口货物，按照内销货物的征收办法照章征税，不免税也不退税。适用这一政策的主要是税法列举限制或禁止出口的货物等。

二、出口货物的退税率

出口货物退税率是出口货物的实际退税额与退税计税依据的比例。出口退税率应当与税率保持一致，但考虑到出口结构和税负情况，现行的部分出口货物退税率与税率并不一致。目前，我国出口货物增值税退税率主要有17%、16%、15%、13%、9%、5%六档。

三、出口退税的计算

我国现行出口货物退（免）税计算方法有两种：一种是“免、抵、退”税计算方法，主要适用于自营和委托代理出口自产货物的生产企业；另一种是“先征后退”计算方法，主要适用于收购货物出口的外贸企业。增值税小规模纳税人出口自产货物实行免征增值税的办法。

（一）“免、抵、退”税计算方法

“免”税，是指对出口的自产货物，免征增值税；“抵”税，是指出口自产货物所耗用的原材料、零部件、燃料、动力等所含应予退还的进项税额，抵顶内销货物的应纳税额；“退”税，是指出口的自产货物在当月内应抵顶的进项税额大于应纳税额时，对未抵顶完的部分予以退税。

“免、抵、退”税的计算，按下列程序和方法进行：

（1）计算当期免抵退税不得免征和抵扣税额

在出口货物征税率与退税率不一致的情况下，计算不予退税和不予抵扣的税额。

$$\text{免抵退税不得免征和抵扣税额} = \text{当期出口货物离岸价} \times \text{外汇人民币牌价} \times (\text{出口货物征税率} - \text{出口货物退税率}) - \text{免抵退税不得免征和抵扣税额抵减额}$$

其中：

免抵退税不得免征和抵扣税额抵减额=免税购进原材料价格×（出口货物征税率－出口货物退税率）

免税购进原材料，包括从国内购进免税原材料和进料加工免税进口料件，其中进料加工免税进口料件的价格为组成计税价格。

进料加工免税进口料件的组成计税价格=货物到岸价+海关实征关税+海关实征消费税

（2）计算当期应纳税额

当期应纳税额=当期内销货物的销项税额－（上期留抵税额+当期进项税额－当期免抵退税不得免征和抵扣税额）

如果计算结果为正数，则为内销货物销项税额与所有进项税额相抵后的应纳税额，也就是说，是内销货物应纳税额与出口货物退税额抵顶后的应纳税额。

如果计算结果为负数，则为内销货物销项税额与所有进项税额相抵后，尚未抵扣完的进项税额，也就是说，是内销货物应纳税额与出口货物退税额抵顶后，尚未抵顶完的进项税额。

（3）计算免抵退税额

免抵退税额，是指按出口货物离岸价计算的应退税额。

免抵退税额=出口货物离岸价×外汇人民币牌价×出口货物退税率－免抵退税额抵减额

其中：

免抵退税额抵减额=免税购进原材料价格×出口货物退税率

出口货物离岸价（FOB）以出口发票计算的离岸价为准。

（4）计算当期应退税额和当期免抵税额

如果第（2）项“当期应纳税额”为正数，则其为当期应纳税额；当期退税额为0；免抵税额等于当期免抵退税额。

如果第（2）项“当期应纳税额”为负数，则其为内销货物销项税额尚未抵扣完的进项税额，即退税前的期末留抵税额。此时，应分别以下两种情况确定退税额和免抵税额。

第一种：退税前的期末留抵税额小于或等于当期免抵退税额。

当期退税额=退税前的期末留抵税额

当期免抵税额=当期免抵退税额－当期退税额

【知识点应用】

某生产企业（有进出口经营权）本期有关资料如下：报关离境出口货物离岸价折合人民币840万元。国内销售货物取得销售额（不含税）250万元人民币。购进生产经营用货物和应税劳务，按法定扣税凭证确定的进项税额为136万元。不动产在建工程领用生产用材料，实际成本50万元，该材料在购进时已取得增值税专用发票。

该企业各类货物适用的增值税税率均为17%，且无免税购进货物；出口退税率为13%；请计算该企业“免、抵、退”税额。

【答案】

（1）不得免征或不得抵扣税额=840×（17%－13%）=33.60（万元）

（2）当期应纳税额=250×17%－（136－50×17%－33.60）=－51.40（万元）

（3）当期免抵退税额=840×13%=109.20（万元）

（4）因退税前的期末留抵税额51.40万元小于当期免抵退税额109.20万元，故当期实际应退税额为51.40万元

当期免抵税额=109.20－51.40=57.80（万元）

第二种：退税前的期末留抵税额大于当期免抵退税额。

当期退税额=当期免抵退税额

当期免抵税额=0

留待下期抵扣税额=退税前的期末留抵税额–当期退税额

【知识点应用】

某生产企业（有进出口经营权）本期有关资料如下：报关离境出口货物离岸价折合人民币420万元。国内销售货物取得销售额（不含税）250万元人民币。购进生产经营用货物和应税劳务，按法定扣税凭证确定的进项税额为136万元。上期留抵税额10万元。

该企业各类货物适用的增值税税率均为17%，且无免税购进货物；出口退税率为13%；该企业采用“免、抵、退”办法办理出口货物退（免）税。

请计算该企业“免、抵、退”税额。

【答案】

（1）不得免征或不得抵扣税额=420×（17%－13%）=16.80（万元）

（2）当期应纳税额=250×17%－（10+136－16.8）=－86.70（万元）

（3）当期免抵退税额=420×13%=54.60（万元）

（4）因退税前的期末留抵税额86.70万元大于当期免抵退税额54.60万元，故当期实际应退税额为54.60万元。

当期免抵税额=0

留待下期抵扣税额=86.70－54.60=32.10（万元）

（二）"先征后退"计算方法

外贸企业以及实行外贸企业财务制度的工贸企业收购货物出口，其出口销售环节的增值税免征；其收购货物的成本部分，因外贸企业在支付收购货款的同时也支付了生产经营该类商品的企业已纳的增值税款，因此，在货物出口后按收购成本与退税税率计算退税退还给外贸企业，征、退税之差计入企业成本。

外贸企业出口货物增值税的计算应依据购进出口货物增值税专用发票上所注明的进项金额和退税税率计算。

应退税额=外贸收购不含增值税购进金额×退税税率

出口从小规模纳税人购进由税务机关代开增值税专用发票的货物，按下列公式计算退税：

应退税额=增值税专用发票注明的买价金额×退税率

退税率按增值税专用发票上注明的征收率或者国家有关规定执行。

外贸企业委托生产企业加工收回后报关出口的货物，按购进国内原辅料取得的增值税专用发票上注明的买价金额，依原辅料的退税率计算原辅料应退税额；支付的加工费，按受托方开具的专用发票所列计税金额和退税率计算加工费的应退税额。

第五节　增值税的征收管理

一、增值税纳税义务发生时间

（一）销售货物、应税劳务或应税服务纳税义务发生时间

纳税人销售货物、应税劳务或应税服务，增值税纳税义务发生时间为收讫销售款项或者取得索取销售款项凭据的当天；先开具发票的，为开具发票的当天。

按销售结算方式不同，具体确定如下：

1.采取直接收款方式销售货物，不论货物是否发出，均为收到销售款或者取得索取销售款凭据的当天。

2.采取托收承付和委托银行收款方式销售货物，为发出货物并办妥托收手续的当天。

3.采取赊销和分期收款方式销售货物，为书面合同约定的收款日期的当天，无书面合同的或者书面合同没有约定收款日期的，为货物发出的当天。

4.采取预收货款方式销售货物，为货物发出的当天，但生产销售生产工期超过12个月的大型机械设备、船舶、飞机等货物，为收到预收款或者书面合同约定的收款日期的当天。

5.委托其他纳税人代销货物，为收到代销单位的代销清单或者收到全部或者部分货款的当天。未收到代销清单及货款的，为发出代销货物满180天的当天。

6.销售应税劳务，为提供劳务同时收讫销售款或者取得索取销售款的凭据的当天。

7.发生视同销售货物行为第（3）项至第（8）项的，为货物移送的当天。

8.提供应税服务的纳税义务发生时间

（1）提供应税服务的纳税义务发生时间为收讫销售款或取得索取销售款凭据的当天。先开具发票的，为开具发票的当天。

收讫销售款项，是指纳税人提供应税服务过程中或者完成后收到款

项；取得索取销售款项凭据的当天，是指书面合同确定的付款日期的当天；未签订书面合同或者书面合同未确定付款日期的，为应税服务完成的当天。

（2）纳税人提供有形动产租赁服务采取预收款方式的，其纳税义务发生时间为收到预收款的当天。

（3）纳税人发生视同提供应税服务的，其纳税义务发生时间为应税服务完成的当天。

（二）进口货物纳税义务发生时间

纳税人进口货物，增值税纳税义务发生时间为报关进口的当天。

（三）扣缴义务发生时间

增值税扣缴义务发生时间为纳税人增值税纳税义务发生的当天。

【知识点应用】

根据《增值税暂行条例》及其实施细则的规定，采取预收货款方式销售货物，增值税纳税义务的发生时间是（　　）。

A.销售方收到第一笔货款的当天

B.销售方收到剩余货款的当天

C.销售方发出货物的当天

D.购买方收到货物的当天

【答案】C

二、增值税纳税期限

增值税的纳税期限分别为1日、3日、5日、10日、15日、1个月或者1个季度。纳税人的具体纳税期限，由主管税务机关根据纳税人应纳税额的大小分别核定；不能按照固定期限纳税的，可以按次纳税。

纳税人以1个月或者1个季度为1个纳税期的，自期满之日起15日内申报纳税；以1日、3日、5日、10日或者15日为1个纳税期的，自期满之日起5日内预缴税款，于次月1日起15日内申报纳税并结清上月应纳税款。

值得注意的是，以1个季度为1个纳税期的规定仅适用于小规模纳税人。小规模纳税人的具体纳税期限，由主管税务机关根据其应纳税额的大小分别核定。

扣缴义务人解缴税款的期限，依照上述规定执行。

纳税人进口货物，应当自海关填发海关进口增值税专用缴款书之日起15日内缴纳税款。

三、增值税纳税地点

（一）固定业户应当向其机构所在地的主管税务机关申报纳税。总机构和分支机构不在同一县（市）的，应当分别向各自所在地的主管税务机关申报纳税；经国务院财政、税务主管部门或者其授权的财政、税务机关批准，可以由总机构汇总向总机构所在地的主管税务机关申报纳税。

（二）固定业户到外县（市）销售货物或者应税劳务，应当向其机构所在地的主管税务机关申请开具外出经营活动税收管理证明，并向其机构所在地的主管税务机关申报纳税；未开具证明的，应当向销售地或者劳务发生地的主管税务机关申报纳税；未向销售地或者劳务发生地的主管税务机关申报纳税的，由其机构所在地的主管税务机关补征税款。

（三）非固定业户销售货物或者应税劳务，应当向销售地或者劳务发生地的主管税务机关申报纳税；未向销售地或者劳务发生地的主管税务机关申报纳税的，由其机构所在地或者居住地的主管税务机关补征税款。

（四）纳税人进口货物，应当向报关地海关申报纳税。

【知识点应用】

下列各项中，不符合有关增值税纳税地点规定的是（　　）。

A.进口货物，应当由进口人或其代理人向报关地海关申报纳税

B.非固定业户销售货物或者提供应税劳务，应当向销售地或劳务发生地主管税务机关申报纳税

C.非固定业户销售货物的，向其机构所在地缴纳税款

D.固定业户到外县（市）销售货物未向销售地主管税务机关申报纳税的，由其机构所在地主管税务机关补征税款

【答案】C

四、增值税专用发票的使用和管理

为加强增值税征收管理，规范增值税专用发票（简称专用发票）使用行为，国家税务总局重新修订了《增值税专用发票使用规定》，自2007年1月1日试行。

（一）专用发票的基本规定

专用发票是增值税一般纳税人销售货物或者提供应税劳务开具的发票，是购买方支付增值税额并可按照增值税有关规定据以抵扣增值税进项税额的凭证。

1.防伪税控系统

一般纳税人应通过增值税防伪税控系统（简称防伪税控系统）使用专用发票。使用，包括领购、开具、缴销、认证纸质专用发票及其相应的数据电文。

防伪税控系统，是指经国务院同意推行的，使用专用设备和通用设备、运用数字密码和电子存储技术管理专用发票的计算机管理系统。

专用设备，是指金税卡、IC卡、读卡器和其他设备。

通用设备，是指计算机、打印机、扫描器具和其他设备。

2.专用发票联次

专用发票由基本联次或者基本联次附加其他联次构成。基本联次为3联：发票联、抵扣联和记账联。发票联，作为购买方核算采购成本和增值税进项税额的记账凭证；抵扣联，作为购买方报送主管税务机关认证和留存备查的凭证；记账联，作为销售方核算销售收入和增值税销项税额的记账凭证。其他联次用途，由一般纳税人自行确定。

3.最高开票限额管理

专用发票实行最高开票限额管理。最高开票限额，是指单份专用发票开具的销售额合计数不得达到的上限额度。

最高开票限额由一般纳税人申请，税务机关依法审批。最高开票限额为10万元及以下的，由区县级税务机关审批；最高开票限额为100万元的，由地市级税务机关审批；最高开票限额为1 000万元及以上的，由省级税务机关审批。防伪税控系统的具体发行工作由区县级税务机关负责。

一般纳税人申请最高开票限额时，需填报《最高开票限额申请表》。

（二）专用发票的领购与开具

1.专用发票的领购

一般纳税人凭《发票领购簿》、IC卡和经办人身份证明领购专用发票。

一般纳税人有下列情形之一的，不得领购开具专用发票。

（1）会计核算不健全，不能向税务机关准确提供增值税销项税额、进项税额、应纳税额数据及其他有关增值税税务资料的。其他有关增值税税务资料的内容，由省、自治区、直辖市和计划单列市国家税务局确定。

（2）有《中华人民共和国税收征收管理法》（以下简称《税收征管法》）规定的税收违法行为，拒不接受税务机关处理的。

（3）有下列行为之一，经税务机关责令限期改正而仍未改正的：①虚开增值税专用发票；②私自印制专用发票；③向税务机关以外的单位和个人买取专用发票；④借用他人专用发票；⑤未按本规定开具专用发票；⑥未按规定保管专用发票和专用设备，即有下列情形之一的：未设专人保管专用发票和专用设备；未按税务机关要求存放专用发票和专用设备；未将认证相符的专用发票抵扣联、《认证结果通知书》和《认证结果清单》装订成册；未经税务机关查验，擅自销毁专用发票基本联次；⑦未按规定申请办理防伪税控系统变更发行；⑧未按规定接受税务机关检查。

有上列情形的，如已领购专用发票，主管税务机关应暂扣其结存的专用发票和IC卡。

2.专用发票的开具

（1）开具范围。《增值税暂行条例》规定，一般纳税人销售货物或者应税劳务，应向购买方开具增值税专用发票。

商业企业一般纳税人零售的烟、酒、食品、服装、鞋帽（不包括劳保专用部分）、化妆品等消费品不得开具专用发票。

增值税小规模纳税人需要开具专用发票的，可向主管税务机关申请代开。

销售免税货物不得开具专用发票，法律法规及国家税务总局另有规定的除外。

（2）开具要求。增值税专用发票的开具要求如下：①项目齐全，与实际交易相符；②字迹清楚，不得压线、错格；③发票联和抵扣联加盖财务专用章或者发票专用章；④按照增值税纳税义务的发生时间开具。对不符合上述要求的专用发票，购买方有权拒收。

一般纳税人销售货物或者提供应税劳务可汇总开具专用发票。汇总开具专用发票的，同时使用防伪税控系统开具“销售货物或者提供应税劳务清单”，并加盖财务专用章或者发票专用章。

3.发生销货退回或开票有误等情形的处理

（1）一般纳税人在开具专用发票当月，发生销货退回、开票有误等情形，收到退回的发票联、抵扣联符合作废条件的，按作废处理；开具时发现有误的，可即时作废。

同时具有下列情形的，即为所称的作废条件：一是收到退回的发票联、抵扣联时间未超过销售方开票当月；二是销售方未抄税（抄税，即报税前用IC卡或者IC卡和软盘抄取开票数据电文）并且未记账；三是购买方未认证或者认证结果为“纳税人识别号认证不符”、“专用发票代码、号码认证不符”。

作废专用发票须在防伪税控系统中将相应的数据电文按“作废”处理，在纸质专用发票（含未打印的专用发票）各联次上注明“作废”字样，全联次留存。

（2）一般纳税人开具增值税专用发票后，发生销货退回、销售折让以及开票有误等情况需要开具红字专用发票的，视不同情况分别按以下办法处理。

①因专用发票抵扣联、发票联均无法认证的，由购买方填报“开具红字增值税专用发票申请单”（以下简称申请单），并在申请单上填写具体原因以及相对应蓝字专用发票的信息，主管税务机关审核后出具“开具红字增值税专用发票通知单”（以下简称通知单）。购买方不作进项税额转出处理。

②购买方所购货物不属于增值税扣税项目范围，取得的专用发票未经认证的，由购买方填报申请单，并在申请单上填写具体原因以及相对应蓝字专用发票的信息，主管税务机关审核后出具通知单。购买方不作进项税额转出处理。

③因开票有误购买方拒收专用发票的，销售方须在专用发票认证期限内向主管税务机关填报申请单，并在申请单上填写具体原因以及相对应蓝字专用发票的信息，同时提供由购买方出具的写明拒收理由、错误具体项目以及正确内容的书面材料，主管税务机关审核确认后出具通知单。销售方凭通知单开具红字专用发票。

④因开票有误等原因尚未将专用发票交付购买方的，销售方须在开具有误专用发票的次月内向主管税务机关填报申请单，并在申请单上填写具体原因以及相对应蓝字专用发票的信息，同时提供由销售方出具的写明具体理由、错误具体项目以及正确内容的书面材料，主管税务机关审核确认后出具通知单。销售方凭通知单开具红字专用发票。

⑤发生销货退回或销售折让的，除按照规定进行处理外，销售方还应在开具红字专用发票后将该笔业务的相应记账凭证复印件报送主管税务机关备案。

税务机关为小规模纳税人代开专用发票需要开具红字专用发票的，比照一般纳税人开具红字专用发票的处理办法，通知单第二联交代开税务机关。

（三）报税与缴销

1.报税

报税，是纳税人持IC卡或者IC卡和软盘向税务机关报送开票数据电文。

一般纳税人开具专用发票，应在增值税纳税申报期内向主管税务机关报税，在申报所属月份内可分次向主管税务机关报税。

因IC卡、软盘质量等问题无法报税的，应更换IC卡、软盘。因硬盘损坏、更换金税卡等原因不能正常报税的，应提供已开具未向税务机关报税的专用发票记账联原件或者复印件，由主管税务机关补采开票数据。

2.缴销

专用发票的缴销，是指主管税务机关在纸质专用发票监制章处按“V”字剪角作废，同时作废相应的专用发票数据电文。

一般纳税人注销税务登记或者转为小规模纳税人，应将专用设备和结存未用的纸质专用发票送交主管税务机关。主管税务机关应缴销其专用发票，并按有关安全管理的要求处理专用设备。被缴销的纸质专用发票应退还纳税人。

（四）认证与税额抵扣

1.专用发票的认证

用于抵扣增值税进项税额的专用发票，应经税务机关认证相符（国家税务总局另有规定的除外）。认证相符的专用发票应作为购买方的记账凭证，不得退还销售方。

认证，是税务机关通过防伪税控系统对专用发票所列数据的识别、确认。

认证相符，是指纳税人识别号无误，专用发票所列密文解译后与明文一致。

2.不得作为抵扣凭证的情形

（1）经认证，有下列情形之一的，不得作为增值税进项税额的抵扣凭证，税务机关退还原件，购买方可要求销售方重新开具专用发票：①无法认证，即专用发票所列密文或者明文不能辨认，无法产生认证结果；②纳税人识别号认证不符，即专用发票所列购买方纳税人识别号有误；③专用发票代码、号码认证不符，即专用发票所列密文解译后与明文的代码或者号码不一致。

（2）经认证，有下列情形之一的，暂不得作为增值税进项税额的抵扣凭证，税务机关扣留原件，查明原因，分别情况进行处理：①重复认证，即已经认证相符的同一张专用发票再次认证；②密文有误，即专用发票所列密文无法解译；③认证不符，即纳税人识别号有误，或者专用发票所列密文解译后与明文不一致；④列为失控专用发票，即认证时的专用发票已被登记为失控专用发票。

3.已开具专用发票丢失的处理

一般纳税人丢失已开具专用发票的发票联和抵扣联，如果丢失前已认证相符的，购买方凭销售方提供的相应专用发票记账联复印件及销售方所在地主管税务机关出具的《丢失增值税专用发票已报税证明单》，经购买方主管税务机关审核同意后，可作为增值税进项税额的抵扣凭证；如果丢失前未认证的，购买方凭销售方提供的相应专用发票记账联复印件到主管税务机关进行认证，认证相符的，凭该专用发票记账联复印件及销售方所在地主管税务机关出具的《丢失增值税专用发票已报税证明单》，经购买方主管税务机关审核同意后，可作为增值税进项税额的抵扣凭证。

本章小结

1.增值税是对在中华人民共和国境内销售货物、提供应税劳务或应税服务，以及进口货物的单位和个人，就其取得的增值额为征税对象征收的一种税。

2.按纳税人经营规模及会计核算健全与否，将增值税纳税人划分为一般纳税人和小规模纳税人。

3.增值税计税方法。对一般纳税人，会计核算健全，能够准确核算销项税额、进项税额和应纳税额，实行凭发票抵扣的间接计税方法；对小规模纳税人规定采用简便易行的计税方法。

4.税率。我国设置了基本税率（17%）和低税率（13%、11%、6%）及对出口货物实施的零税率，此外还有按简易办法计算的3%征收率。

5.税收优惠。增值税优惠政策较多，优惠形式包括起征点、免税、减半征收、即征即退、先征后返等。

练习与思考

一、单项选择题

1.自2009年1月1日起，我国的增值税扣除政策全面实行（　　）。

A.生产型增值税　　B.收入型增值税

C.消费型增值税　　D.销售型增值税

2.增值税中所称非增值税应税项目，不包括（　　）。

A.提供非增值税应税劳务

B.转让无形资产

C.销售不动产和不动产在建工程

D.销售动产

3.下列混合销售行为中，应当征收增值税的是（　　）。

A. 零售商店销售家具并实行有偿送货上门

B. 电信部门销售移动电话并为客户有偿提供电信服务

C. 装潢公司为客户包工包料装修房屋

D. 饭店提供餐饮服务并销售酒水

4. 按照增值税的有关规定，下列外购项目中不允许作为进项税额从销项税额中抵扣的是（　　）。

A. 大型设备一台，增值税专用发票注明税款

B. 免税农产品，收购凭证上注明价款

C. 外购设备发生运费，运输单位开具增值税专用发票注明

D. 外购免税农产品发生装卸费，装卸运输单位开具货票上注明

5. 按现行政策规定，不可作为增值税抵扣凭证包括（　　）。

A. 废旧物资收购发票

B. 货物运输增值税专用发票

C. 农产品销售发票

D. 农产品收购发票

6. 某机械厂为增值税一般纳税人，2015年2月将10台自产产品分配给投资者，单位成本60 000元，市场上同类产品不含增值税的单位销售价格为70 000元，该产品增值税税率为17%。此项业务（　　）。

A. 不纳增值税　　B. 计销项税额102 000元

C. 计销项税额119 000元　　D. 计销项税额112 200元

7. 下列行为中，不属于视同销售货物应征增值税的行为有（　　）。

A. 将委托加工的货物无偿赠送给他人

B. 将自产的货物作为投资提供给其他单位

C. 将购买的货物分配给股东

D. 将购买的货物用于个人消费

8. 某食品加工厂从某粮食购销企业购进粮食200吨，取得增值税专用发票，注明价款300 000元，发票已通过税务机关认证；从农民手中收购花生收购凭证上注明收购价格为100 000元，货已入库，支付运输企业运输费用8 000元，取得运输企业开具的增值税专用发

票。则可以抵扣的进项税额为（　　）元。

A.26 280　　B.52 880

C.64 560　　D.68 560

9.下列企业中，发生混合销售行为对其合计的销售额不征增值税的有（　　）。

A.建筑公司　　B.百货商场

C.电冰箱厂　　D.汽车厂

10.将购买的货物用于下列项目，其进项税额准予抵扣的是（　　）。

A.用于修建展销厅　　B.用于发放奖品

C.无偿赠送给客户　　D.作为发放职工的福利

二、多项选择题

1.划分一般纳税人和小规模纳税人的标准有（　　）。

A.以往的纳税情况　　B.年销售额

C.会计核算制度　　D.所有制的性质

2.纳税人销售货物或提供劳务时收取的下列费用应并入销售额的有（　　）。

A.手续费　　B.增值税额

C.奖励费　　D.储备费

3.根据现行增值税的规定，下列（　　）为增值税小规模纳税人或者可以按小规模纳税人纳税。

A.某生产企业年应税销售额为45万元

B.某商业企业年批发及零售应税销售额为90万元

C.某生产企业销售自产产品，并兼营设备修理，取得年应税销售额为40万元

D.偶尔发生应税行为的非企业性单位

4.下列关于增值税的计税销售额规定，说法正确的有（　　）。

A.以物易物方式销售货物，由多交付货物的一方以价差计算缴纳增值税

B.以旧换新方式销售货物，以新货物不含增值税的价款计算缴纳增值税（金银首饰除外）

C.还本销售方式销售货物，以实际销售额计算缴纳增值税，不得从销售额中减除还本支出

D.销售折扣方式销售货物，不得从计税销售额中扣减折扣额

5.纳税人兼营非增值税应税项目，未分别核算的，下列处理方法不正确的有（　　）。

A.由主管税务机关核定货物或应税劳务的销售额

B.从高适用增值税税率计算

C.按照加权平均的方法计算

D.一律征收营业税

6.对增值税小规模纳税人，下列表述正确的有（　　）。

A.实行简易征收办法

B.不得自行开具或申请代开增值税专用发票

C.不得抵扣进项税额

D.一经认定为小规模纳税人，不得再转为一般纳税人

7.下列行为中，涉及的进项税额不得从销项税额中抵扣的是（　　）。

A.将专门购进货物一批用于本单位集体福利

B.将上年委托加工收回的材料用于偿还债务

C.将外购的货物用于交换生产所需材料

D.外购货物因管理不善造成损失

8.甲公司一车间生产的半产品本月用途广泛，下列用途中，应作为销售交纳增值税的有（　　）。

A.二车间继续领用加工为产成品

B.分配给股东

C.作为职工福利发放

D.捐赠给老年福利院

9.下列项目所包含的进项税额，不得从销项税额中抵扣的有（　　）。

A.库存原材料被盗

B.因自然灾害发生损失的原材料

C.生产企业用于经营管理的办公用品

D. 为生产有机肥购入的原材料

10. 小规模纳税人进口货物，海关代征增值税可能使用（　）。

A. 3%的征收率　　B. 4%的征收率

C. 13%的税率　　D. 17%的税率

三、判断题

1. 凡年应税销售额在80万元以下的小规模商业企业、企业性单位，以及以从事货物批发或零售为主并兼营货物生产或提供应税劳务的企业、企业性单位，无论财务核算是否健全，一律不得认定为一般纳税人。（　）

2. 企业将购买的货物无偿赠与他人，因该货物购买时已缴纳了增值税，所以，赠送他人时可以不再并入销售额征税。（　）

3. 对增值税一般纳税人因销售货物向购买方收取的价外费用和逾期包装物押金，在征税时一律视为含税收入，将其换算为不含税收入后并入销售额，据以计算。（　）

4. 在我国，除外商投资企业和外国企业外，一切从事销售或者进口货物、提供应税劳务的单位和个人，都是增值税的纳税义务人。（　）

5. 企业在销售过程中，为了鼓励购货方及早偿还货款，按付款时间给予购货方一定比例的现金折让，均可从货物销售额中减除。（　）

6. 一般纳税人购买或销售免税货物所发生的运输费用，可以根据运输部门开具的运费结算单据所列运费金额，依照7%的扣除率计算进项税额抵扣。（　）

7. 对从事批发、零售货物业务，同时又对外承揽安装、装饰业务的混合销售行为应视为销售货物，就其取得的全部销售收入和劳务收入一并征收增值税。（　）

8. 已抵扣进项税额的购进货物，如果作为集体福利发给职工个人的，发放时应视同销售计算增值税的销项税额。（　）

9. 税法规定，纳税人自用的应征消费税的摩托车、汽车、游艇的不得作为进项税额从销项税额中抵扣。（　）

10. 税法规定，"先征后退"纳税计算方法，主要适用于收购货物

出口的外贸企业。（　　）

四、案例分析题

1.某生产企业属于一般纳税人，2015年3月发生下列购销业务：

（1）购买一台生产设备，取得的专用发票上注明的价款10万元，增值税1.7万元。

（2）购进原材料一批，共60吨，取得的专用发票上注明价款24万元，增值税4.08万元。

（3）向一工业小规模纳税人购买劳保用品，价税合计为2.12万元。并取得由税务机关代开的增值税专用发票。

（4）企业在建工程领用材料10吨，成本4万元。

（5）产品销售收入35万元，开具专用发票。

以上增值税专用发票均经税务机关认证。要求计算该企业当月应纳增值税税额。

2.某百货大楼1月份发生以下几笔经济业务：

（1）购入货物取得已经税务机关认证的增值税专用发票上注明的货物金额400万元，增值税68万元。同时支付货物运费4万元，取得运输企业开具的增值税专用发票。

（2）销售货物价款为800万元；另外，用以旧换新方式向消费者个人销售货物收到现金50万元（已扣除旧货款8.5万元）。

（3）赠送给客户礼品共计4万元（不含增值税）。

（4）上年购进的货物用于职工福利，进价1万元。

（5）上年购进的货物发生损失，进价4 000元。

根据以上资料计算当月应纳增值税。

3.某印刷厂（一般纳税人）2015年5月份发生以下业务：

（1）为某学校印刷复习资料1 000册，普通发票上注明的印刷费为4 000元。

（2）接受某出版社委托，印刷图书5 000册，每册不含税的印刷价格12元，另收运费1 000元。

（3）印刷挂历1 400本，每本含税售价23.4元，批发给某图书城800本，实行七折优惠，开票时将销售额与折扣额开在了同一张专用发票上，并规定5天之内付款再给5%折扣，购货方如期付款；零售50

本；发给本企业职工300本；赠送客户200本。

（4）为免税产品印刷说明书收取不含税加工费5 000元。

（5）本月购进原材料取得防伪税控系统增值税专用发票上注明增值税13 600元，发票已经认证。

（6）购买一台设备取得增值税专用发票上注明税金3 400元；购进税控收款机取得的增值税专用发票上注明增值税为1 020元。相关发票已经通过认证。

（7）上月购进的价值30 000元（不含税价）的纸张因管理不善浸水，无法使用。

要求计算百货大楼本月应纳增值税。

4．某进出口公司当月进口120辆小轿车，每辆到岸价格7万元，该公司当月销售其中110辆，每辆零售收入23.4万元，已知小轿车的关税税率为110%，消费税税率9%，该公司应该如何缴纳增值税？缴多少？

5．某自营出口生产企业是增值税一般纳税人，出口货物的征税税率为17%，退税税率为13%。2014年8月有关经营业务为：购原材料一批，取得的增值税专用发票注明的价款200万元，外购货物准予抵扣进项税额34万元通过认证。当月进料加工免税进口料件的组成计税价格100万元。上期末留抵税款6万元。本月内销货物不含税销售额100万元。收款117万元存入银行。本月出口货物销售额折合人民币200万元。试计算该企业当期的“免、抵、退”税额。

五、思考题

1．请比较三种类型的增值税的异同。

2．请比较增值税一般纳税人与小规模纳税人在计税方法上的异同。

3．如何理解增值税进项税额中可以抵扣和不得抵扣的具体规定？

4．请考察你附近缴纳增值税的一般纳税人企业，并分析其纳税范围和税率。

5．请观察并总结出增值税专用发票和普通发票的区别。

第四章

消费税

学习目标

消费税是货物与劳务税中的一个重要税种。通过本章的学习，应了解消费税的概念、特点及与增值税的异同；熟悉消费税的纳税人、征税范围、税目和税率；掌握消费税应纳税额的计算和出口应税消费品应退消费税的计算。

重要提示

【消费税与增值税的区别】

1. 两者征税范围不同：消费税征税范围是15种应税消费品，其仅仅是增值税征税范围的一部分；而增值税的征税范围是所有的有形动产、应税劳务或应税服务。

2. 两者与价格的关系不同：消费税是价内税，增值税是价外税。

3. 两者的纳税环节不同：消费税是单一环节征收，增值税是在货物所有的流转环节道道征收。

4. 两者的计税方法不同：消费税的计税方法是根据应税消费品来划分的；增值税的计税方法是按照两类纳税人来确定的。

【消费税与增值税的联系】

1.两者都是对货物征税。

2.对于从价定率征收消费税的商品，征收消费税的同时需要征收增值税，两者计税依据是一致的。

第一节　消费税概述

一、消费税的概念

消费税是对在中国境内从事生产、委托加工和进口应税消费品的单位和个人，就其销售额或销售数量，在特定环节征收的一种税。由于它选择部分消费品征税，因而属于特别消费税。

我国消费税是1994年税制改革中新设置的税种，它是由原来产品税的一部分和特别消费税的部分税目组成的，是在增值税普遍调节的基础上，体现国家对某些特定产品进行特殊调节而设立的税种。

二、消费税的特点

消费税作为对消费品和消费结构进行特殊调节的一个税种，与其他流转税相比较，具有以下特点：

（一）征税对象具有选择性

消费税的征税对象虽然是消费品，但并不是对所有的消费品都征收消费税，而只是出于环保节能和利于民生等目标，选择了一部分特殊消费品、奢侈品、高能耗消费品和不可再生的稀缺资源消费品以及满足环保要求的消费品作为征收对象。选择负担税款的消费者，一般都具有较高的收入和消费水平。

（二）征收环节具有单一性

消费税主要采取在生产或进口环节计征，即在生产者出厂销售应税消费品或从国外进口应税消费品时征税，其他环节不再征税（卷烟除外），即通常所说的一次课征制。用外购已税的消费品作为原材料继续生产消费品销售的，以及委托加工消费品已被扣缴消费税后又继续生产应税消费品销售的，一般都采取扣除已纳（扣）税额的办法，立足于征收环节的单一性，避免消费税的重复课征。

（三）征收方法具有灵活性

为了适应不同应税消费品的情况，以及便于核算、计征的要求，消费税采取从价定率、从量定额以及复合计征三种方法对不同消费品进行征税。对一部分价格变化较大，且便于按价格核算的应税消费品，依消费品的价格实行从价定率征收；对一部分价格变动较小，品种、规格比较单一的大宗应税消费品，依消费品的数量实行从量定额征收；对卷烟和白酒实行从价定率和从量定额复合征收。

（四）税收调节具有特殊性

消费税对于应税消费品实行不同的税率，体现不同消费品的税收负担，可以较好地实现调整产业结构、抑制超前消费、稳定财政收入、调节支付能力、缓解分配不公等政策调整目标；同时，消费税与增值税相互配合，可以实现对于特殊消费品的双层次调节。

（五）税收负担具有转嫁性

消费税是一种间接税，因此无论在哪个环节征收，也无论是采取价内税形式还是价外税形式，消费品中所含的消费税款最终都要转嫁到消费者身上，由消费者负担，消费者为税负的最终归宿，故税负具有转嫁性。

知识拓展

消费税是指对消费品和特定的消费行为按消费流转额征收的一种税。可分为一般消费税和特别消费税两种，一般消费税主要指对所有消费品包括生活必需品和日用品普遍课税；特别消费税主要指对特定消费品或特定消费行为如奢侈品等课税。消费税以消费品为课税对象，在此情况下，税收随价格转嫁给消费者负担，消费者是间接的纳税人，实际的负税人。消费税的征收具有较强的选择性，是国家贯彻消费政策、引导消费结构从而引导产业结构的重要手段，因而在保证国家财政收入，体现国家经济政策等方面具有十分重要的意义。

消费税的特殊作用主要表现在：一是有利于矫正外部成本，优化资源配置；二是有利于缩小贫富差距，实现社会公平；三是有利于鼓励储蓄，激励投资，促进经济增长；四是有利于节约资源、保护环境，实现经济的可持续发展。

我国现行消费税是1994年税制改革中新设置的一个税种。1993年12月13日，国务院颁布了《中华人民共和国消费税暂行条例》，同年12月25日，财政部颁发了《中华人民共和国消费税暂行条例实施细则》。2006年3月20日《财政部、国家税务总局关于调整和完善消费税政策的通知》下发，从4月1日起对消费税税目税率做了重大调整。2008年11月5日，国务院重新修订了《中华人民共和国消费税暂行条例》；同年11月10日，财政部、国家税务总局颁布了修订后的《中华人民共和国消费税暂行条例实施细则》，修订后的暂行条例及其实施细则，自2009年1月1日起实施。

第二节　消费税基本制度

一、消费税纳税人

在我国境内生产、委托加工和进口应税消费品的单位和个人，以及国务院确定的销售应税消费品的其他单位和个人，为消费税纳税人。金银首饰、钻石及钻石饰品消费税以零售者为纳税人。卷烟消费税以在我国境内生产、委托加工和进口卷烟的单位和个人，以及从事卷烟批发业务的单位和个人为纳税人。但是，卷烟批发者之间销售卷烟不缴纳消费税。

所称单位，是指企业、行政单位、事业单位、军事单位、社会团体及其他单位。所称个人，是指个体工商户及其他个人。所称在我国境内，是指生产、委托加工和进口应税消费品的起运地或者所在地在境内。

【知识点应用】

下列单位中，需要交纳消费税的有（　　）。

A.外商投资企业提供咨询服务

B.个体经营者销售图书

C.大型商业企业经销化妆品

D.大型工业企业生产销售化妆品

【答案】D

二、消费税的征税范围

消费税的征收范围主要是根据我国目前的经济发展状况和消费政策，人们的消费结构和消费水平以及国家的财政需要，并借鉴国外的成功经验和通行做法确定的。经过2006年对消费税征税范围的调整后，目前消费税的征税范围主要包括以下几个方面：

（一）特殊消费品

特殊消费品，指一些过渡消费会对人类健康、社会秩序、生态环境等方面造成危害的特殊消费品，如烟、酒、鞭炮、烟火等。对这些消费品征收消费税，可以抑制其消费。

（二）非生活必需品

非生活必需品，如化妆品、贵重首饰、珠宝玉石等。通过对这些奢侈品征收消费税，可以调节纳税人的收入水平。

（三）高能耗及高档消费品

高能耗及高档消费品，如摩托车、小汽车等。这类消费品不仅价格昂贵，而且消耗能源较多，属于少数人消费的高档消费品，对其征税体现国家对高消费者的高消费支出的一种调节。

（四）不可再生和替代的稀缺资源消费品

不可再生和替代的稀缺资源消费品，如汽油、柴油。对这两大油类产品征税，体现国家对这些稀缺资源的合理配置和消费政策，通过征税，节制对这类产品的消费，节约能源。

消费税的征税范围不是一成不变的，随着我国经济的发展，今后还可以根据国家的政策和经济情况及消费结构的变化适当调整。

三、消费税的税目与税率

（一）税目

消费税税目设置的原则是，尽量简化、科学，征税目的明确，课税对象清晰，同时兼顾历史习惯。对税源大、界限清楚的，单设税目；对种类、规格、等级较为复杂，需要区别对待的征税项目下设子目和细目。现行消费税共设置了15个税目，其具体范围如下：

1.烟

凡是以烟叶为原料加工生产的产品，不论使用何种辅料，均属于本税目的征收范围，包括卷烟（进口卷烟、白包卷烟、手工卷烟和未经国务院批准纳入计划的企业及个人生产的卷烟）、雪茄烟和烟丝。

现行卷烟按照每标准条进行分类。甲类卷烟，是指每标准条（200支，下同）调拨价格在70元（不含增值税）以上（含70元）的卷烟；乙类卷烟，是指每标准条调拨价格在70元（不含增值税）以下的卷烟。

2.酒及酒精

酒是酒精度在1度以上的各种酒类饮料。酒精又名乙醇，是指用蒸馏或合成方法生产的酒精度在95度以上的无色透明液体。酒类包括粮食白酒、薯类白酒、黄酒、啤酒和其他酒。酒精包括各种工业酒精、医用酒精和食用酒精。对饮食业、商业、娱乐业举办的啤酒屋（啤酒坊）利用啤酒生产设备生产的啤酒，应当征收消费税。2014年12月1日起，取消对酒精征收消费税。

3.化妆品

化妆品是日常生活中用于修饰美化人体表面的用品。本税目的征收范围包括：香水、香水精、香粉、口红、指甲油、胭脂、眉笔、唇笔、蓝眼油、眼睫毛和成套化妆品等。

4.贵重首饰及珠宝玉石

本税目的征收范围包括：凡以金、银、白金、宝石、珍珠、钻石、翡翠、珊瑚、玛瑙、等高贵稀有物质以及其他金属、人造宝石等制作的各种纯金银首饰及镶嵌首饰和经采掘、打磨、加工的各种珠宝玉石。对出国人员免税商店销售的金银首饰征收消费税。

5.鞭炮、焰火

本税目的征收范围包括：各种鞭炮、焰火。体育上用的发令纸、鞭炮药引线，不按本税目征收。

6.成品油

成品油包括汽油、柴油、石脑油、溶剂油、航空煤油、润滑油、燃料油等7个子目。用原油或其他原料加工生产的用于内燃机、机械加工过程的润滑产品均属于润滑油征税范围。

目前，航空煤油暂缓征收消费税。自2009年1月1日起，对用外购或委托加工收回的已税汽油生产的乙醇汽油免税。用自产汽油生产的乙醇汽油，按照生产乙醇汽油所耗用的汽油数量申报纳税。2014年12月1日起，取消对车用含铅汽油征收消费税。

7.摩托车

本税目包括轻便摩托车和摩托车两个子目。对最大设计车速不超过50千米/小时，发动机气缸总工作容量不超过50毫升的三轮摩托车不征收消费税。2014年12月1日起，取消对气缸容量250毫升（不含）以下的小排量摩托车征收消费税。

8.小汽车

本税目包括乘用车、中轻型商用客车两个子目。乘用车的征收范围，包括含驾驶员座位在内最多不超过9个座位（含）的，在设计和技术特性上用于载运乘客和货物的各类乘用车。中轻型商用客车的征收范围，包括含驾驶员座位在内的座位数在10至23座（含23座）的，在设计和技术特性上用于载运乘客和货物的各类中轻型商用客车。

电动汽车不属于小汽车税目征收范围。

9.高尔夫球及球具

高尔夫球及球具，是指从事高尔夫球运动所需的各种专用装备，包括高尔夫球、高尔夫球杆及高尔夫球包（袋）等。高尔夫球杆的杆头、杆身和握把属于本税目的征收范围。

10.高档手表

高档手表，是指销售价格（不含增值税）每只在10 000元（含）以上的各类手表。

11.游艇

游艇，是指艇身长度大于8米（含）小于90米（含），内置发动机，可以在水上移动，一般为私人或团体购置，主要用于水上运动和休闲娱乐等非牟利活动的各类机动艇。

12.木制一次性筷子

木制一次性筷子，又称卫生筷子，包括各种规格的木制一次性筷子。未经打磨、倒角的木制一次性筷子属于本税目征税范围。

13.实木地板

实木地板，包括各类规格的实木地板、实木指接地板、实木复合地板及用于装饰墙壁、天棚的侧端面为榫、槽的实木装饰板。未经涂饰的素板属于本税目征收范围。

14.电池

电池，包括原电池、蓄电池、燃料电池、太阳能电池和其他电池。

对无汞原电池、镍氢蓄电池、锂原电池、锂离子蓄电池、太阳能电池、燃料电池、全钒液流电池免征消费税。2015年12月31日前对铅蓄电池缓征消费税；2016年1月1日起，对铅蓄电池按4%税率征收消费税。

15.涂料

对施工状态下挥发性有机物（VOC）含量低于420克/升（含）的涂料免征消费税。

【知识点应用】

下列项目中，不属于消费税税目的是（　　）。

A.高档手表　　B.收割机专用轮胎

C.实木地板　　D.高档化妆品

【答案】B

（二）税率

1.税率的一般规定

我国现行消费税税率，根据不同的应税品目确定了比例税率、定额税率和复合征收三种，详见表4-1。

（1）实行从价定率征税的应税消费品采用差别比例税率，适用于那些供求矛盾突出、价格差异较大，计量单位不规范的消费品，主要是除粮食白酒、薯类白酒和啤酒以外的应税酒、烟、化妆品、鞭炮烟火、贵重首饰、摩托车、小汽车、高尔夫球及球具、高档手表、游艇、木制一次性筷子、实木地板、电池、涂料等。

（2）实行从量定额征税的应税消费品采用定额税率，主要适用于那些供求基本平衡，价格差异不大，计量单位规范的消费品，如黄酒、啤酒、成品油等。

（3）实行从量定额与从价定率复合征收的应税消费品。从2001年5月1日起，国家对白酒及卷烟实行定额税率与比例税率相结合的复合计税。

表4-1　　消费税税目税率（税额）表

税　　目	税　　率
一、烟	
1.卷烟	
生产环节：（1）甲类卷烟	56%加0.003元/支
（2）乙类卷烟	36%加0.003元/支
批发环节：	11%加0.005元/支
2.雪茄烟	36%
3.烟丝	30%
二、酒及酒精	
1.白酒	20%加0.5元/500克（或者500毫升）
2.黄酒	240元/吨
3.啤酒	
（1）甲类啤酒	250元/吨
（2）乙类啤酒	220元/吨
4.其他酒	10%
5.酒精（2014年12月1日起，取消征税）	5%
三、化妆品	30%
四、贵重首饰及珠宝玉石	
1.金银首饰、铂金首饰和钻石及钻石饰品	5%
2.其他贵重首饰和珠宝玉石	10%
五、鞭炮、焰火	15%

续表

税　　目	税　　率
六、成品油	
1.汽油	
（1）无铅汽油	1.0元/升
（2）含铅汽油	1.4元/升
2.柴油	0.8元/升
3.航空煤油	0.8元/升
4.石脑油	1.0元/升
5.溶剂油	1.0元/升
6.润滑油	1.0元/升
7.燃料油	0.8元/升
七、摩托车	
1.气缸容量（排气量，下同）在250毫升（含250毫升）以下的（2014年12月1日起，取消征税）	3%
2.气缸容量在250毫升以上的	10%
八、小汽车	
1.乘用车	
（1）气缸容量（排气量，下同）在1.0升（含1.0升）以下的	1%
（2）气缸容量在1.0升以上至1.5升（含1.5升）的	3%
（3）气缸容量在1.5升以上至2.0升（含2.0升）的	5%
（4）气缸容量在2.0升以上至2.5升（含2.5升）的	9%
（5）气缸容量在2.5升以上至3.0升（含3.0升）的	12%
（6）气缸容量在3.0升以上至4.0升（含4.0升）的	25%
（7）气缸容量在4.0升以上的	40%
2.中轻型商用客车	5%
九、高尔夫球及球具	10%
十、高档手表	20%
十一、游艇	10%
十二、木制一次性筷子	5%
十三、实木地板	5%
十四、电池（2015年2月1日起，开始征税）	4%
十五、涂料（2015年2月1日起，开始征税）	4%

2.税率的特殊规定

纳税人兼营不同税率的应税消费品，应分别核算其销售额、销售数量；未分别核算的，或者将不同税率的应税消费品组成成套消费品销售的，从高适用税率。所称兼营不同税率的应税消费品，是指纳税人生产销售两种税率以上的应税消费品。

【知识点应用】

纳税人将应税消费品与非应税消费品以及适用税率不同的应税消费品组成成套消费品销售的，应按（　　）。

A.应税消费品的平均税率计征

B.应税消费品的最高税率计征

C.应税消费品的不同税率分别计征

D.应税消费品的最低税率计征

【答案】B

四、消费税的纳税环节

消费税实行一次课征制，是对特定消费品征收的一种税，主要有生产销售、自产自用、委托加工、进口和零售五个课税环节。自2009年5月1日起，在卷烟批发环节加征一道从价税。

【知识点应用】

下列项目中，不属于化妆品消费税纳税环节的是（　　）。

A.生产销售环节　　B.委托加工环节

C.批发环节　　D.零售环节

【答案】CD

第三节　消费税的计算

消费税计税办法有三种：从价定率、从量定额和复合计税。适用从价定率计税办法的应税消费品包括：卷烟（批发环节）、雪茄烟和烟丝、其他酒、化妆品、贵重首饰及珠宝玉石、鞭炮焰火、摩托车、小汽车、高尔夫球及球具、高档手表、游艇、木制一次性筷子、实木地板、电池及涂料等。适用从量定额计税办法的应税消费品包括：黄酒、啤酒、成品油。适用复合计税办法的应税消费品包括：卷烟、白酒。

一、从价定率计税

采用从价定率计税办法的应税消费品，消费税的计税依据是销售额。

应纳税额 = 应税消费品的销售额×适用税率

（一）销售额的确定

销售额为纳税人销售应税消费品向购买方收取的全部价款和价外费用，但下列项目不包括在内：

1.同时符合以下条件的代垫运输费用：（1）承运部门的运输费用发票开具给购买方的；（2）纳税人将该项发票转交给购买方的。

2.同时符合以下条件代为收取的政府性基金或者行政事业性收费：（1）由国务院或者财政部批准设立的政府性基金，由国务院或者省级人民政府及其财政、价格主管部门批准设立的行政事业性收费；（2）收取时开具省级以上财政部门印制的财政票据；（3）所收款项全额上缴财政。应税消费品连同包装销售的，无论包装是否单独计价，也不论在会计上如何核算，均应并入应税消费品的销售额中征收消费税。

3.包装物押金：如果包装物不作价随同产品销售，而是收取押金，此项押金则不应并入应税消费品的销售额中征税。但对因逾期未收回的包装物不再退还的或者已收取的时间超过12个月的押金，应并入应税消费品的销售额，按照应税消费品的适用税率缴纳消费税。

对酒类产品生产企业销售酒类产品（黄酒、啤酒除外）而收取的包装物押金，无论押金是否返还与会计上如何核算，均需并入酒类产品销售额中，依照酒类产品的适用税率征收消费税。

4.销售额的特殊规定：

（1）纳税人通过自设非独立核算门市部销售的自产应税消费品，应按照门市部对外销售额或者销售数量计算消费税。

（2）纳税人用于换取生产资料和消费资料、投资入股和抵偿债务等方面的应税消费品，应以纳税人同类应税消费品的最高销售价格作为计税依据计算消费税。

(3) 纳税人将自产的应税消费品与外购或自产的非应税消费品组成套装销售的，以套装产品的销售额（不含增值税）为计税依据。

(4) 纳税人零售金银首饰（含镶嵌首饰）、钻石及钻石饰品

对既销售金银首饰，又销售非金银首饰的生产、经营单位，应将两类商品划分清楚，分别核算销售额。凡划分不清楚或不能分别核算的，在生产环节销售的，一律从高适用税率征收消费税；在零售环节销售的，一律按金银首饰征收消费税。金银首饰与其他产品组成成套消费品销售的，应按销售全额征收消费税。

金银首饰连同包装物销售的，无论包装是否单独计价，也无论会计上如何核算，均应并入金银首饰的销售额，计征消费税。

带料加工的金银首饰，应按受托方销售同类金银首饰的销售价格确定计税依据征收消费税。没有同类金银首饰销售价格的，按照组成计税价格计算纳税。

纳税人采用以旧换新（含翻新改制）方式销售的金银首饰，应按实际收取的不含增值税的全部价款确定计税依据征收消费税。

【知识点应用】

乙商场零售金银首饰取得含税销售额10.53万元，其中包括以旧换新首饰的含税销售额5.85万元。在以旧换新业务中，旧首饰作价的含税金额为3.51万元，乙商场实际收取的含税金额为2.34万元。计算乙商场零售金银首饰应缴纳的消费税、增值税销项税额。

【答案】

应纳消费税 = $(10.53-5.85)\div1.17\times5\%+2.34\div1.17\times5\%=0.3$（万元）

应纳增值税销项税额 = $(10.53-5.85)\div1.17\times17\%+2.34\div1.17\times17\%$

$=1.02$（万元）

(5) 纳税人销售的应税消费品，以外汇结算销售额的，其销售额的人民币折合率可以选择结算的当天或者当月1日的国家外汇牌价（原则上为中间价）。纳税人应在事先确定采取何种折合率，确定后1年内不得变更。

（二）含增值税销售额的换算

应税消费品的销售额＝含增值税的销售额÷（1＋增值税税率或征收率）

【知识点应用】

某酒厂为增值税一般纳税人，主要生产粮食白酒和啤酒。2015年1月“主营业务收入”账户反映销售粮食白酒60 000斤，取得不含增值税销售额105 000元；销售啤酒150吨，每吨不含税售价2 900元。在“其他业务收入”账户反映收取粮食白酒品牌使用费4 680元；“其他应付款”账户反映本月销售粮食白酒收取包装物押金9 360元，销售啤酒收取包装物押金1 170元。计算该酒厂本月应纳消费税。

【答案】

粮食白酒应纳消费税：

60 000×0.5＋105 000×20%＋4 680÷1.17×20%＋9 360÷1.17×20%

＝53 400（元）

啤酒应纳消费税＝150×220＝33 000（元）

该酒厂应纳消费税税额＝53 400＋33 000＝86 400（元）

二、从量定额计税

采用从量定额计税办法的应税消费品，消费税的计税依据是销售数量。

应纳税额＝应税消费品的销售数量×单位税额

（一）销售数量的确定

1.销售应税消费品的，为应税消费品的销售数量。

2.自产自用应税消费品的，为应税消费品的移送使用数量。

3.委托加工应税消费品的，为纳税人收回的应税消费品数量。

4.进口的应税消费品为海关核定的应税消费品进口征税数量。

（二）计量单位的换算

为了规范不同产品的计量单位，准确计算应纳税额，税法规定了计量单位的换算标准，详见表4-2。

表4-2　　　　　　　　**应税消费品单位换算标准**

序号	应税消费品	换算标准
1	啤酒	1吨 = 988升
2	黄酒	1吨 = 962升
3	汽油	1吨 = 1 388升
4	柴油	1吨 = 1 176升
5	石脑油	1吨 = 1 385升
6	溶剂油	1吨 = 1 282升
7	润滑油	1吨 = 1 126升
8	燃料油	1吨 = 1 015升
9	航空煤油	1吨 = 1 246升

【知识点应用】

某啤酒厂销售A啤酒20吨给副食品公司，开具税控专用发票收取价款58 000元，收取包装物押金3 000元；销售B啤酒10吨给宾馆，开具普通发票收取价款32 760元，收取包装物押金1 500元。计算该啤酒厂应纳的消费税。

【答案】

A啤酒单位售价=（58 000 + 3 000÷1.17）÷20=3 028.21（元）

适用消费税税率为250元/吨

A啤酒应纳消费税=20×250=5 000（元）

B啤酒单位售价=（32 760 + 1 500）÷1.17÷10=2 928.21（元）

适用消费税税率为220元/吨

B啤酒应纳消费税=10×220=2 200（元）

该啤酒厂应纳的消费税=5 000 + 2 200=7 200（元）

三、复合计税

采用复合计税办法的应税消费品，消费税的计税依据是销售数量和销售额。

应纳税额 = 应税销售数量×定额税率 + 应税销售额×比例税率

【知识点应用】

某白酒生产企业为增值税一般纳税人，2015年4月销售粮食白酒50吨，取得不含增值税的销售额150万元。计算白酒企业4月应缴纳的消费税额。

【答案】

（1）白酒适用比例税率20%，定额税率每斤0.5元。

（2）应纳消费税 = 50×2 000×0.00005 + 150×20% = 35（万元）

【知识点应用】

某卷烟厂为增值税一般纳税人，主要生产卷烟，卷烟的最高价210元/条、平均价200元/条（均为不含税价格）。2014年12月将50条卷烟做样品，分给各经销单位；将一大箱卷烟送给协作单位。计算该烟厂本月应纳的增值税销项税额和应纳的消费税。

【答案】

应纳增值税的销项税额 =（50×200 + 1×250×200）×17%÷10 000 = 1.02（万元）

应纳消费税=（50×200×56%+50×0.6 + 1×250×200×56%+150）÷10 000
=3.38（万元）

四、应纳税额的特殊计算

（一）自产自用应税消费品应纳税额的计算

1.用于连续生产应税消费品

纳税人自产自用的应税消费品，用于连续生产应税消费品的，不纳税。这体现了税不重征且计税简便的原则。

2.用于其他方面的应税消费品

纳税人自产自用的应税消费品，除用于连续生产应税消费品外，凡用于其他方面的，于移送使用时纳税。用于其他方面是指纳税人用于生产非应税消费品、在建工程、管理部门、非生产机构，提供劳务，以及用于馈赠、赞助、集资、广告、样品、职工福利、奖励等方面。

3.组成计税价格及税额计算

纳税人自产自用的应税消费品，凡用于其他方面应当纳税的，按照纳税人生产的同类消费品的销售价格计算纳税。同类消费品的销售价格是指纳税人当月销售的同类消费品的销售价格，如果当月同类消费品各期销售价格高低不同，应按销售数量加权平均计算。

如果当月无销售或者当月未完结，应按照同类消费品上月或者最近月份的销售价格计算纳税。

没有同类消费品销售价格的，按照组成计税价格计算纳税。组成计税价格计算公式是：

组成计税价格 = 成本 + 利润 + 消费税税额

= [成本×（1 + 成本利润率）]÷（1 − 消费税税率）

或　　= （成本 + 利润 + 自产自用数量×定额税率）÷（1 − 比例税率）

应纳消费税 = 组成计税价格×消费税税率 + 自产自用数量×定额税率

应纳增值税（销项税额）= 组成计税价格×增值税税率

消费税应税消费品全国平均成本利润率详见表4-3。

表4-3　**消费税应税消费品全国平均成本利润率**

序号	种类	成本利润率	序号	种类	成本利润率
1	甲类卷烟	10%	11	贵重首饰及珠宝玉石	6%
2	乙类卷烟	5%	12	汽车轮胎	5%
3	雪茄烟	5%	13	摩托车	6%
4	烟丝	5%	14	乘用车	8%
5	粮食白酒	10%	15	中轻型商用客车	5%
6	薯类白酒	5%	16	高尔夫球及球具	10%
7	其他酒	5%	17	高档手表	20%
8	酒精	5%	18	游艇	10%
9	化妆品	5%	19	木制一次性筷子	5%
10	鞭炮、焰火	5%	20	实木地板	5%

需要特别注意的是：

第一，对从价定率征收消费税的应税消费品，公式中的成本利润率按消费法规定确定，消费税和增值税的计算都用到该组成计税价格；

第二，对从量定额征收消费税的应税消费品，消费税与售价和组成计税价格无关，在计算增值税时如果用到组成计税价格，同时要包括消费税。

第三，对从价与从量复合征收消费税的应税消费品，计算应税消费品的组成计税价格时，要考虑从量计征的消费税税额。

【知识点应用】

某化妆品公司将一批自产的化妆品用作职工福利，化妆品的生产成本为8 000元。（1）如果同类产品售价为15 000元，计算该批化妆品应缴纳的消费税税额和增值税销项税额。（2）如果该化妆品无同类产品市场销售价格，已知其成本利润率为5%，计算该批化妆品应缴纳的消费税税额和增值税销项税额。

【答案】

（1）同类产品售价15 000元

应纳消费税税额=15 000×30%=4 500（元）

增值税销项税额=15 000×17%=2 550（元）

（2）无同类产品售价

组成计税价格=8 000×（1+5%）÷（1－30%）=12 000（元）

应纳消费税税额=12 000×30%=3 600（元）

增值税销项税额=12 000×17%=2 040（元）

（二）委托加工应税消费品应纳税额的计算

1.委托加工的前提条件

委托加工的应税消费品是指由委托方提供原料和主要材料，受托方只收取加工费和代垫部分辅助材料加工的应税消费品。

对于由受托方提供原材料生产的应税消费品，或者受托方先将原材料卖给委托方，然后再接受加工的应税消费品，以及由受托方以委托方名义购进原材料生产的应税消费品，不论纳税人在财务上是否作销售处理，都不得作为委托加工应税消费品，而应当按照销售自制应税消费品缴纳消费税。

2.代收代缴税款的规定

（1）一般由受托方在向委托方交货时代收代缴消费税，但纳税人委托个人加工应税消费品，一律于委托方收回后在委托方所在地缴纳消费税。

（2）受托方没有按规定代收代缴税款的，应由委托方补缴税款，已直接销售的，按销售额计税；未销售或不能直接销售的，按组成计税价格计税。而对受托方不再重复补税，但要按《税收征管法》的规定，处以应代收代缴税款50%以上3倍以下的罚款。

3.委托加工收回的应税消费品，受托方在交货时已代收代缴消费税，委托方收回后直接销售的，不再缴纳消费税。

4.委托加工的应税消费品，按照受托方的同类消费品的销售价格计算纳税；没有同类消费品销售价格的，按照组成计税价格计算纳税。

组成计税价格＝（材料成本＋加工费）÷（1－消费税税率）

或　　　　　　＝（材料成本＋加工费＋委托加工数量×定额税率）÷（1－比例税率）

其中“材料成本”是指委托方所提供加工材料的实际成本。“加工费”是指受托方加工应税消费品向委托方所收取的全部费用（包括代垫辅助材料的实际成本），但不包括随加工费收取的销项税额。

【知识点应用】

某鞭炮企业8月受托为某单位加工一批鞭炮，委托单位提供的原材料金额为30万元，收取委托单位不含增值税的加工费4万元，鞭炮企业无当地加工鞭炮的同类产品市场价格。计算鞭炮企业应代收代缴的消费税。

【答案】

（1）组成计税价格＝（30＋4）÷（1－15%）＝40（万元）

（2）应代收代缴消费税＝40×15%＝6（万元）

（三）进口应税消费品应纳税额的计算

纳税人进口应税消费品，按照组成计税价格和规定的税率计算应纳税额。

应纳消费税额＝组成计税价格×消费税税率

组成计税价格＝（关税完税价格+关税）÷（1－消费税税率）

或　　　　　　＝（关税完税价格＋关税＋消费税定额税）÷（1－消费税适用比例税率）

【知识点应用】

某商贸公司，2014年7月从国外进口一批应税消费品，已知该批应税消费品的关税完税价格为90万元，按规定应缴纳关税18万元，假定进口的应税消费品的消费税税率为10%。请计算该批消费品进口环节应缴纳的消费税税额。

【答案】

（1）组成计税价格=（90＋18）÷（1－10%）=120（万元）

（2）应缴纳消费税税额=120×10%=12（万元）

（四）外购和委托加工应税消费品已纳税款的扣除

1.外购应税消费品已纳消费税的扣除

为平衡以自产应税消费品生产的应税消费品与以外购应税消费品生产的应税消费品的税收负担，在消费税15个税目中，除酒、小汽车、高档手表、游艇、电池、涂料外，其余9个税目均有扣税规定，即在计税时准予按当期生产领用数量计算扣除外购应税消费品已纳的消费税税款。

（1）扣税范围

在消费税15个税目中，除酒、小汽车、高档手表、游艇、电池、涂料外，其余9个税目有扣税规定，具体包括：①外购已税烟丝生产的卷烟；②外购已税化妆品生产的化妆品；③外购已税珠宝玉石生产的贵重首饰及珠宝玉石；④外购已税鞭炮焰火生产的鞭炮焰火；⑤外购已税杆头、杆身和握把为原料生产的高尔夫球杆；⑥外购已税木制一次性筷子为原料生产的木制一次性筷子；⑦外购已税实木地板为原料生产的实木地板；⑧外购汽油、柴油、石脑油、燃料油、润滑油用于连续生产应税成品油；⑨外购已税摩托车连续生产摩托车（如用外购两轮摩托车改装三轮摩托车）。

【知识点应用】

下列各项中，符合消费税法有关应按当期生产领用数量计算准予扣除外购的应税消费品已纳消费税税款规定的是（　　）。

A.外购已税白酒生产的药酒

B.外购已税化妆品生产的化妆品

C.外购已税白酒生产的巧克力

D.外购已税珠宝玉石生产的金银镶嵌首饰

【答案】B

（2）扣税计算

当期准予扣除的外购应税消费品的已纳消费税税款，应按当期生产领用数量计算。计算公式为：

$$\text{当期准予扣除的外购应税消费品已纳税款}=\text{当期准予扣除的外购应税消费品买价}\times\text{外购应税消费品适用税率}$$

$$\text{当期准予扣除的外购应税消费品买价}=\text{期初库存的外购应税消费品买价}+\text{当期购进的外购应税消费品买价}-\text{期末库存的外购应税消费品买价}$$

需要特别注意的是：

第一，以外购和委托加工收回的已税珠宝玉石生产的金银首饰（镶嵌首饰）、钻石及饰品，因已改在零售环节征收，故计税时一律不得扣除外购已税珠宝玉石的已纳消费税税款。

第二，允许扣除已纳税款的应税消费品只限于从工业企业购进的应税消费品和进口环节已缴纳消费税的应税消费品，对从境内商业企业购进应税消费品的已纳税款一律不得扣除。

【知识点应用】

某卷烟生产企业，某月初库存外购应税烟丝金额20万元，当月又外购应税烟丝金额50万元（不含增值税），月末库存烟丝金额10万元，其余被当月生产卷烟领用。请计算卷烟厂当月准许扣除的外购烟丝已缴纳的消费税税额。

【答案】

（1）烟丝适用的消费税税率为30%

（2）当期准许扣除的外购烟丝买价＝20＋50－10＝60（万元）

（3）当月准许扣除的外购烟丝已缴纳的消费税税额＝60×30%＝18（万元）

2.委托加工收回的应税消费品已纳税款的扣除

委托加工的应税消费品因为已由受托方代收代缴消费税，因此委托方收回已税消费品后用于连续生产应税消费品的，其已纳税款准予按照规定从连续生产的应税消费品应纳消费税税额中抵扣。

（1）扣税范围

在消费税15个税目中，除酒、小汽车、高档手表、游艇、电池、涂料外，其余9个税目有扣税规定，具体包括：①外购已税烟丝生产的卷烟；②外购已税化妆品生产的化妆品；③外购已税珠宝玉石生产的贵重首饰及珠宝玉石；④外购已税鞭炮焰火生产的鞭炮焰火；⑤外购已税杆头、杆身和握把为原料生产的高尔夫球杆；⑥外购已税木制一次性筷子为原料生产的木制一次性筷子；⑦外购已税实木地板为原料生产的实木地板；⑧外购汽油、柴油、石脑油、燃料油、润滑油用于连续生产应税成品油；⑨外购已税摩托车连续生产摩托车（如用外购两轮摩托车改装三轮摩托车）。

（2）扣税计算

当期准予扣除的委托加工收回的应税消费品的已纳消费税税款，应按当期生产领用数量计算。计算公式为：

$$\text{应纳税额}=\text{最终应税消费品应纳的整体税额}-\text{当期准予扣除的委托加工收回已税消费品的已纳消费税税款}$$

$$\text{当期准予扣除的委托加工已税消费品已纳税款}=\text{期初库存的委托加工已税消费品已纳税款}+\text{当期收回的委托加工已税消费品已纳税款}-\text{期末库存的委托加工已税消费品已纳税款}$$

需要特别注意的是：

第一，可以扣除的外购或委托加工收回的已税消费品与连续生产的应税消费品必须是同一税目。

第二，在扣除外购或委托加工收回的已税消费品的已纳税额时，应注意增值税和消费税的区别，增值税采用的是购进扣税法，而消费税采用的是投入实耗扣税法。

【知识点应用】

某化妆品厂月初结存委托加工的化妆品200套，消费税税款4 000元；本月收回委托加工的化妆品1 000套，支付消费税20 000元。当月领用800套与自制化妆品生产成套化妆品。请计算当月准予扣除的委托加工收回化妆品已纳的消费税额。

【答案】

当月准予扣除的委托加工收回化妆品已纳的消费税额：

（4 000+20 000）÷（200+1 000）×800=16 000（元）

五、消费税应纳税额计算例示

【例4-1】某酒厂2015年5月发生以下业务：

（1）以外购粮食白酒和自产糠麸白酒勾兑散装白酒1吨并销售，取得不含税销售额3.8万元，货款已收到。

（2）自制粮食白酒5吨，对外售出4吨，收到不含税销售额20万元，另收取包装物押金（单独核算）0.2万元。

（3）自产药酒1 200斤，全部出售，普通发票上注明销售额7.2万元。

（4）从另一酒厂购入粮食白酒800斤（已纳消费税0.4万元），全部勾兑成低度白酒出售，数量1 000斤，取得不含税销售额2.5万元。

（5）为厂庆活动特制粮食白酒2 000公斤，全部发放职工，无同类产品售价。每千克成本为15元。

要求：计算该酒厂本月应纳消费税。（白酒定额税率为0.5元/500克，比例税率为20%，药酒税率为10%，粮食白酒成本利润率为10%）

【解析】

（1）散装白酒应纳消费税=1×2 000×0.5+38 000×20%=8 600（元）

（2）自制粮食白酒应纳消费税=4×2 000×0.5+（200 000+2 000÷1.17）×20%

=44 341.88（元）

（3）自制药酒应纳消费税=72 000÷（1+17%）×10%=6 153.85（元）

（4）低度白酒应纳消费税=1 000×0.5+25 000×20%=5 500（元）

（5）厂庆粮食白酒应纳消费税=[2 000×15×(1+10%)+2×2 000×0.5]÷(1－20%)×20%

=10 250（元）

综上，本月应纳消费税=8 600+4 4341.88+6 153.85+5 500+10 250

=74 845.73（元）

【例4-2】首饰厂为增值税一般纳税人，主要生产各种金银首饰及

金银镶嵌首饰。2014年6月发生以下业务:

(1)销售纯金首饰,取得不含税销售额30万元,销售金银镶嵌首饰取得不含税销售额12万元。

(2)销售宝石饰品,取得不含税收入20万元,随产品销售的包装物与所售货物分别核算,取得含税销售额1万元。

(3)黄金项链5条作为礼品赠送国外前来参观的客户,每条成本0.2万元,无同类产品售价(成本利润率6%)。

(4)购进已税宝石一批,取得已认证的防伪税控增值税专用发票上注明价款18万元,本月有60%用于连续加工宝石饰品并销售。

(5)购进标准黄金一批,取得已认证的防伪税控增值税专用发票上注明价款28万元,增值税4.76万元,支付运输企业运输费用2万元,取得运输企业开具的增值税专用发票。

要求:(1)计算该企业2014年6月应纳的消费税。

(2)计算该企业2014年6月应纳的增值税。

【解析】

(1)应纳的消费税

应纳消费税额 $=20\times10\%+(1\div1.17)\times10\%+5\times0.2\times(1+6\%)\div(1-5\%)\times5\%-18\times60\%\times10\%$

$=1.07$(万元)

(2)应纳的增值税

销项税额 $=(30+12+20+1\div1.17)\times17\%+5\times0.2\times(1+6\%)\div(1-5\%)\times17\%$

$=10.88$(万元)

进项税额 $=18\times17\%+4.76+2\times11\%=8.04$(万元)

应纳税额 $=10.88-8.04=2.84$(万元)

第四节 出口应税消费品退(免)税

一、出口退(免)消费税的基本政策

有出口经营权的生产企业自营出口的应税消费品,依据实际出口数

量免征消费税。

对有进出口经营权的生产企业委托外贸企业代理出口的应税消费品，一律免征消费税；对其他生产企业委托出口的应税消费品，实行“先征后退”的办法。

外贸企业自营出口和代理出口的应税消费品，予以退还消费税。委托外贸企业代理出口的货物，一律在委托方退（免）税。

出口企业出口不予退（免）增值税的货物若为应税消费品，则不予退（免）消费税，即生产企业须按现行有关税收政策规定计算缴纳消费税，对外贸企业不予退还消费税。

除生产企业、外贸企业外，其他企业委托外贸企业代理出口的应税消费品，不予退（免）税。

二、出口退税率

出口应税消费品适用的退税率，依照《中华人民共和国消费税暂行条例》（以下简称《消费税暂行条例》）所附《消费税税目税率表》执行，即消费税退税率与税率一致。企业应将不同税率的货物分开核算和申报，凡划分不清适用税率的，一律从低适用税率计算。

三、出口退税的计算

外贸企业直接出口和代理出口应税消费品的应退消费税额，按下列办法计算：

1.采用从价定率计征消费税的应税消费品，依照外贸企业从工厂购进货物时征收消费税的价格计算。

应退消费税额=出口货物的工厂销售额×比例税率

公式中的销售额，是指从工厂购进应税消费品时取得的增值税专用发票上列明不含增值税的销售额。

【知识点应用】

某外贸公司7月份从某化妆品厂购进一批化妆品，支付价款800 000元、增值税款136 000元，已取得化妆品厂开具的增值税专用发票。8月份该公司将该批化妆品全部出口，离岸价格折合人民币954 500元。该化妆品增值税退税率为9%，消费税退税率为30%。请计算该外贸公司本月应退的增值税和消费税税额。

【答案】

应退增值税额=800 000×9%=72 000（元）

应退消费税额=800 000×30%=240 000（元）

2.采用从量定额计征消费税的应税消费品，依照货物购进和报关出口的数量计算。

应退消费税额=出口数量×单位税额

3.采用复合方法计征消费税的应税消费品，依照货物从价定率与从量定额计算的消费税之和计算。

应退消费税额=出口货物的工厂销售额×比例税率＋出口数量×单位税额

四、退关或国外退货的税务处理

出口的应税消费品办理退税后，发生退关或者国外退货进口时予以免税的，报关出口者必须及时向其机构所在地或者居住地主管税务机关申报补缴已退的消费税税款。

纳税人直接出口的应税消费品办理免税后，发生退关或者国外退货，进口时已予以免税的，经机构所在地或者居住地主管税务机关批准，可暂不办理补税，待其转为国内销售时，再申报补缴消费税。

第五节　消费税的征收管理

一、消费税的纳税义务发生时间

消费税实行单一环节征税，主要是核算地纳税。其纳税义务发生时间依照货款结算方式或行为发生时间分别确定。

1.纳税人销售应税消费品的，按不同的销售结算方式分别确定。

（1）采取赊销和分期收款结算方式的，为书面合同约定的收款日期的当天；书面合同没有约定收款日期或者无书面合同的，为发出应税消费品的当天。

（2）采取预收货款结算方式的，为发出应税消费品的当天。

（3）采取托收承付和委托银行收款方式的，为发出应税消费品并办妥托收手续的当天。

（4）采取其他结算方式的，为收讫销售款或者取得索取销售款凭据的当天。

2.纳税人自产自用应税消费品的，为移送使用的当天。

3.纳税人委托加工应税消费品的，为纳税人提货的当天。

4.纳税人进口应税消费品的，为报关进口的当天。

> **【知识点应用】**
>
> 下列关于消费税纳税义务发生时间的问题，说法正确的有（　　）。
>
> A.某电器生产企业销售电器产品，合同约定5月10日收取价款的80%，5月10日按规定发出全部货物，10日应确认全部收入
>
> B.纳税人进口应税消费品，其纳税义务发生时间为报关进口的当天
>
> C.某汽车厂采用委托银行收款方式销售汽车，其纳税义务发生时间为发出汽车并办妥托收手续的当天
>
> D.某造船厂销售游艇，采取预收货款结算，5月收到预收货款100万元，6月发出游艇，5月应确认收入
>
> 【答案】BC

二、消费税的纳税期限

消费税的纳税期限分别为1日、3日、5日、10日、15日、1个月或者1个季度。纳税人的具体纳税期限，由主管税务机关根据纳税人应纳税额的大小分别核定；不能按照固定期限纳税的，可以按次纳税。

纳税人以1个月或者1个季度为1个纳税期的，自期满之日起15日内申报纳税；以1日、3日、5日、10日或者15日为1个纳税期的，自期满之日起5日内预缴税款，于次月1日起15日内申报纳税并结清上月应纳税款。

纳税人进口应税消费品，应当自海关填发海关进口消费税专用缴款书之日起15日内缴纳税款。

三、消费税的纳税地点

1.纳税人销售的应税消费品，以及自产自用的应税消费品，除国务院财政、税务主管部门另有规定外，应当向纳税人机构所在地或者居住

地的主管税务机关申报纳税。

2.纳税人到外县（市）销售或者委托外县（市）代销自产应税消费品的，于应税消费品销售后，向机构所在地或者居住地主管税务机关申报纳税。

3.纳税人的总机构与分支机构不在同一县（市）的，应当分别向各自机构所在地的主管税务机关申报纳税；经财政部、国家税务总局或者其授权的财政、税务机关批准，可以由总机构汇总向总机构所在地的主管税务机关申报纳税。

4.纳税人批发销售卷烟，其消费税纳税地点为卷烟批发企业的机构所在地；总机构与分支机构不在同一地区的，由总机构申报纳税。

5.纳税人委托加工的应税消费品，除受托方为个人外，由受托方向机构所在地或者居住地的主管税务机关解缴消费税税款。委托个人加工的应税消费品，由委托方向其机构所在地或者居住地主管税务机关申报纳税。

6.进口的应税消费品，由进口人或者其代理人向报关地海关申报纳税。

【知识点应用】

下列各项中，有关消费税的纳税地点正确的有（　　）。

A.纳税人进口应税消费品在纳税人机构所在地缴纳消费税

B.纳税人自产自用应税消费品在纳税人核算地缴纳消费税

C.纳税人委托加工应税消费品一般回委托方所在地缴纳消费税

D.纳税人到外县销售自产应税消费品应向机构所在地或者居住地主管税务机关申报纳税

【答案】BD

四、消费税的纳税申报

消费税由税务机关征收，进口的应税消费品的消费税由海关代征。

为了在全国范围内统一、规范消费税纳税申报资料，加强消费税管理的基础工作，税务总局制定了《烟类应税消费品消费税纳税申报表》、《酒类应税消费品消费税纳税申报表》、《成品油消费税纳税申报表》、《小汽车消费税纳税申报表》、《其他应税消费品消费税纳税申报表》。纳税人应如实填写消费税纳税申报表，并填开税收缴款书，在规定的时间申报缴纳税款。

本章小结

1.消费税的概念：消费税是对在中国境内从事生产、委托加工和进口应税消费品的单位和个人，就其销售额或销售数量，在特定环节征收的一种税。

2.消费税的特点：征税对象具有选择性；征收环节具有单一性；征收方法具有灵活性；税收调节具有特殊性；税收负担具有转嫁性。

3.消费税的征收范围：特殊消费品；非生活必需品；高能耗及高档消费品；不可再生和替代的稀缺资源消费品。共15个税目。

4.消费税的纳税人：在我国境内生产、委托加工和进口应税消费品的单位和个人，以及国务院确定的销售应税消费品的其他单位和个人。

5.消费税应纳税额的计算方法：从价定率、从量定额及复合计税三种方法。

练习与思考

一、单项选择题

1.下列各项中，应同时征收增值税和消费税的是（　　）。

A.零售环节销售的卷烟

B.零售环节销售的鞭炮

C.生产环节销售的普通护肤护发品

D.进口环节购进的小汽车

2.下列项目中应视同销售，需要缴纳消费税的是（　　）。

A.用外购粮食白酒继续加工成白酒

B.用自制的粮食白酒继续加工成白酒

C.某汽车厂将自制的小汽车作为试驾车辆供客户试用

D.委托加工收回的粮食白酒继续加工成白酒

3.2014年5月，某白酒企业（一般纳税人）从农业生产者手中购进大米，农产品收购凭证注明价款120万元，委托某加工企业（小规模纳税人）加工粮食白酒50 吨，取得税务机关代开的专用发票，发票上注明加工费67.02万元，加工企业没有同类白酒的销售价格，受托方应代收代缴的消费税为（　　）万元。（白酒消费税比例税率20%，定额税率0.5元/斤）

A.46.005　　B.46.775

C.48.005　　D.53.005

4.某涂料生产企业下设一非独立核算门市部，该企业将一批涂料交门市部销售，计价60万元。门市部零售取得含增值税的销售收入77.22万元。涂料的消费税税率为4%。该企业应纳消费税为（　　）万元。

A.1.8　　B.2.97

C.2.64　　D.3.09

5.某酒厂2014年12月销售粮食白酒12 000斤，不含税售价为5元/斤，随同销售的包装物价格7 254元；本月销售礼品盒6 000套，不含税售价为300元/套，每套包括粮食白酒2斤、单价80元，干红酒2斤、单价70元。该企业12月应纳消费税（　　）元。

A.483 000　　B.478 550

C.352 550　　D.391 240

6.长春某汽车制造厂生产销售中轻型商用客车1 500辆，每辆单价19.8万元（含增值税），已知适用的消费税率为5%，则该企业应纳消费税（　　）。

A.1 176万元　　B.703.59万元

C.888.46万元　　D.1 269.23万元

7.关于消费税的有关规定，下列陈述不正确的是（　　）。

A.用于抵偿债务的应税消费品，使用最高销售价格作为计税依据

B.啤酒包装物押金逾期时，缴纳消费税和增值税

C.自产自用应税消费品的，计税数量为应税消费品的移送使用数量

D.酒类生产企业向商业销售单位收取的“品牌使用费”缴纳消费税

8.某进出口公司2014年8月从韩国进口200箱实木地板，每箱到

岸价格为4.5万元，关税税率假设为50%，实木地板消费税税率为5%，该进出口公司应纳消费税（　　）万元。

A.71.50　　B.71.05

C.62.12　　D.62.21

9.某金店（中国人民银行批准的金银首饰经销单位）为增值税一般纳税人，2014年7月采取“以旧换新”方式销售24K纯金项链10条，每条新项链对外零售价格3 000元，旧项链作价1 000元，从消费者手中每条收取新旧项链差价款2 000元，该项“以旧换新”业务应纳增值税和消费税合计为（　）元。

A.2 905.98　　B.3 400

C.3 760.68　　D.5 100

10.下列各项中，符合消费税纳税义务发生时间规定的是（　　）。

A.进口的应税消费品，为取得进口货物的当天

B.自产自用的应税消费品，为移送使用的当天

C.委托加工的应税消费品，为支付加工费的当天

D.采取预收货款结算方式的，为收到预收款的当天

二、多项选择题

1.根据我国现行的消费税制度，下面各种说法正确的有（　　）。

A.消费税是价内税

B.目前只对卷烟和白酒采用复合征收方法

C.消费税是选择部分生活消费品课税

D.消费税不能发生税负转嫁

2.下列各项中，应当征收消费税的有（　　）。

A.化妆品生产企业赠送给客户的香水

B.将自产的汽车轮胎用于连续生产汽车

C.白酒生产企业向百货公司销售的试制药酒

D.摩托车厂移送非独立核算门市部待销售的摩托车

3.下列关于消费税税率运用的说法中，正确的有（　　）。

A.每标准条卷烟对外调拨价在70元以下的，从价定率税率为36%

B.娱乐业、饮食业自制啤酒消费税单位税额为250元/吨

C.甲类卷烟税率为56%

D.纳税人之间批发销售的卷烟按11%缴纳消费税

4.某生产电冰箱的企业，销售电冰箱的同时，向购买方收取的以下款项属于价外费用性质的收入有（　　）。

A.手续费

B.返还利润

C.承运部门的运输费用发票开具给购买方由销售方转交的运费

D.违约金

5.下列属于复合计征消费税的货物是（　　）。

A.烟丝　　B.卷烟

C.啤酒　　D.粮食白酒

6.依据消费税的规定，下列应税消费品中，准予扣除外购已纳消费税的有（　　）。

A.以已税烟丝为原料生产的卷烟

B.以已税珠宝玉石为原料生产的贵重珠宝首饰

C.以已税小汽车连续生产的小汽车

D.以已税酒精为原料生产的白酒

7.纳税人收回委托加工的应税消费品后，下列情况中不需再缴纳消费税的有（　　）。

A.用于直接销售

B.用于抵偿债务

C.用于对外投资或无偿赠送他人

D.用于职工福利品发放

8.某一般纳税人的白酒生产企业，2014年2月将自产粮食白酒与某生产企业进行交换，用10吨粮食白酒换进生产材料一批，并取得对方开具的增值税专用发票，已知同期白酒的最高售价是每吨4万元，平均售价是每吨3.8万元，(以上售价均为不含税价，白酒适用比例税率20%，定额税率每斤0.5元）则下列说法正确的有（　　）。

A.该企业可以做进项抵扣

B.该企业增值税的计税销售额是40万元

C.该企业就上述业务应缴纳消费税9万元

D.不需要缴纳消费税

9．下列有关消费税的表述正确的有（　　）。

A．商业批发企业收回委托其他企业加工的特制白酒直接销售的不再征收消费税

B．委托加工的已税摩托车已由受托方代收代缴的消费税，准予按规定从连续生产摩托车应缴纳的消费税税额中扣减

C．纳税人委托个体经营者加工应税消费品的，于委托方收回后在委托方所在地缴纳消费税

D．进口的应税消费品直接在国内销售时征收消费税

10．下列各项中，不符合消费税纳税地点规定的有（　　）。

A．委托加工的应税消费品，由委托方向所在地税务机关申报缴纳

B．进口的应税消费品，由进口人或其代理人向报关地海关申报缴纳

C．纳税人的总机构与分支机构不在同一县（市）的，分支机构应回总机构申报缴纳

D．纳税人到外县（市）销售自产应税消费品的，应向机构所在地或居住地主管税务机关申报缴纳

三、判断题

1．纳税人生产销售的普通护肤护发品应同时征收增值税和消费税。（　　）

2．纳税人将自产的应税消费品与外购或自产的非应税消费品组成套产品装销售的，以套装产品的销售额（不含增值税）为计税依据计征消费税。（　　）

3．用于抵债的应税消费品应做销售处理，发出货物的一方按应税消费品的最高售价计征增值税、消费税。（　　）

4．纳税人委托个人加工应税消费品的，应于委托方收回后在委托方所在地缴纳消费税。（　　）

5．对饮食业、商业、娱乐业举办的啤酒屋（啤酒坊）利用啤酒生产设备生产的啤酒，不属于消费税征税范围，不征收消费税。（　　）

6．纳税人采用以旧换新（含翻新改制）方式销售的金银首饰，应按实际收取的不含增值税的全部价款确定计税依据征收消费税。（　　）

7．某化妆品厂销售化妆品采用赊销方式，合同规定收款日为5月

份，实际收到货款为6月份，纳税义务发生时间为5月份。（　）

8.某木制品公司将自产实木地板作为样品送某房地产公司，应当征收消费税。（　）

9.鞭炮厂销售鞭炮应征收消费税不征增值税。（　）

10.所有缴纳消费税的应税消费品，其计算缴纳消费税的组成计税价格中，成本利润率均为10%。（　）

四、案例分析题

1.某白酒生产企业（以下简称甲企业）为增值税一般纳税人，2014年7月发生以下业务：

（1）向某烟酒专卖店销售粮食白酒20吨，开具普通发票，取得含税收入200万元，另收取品牌使用费50万元、包装物租金10万元、运输装卸费10万元。

（2）提供10万元的原材料委托乙企业加工散装药酒1 000千克，收回时向乙企业支付不含增值税的加工费1万元，乙企业已代收代缴消费税。

（3）委托加工收回后将其中900千克散装药酒继续加工成瓶装药酒1 800瓶，以每瓶不含税售价100元通过非独立核算门市部销售完毕；将剩余100千克散装药酒作为福利分给职工，同类散装药酒的不含税销售价为每千克150元。

要求：根据上述资料，按照下列序号计算回答问题，每问需计算出合计数。

（1）计算本月甲企业向专卖店销售白酒应缴纳消费税。

（2）计算乙企业已代收代缴消费税。

（3）计算本月甲企业销售瓶装药酒应缴纳消费税。

（4）计算本月甲企业分给职工散装药酒应缴纳消费税。

2.某市卷烟生产企业为增值税一般纳税人，2014年6月有关经营业务如下：

（1）16日销售A牌卷烟300标准箱，每箱不含税售价1.35万元，款项收讫；将10标准箱A牌卷烟作为福利发给本企业职工。

（2）25日销售进口B牌卷烟380标准箱，取得不含税销售收入720万元。

请计算该卷烟生产企业本月应纳的消费税。

3.某汽车生产企业外购汽车轮胎一批，取得增值税专用发票一张，发票上注明的价款是280万元，当月将其中的70%用于本企业的汽车生产中，当月销售自产小汽车150辆（气缸容量2.3升），每辆不含税价格22万元，同时收取手续费每辆1.4万元，计算当月应纳的消费税额。

4.某精工机械制造公司系一般纳税人，生产各种礼品手表。2014年8月为某部委制造纪念表300只，每只不含税价9 000元，制造国宾表12只，每只不含税价1.5万元；为某银行成立100周年特制尊贵金表2只，消耗黄金59克，人造钻石3克，不含税价合计18万元；赠送某关系企业一只光电纯银手表，无同类售价，成本利润率为20%，成本为8 689元。请计算上述业务应缴纳消费税。

5.某筷子生产企业系增值税一般纳税人，从林业生产者收购一批白桦木原木用以生产木制一次性筷子，向林业生产者开具了经主管税务机关批准使用的农产品收购凭证，收购凭证上注明的价款合计为50万元（已支付）。该批原木通过铁路运往企业所在地，支付运输费5万元，取得运输企业开具的增值税专用发票。将成本为20万元的原木移送给位于某市市区的另一加工企业，委托其加工成木制一次性筷子，本月收回并取得增值税专用发票，专用发票上注明的加工费及辅料费金额共计5万元。本月将其全部直接用于销售，取得不含税销售额60万元。请计算：

（1）加工企业应代收代缴的消费税。

（2）加工企业应纳增值税。

（3）筷子厂应纳增值税。

五、思考题

1.简述增值税与消费税的联系与区别。

2.消费税与增值税的税收征管有哪些共性和差异?

3.消费税的计税方法有哪些具体规定?

4.如何对卷烟消费税税收政策导向及政策实施效果进行评价?

5.你认为现行消费税的征收范围应如何进行调整?

第五章

营业税

学习目标

营业税是货物与劳务税中的一个税种。通过本章的学习，应了解营业税的概念、特点及与其他流转税的异同；熟悉营业税的纳税人、征税范围、税目和税率及相关征管规定；掌握营业税应纳税额的计算及税收优惠的具体内容。

重要提示

1. 营业税的应税劳务是增值税以外的所有劳务。

2. 营业税的应税资产是有形动产（征收增值税）以外的资产，也就是有形不动产和无形资产。

3. 营业税规定的征税范围与增值税有互补性，同一事项，或者征收增值税，或者征收营业税，两种税不并存。

4. 营业税为价内税，增值税为价外税。营业税在所得税前可以扣除，增值税所得税前不得扣除。

5. 增值税中，一般纳税人采用的是购进扣税法，而营业税只有个别税额扣除情况，营业税计税依据中有扣除的情形。

第一节　营业税概述

一、营业税概念

营业税是对在我国境内提供应税劳务、转让无形资产或者销售不动产的单位和个人，就其营业收入征收的一种税。

营业税属于传统的商品流转税，实行普遍征收，计税依据为营业额全额，税额不受成本、费用高低影响，对于保证财政收入的稳定增长具有十分重要的意义，是地方税收收入的主要来源。

二、营业税特点

营业税与其他流转税税种比较，具有以下特点：

（一）征税范围广

营业税的征税范围包括在我国境内提供应税劳务、转让无形资产和销售不动产的经营行为，涉及国民经济中第三产业这一广泛的领域。第三产业直接关系着城乡人民群众的日常生活，因而营业税的征税范围具有广泛性和普遍性。但随着增值税扩围改革的不断进行，意味着增值税二次转型将在增值税覆盖营业税过程中完成。

（二）税负较低

营业税的征税范围主要是与群众生活密切相关的各种第三产业，为减轻群众负担，促进第三产业发展，确定了较低的税率，大多税目适用3%和5%的税率。

（三）按行业设置税目税率

营业税根据不同行业、不同业务性质，实行同行业或同一经营业务，同一税负。这既有利于均衡税负，也有利于鼓励竞争。

（四）计算简便，利于征管

营业税一般以营业收入全额为计税依据，实行比例税率，税额随营业收入额的实现而实现，计算征收较为方便，也有利于减少征收成本。

知识拓展

新中国成立后，原政务院于1950年公布了《工商业税暂行条例》，将固定工商业应纳的营业税和所得税合称为工商业税，规定凡在我国境内的工商营利事业，无论本国人或外国人经营，一律依法缴纳工商税。1958年税制改革时，将当时实行的货物税、商品流通税、印花税以及工商业税中的营业税部分，合并为工商统一税，不再征收营业税。1973年全国试行工商税，将工商统一税并入其中。为了适应经济发展的要求，改变税制过于简单的状况，充分发挥不同税种的特定作用，1984年第二步利改税将工商税中的商业和服务业等行业划分出来单独征收营业税。1994年进行的税制改革，根据社会主义市场经济要求，以建立规范的税制为基本目标，将商品批发、零售改征增值税，同时也将加工、修理修配行为改征增值税，重新修订、颁布了《中华人民共和国营业税暂行条例》，将营业税的课税范围限定为提供应税劳务和转让无形资产以及销售不动产，而且适用于内、外资企业，建立了统一、规范的营业税制。2008年11月14日国务院总理温家宝签署国务院第540号令，公布修订后的《中华人民共和国营业税暂行条例》，自2009年1月1日起施行。2011年，经国务院批准，财政部、国家税务总局联合下发营业税改增值税（简称“营改增”）试点方案。从2012年1月1日起，在上海交通运输业和部分现代服务业开展营业税改征增值税试点。在此基础上试点在全国范围内逐步展开，2013年8月1日，交通运输和部分现代服务业纳入营改增试点范围，2014年1月1日铁路和邮政业纳入营改增试点范围，2014年6月1日电信业纳入营改增试点范围。计划2015年增值税全面取代营业税。

第二节 营业税基本制度

一、营业税纳税义务人和扣缴义务人

（一）纳税人

1.一般规定

营业税的纳税人，是指在我国境内提供应税劳务、转让无形资产或者销售不动产的单位和个人。

单位，是指企业、行政单位、事业单位、军事单位、社会团体及其他单位。

个人，是指个体工商户和其他个人。

单位或个体工商户聘用的员工为本单位或雇主提供的劳务，不属于营业税的应税劳务。

2.特殊规定

（1）单位以承包、承租、挂靠方式经营的，承包人、承租人、挂靠人（统称承包人）发生应税行为，承包人以发包人、出租人、被挂靠人（统称发包人）名义对外经营并由发包人承担相关法律责任的，以发包人为纳税人；否则，以承包人为纳税人。

（2）建筑安装业务实行分包的，分包者为纳税人。

【知识点应用】

下列经营者中，属于营业税纳税人的是（　　）。

A.从事汽车修配业的个人

B.发生销售货物并负责运输所售货物的运输单位

C.从事缝纫业务的个体户

D.将不动产无偿赠送他人的单位

【答案】D

（二）扣缴义务人

在现实生活中，有些具体情况难以确定纳税人，为了加强税收的源泉控制、简化征收手续、减少税款流失，税法规定了扣缴义务人，这些单位和个人直接负有代扣代缴税款的义务。营业税的扣缴义务人主要有以下两种情形：

（1）境外纳税人的扣缴义务人。境外单位或者个人在境内提供应税劳务、转让无形资产或者销售不动产，在境内未设有经营机构的，其应纳税款以其境内代理者为扣缴义务人；在境内没有代理者的，以受让者或者购买者为扣缴义务人。

（2）国务院财政、税务主管部门规定的其他扣缴义务人。

【知识点应用】

某境内剧院邀请境外一艺术团（在境内未设立经营机构且无代理人）来华演出，支付费用200万元，计算该剧院应代扣代缴的营业税。

【答案】

应代扣代缴的营业税=200×3%=6（万元）

二、营业税征税范围

（一）征收范围的一般规定

营业税的征税范围包括在我国境内提供应税劳务、转让无形资产或者销售不动产三大类。

一是应税劳务：建筑业、金融保险业、文化体育业、娱乐业、服务业；

二是转让无形资产：转让土地使用权、转让自然资源使用权；

三是销售不动产：销售建筑物及其他土地附着物。

在中华人民共和国境内是指税收行政管辖权的区域。具体情况为：

（1）提供或者接受应税劳务的单位或者个人在境内；

（2）所转让的无形资产（不含土地使用权）的接受单位或者个人在境内；

（3）所转让或者出租土地使用权的土地在境内；

（4）所销售或者出租的不动产在境内。

“提供应税劳务、转让无形资产或者销售不动产”，是指有偿提供应税劳务、转让无形资产或者转让不动产所有权的行为，即从受让方（购买方）取得货币、货物或其他经济利益为条件提供劳务、转让无形资产或转让不动产所有权的行为（简称应税行为）。“应税劳务”是指应当征收营业税的劳务，包括建筑业、金融保险业、文化体育业、娱乐业、服务业。

（二）征税范围的特殊规定

按照现行税法规定，对所有货物销售及增值税的应税劳务行为一律征收增值税，对提供营业税应税劳务、转让无形资产、销售不动产的行为一律征收营业税。但是，对于纳税人既涉及货物销售，又涉及提供应税劳务的，则出现征税范围交叉问题。具体规定如下：

1.混合销售行为的界定

一项销售行为如果既涉及应纳营业税的应税劳务又涉及应纳增值税的货物销售行为，称之为混合销售行为。从事货物（指有形动产，包括电力、热力、气体在内）的生产、批发或零售的企业、企业性单位及个体工商户（包括以从事货物的生产、批发或零售为主，并兼营应税劳务的企业、企业性单位及个体工商户在内）的混合销售行为，视为销售货物，不征收营业税；其他单位和个人的混合销售行为，视为提供营业税应税劳务，应当征收营业税。

纳税人的销售行为是否属于混合销售行为，由国家税务总局所属征收机关确定。

2.兼营行为的界定

纳税人一方面从事营业税应税劳务，另一方面又从事增值税应税货物销售或提供增值税应税劳务，称之为兼营。纳税人兼营营业税应税劳务和增值税货物销售或者营业税非应税劳务的，应当分别核算应税行为的营业额和货物或者非应税劳务的销售额，其应税行为营业额缴纳营业税，货物或者非应税劳务销售额不缴纳营业税；未分别核算的，由主管税务机关核定其应税行为营业额。

“混合销售”与“兼营”的主要区别是：混合销售是纳税人的一项销售行为涉及两种税，而兼营则是纳税人的经营范围涉及两种税。

三、营业税税目税率

（一）税目

营业税的税目按照行业、经营业务的不同分别设置，现行营业税共设置了7个税目。

1.建筑业

建筑业，是指建筑安装工程作业等。本税目的征收范围包括：建筑、安装、修缮、装饰、其他工程作业。

单位或个人自己新建（以下简称自建）建筑物后销售，其自建行为视同提供应税劳务。

（1）建筑，是指新建、改建、扩建各种建筑物、构筑物的工程作业，包括与建筑物相连的各种设备或支柱、操作平台的安装或装设工程作业，以及各种窑炉和金属结构工程作业在内。

（2）安装，是指生产设备、动力设备、起重设备、运输设备、传动设备、医疗实验设备及其他各种设备的装配、安置工程作业，包括与设备相连的工作台、梯子、栏杆的装设工程作业和被安装设备的绝缘、防腐、保温、油漆等工程作业在内。

（3）修缮，是指对建筑物、构筑物进行修补、加固、养护、改善，使之恢复原来的使用价值或延长其使用期限的工程作业。

（4）装饰，是指对建筑物、构筑物进行修饰，使之美观或具有特定用途的工程作业。

（5）其他工程作业，是指上列工程作业以外的各种工程作业，如代办电信工程、水利工程、道路修建、疏浚、钻井（打井）、拆除建筑物或构筑物、平整土地、搭脚手架、爆破等工程作业。

（6）纳税人提供的矿山爆破、穿孔、表面附着物（包括岩层、土层、沙层等）剥离和清理劳务，以及矿山、巷道构筑劳务，属于营业税应税劳务，应当缴纳营业税。

2.金融保险业

金融保险业，是指经营金融、保险的业务。本税目的征收范围包括：金融业、保险业。

（1）金融业。金融业是指经营货币资金融通活动的业务，包括贷款、金融商品转让、金融经纪业、邮政储蓄业务和其他金融业务（有形动产融资租赁已纳入“营改增”）。

①贷款，是指将资金贷与他人使用的业务。人民银行的贷款业务，不征收营业税。

②金融商品转让，是指转让外汇、有价证券或非货物期货的所有权

的行为，包括股票转让、债券转让、外汇转让、其他金融商品转让。货物期货不缴纳营业税。

③金融经纪业，是指受托代他人经营金融活动的业务。

④其他金融业务，是指上列业务以外的各项金融业务，如银行结算、票据贴现等。

（2）保险业。保险业是指将通过契约形式集中起来的资金，用以补偿被保险人的经济利益的业务。

3.文化体育业

文化体育业是指经营文化、体育活动的业务。本税目的征收范围包括：文化业、体育业。

（1）文化业是指经营文化活动的业务，包括表演、经营游览场所和各种展览、培训活动，举办文学、艺术、科技讲座、演讲、报告会，图书馆的图书和资料借阅业务等。

（2）体育业是指举办各种体育比赛和为体育比赛或体育活动提供场所的业务。

以租赁方式为文化活动、体育比赛提供场所，属于服务业中的租赁业范围。

4.娱乐业

娱乐业是指为娱乐活动提供场所和服务的业务，本税目的征收范围包括：经营歌厅、舞厅、卡拉OK歌舞厅、音乐茶座、台球、高尔夫球、保龄球场、网吧、游艺场（如射击、狩猎、跑马、玩游戏机等）等娱乐场所，以及娱乐场所为顾客进行娱乐活动提供服务的业务。

（1）歌厅，是指在乐队的伴奏下顾客进行自娱自乐形式的演唱活动的场所。

（2）舞厅，是指供顾客进行跳舞活动的场所。

（3）卡拉OK歌舞厅，是指在音像设备播放的音乐伴奏下，顾客自娱自乐进行歌舞活动的场所。

（4）音乐茶座，是指为顾客同时提供音乐欣赏和茶水、咖啡、酒及其他饮料消费的场所。

（5）台球、高尔夫球、保龄球场，是指顾客进行台球、高尔夫球、保龄球活动的场所。

（6）游艺场，是指举办各种游艺、游乐（如射击、狩猎、跑马、玩游戏机等）活动的场所。

上列娱乐场所为顾客进行娱乐活动提供的饮食服务及其他各种服务，均属于本税目征收范围。

5.服务业

（1）服务业是指利用设备、工具、场所、信息或技能为社会提供服务的业务。本税目的征收范围包括：代理业、旅店业、饮食业、旅游业、租赁业和其他服务业。

（2）对福利彩票机构以外的代销单位销售福利彩票取得的手续费收入，依法征收营业税。

（3）对社保基金投资管理人、社保基金托管人从事社保基金管理活动取得的收入，依法征收营业税。

（4）单位和个人在旅游景点经营索道取得的收入，按“服务业”税目“旅游业”项目，征收营业税。

（5）交通部门有偿转让高速公路收费权行为，按“服务业”税目“租赁业”项目，征收营业税。

（6）酒店产权式经营，业主按照约定取得的固定收入和分红收入均应视为租金收入，应按照“服务业——租赁业”征收营业税。

（7）单位和个人受托种植植物、饲养动物的行为，应按照营业税“服务业”税目征收营业税，不征收增值税。

（8）旅店业和饮食业纳税人销售非现场消费的食品应当缴纳增值税，不缴纳营业税。

6.转让无形资产

转让无形资产，是指转让无形资产的所有权或使用权的行为。无形资产，是指不具实物形态、但能带来经济利益的资产。本税目的征收范围包括：转让土地使用权、转让自然资源使用权（注：转让商标权、转让专利权、转让非专利技术、转让著作权、转让商誉已纳入“营改增”）。

自2003年1月1日起，以无形资产投资入股，参与接受投资方的利润分配、共同承担投资风险的行为，不征收营业税。在投资后转让其股权的也不征收营业税。

7.销售不动产

销售不动产，是指有偿转让不动产的所有权的行为。不动产，是指不能移动，移动后引起性质、形状改变的财产。本税目的征收范围包括：销售建筑物或构筑物、销售其他土地附着物。转让不动产有限产权或永久使用权，以及单位将不动产无偿赠与他人，视同销售不动产。

（1）销售建筑物或构筑物。销售建筑物或构筑物，是指有偿转让建筑物或构筑物的所有权的行为。

（2）销售其他土地附着物。销售其他土地附着物，是指有偿转让其他土地附着物的所有权的行为。其他土地附着物，是指建筑物或构筑物以外的其他附着于土地的不动产。

在销售不动产时连同不动产所占土地的使用权一并转让的行为，比照销售不动产征税。

自2003年1月1日起，以不动产投资入股，参与接受投资方利润分配、共同承担投资风险的行为，不征营业税。在投资后转让其股权的也不征收营业税。

单位或者个人将不动产或者土地使用权无偿赠送其他单位或者个人，视同发生应税行为按规定征收营业税。单位或者个人自己新建（以下简称自建）建筑物后销售，其所发生的自建行为，视同发生应税行为按规定征收营业税。

（二）税率

营业税实行的是差别比例税率，税率分别为3%、5%、5%～20%等三个档次。对于国家鼓励发展的行业，如建筑业、文化体育业的税率为3%；对于在市场经济中迅速发展、盈利水平提高较快的金融保险业、服务业及转让无形资产、销售不动产的税率为5%；对于高消费的娱乐业则实行5%～20%的幅度税率，详见表5-1。

营业税税目、税率的调整，由国务院决定。纳税人兼有不同税目应税行为的，应当分别核算不同税目的营业额、转让额、销售额（简称营业额）；未分别核算营业额的，从高适用税率。

表5-1 **营业税税目税率表**

序号	税 目	税 率
1	建筑业	3%
2	金融保险业	5%
3	文化体育业	3%
4	娱乐业	5% ~ 20%
5	服务业	5%
6	转让无形资产	5%
7	销售不动产	5%

注：自2000年7月1日起，对电子游戏厅一律按20%的税率征收营业税。自2001年5月1日起，经国务院批准，“娱乐业”中的夜总会、歌厅、舞厅、射击、狩猎、跑马、游戏、高尔夫球、保龄球、台球等娱乐行为的营业税率统一按20%执行。自2004年7月1日起保龄球、台球按5%的税率征收营业税。自2009年1月1日起，经营娱乐业具体适用的税率，由省、自治区、直辖市人民政府在条例规定的幅度内决定。

【知识点应用】

下列经营活动中选取的营业税税率正确的有（　　）。

A.旅游景点经营索道取得的收入按5%

B.转让专利收入按3%

C.邮政储蓄收入按5%

D.有形动产租赁按5%

【答案】AC

四、营业税减免优惠

（一）营业税减税免税的基本政策

除《中华人民共和国营业税暂行条例》（以下简称《营业税暂行条例》）中规定的免税项目外，营业税的免税、减税项目由国务院规定。任何地区、部门均不得规定免税、减税项目。

纳税人兼营免税、减税项目的，应当单独核算免税、减税项目的营业额；未单独核算营业额的，不得免税、减税。纳税人营业额未达到财政部规定的营业税起征点的，免征营业税。

（二）根据《营业税暂行条例》的规定，下列项目免征营业税

1.托儿所、幼儿园、养老院、残疾人福利机构提供的育养服务、婚姻介绍、殡葬服务。

2.残疾人员个人为社会提供的劳务。

3.学校和其他教育机构提供的教育劳务，学生勤工俭学提供的劳务。学校和其他教育机构是指普通学校以及经地、市级以上人民政府或者同级政府的教育行政部门批准成立、国家承认其学员学历的各类学校。

4.农业机耕、排灌、病虫害防治、植保、农牧保险以及相关技术培训业务，家禽、牲畜、水生动物的配种和疾病防治。

5.纪念馆、博物馆、文化馆、美术馆、展览馆、书画院、图书馆、文物保护单位举办文化活动的门票收入，宗教场所举办文化、宗教活动的门票收入。

6.医院、诊所和其他医疗机构提供的医疗服务。

7.境内保险机构为出口货物提供的保险产品。

（三）根据国家的其他规定，下列项目减征或免征营业税

1.保险公司开展的1年期以上返还性人身保险业务的保费收入免征营业税；返还性人身保险业务是指保期1年以上（包括1年期），到期返还本利的普通人寿保险、养老金保险、健康保险。

2.将土地使用权转让给农业生产者用于农业生产，免征营业税。

3.凡经中央及省级财政部门批准纳入预算管理或财政专户管理的行政事业性收费、基金，无论是行政单位收取的，还是由事业单位收取的，均不征收营业税。

4.社会团体按财政部门或民政部门规定标准收取的会费，不征收营业税。社会团体是指在中华人民共和国境内经国家社团主管部门批准成立的非营利性的协会、学会、联合会、研究会、基金会、联谊会、促进会、商会等民间群众社会组织。社会团体会费是指社会团体在国家法规、政策许可的范围内，依照社团章程的规定收取的个人会员和团体会员的款额。

各党派、共青团、工会、妇联、中科协、青联、台联、侨联收取的党费、会费，比照上述规定执行。

5.对住房公积金管理中心用住房公积金在指定的委托银行发放个人住房贷款取得的收入，免征营业税。

6.对按政府规定价格出租的公有住房和廉租住房暂免征收营业税；对个人出租住房，不区分用途，以3%的法定税率为基数减半征收营业税。

7.保险公司的摊回分保费用不征收营业税。

8.中国人民银行对金融机构的贷款业务，不征收营业税。中国人民银行对企业贷款或委托金融机构贷款的业务应当征收营业税。

9.金融机构往来业务暂不征收营业税。金融机构往来是指金融企业联行、金融企业与人民银行及同业之间的资金往来业务取得的利息收入，不包括相互之间提供的服务。

10.对金融机构的出纳长款收入，不征收营业税。

11.企业集团或集团内的核心企业（以下简称企业集团）委托企业集团所属财务公司代理统借统还贷款业务，从财务公司取得的用于归还金融机构的利息不征收营业税；财务公司承担此项统借统还委托贷款业务，从贷款企业收取贷款利息不代扣代缴营业税。

12.对地方商业银行转贷用于清偿农村合作基金会债务的专项贷款利息收入免征营业税。专项贷款是指由人民银行向地方商业银行提供，并由商业银行转贷给地方政府，专项用于清偿农村合作基金会债务的贷款。

13.对符合条件的中小企业信用担保、再担保机构，对其从事担保业务的收入，3年内免征营业税。

14.对社保基金理事会、社保基金投资管理人运用社保基金买卖证券投资基金、股票、债券的差价收入，暂免征收营业税。

15.保险企业取得的追偿款不征收营业税。

16.对军队空余房产租赁收入暂免征收营业税、房产税；此前已征税款不予退还，未征税款不再补征。

17.住房专项维修基金不计征营业税。

18.对从事个体经营的军队转业干部、城镇退役士兵和随军家属，自领取税务登记证之日起，3年内免征营业税。个体经营是指雇工7人（含7人）以下的个体经营行为，军队转业干部、城镇退役士兵、随军家属从事个体经营凡雇工8人（含8人）以上的，无论其领取的营业执照是否注明为个体工商业户，军队转业干部和随军家属均按照新开办的企业、城镇退役士兵按照新办的服务型企业的规定享受有关营业税优惠政策。

19.对QFII委托境内公司在我国从事证券买卖业务取得的差价收入，免征营业税。

20.单位和个人提供的垃圾处置劳务不属于营业税应税劳务，对其处置垃圾取得的垃圾处置费，不征收营业税。

21.个人无偿赠与不动产、土地使用权，属于税法列举三种情况的暂免征收营业税。

22.公司从事金融资产处置业务时，出售、转让股权不征收营业税；出售、转让债权或将其持有的债权转为股权不征收营业税；销售、转让不动产或土地使用权，征收营业税。

23.纳税人将土地使用权归还给土地所有者时，只要出具县级（含）以上地方人民政府收回土地使用权的正式文件，无论支付征地补偿费的资金来源是否为政府财政资金，该行为均属于土地使用者将土地使用权归还给土地所有者的行为，不征收营业税。

24.境内单位或个人在境外提供建筑业、文化体育业（不包括播映）劳务，暂免征收营业税。

25.对经营公租房所取得的租金收入，免征营业税。公租房租金收入与其他住房经营收入应单独核算，未单独核算的，不得享受免征营业税优惠政策。

（四）营业税的起征点

为了贯彻合理负担的政策，照顾收入较低的纳税人，营业税规定了起征点，纳税人营业额未达到起征点的，免征营业税；纳税人营业额达到或超过起征点的，应按营业额全额计征营业税。营业税起征点的适用范围只限于个人。

税法规定的起征点如下：

1.按期纳税的（除另有规定外）为月营业额5 000～20 000元。

2.按次纳税的（除另有规定外）为每次（日）营业额300～500元。

各省、自治区、直辖市人民政府所属地方税务机关可以在规定的幅度内，根据当地实际情况确定本地区适用的起征点，并报财政部、国家税务总局备案。

五、营业税计税依据的确定

（一）计税依据的一般规定

营业税的计税依据是营业额。营业额是纳税人提供应税劳务、转让无形资产或者销售不动产收取的全部价款和价外费用。价外费用，包括收取的手续费、补贴、基金、集资费、返还利润、奖励费、违约金、滞纳金、延期付款利息、赔偿金、代收款项、代垫款项、罚息及其他各种性质的价外收费，但不包括同时符合以下条件代为收取的政府性基金或者行政事业性收费：

1.由国务院或者财政部批准设立的政府性基金，由国务院或者省级人民政府及其财政、价格主管部门批准设立的行政事业性收费；

2.收取时开具省级以上财政部门印制的财政票据；

3.所收款项全额上缴财政。

值得注意的是，纳税人发生应税行为，如果将价款与折扣额在同一张发票上注明的，以折扣后的价款为营业额；如果将折扣额另开发票的，不论其在财务上如何处理，均不得从营业额中扣除。

纳税人的营业额计算缴纳营业税后因发生退款减除营业额的，应当退还已缴纳营业税税款或者从纳税人以后的应缴纳营业税税额中减除。

【知识点应用】

2015年2月某大剧院发生如下业务：举办喜剧演出取得门票收入20 000元，出租门面房给某艺术工作室取得租金收入50 000元，餐饮部取得现场餐饮收入60 000元。计算该剧院本月应纳的营业税。

【答案】

应纳营业税=20 000×3%＋50 000×5%＋60 000×5%＝6 100（元）

（二）计税依据的特殊规定

1.对于纳税人提供劳务、转让无形资产或销售不动产价格明显偏低而无正当理由的，或者视同发生应税行为而无营业额的，税务机关可按下列顺序确定其营业额：

（1）按纳税人最近时期发生同类应税行为的平均价格核定；

（2）按其他纳税人最近时期发生同类应税行为的平均价格核定；

（3）按下列公式核定：

营业额=营业成本或者工程成本×（1＋成本利润率）÷（1－营业税税率）

公式中的成本利润率，由省、自治区、直辖市税务局确定。

2.营业税纳税人购置税控收款机，经主管税务机关审核批准后，可凭购进税控收款机取得的增值税专用发票，按照发票上注明的增值税税额，抵免当期应纳增值税或营业税税额，或者按照购进税控收款机取得的普通发票上注明的价款，依下列公式计算可抵免税额：

可抵免的税额＝价款÷（1＋17%）×7%

当期应纳税额不足抵免的，未抵免部分可在下期继续抵免。

3.纳税人以外汇结算营业额的，应当按外汇市场价格折合成人民币计算。其营业额的人民币折合率可以选择营业额发生的当天或当月1日的国家外汇牌价的中间价。但金融业则按其收到的外汇的当天或当季季末中国人民银行公布的基准汇价折合营业额；保险业则按其收到的外汇的当天或当月最后一天中国人民银行公布的基准汇价折合营业额。纳税人应在事先确定选择采用何种折合率，确定后一年内不得变更。

（三）分行业计税依据的确定

1.建筑业

（1）纳税人将建筑工程分包给其他单位的，以其取得的全部价款和价外费用扣除其支付给其他单位的分包款后的余额为营业额。

【知识点应用】

甲建筑公司总承包一项建设工程，工程价款为2 300万元。甲建筑公司将室内装修工程分包给乙装修公司，工程价款为600万元。问：这一业务应如何计征营业税？

【答案】

甲建筑公司应纳营业税额＝（2 300－600）×3%＝51（万元）

甲建筑公司代扣代缴乙装修公司的应纳营业税额＝600×3%＝18（万元）

（2）纳税人从事建筑、修缮、装饰及其他工程作业，无论与对方如何结算，其营业额均应包括工程所用原材料及其他物资和动力的价款在内。

“无论与对方如何结算”的含义是：无论采用包工包料形式还是包工不包料形式，其营业额都应包括料、工、费的价款在内。

【知识点应用】

甲建筑公司承建一项工程，双方议定，除建设单位提供建筑材料300万元外，由建筑公司以900万元承包（包工包料）完成。计算建筑公司应纳营业税额。

【答案】

应纳税额 =（900 + 300）×3% = 36（万元）

（3）纳税人从事安装工程作业，凡所安装的设备的价值作为安装工程产值的，其营业额应包括设备的价款在内。也就是说，安装企业承包的安装工程总金额中包含机器设备本身的价值在内的，在对承包安装工程收入征税时，其营业额应包括设备的价款在内。反之，如果安装单位提供机器设备，安装公司只负责安装，并收取安装费，则其营业额为取得的安装费收入，不包括设备价款在内。

【知识点应用】

某安装公司为A企业安装一条该企业从国外引进的生产线，其机器设备的价值为5 000万元，取得安装费收入600万元。与此同时，该安装公司为B企业安装一生产线，取得安装费收入200万元，其中机器设备价值120万元。计算安装公司应纳的营业税额。

【答案】

（1）为A企业安装生产线应纳营业税额

应纳税额 = 600×3% = 18（万元）

（2）为B企业安装生产线应纳营业税额

应纳税额 = 200×3% = 6（万元）

（4）纳税人自建自用的房屋不纳营业税，如果纳税人将自建房屋对外销售，其自建行为应按建筑业缴纳营业税，再按销售不动产缴纳营业税。

【知识点应用】

某施工企业2014年自建一幢宿舍，其中一部分已竣工销售。已竣工销售的宿舍楼建筑安装成本为100万元，取得销售收入150万元。（建筑业营业税率为3%，成本利润率为5%，销售不动产营业税率为5%）请计算该施工企业应纳营业税。

【答案】

（1）自行建造行为交营业税 =100×（1+5%）÷（1−3%）×3%=3.2（万元）

（2）销售宿舍应缴营业税=150×5%=7.5（万元）

（3）应纳营业税总额=3.2+7.5=10.7（万元）

2.金融保险业

（1）一般贷款业务。一般贷款业务的营业额为贷款利息收入（包括各种加息、罚息等）。

（2）外汇、有价证券、期货等金融商品买卖业务，以卖出价减去买入价后的余额为营业额，即：

营业额=卖出价−买入价

卖出价是指卖出原价，不得扣除卖出过程中支付的各种费用和税金。买入价是指购进原价，不包括购进过程中支付的各种费用和税金。

自2013年12月1日起，纳税人从事金融商品转让业务，不再按股票、债券、外汇、其他四大类来划分，统一归为“金融商品”，不同品种金融商品买卖出现的正负差，在同一个纳税期内可以相抵，按盈亏相抵后的余额为营业额计算缴纳营业税。若相抵后仍出现负差的可结转下一个纳税期相抵，但在年末时仍出现负差时，不得转入下一个会计年度。

【知识点应用】

某银行第二季度买卖企业债券出现负差55万元；第三季度购买企业债券共支付564万元，其中包括各种税费0.7万元；第三季度转让企业债券取得收入690万元，在转让企业债券过程中，支付各种税费1.1万元。请计算该银行第三季度上述业务应纳营业税税额。

【答案】

第三季度转让价差=690－（564－0.7）=126.7（万元）

第三季度应纳营业税=（126.7－55）×5%=3.59（万元）

（3）金融经纪业务和其他金融业务（中间业务）营业额为手续费（佣金）类的全部收入。金融企业从事受托收款业务，如代收电话费、水电煤气费、信息费、学杂费、寻呼费、社保统筹费、交通违章罚款、税款等，以全部收入减去支付给委托方价款后的余额为营业额。

【知识点应用】

下列各项金融保险业务的营业税计税依据，表述正确的是（　　）。

A.一般贷款业务的计税依据为利差收入

B.转让股票的计税依据为卖出股票的全部收入

C.金融中间业务的计税依据为佣金的全部收入

D.金融企业从事受托收款业务的计税依据为收取的全部收入

【答案】C

（4）保险业务营业额包括：

①办理初保业务。营业额为纳税人经营保险业务向对方收取的全部价款，即向被保险人收取的全部保险费。

②储金业务。保险公司如采用收取储金方式取得经济利益的（即以被保险人所交保险资金的利息收入作为保费收入，保险期满后将保险资金本金返还被保险人），其“储金业务”的营业额，为纳税人在纳税期内的储金平均余额乘以人民银行公布的1年期存款的月利率。储金平均余额为纳税期期初储金余额与期末余额之和乘以50%。

【知识点应用】

某保险公司2015年1月以储金方式开展家庭财产保险业务，纳税期初储金余额400万元，期末储金余额800万元，当期一年期存款利息为2.12%，请计算该保险公司本月应纳的营业税。

【答案】

储金方式收入应纳的营业税=（400+800）×50%×2.12%÷12×5%=0.05（万元）

③保险企业已征收过营业税的应收未收保费，凡在财务会计制度规定的核算期限内未收回的，允许从营业额中减除。在会计核算期限以后收回的已冲减的应收未收保费，再并入当期营业额中。

④保险企业开展无赔偿奖励业务的，以向投保人实际收取的保费为营业额。

⑤中华人民共和国境内的保险人将其承保的以境内标的物为保险标的的保险业务向境外再保险人办理分保的，以全部保费收入减去分保保费后的余额为营业额。

境外再保险人应就其分保收入承担营业税纳税义务，并由境内保险人扣缴境外再保险人应缴纳的营业税税款。

3.文化体育业

文化体育业的营业额是指纳税人经营文化业、体育业取得的全部收入。但单位或个人进行演出，以全部票价收入或者包场收入减去付给提供演出场所的单位、演出公司或者经纪人的费用后的余额为营业额。

【知识点应用】

某歌舞团在某市A剧场演出三场，剧场负责售票，全部票房收入为80万元，其中剧场提供演出场所取得场租收入15万元，市演出公司提供有关演出服务取得收入5万元。计算各相关主体应纳的营业税额。

【答案】

由A剧场代扣代缴歌舞团应纳的营业税额：

应纳税额＝（80－15－5）×3%＝1.8（万元）

A剧场的场租收入按“租赁业”纳营业税：

应纳税额＝15×5%＝0.75（万元）

市演出公司按“代理业”纳营业税：

应纳税额＝5×5%＝0.25（万元）

4.服务业

（1）一般代理业以代理者向委托方实际收到的报酬为营业额。

（2）电脑福利彩票投注点代销福利彩票取得的任何形式的手续费收入，应照章征收营业税。

（3）拍卖行向委托方收取的手续费为计税营业额。

（4）纳税人从事旅游业务的，以其取得的全部价款和价外费用扣除替旅游者支付给其他单位或个人的住宿费、餐费、交通费、旅游景点门票和支付给其他接团旅游企业的旅游费后的余额为营业额。

【知识点应用】

某旅行社组织旅游团在中国境内旅游，共取得旅游费收入20万元，途中安排游客住宿支付住宿费2万元，餐费1万元，交通费5万元，第一门票费2.5万元，其他代付费用1.5万元。计算该旅行社应纳营业税额。

【答案】

应纳税额＝（20－2－1－5－2.5－1.5）×5%＝0.4（万元）

（5）对单位和个人在旅游景区经营旅游游船、观光电梯、观光电车、景区环保客运车所取得的收入应按“服务业——旅游业”征收营业税。

单位和个人在旅游景区兼有不同税目应税行为并采取“一票制”收费方式的，应当分别核算不同税目的营业额；未分别核算或核算不清的，从高适用税率。

（6）从事物业管理的单位，以与物业管理有关的全部收入减去代业主支付的水、电、燃气以及代承租者支付的水、电、燃气、房屋租金的价款后的余额为营业额。

5.娱乐业

娱乐业的营业额为经营娱乐业向顾客收取的各项费用，包括门票收费、台位费、点歌费、烟酒和饮料收费及经营娱乐业的其他各项收费。

【知识点应用】

某歌舞厅某月取得门票收入8万元，台位费6万元，点歌费3万元，提供烟酒、饮料、果盘、小食品等取得收入12万元。计算该歌舞厅本月应纳营业税额。

【答案】

应纳税额＝（8＋6＋3＋12）×20%＝5.8（万元）

6.转让无形资产

转让无形资产的营业额为纳税人转让无形资产从受让方取得的货币、货物和其他经济利益。

单位和个人转让受让所得的土地使用权，以全部收入减去受让时该土地使用权的原价后的余额为计税营业额。

单位和个人转让抵债所得的土地使用权，以全部收入减去抵债时该土地使用权作价后的余额为计税营业额。

【知识点应用】

转让一宗土地的使用权、取得转让收入600万元。该宗土地系于2014年11月份接受丙公司抵债时取得，抵债时该宗土地作价500万元，2014年11月其账面余值为490万元。请计算该企业应缴纳的营业税。

【答案】

转让土地使用权应缴纳的营业税=（600－500）×5%=5（万元）

7.销售不动产

销售不动产的营业额为纳税人销售不动产时从购买方取得的全部价款和价外费用，（含货币、货物或其他经济利益）。

（1）单位和个人销售其购置所得的不动产，以全部收入减去该不动产的购置原价后的余额为营业额。

（2）单位和个人销售其抵债所得的不动产，以全部收入减去该不动产作价后的余额为营业额。

（3）2011年1月28日，财政部、国家税务总局发布《关于调整个人住房转让营业税政策的通知》，规定：个人将购买不足5年的住房对外销售的，全额征收营业税；个人将购买超过5年（含5年）的非普通住房对外销售的，按照其销售收入减去购买房屋的价款后的差额征收营业税；个人将购买超过5年（含5年）的普通住房对外销售的，免征营业税。

【知识点应用】

张某2014年销售已购买满6年的非普通住房，售价为80万元，原购买价为50万元，计算此笔销售应缴纳的营业税。

【答案】

应纳营业税=（80－50）×5%=1.5（万元）

第三节　营业税的计算与征收

一、营业税的计算

（一）营业税应纳税额计算公式

营业税应纳税额的计算比较简单，纳税人提供应税劳务、转让无形资产或者销售不动产，按照营业额和规定的适用比例税率计算应纳税额。计算公式为：

应纳税额=营业额×比例税率

（二）营业税应纳税额计算例示

【例 5-1】某房地产开发公司将自建的一幢商品楼销售给有共同经济利益的某企业，每平方米售价1 500元，建筑面积为6 000平方米，共取得销售价款900万元。经税务机关确认，该公司1 500元/平方米的销售价格明显偏低且无正当理由。问：应如何计征该公司的营业税？

其他有关资料：该公司建此商品楼的工程成本为850万元；该公司所在省建筑业成本利润率定为10%；同类商品楼的销售价格为2 500元/平方米。

【解析】

①就其自建行为按建筑业计征营业税：

组成计税价格=850×（1+10%）÷（1－3%）=963.92（万元）

应纳税额=963.92×3%=28.92（万元）

②销售不动产计征营业税：

应纳税额=0.25×6 000×5%=75（万元）

【例 5-2】某装饰公司某月发生下列经济业务：

（1）承接某单位装修项目取得收入60 000元；

（2）独立销售装饰材料取得收入31 200元。

请计算该公司本月应缴纳流转税额。

【解析】

（1）装修收入应纳营业税额=60 000×3%＝1 800（元）

（2）独立销售装饰材料收入应纳增值税额＝［31 200÷（1＋3%）］×3%＝908.74（元）

【例5-3】A市利达酒店2015年4月收入情况如下：

（1）取得客房收入50万元。

（2）餐饮收入20万元。

（3）出租会议室，取得收入3万元。

（4）客房部电话费收入5万元，支付电信单位话费和管理费4万元。

（5）代购机票、车票，取得手续费收入0.8万元。

（6）经营洗浴中心，取得收入9万元。

（7）经营保龄球馆，取得收入2万元。

（8）经营游艺场馆，取得收入6万元。

（9）经营歌舞厅，取得收入30万元。

请计算该酒店本月应纳的营业税额是多少？（A市娱乐业税率为20%）

【解析】本月应纳的营业税额=（50+20+3+0.8+9+2）×5%+（5－4）×5%+6×20%+30×20%=11.49（万元）

二、营业税的征收管理

（一）纳税义务发生时间

1.一般规定

营业税的纳税义务发生时间为纳税人收讫营业收入款项或者取得索取营业收入款项凭据的当天，或为书面合同确定的付款日期的当天；未签订书面合同或者书面合同未确定付款日期的，为应税行为完成的当天。

2.特殊规定

（1）纳税人转让土地使用权或者销售不动产，采取预收款方式的，其纳税义务发生时间为收到预收款的当天。

（2）提供建筑业或者租赁业劳务，采取预收款方式的，其纳税义务发生时间为收到预收款的当天。

（二）纳税期限

营业税的纳税期限，分别为5日、10日、15日、1个月或1个季度。纳税人的具体纳税期限，由主管税务机关根据纳税人应纳税额的大小分别核定；不能按照固定期限纳税的，可以按次纳税。

纳税人以1个月或1个季度为一期纳税的，自期满之日起15日内申报纳税；以5日、10日或者15日为一期纳税的，自期满之日起5日内预缴税款，于次月1日起15日内申报纳税并结清上月应纳税款。

扣缴义务人的解缴税款期限，比照上述规定执行。

银行、财务公司、信托投资公司、信用社、外国企业常驻代表机构的纳税期限为1个季度。自纳税期满之日起15日内申报纳税。

保险业的纳税期限为1个月。

（三）纳税地点

营业税纳税地点原则上采取属地征收方法，即在应税项目发生地纳税，只有转让土地使用权以外的其他无形资产、跨省承包工程、航空公司所属分公司、设计、工程监理、网络服务等，纳税地点为纳税人机构所在地。

本章小结

1. 营业税是对在我国境内提供应税劳务、转让无形资产和销售不动产的单位和个人所取得的营业额为课税对象所征收的一种商品劳务税。

2. 营业税与其他商品劳务税相比具有三个特点：一是征税范围广；二是税负比较低；三是按行业设计税目、税率；四是计算简便，便于征管。

3. 营业税确定的基本征税范围为：在中华人民共和国境内提供的应税劳务、转让无形资产或销售不动产的行为。

4. 营业税的纳税义务人是在中华人民共和国境内提供应税劳务、转让无形资产或者销售不动产的单位和个人。

5. 营业税计税依据的确定，适用税率及应纳税额的计算；营业税的税收优惠；营业税的征收管理。

练习与思考

一、单项选择题

1.属于营业税法规定的应税劳务是（　　）。

A.代销货物的手续费收入

B.代销货物的货款收入

C.在境外提供服务的收入

D.代购商品的交付受托方的货款收入

2.下列各项中，应按照“建筑业”征收营业税的是（　　）。

A.自建出租建筑物　　B.自建自用建筑物

C.投资入股的自建建筑物　　D.自建建筑物后销售

3.营业税适用的税率形式是（　　）。

A.单一比例税率　　B.产品差别比例税率

C.行业差别比例税率　　C.比例与定额复合税率

4.下列项目中，属于营业税征税范围的是（　　）。

A.零售商品　　B.提供修理修配劳务

C.举办科技讲座　　C.批发商品

5.作为营业税计税依据的正确表述是（　　）。

A.外汇买卖业务以卖出价减去买入价的余额为计税营业额

B.邮政储蓄业务以收入全额为计税营业额

C.单位或个人进行演出，以全部票价收入为计税营业额

D.运输企业以实际收入减去运输工具的折旧后的余额为计税营业额

6.纳税人的下列行为中，属于营业税混合销售行为的是（　　）。

A.电视机厂销售电视机并负责运输

B.从事客房、餐饮服务的饭店附设的商场销售货物

C.零售商场既销售服装又销售图书

D.装修公司提供包工包料的装修劳务

7.下列应税行为中，应按5%税率计算征收营业税的有（　　）。

A.搬家公司经营的搬家服务　　B.单位出租房屋

C.电影放映　　D.电子游戏厅

8.某卡拉OK歌舞厅，本月门票收入50万元，台位费收入10万元，相关烟、酒、饮料收入28万元，零售小食品5万元，点歌收入5万元，假定当地适用最高税率，该歌舞厅本月应缴纳的营业税为（　　）。

A.2.94万元　　B.4.9万元

C.9.8万元　　D.19.6万元

9.根据营业税法的规定，下列（　　）应缴纳营业税。

A.电力公司销售电力　　B.银行销售金银

C.银行销售债券　　D.典当业销售死当物品

10.某宾馆当月取得收入200 000元，从两个增值税一般纳税人处分别购买了两台税控收款机，一台取得专用发票，注明税额3 400元，一台取得普通发票，注明价款2 200元，则当期应纳营业税额是（　　）元。

A.4 400　　B.6 280.34

C.6 226　　D.6 535.92

二、多项选择题

1.以下各项中，属于营业税征税范围的有（　　）。

A.服装加工　　B.钟表修理

C.房屋装修　　D.公园经营缆车业务

2.营业税的应税劳务是指（　　）。

A.娱乐场所为顾客的娱乐活动提供服务

B.旅游公司为旅客提供服务

C.加工企业提供加工劳务

D.建筑安装公司提供建筑和安装劳务

3.组成营业税应计税营业额中的价外费用包括（　　）。

A.基金　　B.集资费

C.代收款项　　D.代垫款项

4.按20%的税率征收营业税的项目有（　　）。

A.保龄球　　B.游戏

C.夜总会　　D.台球

5.根据营业税法的规定，（　　）计征营业税。

A.娱乐业可减除其销售商品的收入后

B.金融商品转让以其买卖差价

C.转让抵债的不动产以其转让的收入全额

D.旅行社可减除其付给境外接团单位的费用后

6.某大饭店经营范围包括住宿、餐饮、洗浴、保龄球、歌舞厅、代办机票车票、举办书画展览等，其应分别按（　　）税目计征营业税。

A.建筑安装业　　B.服务业

C.文化体育业　　D.娱乐业

7.计征营业税的营业额包括（　　）。

A.建筑物拆除收入

B.保险业中初保业务的全部保费

C.金融机构当期实际收到的加息、罚息

D.歌厅取得的门票、销售饮料、台位费、点歌费

8.按5%的比例税率计征营业税的项目是（　　）。

A.搬家公司提供搬家服务

B.个人在旅游景点经营索道业务

C.企业转让土地使用权

D.行政事业单位销售房屋

9.李某受托代办车辆维修和车检手续过程中发生的下列费用，其收取方应缴纳营业税的有（　　）。

A.李某收取的代办费

B.维修厂收取的维修费

C.保险公司收取保险费

D.交管部门收取的交通违规罚款

10.营业税的纳税期限是（　　）。

A.保险业为1个月　　B.金融业为1个月

C.保险业为1个季度　　D.金融业为1个季度

三、判断题

1.纳税人将不动产无偿赠与他人的，其营业税纳税义务发生时间为不动产所有权转移的当天。（　　）

2. 纳税人自建自用房屋，其自建行为应先按建筑业缴纳营业税，再按销售不动产征收营业税。（　）

3. 运输企业销售货物并负责运输所售货物应视为混合销售行为，一并征收营业税。（　）

4. 房屋中介代理服务属于营业税的征税范围。（　）

5. 营业税法规定，凡在我国境内提供的应税劳务收入均应缴纳营业税，其包括中国大陆、香港、澳门，但不包括台湾。（　）

6. 纳税人兼营增值税业务，不管其财务上如何核算，都必须分别缴纳营业税和增值税。（　）

7. 销售高尔夫球及球具业务应按20%的税率缴纳营业税。（　）

8. 现行营业税法规定，对货物期货征收营业税，对非货物期货不征收营业税。（　）

9. 以不动产投资入股并参与接受投资利润分配、共同承担投资风险的行为，不征营业税。（　）

10. 营业税只对个体工商户及其他有经营行为的个人规定了起征点。（　）

四、案例分析题

1. 某物业管理公司负责某商场的物业管理，该公司2015年4月份共向商场收取费用100万元，其中：清洁费45万元、绿化费25万元、代商场支付电费20万元、水费10万元。

要求：计算该物业公司当月应纳营业税税额。

2. 某旅游开发有限公司2014年8月发生有关业务及收入如下：

（1）旅游景点门票收入650万元；

（2）景区索道客运收入380万元；

（3）民俗文化村项目表演收入120万元；

（4）提供会议服务取得收入30万元；

（5）转让接受抵债所得的一处房产，取得收入800万元。抵债时该房产作价500万元。

要求：根据上述资料，计算出各项业务应纳的营业税。

3. 某市一娱乐公司2014年1月1日开业，经营范围包括娱乐、餐饮及其他服务，当年收入情况如下：

(1) 歌舞厅收入400万元，游戏厅收入100万元；

(2) 保龄球馆自7月1日开馆，至当年年底取得收入120万元；

(3) 美容美发、中医按摩收入150万元；

(4) 餐饮部非独立核算的小卖部销售收入60万元；

(5) 餐饮收入600万元（其中包括销售自制的180吨啤酒所取得的收入)；

(6) 与某公司签订租赁协议书，将部分空闲的歌舞厅出租，分别取得租金76万元、赔偿金4万元；

(7) 经批准从事代销福利彩票业务取得手续费10万元。

(注：该公司所在地省政府规定，保龄球馆营业税率5%，其他娱乐业项目的营业税税率为20%。)

要求分别计算出以上各项业务应缴纳的营业税。

4.某市商业银行2014年第3季度有关业务资料如下：

(1) 向生产企业贷款取得利息收入600万元，逾期贷款的罚息收入8万元。

(2) 为电信部门代收的电话费取得手续费收入14万元。

(3) 4月10购进有价证券800万元。6月25日以860万元的价格卖出。

(4) 受某公司委托发放贷款，金额5 000万元，贷款期限2个月，年利息率4.8%，银行按贷款利息收入的10%收取手续费。

(5) 销售支票、账单凭证收入15万元。

(6) 结算罚息、加息2万元，出纳长款0.5万元。

要求：

(1) 计算该银行2014年第3季度应缴纳金融业各项目的营业税。

(2) 计算该银行2014年第3季度应代扣代缴的营业税。

5.某房地产公司2014年发生以下业务：

(1) 与甲企业联合开发一商品房项目。房地产公司出资4 000万元，甲企业提供土地使用权。该项目由A建筑公司承包建设，建成的商品房按房地产公司六成，甲企业四成分配。年底商品房竣工，房地产公司将其应得商品房的60%售出，取得收入6 000万元。

(2) 下设非独立核算物业管理公司全年收取物业管理费120万

元，另代收水、电、煤气费10万元，取得手续费0.5万元。

(3) 房地产公司自建写字楼18万平方米，工程成本每平方米2 000元，售价每平方米3 600元。当年销售自建写字楼10万平方米；将0.5万平方米自建写字楼无偿赠送给乙单位。

(4) 销售由丙建筑公司建造的商品房，取得销售收入3 200万元。

(5) 将本单位的旧办公楼出售，取得销售收入800万元。该办公楼于1998年购进，购进价格650万元。

要求：

(1) 计算该房地产公司当年应纳建筑业营业税（成本利润率为10%）。

(2) 计算该房地产公司当年应纳销售不动产营业税。

(3) 计算该房地产公司当年应纳服务业营业税。

五、思考题

1. 如何理解营业税和增值税的关系？二者的异同点有哪些？

2. 营业税的征收范围包括哪些内容？

3. 营业税的税收优惠政策有哪些？

4. 营业税的计税依据是如何规定的？

5. 请问在营业税改征增值税的试点过程中，改革初衷、主要内容和意义都体现在哪里？

第六章

城市维护建设税和教育费附加

学习目标

通过本章的学习，应了解开征城市维护建设税的目的和意义；熟悉城市维护建设税和教育费附加的特点、纳税人、税率、税收优惠和征收管理规定等内容；掌握城市维护建设税和教育费附加应纳税额的计算。

重要提示

按照财政的一般性要求，税收及其他政府收入应当纳入国家预算，根据需要统一安排其用途，并不规定各个税种收入的具体使用范围和方向。但是作为例外，也有个别税种事先明确规定使用范围与方向，税款的缴纳与受益更直接地联系起来，我们通常称其为受益税。城市维护建设税专款专用，用来保证城市的公共事业和公共设施的维护和建设，就是一种具有受益税性质的税种。

城市维护建设税与其他税种不同，没有独立的征税对象或税基，而是以增值税、消费税、营业税“三税”实际缴纳的税额之和为计税依据，随“三税”同时附征，本质上属于一种附加税。增值税、消费税、营业税在我国现行税制中属于主体税种，而城市维护建设税又是其附加税，原则上讲，只要缴纳增值税、消费税、营业税中任一税种的纳税人都要缴纳城市维护建设税。这也就是说，任何从事生产经营活动的企业单位和个人都要缴纳城市维护建设税。

第一节　城市维护建设税

一、城市维护建设税的概念和特点

（一）城市维护建设税的概念

城市维护建设税是以实际缴纳的增值税、消费税、营业税税额为计税依据所征收的一种附加税，是一种特殊目的税。

城市维护建设税的开征，在一定程度上缓解了城市市政公用设施的资金紧张状况，对进一步改善城市基础设施建设和促进地方的经济发展产生了积极的影响，发挥了巨大的作用。随着城市环境问题的日益恶化，现在大量城建资金用于改善城市大气和水环境质量，城市维护建设税在环境保护中也具有不可替代的作用，它为政府提供了长期而稳定的专项资金，这说明作为具有生态功能的地方税种，城市维护建设税的重要性日益凸显。

（二）城市维护建设税的特点

城市维护建设税与其他税种相比较，具有以下特点：

1.税款专款专用，具有受益税性质

一般情况下，税收收入都直接纳入国家预算，由中央和地方政府根据需要，统一安排使用到国家建设和事业发展的各个方面，税法并不规定各个税种收入的具体使用范围和方向。而城市维护建设税不同，它具有专款专用的特点，其所征税款要求保证用于城市的公共事业和公共设施的维护和建设，是一种具有受益税性质的税种。

2.属于一种附加税

征税对象是税法规定征税的目的物，是一个税种区别于另一个税种的主要标志。而城市维护建设税与其他税种不同，没有独立的征税对象或税基，而是以增值税、消费税、营业税“三税”实际缴纳的税额作为计税依据，随“三税”同时附征，其征管方法也完全比照“三税”的有关规定办理，本质上属于一种附加税。

3.根据城镇规模设计不同的比例税率

城市维护建设税的负担水平，不是依据纳税人获取的利润水平或经营特点而定，而是根据纳税人所在城镇的规模及其资金需要设计的。城镇规模大，税率则高；反之，则低。这样规定能够使不同地区获取不同数量的城市维护建设资金，因地制宜地进行城市的维护和建设。

4.征收范围较广

由于增值税、消费税、营业税是对货物和劳务的征税，在我国现行税制体系中属于主体税种，其征税范围基本上包括了我国境内所有经营行为的单位和个人。而城市维护建设税又是以增值税、消费税、营业税作为税基，从这个意义上看，只要缴纳增值税、消费税、营业税的纳税人都要缴纳城市维护建设税，也就是说，城市维护建设税几乎是对所有纳税人的征税，因此，它的征税范围比其他任何税种的征税范围都要广。

知识拓展

城市维护建设税是1984年工商税制全面改革中新设置的一个税种。1985年2月8日，国务院发布《中华人民共和国城市维护建设税暂行条例》，从1985年度起施行。1994年税制改革时，保留了该税种，作了一些调整，并准备适时进一步扩大征收范围和改变计征办法。

二、城市维护建设税的基本制度

（一）征税范围

城市维护建设税的征税范围比较广，包括城市、县城、镇，以及税法规定征收“三税”的其他地区。城市、县城、镇的范围，应以行政区划为标准，不能随意扩大或缩小各自行政区域的管辖范围。

（二）纳税人

城市维护建设税的纳税人是缴纳增值税、消费税、营业税的单位和个人。也就是说不论单位、个人，只要缴纳了增值税、消费税、营业税中的任何一种税，都必须同时缴纳城市维护建设税（进口货物除外）。

（三）税率

城市维护建设税实行地区差别比例税率。按照纳税人所在地的不同，税率分别规定为7%、5%、1%三个档次。不同地区的纳税人，适用不同档次的税率。具体适用范围是：（1）纳税人所在地为城市市区的，税率为7%；（2）纳税人所在地为县城、镇的，税率为5%；（3）纳税人所在地不在城市市区、县城或镇的，税率为1%。

纳税单位和个人缴纳城市维护建设税的适用税率，一律按其纳税所在地的规定税率执行。县政府设在城市市区，其在市区办的企业，按照市区的规定税率计算纳税。纳税人所在地为工矿区的，应根据行政区划分别按照7%、5%、1%的税率缴纳城市维护建设税。

城市维护建设税的适用税率，一般按纳税人所在地的适用税率执行，但对下列两种情况，可按纳税人缴纳“三税”所在地的规定税率就地缴纳城市维护建设税：

第一种情况：由受托方代扣代缴、代收代缴“三税”的单位和个人，其代扣代缴、代收代缴的城市维护建设税按受托方所在地适用税率执行；

第二种情况：流动经营等无固定纳税地点的单位和个人，在经营地缴纳“三税”的，其城市维护建设税的缴纳按经营地适用税率执行。

【知识点应用】

设在县城的A企业代收代缴市区B企业的消费税，对B企业城建税的处理办法是（　　）。

A.由B企业在市区按7%交城建税

B.由B企业将7%的城建税交A企业，由其代征

C.由B企业按7%的税率自行选择纳税地点

D.由A企业按5%的税率代收B企业的城建税

【答案】D

【知识点应用】

某城市一卷烟厂委托某县城一卷烟厂加工一批雪茄烟，委托方提供原材料40 000元，支付加工费5 000元（不含增值税），雪茄烟消费税税率为36%，这批雪茄烟无同类产品市场价格。受托方代收代缴消费税时，计算应代收代缴的城市维护建设税。

【答案】

受托方代收代缴的城市维护建设税 = (40 000 + 5 000) ÷ (1 − 36%) ×36%×5% = 1 265.63(元)

(四)税收优惠

城市维护建设税是以增值税、消费税、营业税为计税依据,并与“三税”同时征收的。这样,当主税发生减免时,城建税也相应发生税收减免。因此,城市维护建设税原则上不单独规定减免税。但是,针对一些特殊情况,财政部和国家税务总局规定了一些特案税收优惠:

第一,城建税按减免后实际缴纳的“三税”税额计征,即随“三税”的减免而减免。

第二,对于因减免税而需进行“三税”退库的,城建税也可同时退库。

第三,海关对进口产品代征的增值税、消费税,不征收城建税。

第四,对“三税”实行先征后返、先征后退、即征即退办法的,除另有规定外,对随“三税”附征的城市维护建设税和教育费附加,一律不退(返)还。

第五,对国家重大水利工程建设基金免征城市维护建设税。

【知识点应用】

位于市区的某企业2014年3月份共缴纳增值税、消费税和关税562万元,其中关税102万元,进口环节缴纳的增值税和消费税260万元。计算该企业3月份应缴纳的城市维护建设税。

【答案】

关税以及进口环节的增值税和消费税不属于城建税的计税依据,则:

应缴纳的城建税=(562 − 102 − 260)×7%=14(万元)

(五)计税依据及应纳税额的计算

1.计税依据

城市维护建设税的计税依据是纳税人实际缴纳的增值税、消费税、营业税税额。在确定城市维护建设税的计税依据时应注意以下几点:

第一，纳税人违反增值税、消费税、营业税规定被加罚的滞纳金和罚款不能作为计征城建税的计税依据。违反“三税”税法规定被处罚时，同时对其城建税也应进行处罚，按拖欠或偷漏的城建税金计算滞纳金或罚款。

第二，出口产品退还增值税、消费税，不退还已缴纳的城建税。

第三，自2005年1月1日起，经国家税务局正式审核批准的当期免抵的增值税税额应纳入城市维护建设税。

2.应纳税额的计算

城市维护建设税的应纳税额按以下公式计算：

应纳城市维护建设税 =（实际缴纳的增值税税额 + 实际缴纳的消费税税额 + 实际缴纳的营业税税额）× 适用税率

【知识点应用】

地处市区的某企业，2014年3月应缴纳增值税231万元，其中因符合有关政策规定而被退库13万元；缴纳消费税87万元，缴纳营业税25万元，因故被加收滞纳金0.25万元，请计算该企业实际应纳城市维护建设税额。

【答案】

应纳税额=（231－13+87+25）×7%=330×7%=23.10（万元）

（六）征收管理

1.纳税环节

城市维护建设税的纳税环节，实际上就是纳税人缴纳“三税”的环节，纳税人只要发生“三税”的纳税义务，就要在同样的环节，分别缴纳城市维护建设税。

2.纳税地点

城市维护建设税的纳税地点，实际上就是纳税人缴纳“三税”的地点，但是，属于下列情况的，纳税地点为：

第一，代扣代缴、代收代缴“三税”的单位和个人，同时也是城市维护建设税的代扣代缴、代收代缴义务人，其城建税的纳税地点在代扣代收地。

第二，跨省开采的油田，下属生产单位与核算单位不在一个省的，由油井在缴纳增值税的同时，一并缴纳。

第三，对管道局的应纳城建税，也应由取得收入的各管道局于所在地缴纳营业税时一并缴纳。

第四，对流动经营等无固定纳税地点的单位和个人，应随同“三税”在经营地按适用税率缴纳。

【知识点应用】

下列关于城市维护建设税纳税地点的表述中，正确的有（　）。

A.无固定纳税地点的个人，为户籍所在地

B.代收代缴“三税”的单位，为税款代收地

C.代扣代缴“三税”的个人，为税款代扣地

D.取得管道输油收入的单位，为管道机构所在地

【答案】BCD

3.纳税期限

由于城建税是由纳税人在缴纳“三税”时同时缴纳的，所以其纳税期限基本上与“三税”的纳税期限一致。

由于《中华人民共和国城市维护建设税暂行条例》（以下简称《城市维护建设税暂行条例》）是在1994年分税制前制定的，1994年后，增值税、消费税由国家税务局负责征收管理，而营业税和城市维护建设税由地方税务局负责征收管理，因此，在缴税入库的时间上不一定完全一致。

第二节　教育费附加

一、教育费附加的概念

教育费附加是对缴纳增值税、消费税、营业税的单位和个人，就其实际缴纳的税额为计算依据征收的一种附加费。

为了加快地方教育事业的发展，调动各种社会力量办教育的积极性，开辟多种渠道筹措教育经费，国务院于1986年4月28日颁布了

《征收教育费附加的暂行规定》，同年7月1日开始在全国范围内征收教育费附加。

> **知识拓展**
>
> 教育费附加是国家为扶持教育事业发展，计征用于教育的政府性基金。1986年，国务院颁布《征收教育费附加的暂行规定》（国发〔1986〕50号），从1986年7月起，以各单位和个人实际缴纳的增值税、营业税、消费税总额的2%计征。2005年国务院《关于修改〈征收教育费附加的暂行规定〉的决定》规定从2005年10月起，教育费附加率提高为3%，分别与增值税、营业税、消费税同时缴纳。教育附加费作为专项收入，由教育部门统筹安排使用。此外，一些地方政府为发展地方教育事业，还根据教育法的规定，开征了“地方教育附加费”。

二、教育费附加的基本制度

（一）纳税人和征收范围

教育费附加对缴纳增值税、消费税、营业税的单位和个人征收，分别与增值税、消费税和营业税同时缴纳。

（二）计征比率

随着经济发展，社会各界对各级教育投入的需求也在增加，与此相适应，教育费附加计征比率也经历了一个由低到高的变化过程。1986年开征时，比率为1%，1990年5月调整为2%，现行教育费附加比率为3%。

（三）税收优惠

教育费附加具体的税收优惠政策规定如下：

第一，对海关进口的产品征收的增值税、消费税，不征收教育费附加。

第二，对由于减免增值税、消费税和营业税而发生退税的，可同时退还已征收的教育费附加。但对出口产品退还增值税、消费税的，不退还已征的教育费附加。

第三，对国家重大水利工程建设基金免征教育费附加。

（四）计税依据及计算

教育费附加以其实际缴纳的增值税、消费税和营业税税额为计征依据。其计算公式为：

$$\text{应纳教育费附加}=(\text{实际缴纳的增值税税额}+\text{实际缴纳的消费税税额}+\text{实际缴纳的营业税税额})\times\text{征收比率}$$

【知识点应用】

某市一企业2014年5月被查补增值税50 000元、消费税20 000元、所得税30 000元，被加收滞纳金2 000元，被处罚款8 000元。请计算该企业应补缴城市维护建设税和教育费附加。

【答案】

企业应补缴城市维护建设税和教育费附加=（50 000+20 000）×（7%+3%）=7 000（元）

本章小结

1.城市维护建设税是以实际缴纳的增值税、消费税、营业税税额为计税依据所征收的一种附加税，是一种特定目的税。

2.城市维护建设税的征税范围比较广，包括城市、县城、镇，以及税法规定征收“三税”的其他地区。

3.城市维护建设税实行地区差别比例税率。按照纳税人所在地的不同，税率分别规定为7%、5%、1%三个档次。

4.教育费附加是对缴纳“三税”的单位和个人，以其实际缴纳的“三税”税额为计算依据征收的一种附加费。

5.教育费附加的征税范围是缴纳“三税”的单位和个人，以其实际缴纳的“三税”税额为计征依据，分别与“三税”同时缴纳。

6.现行教育费附加征收比率为3%。

7.教育费附加的计算公式为：

应纳教育费附加=实际缴纳“三税”税额×征收比率

练习与思考

一、单项选择题

1.某县城一建筑安装企业2014年取得建筑施工收入120万元、

安装收入20万元，该公司2014年应缴纳的城市维护建设税（　　）万元。

A.0.18　　B.0.29

C.0.25　　D.0.21

2.单位或个人发生下列（　　）行为，在缴纳相关税种的同时，还应缴纳城建税。

A.企业购置车辆

B.科研单位取得技术转让收入

C.个人取得偶然所得

D.商场销售货物

3.目前我国城建税的税率实行的是（　　）的方法。

A.纳税人所属行业差别比例税率

B.纳税人所在地差别比例税率

C.纳税人所属行业累进税率

D.纳税人所在地统一累进税率

4.城建税的计税依据是（　　）。

A.纳税人当期实纳的“三税”

B.纳税人当期应纳的“三税”

C.纳税人被处罚的“三税”罚款

D.纳税人“三税”加收的滞纳金

5.市区某企业无故拖欠了当年应缴纳的营业税20万元，经税务人员进行检查后，补缴了拖欠税款，同时加收了滞纳金（滞纳5天），下列对该企业处理正确的为（　　）。

A.只补缴城建税14 000元

B.只补缴城建税的滞纳金35元

C.补缴城建税14 000元及城建税滞纳金35元

D.补缴城建税14 000元及城建税滞纳金140元

6.流动经营的单位和个人，城建税处理要求是（　　）。

A.按单位注册地和个人户口所在地税率计算纳税

B.在注册地或户口所在地缴纳城建税

C.在代扣代缴人所在地缴纳城建税

D.在经营地缴纳城建税

7.某县城一加工企业2014年8月份因进口半成品缴纳增值税120万元，境内销售产品缴纳增值税280万元，本月又出租门面房收到租金40万元。该企业本月应缴纳的城建税和教育费附加为（　　）。

A.22.56万元　　　　B.25.6万元

C.28.2万元　　　　D.35.2万元

8.某县城一家食品加工企业，为增值税小规模纳税人，2014年8月购进货物取得普通发票的销售额合计50 000元，销售货物开具普通发票销售额合计70 000元，出租房屋取得收入10 000元.本月应纳城建税和教育费附加合计为（　　）。

A.76.16元　　　　B.126.94元

C.133.87元　　　　D.203.1元

9.下列项目中，不属于城建税计税依据的是（　　）。

A.纳税人应纳的“三税”

B.纳税人减免的“三税”

C.受托方代扣代缴的“三税”

D.海关代征的增值税、消费税

10.下列各项中，符合城市维护建设税规定的有（　　）。

A.只要缴纳增值税、消费税、营业税的企业都应缴纳城市维护建设税

B.只要缴纳增值税、消费税、营业税和关税的国内企业都应缴纳城市维护建设税

C.对出口产品退还增值税、消费税的，不退还城市维护建设税

D.海关对进口产品代征的增值税、消费税，不征收城市维护建设税

二、多项选择题

1.下列各项中，属于城市维护建设税的纳税义务人的有（　　）。

A.国有企业　　　　B.集体企业

C.私营企业　　　　D.外商投资企业

2.下列各项中，属于城市维护建设税计税依据的有（　　）。

A.偷逃营业税而被查补的税款

B.偷逃消费税而加收的滞纳金

C.出口货物免抵的增值税税额

D.偷逃关税而被查补的税款

3.下列各项中，符合城市维护建设税规定的有（　　）。

A.只要缴纳增值税、消费税、营业税的企业都应缴纳城市维护建设税

B.因减免税而需进行“三税”退库的，可同时退还城市维护建设税

C.对出口产品退还增值税、消费税的，不退还城市维护建设税

D.海关对进口产品代征增值税、消费税，不征收城市维护建设税

4.教育费附加的计算基数不包括下列（　　）项目。

A.某生产企业出口货物确认的免抵税额

B.查补的“三税”

C.享受税收优惠而减免的“三税”

D.货物进口时征收的“三税”

5.下列属于现行城建税纳税义务人的是（　　）。

A.国有上市公司　　　　　　B.事业单位

C.外国企业驻国内办事处　　D.个体工商户

6.位于市区的某自营出口生产企业，2014年6月增值税应纳税额为－280万元，出口货物的“免抵退”税额为400万元；企业将其自行研发的动力节约技术转让给一家科技开发公司，获得转让收入80万元。下列各项中，符合税法相关规定的有（　　）。

A.该企业应缴纳的营业税4万元

B.应退该企业增值税税额为280万元

C.该企业应缴纳的教育费附加为8.52万元

D.该企业应缴纳的城市维护建设税为8.4万元

7.下列关于城建税的说法正确是（　　）。

A.城建税属价内税

B.以销售货物或提供劳务收取的全部价款和价外费用为计税依据

C.进口货物不征城建税

D.出口货物不退城建税

8.城建税的适用税率有（　　）。

A.1%　　B.3%

C.5%　　D.7%

9.北京市某外资公司2014年12月6日缴纳上月增值税10万元，12月在上海转让位于上海市区的一处房产，购进价格52万元，转让价格65万元，假定12月不涉及其他业务，则关于城建税，下列说法正确的有（　　）。

A.城建税应在上海缴纳

B.城建税应在北京缴纳

C.城建税的计算适用5%的税率

D.城建税的计算适用7%的税率

10.以下关于城市维护建设税税收优惠政策规定的说法，正确的是（　　）。

A.海关对进口产品代征的增值税、消费税，不征收城建税

B.为支持三峡工程建设，对三峡工程建设基金，在2007年是可以享受免征城市维护建设税的

C.对软件开发企业即征即退的增值税，可以在增值税退还时，同时退还随增值税附征的城市维护建设税

D.城市维护建设税原则上是不单独减免的，但因城建税具有附加税性质，所以当主税发生减免时，城建税相应发生税收的减免

三、判断题

1.城市维护建设税的计税依据为纳税人实际缴纳的增值税、消费税、营业税税额和查补增值税、消费税、营业税的税额，以及对纳税人违反增值税、消费税、营业税法规而加收的滞纳金和罚款。（　　）

2.教育费附加的计征比率为3%。（　　）

3.城建税是一种附加税，它可以视企业经营状况确定是否征收，对亏损企业免纳城建税。（　　）

4.城市某卷烟厂本月销售一批雪茄烟，取得含税销售收入23.4万元，购进原材料取得增值税专用发票上注明的进项税额为1.4万元。雪茄烟消费税税率为36%，则该烟厂应纳的城建税和教育费附加共计为0.92万元。（　　）

5.纳税人滞纳“三税”的滞纳金可以作为城建税计税依据，但偷逃“三税”的罚款不作城建税计税依据。（ ）

6.某县一乡镇企业委托市内一日化厂加工化妆品，则日化厂代收消费税的同时，应按5%的税率代收城建税。（ ）

7.对管道局其应纳城建税，也应由取得收入的各管道局于所在地缴纳营业税时一并缴纳。（ ）

8.无论内资企业还是外商投资企业，出口货物退增值税、消费税时，不退还已缴纳的城建税。（ ）

9.对于因减免税而需进行企业还是外商投资企业，和教育费附加不退。（ ）

10.教育费附加对缴纳增值税、消费税、营业税的单位和个人征收，分别与增值税、消费税和营业税同时缴纳。（ ）

四、案例分析题

1.某服装厂（地处县城）2014年12月销售服装取得不含税销售额150万元；将不含税价10万元的校服赠送给某希望小学；本期购进布匹取得增值税专用发票上注明的进项税额为15.2万元。

要求：计算当月应纳城建税和教育费附加。

2.市区某企业2014年8月应纳增值税52万元，9月初被税务机关查出前期为他人代开增值税专用发票，不含税价款20万元，此行为属偷税行为。应补缴增值税并处以1倍罚款，还要按滞纳天数加收滞纳金（滞纳天数为90天，滞纳率为0.5‰），城建税比照增值税进行补缴与处罚，并规定连同8月份税款在9月15日前一并入库。该企业9月8日将应纳税款、罚款及滞纳金一齐上缴。

要求：计算该纳税人2014年9月初实际缴纳的城建税税额、罚款及滞纳金。

五、思考题

1.城市维护建设税的法律规定有哪些？

2.我国为什么要征收城市维护建设税和教育费附加？

3对外资企业征收城市维护建设税和教育费附加会不会影响吸引外资？

第七章

关　税

学习目标

关税是海关依法对进出境货物、物品征收的一种中央税。通过本章的学习，应了解关税的概念、特点、分类和计税方法；熟悉关税的征税对象、纳税人、进出口税则；掌握关税完税价格的确定、应纳税额的计算及其征收管理规定。

重要提示

【关税与增值税、消费税的联系】

1.进口货物、应税消费品的增值税、消费税应纳税额的计算是以关税及其完税价格作为计税基础的。

2.关税、进口货物增值税、消费税都属于中央税，海关在征收进口货物、物品关税的同时，还代征进口环节的增值税和消费税。

3.进口环节的增值税、消费税与关税的征收管理办法基本相同。

第一节　关税概述

一、关税的概念

关税是海关依法对进出境货物、物品征收的一种税。所谓“境”指关境，又称“海关境域”或“关税领域”，是国家《中华人民共和国海关法》(以下简称《海关法》）全面实施的领域。在通常情况下，一国关境与国境是一致的，包括国家全部的领土、领海、领空。但当某一国家在国境内设立了自由港、自由贸易区等，这些区域就进出口关税而言处在关境之外，此时，该国家的关境小于国境，如中国（香港、澳门为自由港)；当几个国家结成关税同盟、组成一个共同的关境、实施统一的关税法令和统一的对外税则时，这些国家彼此之间货物进出国境不征收关税，只对来自或运往其他国家的货物进出共同关境时征收关税，这些国家的关境大于国境，如欧盟。

二、关税的特点

（一）以进出国境或关境的货物和物品为征税对象

关税的征税对象是进出国境或关境的货物和物品。货物是指贸易性进出口的商品；物品是指入境旅客携带的、个人邮递的、运输工具服务人员携带的，以及用其他方式进口个人自用的非贸易性商品。关税是对特定货物和物品途经海关通道的进出口环节的征税。

（二）以货物进出口统一的国境或关境为征税环节

关税是主权国家对进出国境或关境的货物和物品统一征收的税种。在封建社会里，由于封建割据，导致国内关卡林立，重复征税，所以那时的关税主要为国内关税或内地关税，它严重地阻碍着商品经济发展。资本主义生产方式取代封建生产方式之后，新兴资产阶级建立起统一的国家，主张国内自由贸易和商品自由流通，因而纷纷废除旧时的内陆关税，实行统一的国境关税。进口货物征收关税之后，可以行销全国，不再征收国内关税。

（三）实行复式税则

关税的税则是关税课税范围及其税率的法则。复式税则又称多栏税则，是指一个税目设有两个或两个以上的税率，根据进口货物原产国的不同，分别适用高低不同的税率。复式税则是一个国家对外贸易政策的体现。目前，在国际上除极个别国家外，各国关税普遍实行复式税则。

（四）关税具有涉外统一性，执行统一的对外经济政策

关税是一个国家的重要税种。国家征收关税不单纯是为了满足政府财政上的需要，更重要的是利用关税来贯彻执行统一的对外经济政策，实现国家的政治经济目的。在我国现阶段，关税被用来争取实现平等互利的对外贸易，保护并促进国内工农业生产健康发展，为社会主义市场经济服务。

（五）关税由海关机构代表国家征收

关税由海关总署及所属机构具体管理和征收，征收关税是海关工作的一个重要组成部分。《海关法》规定："中华人民共和国海关是国家的进出关境监督管理机关，海关依照本法和其他有关法律、法规，监督进出境的运输工具、货物、行李物品，征收关税和其他税费，查缉走私，并编制海关统计和其他海关业务。"监督管理、征收关税和查缉走私是当前我国海关的三项基本任务。

三、关税分类

在各国每个阶段不同的关税政策下，各国采取不同的关税征收方法，关税也因此形成了不同的类型。依据不同的分类标准和依据，关税可以划分为不同的种类。

（一）按征收对象划分，有进口税、出口税和过境税

1.进口税

它是指海关在外国货物进口时所课征的关税。进口税通常在外国货物进入关境或国境时征收；或在外国货物从保税仓库提出运往国内市场时征收。现今世界各国的关税，主要是征进口税。征收进口税的目的在于保护本国市场和增加财政收入。

2.出口税

它是指海关在本国货物出口时所课征的关税。为了降低出口货物的成本，提高本国货物在国际市场上的竞争能力，世界各国一般少征或不征出口税。但为了限制本国某些产品或自然资源的输出，或为了保护本国生产、本国市场供应和增加财政收入以及某些特定的需要，有些国家

也征收出口税。

3.过境税

过境税又称通过税。它是对外国货物通过本国国境或关境时征收的一种关税。过境税最早主要是为了增加国家财政收入而征收的。后由于各国的交通事业发展，竞争激烈，征收过境税，不仅妨碍国际商品流通，而且还减少港口、运输、仓储等方面的收入，于是便逐步废除了过境税的条款。

（二）按征收目的划分，有财政关税和保护关税

1.财政关税

财政关税又称收入关税，它以增加国家财政收入为主要目的而课征的关税。财政关税的税率比保护关税低，因为过高的关税会阻碍进出口贸易的发展，达不到增加财政收入的目的。随着世界经济的发展，财政关税的意义逐渐减低，而被保护关税所代替。

2.保护关税

它是以保护本国经济发展为主要目的而课征的关税。保护关税主要是进口税，税率较高，有的高达百分之几百。通过征收高额进口税，使进口商品成本增高，从而削弱它在进口国市场的竞争能力，甚至阻碍其进口，以达到保护本国经济发展的目的。保护关税是实现一个国家对外贸易政策的重要措施之一。

（三）按计征方式划分，有从量关税、从价关税、混合关税、选择性关税和滑动关税

1.从量关税

以征税对象的数量为计税依据，按每单位数量预先制定的应税额计征。

2.从价关税

以征税对象的价格为计税依据，根据一定比例的税率进行计征。

3.混合关税

对两种进口货物同时制订出从价、从量两种方式，分别计算税额，以两种税额之和作为该货物的应征税额。

4.选择性关税

对同一种货物在税则中规定从价、从量两种税率，在征税时选择其

中征收税额较多的一种，以免因物价波动影响财政收入，也可以选择税额较少的一种标准计算关税。

5.滑动关税

滑动关税又称滑准税，是指对某种货物在税则中预先按该商品的价格规定几档税率。同一种货物当价格高时适用较低税率，价格低的时候适用较高税率。目的是使该物品的价格在国内市场上保持相对稳定。

（四）按税率制定划分，有自主关税和协定关税

1.自主关税

自主关税又称国定关税。一个国家基于其主权，独立自主地制定的、并有权修订的关税包括关税税率及各种法规、条例。国定税率一般高于协定税率，适用于没有签订关税贸易协定的国家。

2.协定关税

协定关税即两个或两个以上的国家，通过缔结关税贸易协定而制定的关税税率。协定关税有双边协定税率、多边协定税率和片面协定税率。双边协定税率是两个国家达成协议而相互减让的关税税率。多边协定税率，是两个以上的国家之间达成协议而相互减让的关税税率，如关税及贸易总协定中的相互减让税率的协议。片面协定税率是一国对他国输入的货物降低税率，为其输入提供方便，而他国并不以降低税率回报的税率制度。

（五）按差别待遇和特定的实施情况划分，有进口附加税、差价税、特惠税和普遍优惠制

1.进口附加税

它是指除了征收一般进口税以外，还根据某种目的再加征额外的关税。它主要有反补贴税和反倾销税。

2.差价税

差价税又称差额税。当某种本国生产的产品国内价格高于同类的进口商品价格时，为了削弱进口商品的竞争能力，保护国内生产和国内市场，按国内价格与进口价格之间的差额征收关税，称差价税。

3.特惠税

特惠税又称优惠税。它是指对某个国家或地区进口的全部商品或部分商品，给予特别优惠的低关税或免税待遇。但它不适用于从非优惠国

家或地区进口的商品。特惠税有的是互惠的，有的是非互惠的。

4.普遍优惠制

普遍优惠制简称普惠制。它是发展中国家在联合国贸易与发展会议上经过长期斗争，在1968年通过建立普惠制决议后取得的。该决议规定，发达国家承诺对从发展中国家或地区输入的商品，特别是制成品和半成品，给予普遍的、非歧视性的和非互惠的优惠关税待遇。

四、关税的计税方法

关税的计税方法多样，根据进口的货物的类别、原产地以及国家的关税政策，分别采用从价定率征收、从量定额征收和复合关税征税的方法，采用了比例税率、定额税率、复合税率和滑准税率等形式。

【知识点应用】

根据进出口商品价格的变动而税率相应增减的进出口关税属于(　　)。

A.从价税　　B.从量税

C.滑准税　　D.复合税

【答案】C

知识拓展

关税是一个历史悠久的税种。它是伴随国家之间经济联系的需要而产生和发展起来的。在当今国际社会，它不仅是各国政府取得财政收入的一种形式，而且是在国际经济交往中维护国家权益的重要手段。关税的起源很早，随着社会生产力的发展，出现了商品的生产和交换。关税正是随着商品交换和商品流通领域的不断扩大以及国际贸易的不断发展而产生和逐步发展的。

在古代，统治者在其领地内对流通中的商品征税，是取得财政收入的一种最方便的手段。近代国家出现后，关税成为国家税收中的一个单独税种，形成了近代关税。其后，又发展成为现代各国所通行的现代关税。

我国关税历史悠久，西周就有“关市之征”的记载，征税的目的是“关市之赋，以待王之膳服”。随着国际贸易往来的逐渐增多，陆地边境关卡的征税和沿海港口市舶机构的征税，具有国境关税的特征。清初时设立江、浙、闽、粤四处海关，其后在不平等条约下增开对外通商口岸设立海关，征收关税。但国内各地关卡林立，常关税、厘金税、子口税、转口税等国内关税与国境关税同时并存。至1931年以后才逐步撤销了内地关税，只在国境征收进出口关税。新中国成立后，国家组建了海关总署，统一管理全国海关业务。1950年1月政务院颁布了《关于关税政策和海关工作的决定》，同年5月颁布了《中华人民共和国暂行海关法》、《中华人民共和国进出口税则》和《中华人民共和国进出口税则暂行实施条例》，统一了新中国的关税政策，建立了完全独立自主的保护关税制度。

在国外，关税也是一种古老的税种，最早发生在欧洲。据《大英百科全书》对"customs"一词的来源解释，古时候在商人进入市场交易时要向当地领主要交纳一种例行的、常规的入市税"customary tolls"，后来就把"customs"和"customs duty"作为海关和关税的英文名称。

第二节 关税的基本制度

一、征税对象

关税的征税对象是准允进出境的货物和物品。货物是指贸易性商品；物品指入境旅客随身携带的行李物品、个人邮递物品、各种运输工具上的服务人员携带进口的自用物品、馈赠物品以及其他方式进境的个人物品。

二、纳税义务人

进口货物的收货人、出口货物的发货人、进出境物品的所有人，是关税的纳税义务人。进出口货物的收、发货人是依法取得对外贸易经营权，并进口或者出口货物的法人或者其他社会团体。进出境物品的所有人包括该物品的所有人和推定为所有人的人。一般情况下，对于携带进境的物品，推定其携带人为所有人；对分离运输的行李，推定相应的进出境旅客为所有人；对以邮递方式进境的物品，推定其收件人为所有人；以邮递或其他运输方式出境的物品，推定其寄件人或托运人为所有人。

【知识点应用】

下列各项中，属于关税法定纳税义务人的有（　　）。

A.进口货物的收货人　　B.进口货物的代理人

C.出口货物的发货人　　D.出口货物的代理人

【答案】AC

三、进出口税则

（一）进出口税则概况

进出口税则是一国政府根据国家关税政策和经济政策，通过一定的立法程序制定公布实施的进出口货物和物品应税的关税税率表。进出口税则以税率表为主体，通常还包括实施税则的法令、使用税则的有关说明和附录等。《中华人民共和国海关进出口税则》（以下简称《进出口税则》）是我国海关凭以征收关税的法律依据，也是我国关税政策的具体体现。我国现行税则包括《中华人民共和国进出口关税条例》（以下简称《进出口关税条例》）以及《税率适用说明》,《海关进出口税则》,进口商品从量税、复合税、滑准税税目税率表，进口商品关税配额税目税率表，进口商品税则暂定税率表，出口商品税则暂定税率表，非全税目信息技术产品税率表等附录。

税率表作为税则主体，包括税则商品分类目录和税率栏两大部分。税则商品分类目录是把种类繁多的商品加以综合，按照其不同特点分门别类简化成数量有限的商品类目，分别编号按序排列，称为税则号列，并逐号列出该号中应列入的商品名称。商品分类的原则即归类规则，包括归类总规则和各类、章、目的具体注释。税率栏是按商品分类目录逐项定出的税率栏目。我国现行进口税则为四栏税率，出口税则为一栏税率。按税则商品分类目录体系划分，新中国成立以来，我国分别于1951年、1985年、1992年先后实施了三部进出口税则，进出口商品都采用同一税则目录分类。2011年国务院关税税则委员会发布关税实施方案，对部分税则税目进行调整，调整后，我国进出口税则（2011年版）税目总数为7 977个。

（二）关税税率及运用

1.进口关税税率

进出口税则是一国政府根据国家关税政策和经济政策，通过一定的立法程序制定公布实施的进出口货物和物品应税的关税税率表。

（1）种类

进口关税分为最惠国税率、协定税率、特惠税率、普通税率、关税配额税率共五种税率，一定时期内可实行暂定税率。

最惠国税率适用原产于与我国共同适用最惠国待遇条款的WTO成员方或地区的进口货物，或原产于与我国签订有相互给予最惠国待遇条款的双边贸易协定的国家或地区进口的货物，以及原产于我国境内的进口货物；协定税率适用原产于我国参加的含有关税优惠条款的区域性贸易协定有关缔约方的进口货物，目前对原产于韩国、斯里兰卡和孟加拉国3个曼谷协定成员的739个税目进口商品实行协定税率（即曼谷协定税率）；特惠税率适用原产于与我国签订有特殊优惠关税协定的国家或地区的进口货物，目前对原产于孟加拉国的18个税目进口商品实行特惠税率（即曼谷协定特惠税率）；普通税率适用于原产于上述国家或地区以外的其他国家或地区的进口货物。按照普通税率征税的进口货物，经国务院关税税则委员会特别批准，可以适用最惠国税率。

根据经济发展需要，国家对部分进口原材料、零部件、农药原药和中间体、乐器及生产设备实行暂定税率。暂定税率优先适用于优惠税率或最惠国税率，按普通税率征税的进口货物不适用暂定税率。同时，对部分进口农产品和化肥产品实行关税配额，即一定数量内的上述进口商品适用税率较低的配额内税率，超出该数量的进口商品适用税率较高的配额外税率。现行税则对200多个税目进口商品实行了暂定税率，对小麦、豆油等10种农产品和尿素等3种化肥产品实行关税配额管理。

我国对251个税目的信息技术产品基本实行0～7.2%的低税率，有少数产品税率超过10%。其中有15类信息技术产品只占应归入税目商品中的一部分，即非全税目商品。如只对“离心机”税目中的“半导体晶片加工用离心干燥器”实行低税率。这类信息技术产品的税率列在现行进口税则附录“非全税目信息技术产品税率表”中，凡申报进口表列

15类产品并要求适用低税率的，须经信息产业部审核并经海关确认后，方可以低税率计征关税。

（2）计征办法

进口商品多数实行从价税，从1997年7月1日起，我国对部分产品实行从量税、复合税、滑准税。

从量税是以进口商品的重量、长度、容量、面积等计量单位为计税依据。其特点是，税额计算简便，通关手续快捷，并能起到抑制质次价廉商品或故意低瞒价格商品的进口。目前我国对原油、部分鸡产品、啤酒、胶卷进口分别以重量、容量、面积计征从量税。

复合税是对某种进口商品同时使用从价和从量计征的一种计征关税的方法。其特点是，既可以发挥从量税抑制低价商品进口的特点，又可以发挥从价税税负合理、稳定的特点。目前我国对录像机、放像机、摄像机、数字照相机和摄录一体机实行复合税。

滑准税是一种关税税率随进口商品价格由高到低而由低到高设置计征关税的方法。其特点是，可保持滑准税商品的国内市场价格的相对稳定，尽可能减少国际市场价格波动的影响。目前我国对新闻纸实行滑准税。

2.出口关税税率

我国出口税则为一栏税率，即出口税率。现行税则对36种商品计征出口关税，主要是鳗鱼苗、部分有色金属矿砂及其精矿、生锑、磷、氟钽酸钾、苯、山羊板皮、部分铁合金、钢铁废碎料、铜和铝原料及其制品、镍锭、锌锭、锑锭。出口商品税则税率一直未予调整。但对上述范围内的23种商品实行0~20%的暂定税率，其中16种商品为零关税，6种商品税率为10%及以下。与进口暂定税率一样，出口暂定税率优先适用于出口税则中规定的出口税率。因此，我国真正征收出口关税的商品只有20种，税率也较低。

3.特别关税

包括报复性关税、反倾销税与反补贴税、保障性关税。

报复性关税是指为报复他国对本国出口货物的关税歧视，而对相关国家的进口货物征收的一种进口附加税。

反倾销税与反补贴税是指进口国海关对外国的倾销商品，在征收关税的同时附加征收的一种特别关税，其目的在于抵消他国补贴。

保障性关税是指当某类商品进口量剧增，对我国相关产业带来巨大威胁或损害时，按照WTO有关规则，可以启动一般保障措施，即在与有实质利益的国家或地区进行磋商后，在一定时期内提高该项商品的进口关税或采取数量限制措施，以保护国内相关产业不受损害。

4.税率的运用

第一，进出口货物，应当按照纳税义务人申报进口或者出口之日实施的税率征税。

第二，进口货物到达前，经海关核准先行申报的，应当按照装载此货物的运输工具申报进境之日实施的税率征税。

第三，进出口货物的补税和退税，适用该进出口货物原申报进口或者出口之日所实施的税率，特殊情况除外。

四、原产地规定

我国采用的原产地标准有两个：全部产地生产标准、实质性加工标准。

全部产地生产标准是指进口货物“完全在一个国家内生产或制造”，生产或制造国即为该货物的原产国。

实质性加工标准是适用于确定有两个或两个以上国家参与的生产的产品的原产国的标准。“实质性加工”是指产品加工后，在进出口税则中四位数税号一级的税则归类已经有了改变，或者加工增值部分所占新产品总值的比例已超过30%及以上的。

第三节　关税的计算

一、关税的完税价格

关税完税价格是海关以进出口货物的实际成交价格为基础，经调整确定的计征关税的价格。

（一）一般进口货物完税价格

1.以成交价格为基础的完税价格

进口货物的完税价格包括货物的货价、货物运抵我国境内输入地点起卸前的运输及其相关费用、保险费。进口货物的成交价格是指买方为购买该货物，并按《中华人民共和国海关审定进出口货物完税价格办法》（以下简称《完税价格办法》）有关规定调整后的实付或应付价格。

2.实付或应付价格调整规定如下：

（1）下列费用或者价值未包括在进口货物的实付或者应付价格中，应当计入完税价格：

①由买方负担的除购货佣金以外的佣金和经纪费。“购货佣金”指买方为购买进口货物向自己的采购代理人支付的劳务费用。“经纪费”指买方为购买进口货物向代表买卖双方利益的经纪人支付的劳务费用。

②由买方负担的与该货物视为一体的容器费用。

③由买方负担的包装材料和包装劳务费用。

④与该货物的生产和向中华人民共和国境内销售有关的，由买方以免费或者以低于成本的方式提供并可以按适当比例分摊的料件、工具、模具、消耗材料及类似货物的价款，以及在境外开发、设计等相关服务的费用。

⑤与该货物有关并作为卖方向我国销售该货物的一项条件，应当由买方直接或间接支付的特许权使用费。“特许权使用费”指买方为获得与进口货物相关的、受著作权保护的作品、专利、商标、专有技术和其他权利的使用许可而支付的费用，但是在估定完税价格时，进口货物在境内的复制权费不得计入该货物的实付或应付价格之中。

⑥卖方直接或间接从买方对该货物进口后转售、处置或使用所得中获得的收益。

（2）下列费用，如能与该货物实付或者应付价格区分，不得计入完税价格：

①厂房、机械、设备等货物进口后的基建、安装、装配、维修和技术服务的费用。

②货物运抵境内输入地点之后的运输费用。

③进口关税及其他国内税。

【知识点应用】

下列未包含在进口货物价格中的项目，应计入关税完税价格的有（　　）。

A.由买方负担的购货佣金

B.由买方负担的包装材料和包装劳务费

C.由买方支付的进口货物在境内的复制权费

D.由买方负担的与该货物视为一体的容器费用

【答案】BD

（二）特殊进口货物完税价格

1.加工贸易进口料件及其制成品

（1）进口时需征税的进料加工进口料件，以该料件申报进口时的价格估定。

（2）内销的进料加工进口料件或其制成品，以料件原进口时的价格估定。

（3）内销的来料加工进口料件或其制成品，以料件申报内销时的价格估定。

（4）出口加工区内的加工企业内销的制成品，以制成品申报内销时的价格估定。

（5）保税区内的加工企业内销的进口料件或其制成品，分别以料件或制成品申报内销时的价格估定。

（6）加工贸易加工过程中产生的边角料，以申报内销时的价格估定。

2.保税区、出口加工区货物

从保税区或出口加工区销往区外、从保税仓库出库内销的进口货物（加工贸易进口料件及其制成品除外），以海关审定的价格估定完税价格。对经审核销售价格不能确定的海关应当按照一般进口货物估价办法的规定，估定完税价格。如销售价格中未包括在保税区、出口加工区或保税仓库中发生的仓储、运输及其他相关费用的，应当按照客观量化的数据资料予以计入。

3.运往境外修理的货物

运往境外修理的机械器具、运输工具或其他货物，出境时已向海关报明，并在海关规定期限内复运进境的，应当以海关审定的境外修理费和料件费为完税价格。

4.运往境外加工的货物

运往境外加工的货物，出境时已向海关报明，并在海关规定期限内复运进境的，应当以海关审定的境外加工费和料件费以及该货物复运进境的运输及其相关费用、保险费估定完税价格。

【知识点应用】

某企业2011年5月将一台账面余值55万元的进口设备运往境外修理，当月在海关规定的期限内复运进境。经海关审定的境外修理费4万元、料件费6万元。假定该设备的进口关税税率为30%，试计算该企业应缴纳的关税。

【答案】

应纳税额＝（4＋6）×30%＝3（万元）

5.暂时进境货物

对于经海关批准的暂时进境的货物，应当按照一般进口货物估价办法的规定估定完税价格。

6.租赁方式进口货物

租赁方式进口的货物中，以租金方式对外支付的租赁货物，在租赁期间以海关审定的租金作为完税价格；留购的租赁货物，以海关审定的留购价格作为完税价格；承租人申请一次性缴纳税款的，经海关同意，按照一般进口货物估价办法的规定估定完税价格。

7.留购的进口货样

对于境内留购的进口货样、展览品和广告陈列品，以海关审定的留购价格作为完税价格。

8.予以补税的减免税货物

减税或免税进口的货物需予补税时，应当以海关审定的该货物原进口时的价格，扣除折旧部分价值作为完税价格，其计算公式如下：

$$完税价格 = 海关审定的该货物原进口时的价格 \times [1 - 申请补税时实际已使用的时间（月） \div (监管年限 \times 12)]$$

【知识点应用】

2009年6月1日，某公司经批准进口一台符合国家特定免征关税的科研设备用于研发项目，设备进口时经海关审定的完税价格折合人民币800万元（关税税率为10%），海关规定的监管年限为5年；2011年5月31日，公司研发项目完成后，将已计提折旧200万元的免税设备出售给国内另一家企业。计算该公司应补缴关税。

【答案】

应补缴关税＝800×（1－2÷5）×10%＝48（万元）

9.以其他方式进口的货物

以易货贸易、寄售、捐赠、赠送等其他方式进口的货物，应当按照一般进口货物估价办法的规定，估定完税价格。

【知识点应用】

下列有关关税处理的表述中，正确的有（　　）。

A.对留购的租赁货物，以海关审定的留购价格作为关税完税价格

B.对以租金方式对外支付的租赁货物，在租赁期间以海关审定的租金作为关税完税价格

C.对留购的进口展览品，以一般进口货物估价办法的规定估定关税完税价格

D.以租赁方式进口货物，承租人申请一次性缴纳税款的，经海关同意，按照一般进口货物估价办法的规定估定关税价格

【答案】ABD

（三）出口货物的完税价格

出口货物的完税价格由海关以该货物向境外销售的成交价格为基础审查确定，并应包括货物运至我国境内输出地点装载前的运输及其相关费用、保险费，不包括：①出口关税税额；②支付给境外的佣金。如与货物的离岸价格分列，应予扣除；未分列则不予扣除。

售价中含离境口岸至境外口岸之间的运费、保险费的，该运费、保险费可以扣除。

完税价格=（离岸价格－单独列明支付给境外的佣金）/（1+出口税率）

（四）进出口货物完税价格中运输及相关费用、保险费计算

1.以一般陆、空、海运方式进口货物

（1）运费应计算至卸货口岸（海运），目的地口岸（空运、陆运）。

（2）运费和保险费的实际支出费用计算。无法确定的应估算，其中运费按运费率、保险费可按照“货价加运费”的3‰估算。

2.以其他方式进口货物

邮运进口货物，以邮费作为运输、保险等相关费用；以境外边境口岸价格条件成交的铁路或公路运输进口货物，按货价的1%计算运输及相关费用、保险费。

（五）完税价格审定

海关不接受申报价格，按照相同货物或类似货物成交价格的规定估定完税价格时，为获得合适的或类似进出口货物的成交价格，可以与进出口货物的纳税义务人进行价格磋商。

二、关税应纳税额的计算

（一）从价税应纳税额的计算

关税税额=应税进（出）口货物数量×单位完税价格×税率

（二）从量税应纳税额的计算

关税税额=应税进（出）口货物数量×单位货物税额

（三）复合税应纳税额的计算

我国目前实行的复合税都是先计征从量税，再计征从价税

$$\text{关税税额}=\text{应税进出口货物数量}\times\text{单位货物税额}+\text{应税进出口货物数量}\times\text{单位完税价格}\times\text{税率}$$

（四）滑准税应纳税额的计算

关税税额=应税进（出）口货物数量×单位完税价格×滑准税税率

现行税则进出口商品从量税、复合税、滑准税税目税率表后注明了滑准税税率的计算公式，该公式是一个与应税进出口货物完税价格相关的取整函数。

三、行李和邮递物品进口税

行李和邮递物品进口税，简称“行邮税”，是海关对入境旅客行李物品和个人邮递物品征收的进口税。进境物品的关税以及进口环节海关代征的增值税和消费税合并为进口税，由海关依法征收。

我国行邮税税目和税率经过了多次调整，现行行邮税税率分为10%、20%、30%、50%四个档次（详见表7-1）。进口税采用从价计征，完税价格由海关参照该项物品的境外正常零售平均价格确定。完税价格乘以进口税税率，即为应纳的进口税税额。

表7-1　　**中华人民共和国进境物品进口税率表**

税号	税率(%)	物品名称
1	10	书报、刊物、教育专用电影片、幻灯片、原版录音带、录像带、金银及其制品、计算机、视频摄录一体机、数字照相机等信息技术产品、照相机、食品、饮料、本表税号2、3、4税号及备注不包含的其他商品
2	20	纺织品及其制成品、电视摄像机及其他电器用具、自行车、手表、钟表（含配件、附件）
3	30	高尔夫球及球具、高档手表
4	50	烟、酒、化妆品

四、税收优惠

关税的税收优惠是对某些纳税人和征税对象给予鼓励和照顾的一种特殊调节手段。关税税收优惠分为法定减免、特定减免、临时减免三种类型。

除法定减免税外的其他减免税均由国务院决定。减征关税在我国加入世界贸易组织之前以税则规定税率为基准，在我国加入世界贸易组织之后以最惠国税率或者普通税率为基准。

（一）法定减免税

我国《海关法》、《进出口关税条例》和有关法规明确规定，下列货物、物品予以减免关税：

1.关税税额在人民币50元以下的一票货物，可免征关税。

2.无商业价值的广告品和货样，可免征关税。

3.外国政府、国际组织无偿赠送的物资，可免征关税。

4.因故退还的中国出口货物，经海关审查属实，可予免征进口关税，但已征收的出口关税不予退还。

5.因故退还的境外进口货物，经海关审查属实，可予免征出口关税，但已征收的进口关税不予退还。

6.进口货物如有以下情形，经海关查明属实，可酌情减免进口关税：①在境外运输中或在起卸时，遭受损坏或者损失的。②起卸后海关放行前，因不可抗力遭受损坏或者损失的。③海关查验时已经破漏、损坏或者腐烂，经证明不是保管不慎造成的。

7.无代价抵偿货物，即进口货物在征税放行后，发现货物残损、短少或品质不良，而由国外承运人、发货人或保险公司免费补偿或更换的同类货物，可以免税。但有残损或质量问题的原进口货物如未退运国外，其进口的无代价抵偿货物应照章征税。

8.我国缔结或者参加的国际条约规定减征、免征关税的货物、物品，按照规定予以减免关税。

9.对组委会为举办第三届亚洲沙滩运动会（以下简称亚沙会）进口的亚奥理事会或国际单项体育组织指定的，国内不能生产或性能不能满足需要的直接用于亚沙会比赛的消耗品，免征关税、进口环节增值税和消费税。享受免税政策的进口比赛用消耗品的范围、数量清单，由组委会汇总后报财政部商有关部门审核确定。

10.法律规定减征、免征的其他货物。

【知识点应用】

关于关税的减免税，下列表述正确的有（　　）。

A.无商业价值的广告品视同货物进口征收关税

B.外国企业赠送的物资免征关税

C.无代价抵偿货物，可以免税。

D.关税税额在人民币50元以下的货物免征关税

【答案】CD

（二）特定减免税

特定减免税也称政策性减免税。在法定减免税之外，国家按照国际通行规则和我国实际情况，制定发布的有关进出口货物减免关税的政策，称为特定或政策性减免税。特定减免税货物一般有地区、企业和用途的限制，海关需要进行后续管理，也需要进行减免税统计。主要包括：科教用品、残疾人专用品、扶贫、慈善性捐赠物资、加工贸易产品（加工装配、补偿贸易和进料加工）、边境贸易进口物资、保税区进出口货物、出口加工区进出口货物、进口设备以及特定行业或用途的减免税政策。

（三）临时减免税

临时减免税是指以上法定和特定减免税以外的其他减免税，即由国务院根据《海关法》对某个单位、某类商品、某个项目或某批进出口货物的特殊情况，给予特别照顾，一案一批，专文下达的减免税。一般有单位、品种、期限、金额或数量等限制，不能比照执行。

第四节　关税的征收管理

一、关税的申报制度

（一）关税缴纳

1.申报时间

进口货物自运输工具申报进境之日起14日内；出口货物在运抵海关监管区后装货的24小时以前。

2.纳税期限

关税的纳税义务人或其代理人，应在海关填发税款缴纳证的之日起15日内向指定银行缴纳。

（二）关税强制执行

1.征收关税滞纳金

关税滞纳金金额 = 滞纳关税税额×滞纳金征收比率（5税）×滞纳天数

2.强制征收

如纳税义务人自海关填发缴款书之日起3个月仍未缴纳税款，经海关关长批准，海关可以采取强制扣缴、变价抵缴等强制措施。

二、关税的缓征与退还

关税纳税义务人因不可抗力或者在国家税收政策调整的情形下，不能按期缴纳税款的，经海关总署批准，可以延期缴纳税款，但最长不得超过6个月。

如遇下列情况之一，可自缴纳税款之日起1年内，书面声明理由，连同原纳税收据向海关申请退税，并加计同期银行活期存款利率计算的利息：

其一，因海关误征，多纳税款的；

其二，海关核准免验进口的货物，在完税后，发现有短卸情况，经海关审查认可的；

其三，已征出口关税的货物，因故未装运出口，申报退关，经海关查验属实的。对已征出口关税的出口货物和已征进口关税的进口货物，因货物种或规格原因原状复运进境或出境的，经海关查验属实的，也应退还已征关税。

三、关税补征和追征

关税补征，是因非纳税人违反海关规定造成的少征或漏征关税，关税补征期为缴纳税款或货物放行之日起1年内。

关税追征，是因纳税人违反海关规定造成少征或漏征关税，关税追征期为进出口货物完税之日或货物放行之日起3年内，并加收5‱的滞纳金。

四、关税纳税争议

在纳税义务人同海关发生纳税争议时，可以向海关申请复议，但同时应当在规定期限内按海关核定的税额缴纳关税，逾期则构成滞纳，海关有权按规定采取强制执行措施。

【知识点应用】

某公司进口一批货物，海关于2014年3月1日填发税款缴款书，但公司迟至3月27日才缴纳500万元的关税。海关应征收关税滞纳金（　　）万元。

A.2.75　　B.3　　C.6.5　　D.6.75

【答案】B

本章小结

1．关税是海关依法对进出境货物、物品征收的一种税。

2．关税的征税对象是准许进出口的货物和进境物品。

3．进口货物的收货人、出口货物的发货人、进境物品的所有人，是关税的纳税人。

4．关税税率分进口关税税率和出口关税税率两种。进口关税设置最惠国税率、协定税率、特惠税率、普通税率、关税配额税率等。对进口货物在一定期限内可以实行暂定税率。特别关税包括报复性关税、反倾销税、反补贴税、保障性关税。我国征收出口关税的商品较少，税率较低。

5．进出口关税的计税依据是关税完税价格。关税的税额计算，主要是进口环节的关税、增值税和消费税要同时考虑。

6．关税减免分为法定减免税、特定减免税和临时减免税。关税由海关负责征收管理。

练习与思考

一、单项选择题

1．适用原产于与我国共同适用最惠国待遇条款的WTO成员方或地区的进口货物，或原产于与我国签订有相互给予最惠国待遇条款的双边贸易协定的国家或地区进口的货物，以及原产于我国境内的进口货物，对其采用的税率被称为（　　）。

A．最惠国税率　　B．协定税率

C．定额税率　　D．普通税率

2．根据《海关法》的规定，进出口货物的完税价格，由海关以进出口货物的（　　）为基础审定完税价格。

A．到岸价格　　B．申报价格

C．实际成交价格　　D．离岸价格

3．下列进口货物中实行滑准税的是（　　）。

A．工艺品　　B．货车

C．冻鸡肉　　D．新闻纸

4.纳税义务人或他们的代理人应在海关填发税款缴纳证之日起(　　)内，向指定银行缴纳税款。

A.15日　　B.30日

C.7日　　D.10日

5.B企业向境外公司销售一批货物，外国实付成交价为850万元；报关出境地为天津港，抵达天津港前的费用包括运输费1.2万元，保险费2.8万元，装卸费0.95万元，以上费用由B企业自己承担，海关核定的关税率20%。则出口关税(　　)万元。

A.141.67　　B.170.99

C.142.65　　D.142.49

二、多项选择题

1.下列各项中，属于关税征税对象的是(　　)。

A.贸易性商品

B.个人邮寄物品

C.入境旅客随身携带的行李和物品

D.馈赠物品或以其他方式进入国境的个人物品

2.下列关于税则的陈述，正确的有(　　)。

A.进出口税则是一国政府根据国家关税政策和经济政策，通过一定的立法程序制定公布实施的进出口货物和物品应税的关税税率表

B.进出口税则以税率表为主体，通常还包括实施税则的法令、使用税则的有关说明和附录等

C.《海关进出口税则》是我国海关凭以征收关税的法律依据，也是我国关税政策的具体体现

D.税率表作为税则主体，包括税则商品分类目录和税率栏两大部分

3.下列各项中，不符合对特殊进口货物完税价格规定的有(　　)。

A.运往境外加工的货物，应以加工后进境时的到岸价格为完税价格

B.准予暂时进口的施工机械，应当按照一般进口货物估价办法的规定估定完税价格

C. 转让进口的免税旧货物，以原入境的到岸价为完税价格

D. 留购的进口货样，以进口价格作为完税价格

4. 出口货物离岸价格可扣除（　　），作为出口关税的完税价格。

A. 出口关税

B. 包含在成交价格中的支付给境外的佣金

C. 售价中包含的离境口岸至境外口岸之间的运输费用

D. 出口货物国内段运输、装卸等费用

5. 行邮税包含了在进口环节征收的（　　）。

A. 增值税　　　　B. 消费税

C. 城建税　　　　D. 关税

三、判断题

1. 通常情形下，一国关境略小于国境。（　　）

2. 我国目前实行的关税配额税率是固定的。（　　）

3. 进口关税税率设有优惠税率和普通税率两档。（　　）

4. 运费和保险费的实际支出费用计算。无法确定的应估算，其中运费按运费率、保险费可按照“货价加运费”的3‰估算。（　　）

5. 关税补征期为缴纳税款或货物放行之日起3年内。关税追征期为进出口货物完税之日或货物放行之日起1年内，并加收5‱的滞纳金。（　　）

四、案例分析题

1. 某轿车生产企业为增值税一般纳税人，2014年12月份的生产经营情况如下：

（1）进口原材料一批，支付给国外买价120万元，包装材料8万元，到达我国海关以前的运输装卸费3万元、保险费13万元，从海关运往企业所在地支付运输费7万元。

（2）进口两台机械设备，支付给国外的买价60万元，相关税金3万元，支付到达我国海关以前的装卸费、运输费6万元、保险费2万元，从海关运往企业所在地支付运输费4万元。该企业进口原材料和机械设备的关税税率为10%。

要求根据上述资料，按下列序号回答问题，并计算出合计数。

（1）计算企业12月进口原材料应缴纳的关税；

(2) 计算企业12月进口原材料应缴纳的增值税；

(3) 计算企业12月进口机械设备应缴纳的关税；

(4) 计算企业12月进口机械设备应缴纳的增值税。

2. 某公司从境外进口小轿车30辆，每辆小轿车货价15万元，运抵我国海关前发生的运输费用、保险费用无法确定，经海关查实其他运输公司相同业务的运输费用占货价的比例为2%。关税税率60%，消费税税率9%。要求分别计算进口环节缴纳的各项税金。

五、思考题

1. 关税的征税对象和纳税人是如何规定的？

2. 进口关税的税率有哪几种？其适用范围如何？

3. 如何确定进口货物的关税完税价格？

4. 如何确定出口货物的关税完税价格？

5. 关税的税收优惠有哪几种类型？

6. 关税补征与追征的规定有哪些？

第八章

企业所得税

学习目标

企业所得税是各税种中的一个重要税种。通过本章的学习，应了解企业所得税的概念、特点及立法原则；熟悉企业所得税的纳税人、课税对象和税率；掌握企业所得税应纳税额的计算以及税收优惠法律制度的相关规定。

重要提示

【所得税与货物劳务税的区别】

1. 货物劳务税的计税依据是流转额；所得税的计税依据是所得额。

2. 货物劳务税只与商品销售收入有关，不受成本高低影响；所得税直接受成本规模影响。

3. 货物劳务税作为间接税，税负能够转嫁，所以对物价影响较大；所得税作为直接税，由于税负不能转嫁，所以其税收增减变动对物价不会产生直接的影响。

4. 货物劳务税征收技术上比所得税简便。

第一节　企业所得税概述

一、企业所得税的概念

企业所得税是对我国境内的企业和其他取得收入的组织的生产经营所得和其他所得征收的税。其中，企业分为居民企业和非居民企业。居民企业是指依法在中国境内成立，或者依照外国（地区）法律成立但实际管理机构在中国境内的企业；非居民企业是指依照外国（地区）法律成立且实际管理机构不在中国境内，但在中国境内设立机构、场所的，或者在中国境内未设立机构、场所，但有来源于中国境内所得的企业。

二、企业所得税的立法原则

根据科学发展观、建立和谐社会和完善社会主义市场经济体制的总体要求，按照“简税制、宽税基、低税率、严征管”的改革原则，借鉴国际惯例，统一税法，公平税负，规范税制，理顺分配关系，保证财政收入，强化所得税的调控作用，鼓励企业改革，促进社会主义市场经济健康发展，我国建立了各类企业统一适用的、具有现代税制特点的企业所得税制度。其立法原则是：

（一）贯彻国民待遇原则

贯彻国民待遇原则，公平税负，使各类企业在税负公平的条件下进行平等竞争。

（二）兼顾社会进步和区域经济的协调发展

兼顾社会进步和区域经济的协调发展，促进社会公益事业发展和环境保护，统筹经济社会的协调发展，税收优惠适当向西部地区倾斜，体现科学发展观，实现可持续发展战略。

（三）积极发挥企业所得税的调控作用

积极发挥企业所得税的调控作用，将税收优惠由以区域优惠为主，转为以产业优惠为主、区域优惠为辅的新格局，优化国民经济结构，推动产业升级和技术进步。

（四）参照国际通行做法，吸收世界各国税制改革最新成果

进一步充实和完善企业所得税制度，尽可能体现税法的科学性、完

备性和前瞻性，建立一个具有现代税制特点的新企业所得税制度体系。

（五）进一步理顺分配关系

进一步理顺分配关系，兼顾财政承受能力，尽量减轻纳税人负担和对财政收入的影响。

（六）有利于加强征管、组织收入

税收征管过程是个执法过程，它要求一个完善规范的企业所得税法律，应体现税法的统一性、规范性、完整性和严密性，要有利于依法治税、加强征管组织收入。

三、企业所得税的特点

我国现行企业所得税具有以下特点：

（一）计税依据为应纳税所得额

应纳税所得额既不等于企业实现的会计利润额，也不是销售额或营业额，是纳税人的收入总额扣除各项成本、费用、税金、损失等支出后的净所得额。

（二）企业所得税属于直接税

纳税人和实际负税人通常是一致的，因此在调节纳税人收入、调节经济等方面具有较明显的作用。

（三）实行按年计征、分期预缴的征收管理办法

企业所得税以全年的应纳税所得额作为计税依据，分月或分季预缴，年终汇算清缴，与会计年度及核算期限一致，有利于税收的征收管理和企业核算期限的一致性。

四、企业所得税的作用

（一）促进企业改善经营管理活动，提升企业的盈利能力

由于企业所得税只对利润征税，往往采用比例税率，因此对大多数企业来说承担相同的税负水平。相对于累进税率，采用比例税率的企业所得税更有利于促使企业改善经营管理，努力降低成本，提高盈利能力和水平。

（二）调节产业结构，促进经济发展

所得税的调节作用在于公平税负、量能负担，虽然世界各国的法人所得税往往采用比例税率的形式，在一定程度上削弱了所得税的调控功能。但在税制设计中，世界各国往往通过各项税收优惠的实施，发挥政

府在对纳税人投资、产业结构调整、环境治理等方面的调控作用。

（三）为国家建设筹集财政资金

税收的首要职能就是筹集财政收入。随着我国收入向企业和居民分配的倾斜以及经济的发展和企业盈利水平的提高，企业所得税占全部税收收入的比重也将会越来越高。

知识拓展

企业所得税（也称公司所得税、法人所得税）是一个产生时间较晚的税种。据资料记载，1894年，日本最早开征了法人所得税。1909年，美国开征了具有公司所得税性质的特许税。1916年、1918年和1920年，加拿大、荷兰、德国分别开征了公司所得税。在公司所得税产生后的20多年里，公司所得税并没有引起各国的广泛重视，开征的国家并不多。第二次世界大战前后，个人所得税已风靡世界并成为许多国家税收制度中的主要税种，涉及的公司所得税的问题逐渐增多，各国才开始重视公司所得税问题。比如，法国、意大利、英国分别于1948年、1954年、1965年开征了公司所得税。目前，公司所得税已经成为世界各国普遍开征的一种税。

我国企业所得税的制度演变：

在1949年首届全国税务会议上，通过了统一全国税收政策的基本方案，其中包括对企业所得和个人所得征税的办法。1950年，政务院发布了《全国税政实施要则》，规定全国设置14种税收，其中涉及对所得征税的有工商业税（所得税部分）、存款利息所得税和薪给报酬所得税等3种税收。

改革开放以后，为适应引进国外资金、技术和人才，开展对外经济技术合作的需要，根据党中央统一部署，税制改革工作在“七五”计划期间逐步推开。1980年9月，第五届全国人民代表大会第三次会议通过了《中华人民共和国中外合资经营企业所得税法》并公布施行。企业所得税税率确定为30%，另按应纳所得税额附征10%的地方所得税。1981年12月，第五届全国人民代表大会第四次会议通过了《中华人民共和国外国企业所得税法》，实行20%～40%的5级超额累进税率，另按应纳税所得额附征10%的地方所得税。

作为企业改革和城市改革的一项重大措施，1983年国务院决定在全国试行国营企业“利改税”，即将新中国成立后实行了30多年的国营企业向国家上缴利润的制度改为缴纳企业所得税的制度。

1991年4月，第七届全国人民代表大会将《中华人民共和国中外合资经营企业所得税法》与《中华人民共和国外国企业所得税法》合并，制定了《中华人民共和国外商投资企业和外国企业所得税法》，并于同年7月1日起施行。

1993年12月13日，国务院将《中华人民共和国国营企业所得税条例（草案）》、《国营企业调节税征收办法》、《中华人民共和国集体企业所得税暂行条例》和《中华人民共和国私营企业所得税暂行条例》，进行整合制定了《中华人民共和国企业所得税暂行条例》，自1994年1月1日起施行。上述改革标志着中国的所得税制度改革向法制化、科学化和规范化的方向迈出了重要的步伐。

2007年3月16日，全国人民代表大会通过了《中华人民共和国企业所得税法》，并于2008年1月1日开始施行。从此，内外资企业实行统一的企业所得税法律。

第二节　企业所得税的基本制度

企业所得税的基本法律即《中华人民共和国企业所得税法》，以下简称《企业所得税法》。同时，还有配套的《中华人民共和国企业所得税法实施条例》，以下简称《企业所得税法实施条例》。

一、企业所得税的纳税人

企业所得税的纳税义务人是指在中华人民共和国境内的企业和其他取得收入的组织。不包括个人独资企业和合伙企业。

【知识点应用】

企业所得税的纳税义务人有（　　）。

A. 中外合资企业

B.个人独资企业

C.股份有限公司

D.合伙企业

【答案】AC

企业所得税的纳税人分为居民企业和非居民企业，这是根据企业纳税义务范围的宽窄进行的分类方法，不同的企业在向中国政府缴纳所得税时，纳税义务不同。把企业分为居民企业和非居民企业，是为了更好地保障我国税收管辖权的有效行使。税收管辖权是一国政府在征税方面的主权，是国家主权的重要组成部分。根据国际上的通行做法，我国选择了地域管辖权和居民管辖权的双重管辖权标准，最大限度地维护我国的税收利益。

（一）居民企业

居民企业是指依法在中国境内成立，或者依照外国（地区）法律成立但实际管理机构在中国境内的企业。这里的企业包括国有企业、集体企业、私营企业、联营企业、股份制企业、外商投资企业、外国企业，以及有生产、经营所得和其他所得的其他组织。其中，有生产、经营所得和其他所得的其他组织，是指经国家有关部门批准，依法注册、登记的事业单位、社会团体等组织。由于我国的一些社会团体组织、事业单位在完成国家事业计划的过程中，开展多种经营和有偿服务活动，取得除财政部门各项拨款、财政部和国家价格主管部门批准的各项规费收入以外的经营收入，具有了经营的特点，应当视同企业纳入征税范围；实际管理机构是指对企业的生产经营、人员、账务、财产等实施实质性全面管理和控制的机构。

（二）非居民企业

非居民企业是指依照外国（地区）法律成立且实际管理机构不在中国境内，但在中国境内设立机构、场所的，或者在中国境内未设立机构、场所，但有来源于中国境内所得的企业。

上述所称机构、场所是指在中国境内从事生产经营活动的机构、场所，包括：（1）管理机构、营业机构、办事机构。（2）工厂、农场、开采自然资源的场所。（3）提供劳务的场所。（4）从事建筑、安装、装配、修理、勘探等工程作业的场所。(5) 其他从事生产经营活动的机构、场所。

非居民企业委托营业代理人在中国境内从事生产经营活动的，包括委托单位或者个人经常代其签订合同，或者储存、交付货物等，该营业代理人视为非居民企业在中国境内设立的机构、场所。

【知识点应用】

根据《企业所得税法》的规定，下列企业中属于非居民企业的是（　　）。

A.设在广州市的某国有独资企业

B.依照百慕大法律设立且管理机构在上海的某公司

C.依照中国法律成立，但主要控股方在外国的某上市公司

D.依照美国法律成立，未在中国境内设立机构、场所，但有来源于中国境内所得的某公司

【答案】D

二、企业所得税的扣缴义务人

（一）法定扣缴

对非居民企业在中国境内未设立机构、场所的，或者虽设立机构、场所但取得的所得与其所设机构、场所没有实际联系的所得应缴纳的所得税实行源泉扣缴，以支付人为扣缴义务人。税款由扣缴义务人在每次支付或者到期应支付时，从支付或者到期应支付的款项中扣缴。

上述所称支付人，是指依照有关法律规定或者合同约定对非居民企业直接负有支付相关款项义务的单位或者个人。

上述所称支付，包括现金支付、汇拨支付、转账支付和权益对价支付等货币支付和非货币支付。

上述所称到期应支付的款项，是指支付人按照权责发生制原则应当计入相关成本、费用的应付款项。

（二）指定扣缴

对非居民企业在中国境内取得工程作业和劳务所得应缴纳的所得税，税务机关可以指定工程价款或者劳务费的支付人为扣缴义务人。

【知识点应用】

根据《企业所得税法》的规定，下列说法不正确的是（　　）。

A.对在中国境内未设立机构、场所的非居民企业应缴纳的所得税，由纳税人自行申报缴纳

B.对非居民企业在中国境内取得劳务所得应缴纳的所得税，税务机关可以指定劳务费的支付人为扣缴义务人

C.扣缴义务人每次代扣的税款，应当自代扣之日起7日内缴入国库

D.应当扣缴的所得税，扣缴义务人未依法扣缴或者无法履行扣缴义务的，由企业在所得发生地缴纳

【答案】A

三、企业所得税的征税对象

企业所得税的征税对象是指企业的生产经营所得、其他所得和清算所得。

（一）居民企业的征税对象

居民企业应就来源于中国境内、境外的所得作为征税对象。所得，包括销售货物所得、提供劳务所得、转让财产所得、股息红利等权益性投资所得，以及利息所得、租金所得、特许权使用费所得、接受捐赠所得和其他所得。

（二）非居民企业的征税对象

非居民企业在中国境内设立机构、场所的，应当就其所设机构、场所取得的来源于中国境内的所得，以及发生在中国境外但与其所设机构、场所有实际联系的所得，缴纳企业所得税，非居民企业在中国境内未设立机构、场所的，或者虽设立机构、场所但取得的所得与其所设机构、场所没有实际联系的，应当就其来源于中国境内的所得缴纳企业所得税。

上述所称实际联系，是指非居民企业在中国境内设立的机构、场所拥有的据以取得所得的股权、债权，以及拥有、管理、控制据以取得所得的财产。

（三）所得来源的确定

第一，销售货物所得，按照交易活动发生地确定。

第二，提供劳务所得，按照劳务发生地确定。

第三，转让财产所得。(1) 不动产转让所得按照不动产所在地确定。(2) 动产转让所得按照转让动产的企业或者机构、场所所在地确定。(3) 权益性投资资产转让所得按照被投资企业所在地确定。

第四，股息、红利等权益性投资所得，按照分配所得的企业所在地确定。

第五，利息所得、租金所得、特许权使用费所得，按照负担、支付所得的企业或者机构、场所所在地确定，或者按照负担、支付所得的个人的住所地确定。

第六，其他所得，由国务院财政、税务主管部门确定。

四、企业所得税的税率

企业所得税税率是体现国家与企业分配关系的核心要素。税率设计的原则是兼顾国家、企业、职工个人三者利益，既要保证财政收入的稳定增长，又要使企业在生产经营方面有一定的财力保证。既要考虑到企业的实际情况和负担能力，又要维护税率的统一性。

企业所得税实行比例税率。比例税率简便易行，透明度高，不会因征税而改变企业间收入分配比例，有利于促进效率的提高。税率的具体规定为：

（一）基本税率为25%

适用于居民企业和在中国境内设有机构、场所且所得与机构、场所有关联的非居民企业。

（二）低税率为20%

适用于在中国境内未设立机构、场所的，或者虽设立机构、场所但取得的所得与其所设机构、场所没有实际联系的非居民企业。但实际征税时适用10%的税率。

现行企业所得税基本税率设定为25%，从世界各国比较而言还是偏低的。据有关资料介绍，全世界上近160个实行企业所得税的国家（地区）平均税率为28.6%，我国周边18个国家（地区）的平均税率为26.7%。现行税率的确定，既考虑了我国财政承受能力，又考虑了企业负担水平。

【知识点应用】

根据《企业所得税法》的规定，以下适用25%税率的是（　　）。

A.所有的企业

B.在中国境内未设立机构、场所的非居民企业

C.在中国境内设立机构、场所且取得所得与其机构、场所有实际联系的非居民企业

D.在中国境内虽设立机构、场所但取得所得与其机构、场所没有实际联系的非居民企业

【答案】C

第三节　企业所得税应纳税所得额的确定

应纳税所得额是企业所得税的计税依据，按照《企业所得税法》的规定，应纳税所得额为企业每一个纳税年度的收入总额，减除不征税收入、免税收入、各项扣除，以及允许弥补的以前年度亏损后的余额。计算公式为：

应纳税所得额=收入总额－不征税收入－免税收入－各项扣除－以前年度亏损

企业应纳税所得额的计算以权责发生制为原则，属于当期的收入和费用，不论款项是否收付，均作为当期的收入和费用；不属于当期的收入和费用，即使款项已经在当期收付，均不作为当期的收入和费用。应纳税所得额的正确计算直接关系到国家财政收入和企业的税收负担，并且同成本、费用核算关系密切。因此，《企业所得税法》对应纳税所得额的计算做了明确规定。主要内容包括收入总额、扣除范围和标准、资产的税务处理、亏损弥补等。

一、收入总额的确定

企业的收入总额包括以货币形式和非货币形式从各种来源取得了的收入，具体有销售货物收入、提供劳务收入、转让财产收入、股息、红利等权益性投资收益，以及利息收入、租金收入、特许权使用费收入、

接受捐赠收入、其他收入。

企业取得收入的货币形式，包括现金、存款、应收账款、应收票据、准备持有至到期的债券投资以及债务的豁免等；纳税人以非货币形式取得的收入，包括固定资产、生物资产、无形资产、股权投资、存货、不准备持有至到期的债券投资、劳务以及有关权益等，这些非货币资产应当按照公允价值确定收入额，公允价值是指按照市场价格确定的价值。收入的具体构成为：

（一）一般收入的确认

1.销售货物收入

销售货物收入是指企业销售商品、产品、原材料、包装物、低值易耗品以及其他存货取得的收入。

2.劳务收入

劳务收入是指企业从事建筑安装、修理修配、交通运输、仓储租赁、金融保险、邮电通信、咨询经纪、文化体育、科学研究、技术服务、教育培训、餐饮住宿、中介代理、卫生保健、社区服务、旅游、娱乐、加工以及其他劳务服务活动取得的收入。

3.财产转让收入

财产转让收入是指企业转让固定资产、生物资产、无形资产、股权、债权等财产取得的收入。

4.股息、红利等权益性投资收益

股息、红利等权益性投资收益是指企业因权益性投资从被投资方取得的收入。股息、红利等权益性投资收益，除国务院财政、税务主管部门另有规定外，按照被投资方做出利润分配决定的日期确认收入的实现。

5.利息收入

利息收入是指企业将资金提供他人使用但不构成权益性投资，或者因他人占用企业资金取得的收入，包括存款利息、贷款利息、债券利息、欠款利息等收入。利息收入，按照合同约定的债务人应付利息的日期确认收入的实现。

6.租金收入

租金收入是指企业提供固定资产、包装物或者及其他有形财产人使用权取得的收入。租金收入，按照合同约定的承租人应付租金的日期确认收入的实现。

7.特许权使用费收入

特许权使用费收入是指企业提供专利权、非专利技术、商标权、著作权以及其他特许权的使用权而取得的收入。特许权使用费收入，按照合同约定的特许权使用人应付特许权使用费的日期确认收入的实现。

8.接受捐赠收入

接受捐赠收入是指企业接受的来自其他企业、组织或者个人无偿给予的货币性资产、非货币性资产。接受捐赠收入，按照实际收到的捐赠资产的日期确认收入的实现。

9.其他收入

其他收入是指企业取得的除以上收入外的其他收入，包括企业资产溢余收入、逾期未退包装物押金收入、确实无法偿付的应付款项、已做坏账损失处理后又收回的应收款项、债务重组收入、补贴收入、违约金收入、汇兑收益等。

（二）特殊收入的确认

第一，以分期收款方式销售货物的，按照合同约定的收款日期确认收入的实现。

第二，企业受托加工制造大型机械设备、船舶、飞机，以及从事建筑、安装、装配工程业务或者提供其他劳务等，持续时间超过12个月的，按照纳税年度内完工进度或者完成的工作量确认收入的实现。

第三，采取产品分成方式取得收入的，按照企业分得产品的日期确认收入的实现，其收入额按照产品的公允价值确定。

第四，企业发生非货币性资产交换，以及将货物、财产、劳务用于捐赠、偿债、赞助、集资、广告、样品、职工福利或者利润分配等用途的，应当视同销售货物、转让财产或者提供劳务，但国务院财政、税务主管部门另有规定的除外。

（三）处置资产收入的确认

第一，企业发生下列情形的处置资产，除将资产转移至境外以外，由于资产所有权属在形式和实质上均不发生改变，可作为内部处置资产，不视同销售确认收入，相关资产的计税基础延续计算。

（1）将资产用于生产、制造、加工另一产品。

（2）改变资产形状、结构或性能。

（3）改变资产用途（如自建商品房转为自用或经营）。

（4）将资产在总机构及其分支机构之间转移。

（5）上述两种或两种以上情形的混合。

（6）其他不改变资产所有权属的用途。

第二，企业将资产移送他人的下列情形，因资产所有权属已发生改变而不属于内部处置资产，应按规定视同销售确定收入。

（1）用于市场推广或销售。

（2）用于交际应酬。

（3）用于职工奖励或福利。

（4）用于股息分配。

（5）用于对外捐赠。

（6）其他改变资产所有权属的用途。

第三，企业发生第2条规定情形时，属于企业自制的资产，应按企业同类资产同期对外销售价格确定销售收入；属于外购的资产，可按购入时的价格确定销售收入。

【知识点应用】

纳税人下列行为应视同销售确认所得税收入的有（　　）。

A.将货物用于投资　　B.将商品用于捐赠

C.将产品用于职工福利　　D.将产品用于在建工程

【答案】ABC

（四）相关收入实现的确认

除前述《企业所得税法》及其实施条例关于收入的规定外，企业销售收入的确认，必须遵循权责发生制原则和实质重于形式原则。

第一，企业销售商品同时满足下列条件的，应确认收入的实现：

（1）商品销售合同已经签订，企业已将商品所有权相关的主要风险和报酬转移给购货方。

（2）企业对已售出的商品既没有保留通常与所有权相联系的继续管理权，也没有实施有效控制。

（3）收入的金额能够可靠地计量。

（4）已发生或将发生的销售方的成本能够可靠地核算。

第二，符合上款收入确认条件，采取下列商品销售方式的，应按以下规定确认收入实现时间：

（1）销售商品采用托收承付方式的，在办妥托收手续时确认收入。

（2）销售商品采取预收款方式的，在发出商品时确认收入。

（3）销售商品需要安装和检验的，在购买方接受商品以及安装和检验完毕时确认收入。如果安装程序比较简单，可在发出商品时确认收入。

（4）销售商品采用支付手续费方式委托代销的，在收到代销清单时确认收入。

第三，采用售后回购方式销售商品的，销售的商品按售价确认收入，回购的商品作为购进商品处理。有证据表明不符合销售收入确认条件的，如以销售商品方式进行融资，收到的款项应确认为负债，回购价格大于原售价的，差额应在回购期间确认为利息费用。

第四，销售商品以旧换新的，销售商品应当按照销售商品收入确认条件确认收入，回收的商品作为购进商品处理。

第五，企业为促进商品销售而在商品价格上给予的价格扣除属于商业折扣，商品销售涉及商业折扣的，应当按照扣除商业折扣后的金额确定销售商品收入金额。

债权人为鼓励债务人在规定的期限内付款而向债务人提供的债务扣除属于现金折扣，销售商品涉及现金折扣的，应当按扣除现金折扣前的金额确定销售商品收入金额，现金折扣在实际发生时作为财务费用扣除。

企业因售出商品的质量不合格等原因而在售价上给予的减让属于销售折让；企业因售出商品质量、品种不符合要求等原因而发生的退货属于销售退回。企业已经确认销售收入的售出商品发生销售折让和销售退回，应当在发生当期冲减当期销售商品收入。

第六，企业在各个纳税期末，提供劳务交易的结果能够可靠估计的，应采用完工进度（完工百分比）法确认提供劳务收入。

（1）提供劳务交易的结果能够可靠估计，是指同时满足下列条件：

①收入的金额能够可靠地计量；

②交易的完工进度能够可靠地确定；

③交易中已发生和将发生的成本能够可靠地核算。

（2）企业提供劳务完工进度的确定，可选用下列方法：

①已完工作的测量。

②已提供劳务占劳务总量的比例。

③发生成本占总成本的比例。

（3）企业应按照从接受劳务方已收或应收的合同或协议价款确定劳务收入总额，根据纳税期末提供劳务收入总额乘以完工进度扣除以前纳税年度累计已确认提供劳务收入后的金额，确认为当期劳务收入；同时，按照提供劳务估计总成本乘以完工进度扣除以前纳税期间累计已确认劳务成本后的金额，结转为当期劳务成本。

（4）下列提供劳务满足收入确认条件的，应按规定确认收入：

①安装费。应根据安装完工进度确认收入。安装工作是商品销售附带条件的，安装费在确认商品销售实现时确认收入。

②宣传媒介的收费。应在相关的广告或商业行为出现于公众面前时确认收入。广告的制作费，应根据制作广告的完工进度确认收入。

③软件费。为特定客户开发软件的收费，应根据开发的完工进度确认收入。

④服务费。包含在商品售价内可区分的服务费，在提供服务的期间分期确认收入。

⑤艺术表演、招待宴会和其他特殊活动的收费。在相关活动发生时确认收入。收费涉及几项活动的，预收的款项应合理分配给每项活动，分别确认收入。

⑥会员费。申请入会或加入会员，只允许取得会籍，所有其他服务或商品都要另行收费的，在取得该会员费时确认收入。申请入会或加入会员后，会员在会员期内不再付费就可得到各种服务或商品，或者以低于非会员的价格销售商品或提供服务的，该会员费应在整个受益期内分期确认收入。

⑦特许权费。属于提供设备和其他有形资产的特许权费，在交付资产或转移资产所有权时确认收入；属于提供初始及后续服务的特许权

费，在提供服务时确认收入。

⑧劳务费。长期为客户提供重复的劳务收取的劳务费，在相关劳务活动发生时确认收入。

【知识点应用】

下列正确的商品销售方式确认收入实现时间有（　　）。

A.销售商品采用托收承付方式的，在办妥托收手续时确认收入

B.销售商品采取预收款方式的，在发出商品时确认收入

C.销售商品采用支付手续费方式委托代销的，在收到手续费时确认收入

D.采用售后回购方式销售商品的，销售的商品按售价确认收入，回购的商品作为购进商品处理

【答案】ABD

第七，企业以买一赠一等方式组合销售本企业商品的，不属于捐赠，应将总的销售金额按各项商品的公允价值的比例来分摊确认各项的销售收入。

知识拓展

商品无偿赠送和买一赠一税务处理有什么不同

无偿赠送要视同销售，需计算、缴纳增值税和企业所得税。

而买一赠一，在计征企业所得税方面，国家税务总局国税函[2008]875号规定，"不属于捐赠，应将总的销售金额按各项商品的公允价值的比例来分摊确认各项的销售收入"。而"买一赠一"增值税的计征，国家税务总局还没有明确，所以现在在税务处理上，各地国税局存在一个政策把握问题，有的地方将"买一赠一"视同销售计征增值税，也有的地方对此不征税。从理论上说，增值税和企业所得税在此问题上的口径应该是一致的，问题存在的原因，是国家税务总局所得税司和流转税司尚未对此问题统一规定。

我们在学习中，根据对当前政策的把握，对买一赠一征收增值税，不再额外征收所得税。

二、不征税收入和免税收入

国家为了扶持和鼓励某些特殊的纳税人和特定的项目，或者避免因征税影响企业的正常经营，对企业取得的某些收入予以不征税或免税的特殊政策，以减轻企业的负担，促进经济的协调发展。或准予抵扣应纳税所得额，或者是对专项用途的资金作为非税收入处理，减轻企业的税负，增加企业可用资金。

（一）不征税收入

1.财政拨款

财政拨款是指各级人民政府对纳入预算管理的事业单位、社会团体等组织拨付的财政资金，但国务院和国务院财政、税务主管部门另有规定的除外。

2.依法收取并纳入财政管理的行政事业性收费、政府性基金

这是指依照法律法规等有关规定，按照国务院规定程序批准，在实施社会公共管理，以及在向公民、法人或者其他组织提供特定公共服务过程中，向特定对象收取并纳入财政管理的费用。政府性基金，是指企业依照法律、行政法规等有关规定，代政府收取的具有专项用途的财政资金。具体规定如下：

（1）企业按照规定缴纳的、由国务院或财政部批准设立的政府性基金以及由国务院和省、自治区、直辖市人民政府及其财政、价格主管部门批准设立的行政事业性收费，准予在计算应纳税所得额时扣除。

企业缴纳的不符合上述第（1）条审批管理权限设立的基金、收费，不得在计算应纳税所得额时扣除。

（2）企业收取的各种基金、收费，应计入企业当年收入总额。

（3）对企业依照法律、法规及国务院有关规定收取并上缴财政的政府性基金和行政事业性收费，准予作为不征税收入，于上缴财政的当年在计算应纳税所得额时从收入总额中减除；未上缴财政的部分，不得从收入总额中减除。

3.国务院规定的其他不征税收入

这是指企业取得的，由国务院财政、税务主管部门规定专项用途并经国务院批准的财政性资金。

财政性资金，是指企业取得的来源于政府及其有关部门的财政补

助、补贴、贷款贴息，以及其他各类财政专项资金，包括直接减免的增值税和即征即退、先征后退、先征后返的各种税收。但不包括企业按规定取得的出口退税款。

（1）企业取得的各类财政性资金，除属于国家投资和资金使用后要求归还本金的以外，均应计入企业当年收入总额。国家投资是指国家以投资者身份投入企业、并按有关规定相应增加企业实收资本（股本）的直接投资。

（2）对企业取得的由国务院财政、税务主管部门规定专项用途并经国务院批准的财政性资金，准予作为不征税收入，在计算应纳税所得额时从收入总额中减除。

（3）纳入预算管理的事业单位、社会团体等组织按照核定的预算和经费报领关系收到的由财政部门或上级单位拨入的财政补助收入，准予作为不征税收入，在计算应纳税所得额时从收入总额中减除，但国务院和国务院财政、税务主管部门另有规定的除外。

值得注意的是：企业的不征税收入用于支出所形成的费用，不得在计算应纳税所得额时扣除；企业的不征税收入用于支出所形成的资产，其计算的折旧、摊销不得在计算应纳税所得额时扣除。

（二）免税收入

1.国债利息收入

为鼓励企业积极购买国债，支援国家建设项目，税法规定，企业因购买国债所得的利息收入，免征企业所得税。

2.符合条件的居民企业之间的股息、红利等权益性收益

这是指居民企业直接投资于其他居民企业取得的投资收益。

3.权益性投资收益

权益性投资收益是指在中国境内设立机构、场所的非居民企业从居民企业取得与该机构、场所有实际联系的股息、红利等。

该收益不包括连续持有居民企业公开发行并上市流通的股票不足12个月取得的投资收益。

4.符合条件的非营利组织的收入

符合条件的非营利组织是指：

（1）依法履行非营利组织登记手续。

（2）从事公益性或者非营利性活动。

（3）取得的收入除用于与该组织有关的、合理的支出外，全部用于登记核定或者章程规定的公益性或者非营利性事业。

（4）财产及其孳生息不用于分配。

（5）按照登记核定或者章程规定，该组织注销后的剩余财产用于公益性或者非营利性目的，或者由登记管理机关转赠给与该组织性质、宗旨相同的组织，并向社会公告。

（6）投入人对投入该组织的财产不保留或者享有任何财产权利。

（7）工作人员工资福利开支控制在规定的比例内，不变相分配该组织的财产。

（8）国务院财政、税务主管部门规定的其他条件。

《企业所得税法》第二十六条第4项所称符合条件的非营利组织的收入，不包括非营利组织从事营利性活动取得的收入，但国务院财政、税务主管部门另有规定的除外。

5.非营利组织的下列收入为免税收入

（1）接受其他单位或者个人捐赠的收入。

（2）除《企业所得税法》第七条规定的财政拨款以外的其他政府补助收入，但不包括因政府购买服务取得的收入。

（3）按照省级以上民政、财政部门规定收取的会费。

（4）不征税收入和免税收入孳生的银行存款利息收入。

（5）财政部、国家税务总局规定的其他收入。

【知识点应用】

企业取得的下列收入，属于企业所得税免税收入的有（　　）。

A.国债利息收入

B.金融债券的利息收入

C.居民企业直接投资于其他居民企业取得的投资收益

D.在中国境内设立机构、场所的非居民企业连续持有居民企业公开发行并上市流通的股票1年以上取得的投资收益

【答案】ACD

三、扣除项目的范围和标准

（一）税前扣除项目的原则

企业申报的扣除项目和金额要真实、合法。所谓真实是指能提供证明有关支出确属已经实际发生；合法是指符合国家税法的规定，若其他法规规定与税收法规规定不一致，应以税收法规的规定为标准。除税收法规另有规定外，税前扣除一般应遵循以下原则：

1.权责发生制原则

权责发生制原则是指企业费用应在发生的所属期扣除，而不是在实际支付时确认扣除。

2.配比原则

配比原则是指企业发生的费用应当与收入配比扣除。除特殊规定外，企业发生的费用不得提前或滞后申报扣除。

3.相关性原则

企业可扣除的费用从性质和根源上必须与取得应税收入直接相关。

4.确定性原则

确定性原则即企业可扣除的费用不论何时支付，其金额必须是确定的。

5.合理性原则

合理性原则是指，符合生产经营活动常规，应当计入当期损益或者有关资产成本的必要和正常的支出。

（二）扣除项目的范围

《企业所得税法》规定，企业实际发生的与取得收入有关的、合理的支出，包括成本、费用、税金、损失和其他支出，准予在计算应纳税所得额时扣除。在实际中，计算应纳税所得额时还应注意三方面的内容：①企业发生的支出应当区分收益性支出和资本性支出。收益性支出在发生当期直接扣除；资本性支出应当分期扣除或者计入有关资产成本，不得在发生当期直接扣除。②企业的不征税收入用于支出所形成的费用或者财产，不得扣除或者计算对应的折旧、摊销扣除。③除《企业所得税法》及其实施条例另有规定外，企业实际发生的成本、费用、税金、损失和其他支出，不得重复扣除。

1.成本

成本是指企业在生产经营活动中发生的销售成本、销货成本、业务支出，以及其他耗费，即企业销售商品（产品、材料、下脚料、废料、废旧物资等）、提供劳务、转让固定资产、无形资产（包括技术转让）的成本。

企业必须将经营活动中发生的成本合理划分为直接成本和间接成本。直接成本是指可直接计入有关成本计算对象或劳务的经营成本中的直接材料、直接人工等。间接成本是指多个部门为同一成本对象提供服务的共同成本，或者同一种投入可以制造、提供两种或两种以上的产品或劳务的联合成本。

直接成本可根据有关会计凭证、记录直接计入有关成本计算对象或劳务的经营成本中。间接成本必须根据与成本计算对象之间的因果关系、成本计算对象的产量等，以合理的方法分配计入有关成本计算对象中。

2.费用

费用是指企业每一个纳税年度为生产、经营商品和提供劳务等所发生的销售（经营）费用、管理费用和财务费用。已计入成本的有关费用除外。

销售费用是指应由企业负担的为销售商品而发生的费用，包括广告费、运输费、装卸费、包装费、展览费、保险费、销售佣金（能直接认定的进口佣金调整商品进价成本）、代销手续费、经营性租赁费及销售部门发生的差旅费、工资、福利费等费用。

管理费用是指企业的行政管理部门为管理组织经营活动提供各项支援性服务而发生的费用。

财务费用是指企业筹集经营性资金而发生的费用，包括利息净支出、汇兑净损失、金融机构手续费以及其他非资本化支出。

3.税金

税金是指企业发生的除企业所得税和允许抵扣的增值税以外的企业缴纳的各项税金及其附加，即企业按规定缴纳的消费税、营业税、城市维护建设税、关税、资源税、土地增值税、房产税、车船税、城镇土地使用税、印花税、教育费附加等产品销售税金及附加。这些已纳税金准予税前扣除。准许扣除的税金有两种方式：一是在发生当期扣除；二是在发生当期计入相关资产的成本，在以后各期分摊扣除。

4.损失

损失是指企业在生产经营活动中发生的固定资产和存货的盘亏、毁损、报废损失，转让财产损失，呆账损失，坏账损失，自然灾害等不可抗力因素造成的损失以及其他损失。

企业发生的损失减除责任人赔偿和保险赔款后的余额，依照国务院财政、税务主管部门的规定扣除。

企业已经作为损失处理的资产，在以后纳税年度又全部收回或者部分收回时，应当计入当期收入。

5.扣除的其他支出

扣除的其他支出是指除成本、费用、税金、损失外，企业在生产经营活动中发生的与生产经营活动有关的、合理的支出。

（三）扣除项目及其标准

在计算应纳税所得额时，下列项目可按照实际发生额或规定的标准扣除。

1.工资、薪金支出

企业发生的合理的工资、薪金支出准予据实扣除。工资、薪金支出是企业每一纳税年度支付给本企业任职或与其有雇佣关系的员工的所有现金或非现金形式的劳动报酬，包括基本工资、资金、津贴、补贴、年终加薪、加班工资，以及与任职或者是受雇有关的其他支出。

“合理工资、薪金”，是指企业按照股东大会、董事会、薪酬委员会或相关管理机构制定的工资薪金制度规定实际发放给员工的工资、薪金。税务机关在对工资、薪金进行合理性确认时，可按以下原则掌握：

（1）企业制定了较为规范的员工工资、薪金制度。

（2）企业所制定的工资、薪金制度符合行业及地区水平。

（3）企业在一定时期所发放的工资、薪金是相对固定的，工资、薪金的调整是有序进行的。

（4）企业对实际发放的工资、薪金，已依法履行了代扣代缴个人所得税义务。

（5）有关工资、薪金的安排，不以减少或逃避税款为目的。

2.职工福利费、工会经费、职工教育经费

企业发生的职工福利费、工会经费、职工教育经费按标准扣除，未超过标准的按实际数扣除，超过标准的只能按标准扣除。

（1）企业发生的职工福利费支出，不超过工资、薪金总额14%的部分准予扣除。

企业职工福利费，包括以下内容：

①尚未实行分离办社会职能的企业，其内设福利部门所发生的设备、设施和人员费用，包括职工食堂、职工浴室、理发室、医务所、托儿所、疗养院等集体福利部门的设备、设施及维修保养费用和福利部门工作人员的工资、薪金、社会保险费、住房公积金、劳务费等。

②为职工卫生保健、生活、住房、交通等所发放的各项补贴和非货币性福利，包括企业向职工发放的因公外地就医费用、未实行医疗统筹企业职工医疗费用、职工供养直系亲属医疗补贴、供暖费补贴、职工防暑降温费、职工困难补贴、救济费、职工食堂经费补贴、职工交通补贴等。

③按照其他规定发生的其他职工福利费，包括丧葬补助费、抚恤费、安家费、探亲假路费等。

值得注意的是，企业发生的职工福利费，应该单独设置账册，进行准确核算。没有单独设置账册准确核算的，税务机关应责令企业在规定的期限内进行改正。逾期仍未改正的，税务机关可对企业发生的职工福利费进行合理的核定。

（2）企业拨缴的工会经费，不超过工资、薪金总额2%的部分准予扣除。

自2010年7月1日起，企业拨缴的职工工会经费，不超过工资、薪金总额2%的部分，凭工会组织开具的《工会经费收入专用收据》在企业所得税税前扣除。

（3）除国务院财政、税务主管部门另有规定外，企业发生的职工教育经费支出，不超过工资、薪金总额2.5%的部分准予扣除，超过部分准予结转以后纳税年度扣除。

上述计算职工福利费、工会经费、职工教育经费的“工资、薪金总额”，是指企业按照上述第1条规定实际发放的工资、薪金总和，不包括企业的职工福利费、职工教育经费、工会经费以及养老保险费、医疗保险费、失业保险费、工伤保险费、生育保险费等社会保险费和住房公积金。属于国有性质的企业，其工资、薪金，不得超过政府有关部门给予的限定数额；超过部分，不得计入企业工资、薪金总额，也不得在计算企业应纳税所得额时扣除。

3.社会保险费

（1）企业依照国务院有关主管部门或者省级人民政府规定的范围和标准为职工缴纳的“五险一金”，即基本养老保险费、基本医疗保险费、失业保险费、工伤保险费、生育保险费等基本社会保险费和住房公积金，准予扣除。

（2）企业为投资者或者职工支付的补充养老保险费、补充医疗保险费，在国务院财政、税务主管部门规定的范围和标准内，准予扣除。企业依照国家有关规定为特殊工种职工支付的人身安全保险费和符合国务院财政、税务主管部门规定可以扣除的商业保险费准予扣除。

（3）企业参加财产保险，按照规定缴纳的保险费，准予扣除。企业为投资者或者职工支付的商业保险费，不得扣除。

4.利息费用

企业在生产、经营活动中发生的利息费用，按下列规定扣除。

（1）非金融企业向金融企业借款的利息支出、金融企业的各项存款利息支出和同业拆借利息支出、企业经批准发行债券的利息支出可据实扣除。

（2）非金融企业向非金融企业借款的利息支出，不超过按照金融企业同期同类贷款利率计算的数额的部分可据实扣除，超过部分不许扣除。

其中，所谓金融机构，是指各类银行、保险公司及经中国人民银行批准从事金融业务的非银行金融机构，包括：国家专业银行、区域性银行、股份制银行、外资银行、中外合资银行以及其他综合性银行；全国性保险企业、区域性保险企业、股份制保险企业、中外合资保险企业以及其他专业性保险企业；城市信用社、农村信用社、各类财务公司以及其他从事信托投资、租赁等业务的专业和综合性非银行金融机构。非金融机构，是指除上述金融机构以外的所有企业、事业单位以及社会团体等企业或组织。

5.借款费用

（1）企业在生产经营活动中发生的合理的不需要资本化的借款费用，准予扣除。

（2）企业为购置、建造固定资产、无形资产和经过12个月以上的建造才能达到预定可销售状态的存货发生的借款的，在有关资产购置、建造期间发生的合理的借款费用，应予以资本化，作为资本性支出计入有关资产的成本；有关资产交付使用后发生的借款利息，可在发生当期扣除。

6.汇兑损失

企业在货币交易中，以及纳税年度终了时将人民币以外的货币性资产、负债按照期末即期人民币汇率中间价折算为人民币时产生的汇兑损失，除已经计入有关资产成本以及与向所有者进行利润分配相关的部分外，准予扣除。

7.业务招待费

企业发生的与其生产、经营业务有关的业务招待费支出，按照发生额的60%扣除，但最高不得超过当年销售（营业）收入的5‰。

【知识点应用】

某企业2014年实现销售收入8 000万元，其中：主营业务收入7 600万元，其他业务收入400万元；当年实际发生业务招待费30万元。计算该企业不得在税前扣除的业务招待费。

【答案】

业务招待费最高扣除额=8 000×5‰=40（万元）

实际发生额的60%=30×60%=18（万元）<40（万元）

故2014年准予在税前扣除的业务招待费为18万元。

不得在税前扣除的业务招待费：30－18=12（万元）

【知识点应用】

沿用上例资料。假如该企业2014年实际发生业务招待费70万元。计算该企业不得在税前扣除的业务招待费。

【答案】

业务招待费最高扣除额=8 000×5‰=40（万元）

实际发生额的60%=70×60%=42（万元）>40万元

故2014年准予在税前扣除的业务招待费为40万元。

不得在税前扣除的业务招待费：70－40=30（万元）

8.广告费和业务宣传费

企业发生的符合条件的广告费和业务宣传费支出，除国务院财政、税务主管部门另有规定外，不超过当年销售（营业）收入15%的部分，准予扣除；超过部分，准予结转以后纳税年度扣除。

企业申报扣除的广告费支出应与赞助支出严格区分。企业申报扣除的广告费支出，必须符合下列条件：广告是通过工商部门批准的专门机构制作的；已实际支付费用，并已取得相应发票；通过一定的媒体传播。

【知识点应用】

A公司2014年实现销售收入5 000万元，其中：主营业务收入4 800万元，其他业务收入200万元；实际发生广告费和业务宣传费800万元。如何计算税前可以扣除的广告费和业务宣传费。

【答案】

扣除限额=5 000×15%=750（万元）

2014年实际发生额800万元超过扣除限额，故准予在税前扣除的金额为750万元。超标准的50万元可以结转以后年度扣除。

【知识点应用】

假定A公司2014年实现销售收入6 000万元，其中：主营业务收入5 800万元，其他业务收入200万元；实际发生广告费和业务宣传费780万元。

如何计算税前可以扣除的广告费和业务宣传费。

【答案】

扣除限额=6 000×15%=900（万元）

2014年实际发生额780万元和上年结转金额50万元，共计830万元，未超过扣除限额900万元。故2014年可在税前扣除的金额为830万元。

9.环境保护专项资金

企业依照法律、行政法规有关规定提取的用于环境保护、生态恢复等方面的专项资金，准予扣除。上述专项资金提取后改变用途的，不得扣除。

10.保险费

企业参加财产保险，按照规定缴纳的保险费，准予扣除。

11.租赁费

企业根据生产经营需要租入固定资产支付的租赁费，按照以下方法扣除：

（1）以经营租赁方式租入固定资产发生的租赁费支出，按照租赁期限均匀扣除。经营性租赁是指所有权不转移的租赁。

（2）以融资租赁方式租入固定资产发生的租赁费支出，按照规定构成融资租入固定资产价值的部分应当提取折旧费用，分期扣除。融资租赁是指在实质上转移与一项资产所有权有关的全部风险和报酬的一种租赁。

12.劳动保护费

企业发生的合理的劳动保护支出，准予扣除。

13.公益性捐赠支出

公益性捐赠，是指企业通过公益性社会团体或者县级以上人民政府及其部门，用于《中华人民共和国公益事业捐赠法》（以下简称《公益事业捐赠法》）规定的公益事业的捐赠。

企业发生的公益性捐赠支出，不超过年度利润总额12%的部分，准予扣除。年度利润总额，是指企业依照国家统一会计制度的规定计算的年度会计利润。

（1）用于公益事业的捐赠支出，是指《公益事业捐赠法》规定的向公益事业的捐赠支出，具体范围包括：

①救助灾害、救济贫困、扶助残疾人等困难的社会群体和个人的活动。

②教育、科学、文化、卫生、体育事业。

③环境保护、社会公共设施建设。

④促进社会发展和进步的其他社会公共和福利事业。

企事业单位、社会团体以及其他组织捐赠住房作为廉租住房的视同公益性捐赠，按上述规定执行。

（2）公益性社会团体，是指同时符合下列条件的基金会、慈善组织等社会团体：

①依法登记，具有法人资格。

②以发展公益事业为宗旨，且不以营利为目的。

③全部资产及其增值为该法人所有。

④收益和营运结余主要用于符合该法人设立目的的事业。

⑤终止后的剩余财产不归属任何个人或者营利组织。

⑥不经营与其设立目的无关的业务。

⑦有健全的财务会计制度。

⑧捐赠者不以任何形式参与社会团体财产的分配。

⑨国务院财政、税务主管部门会同国务院民政部门等登记管理部门规定的其他条件。

（3）公益性社会团体和县级以上人民政府及其组成部门和直属机构在接受捐赠时，捐赠资产的价值，按以下原则确认：

①接受捐赠的货币性资产，应当按照实际收到的金额计算。

②接受捐赠的非货币性资产，应当以其公允价值计算。捐赠方在向公益性社会团体和县级以上人民政府及其组成部门和直属机构捐赠时，应当提供注明捐赠非货币性资产公允价值的证明，如果不能提供上述证明，公益性社会团体和县级以上人民政府及其组成部门和直属机构不得向其开具公益性捐赠票据。

（4）公益性社会团体和县级以上人民政府及其组成部门和直属机构在接受捐赠时，应按照行政管理级次分别使用由财政部或省、自治区、直辖市财政部门印制的公益性捐赠票据，并加盖本单位的印章；对个人索取捐赠票据的，应予以开具。

新设立的基金会在申请获得捐赠税前扣除资格后，原始基金的捐赠人可凭捐赠票据依法享受税前扣除。

（5）对符合条件的公益性群众团体，按照上述管理权限，由财政部、国家税务总局和省、自治区、直辖市、计划单列市财政、税务部门分别每年联合公布名单。名单应当包括继续获得公益性捐赠税前扣除资格和新获得公益性捐赠税前扣除资格的群众团体，企业和个人在名单所属年度内向名单内的群众团体进行的公益性捐赠支出，可以按规定进行税前扣除。

对存在以下情形之一的公益性群众团体，应取消其公益性捐赠税前扣除资格：

①前3年接受捐赠的总收入中用于公益事业的支出比例低于70%的。

②在申请公益性捐赠税前扣除资格时有弄虚作假行为的。

③存在逃避缴纳税款行为或为他人逃避缴纳税款提供便利的。

④存在违反该组织章程的活动，或者接受的捐赠款项用于组织章程规定用途之外的支出等情况的。

⑤受到行政处罚的。

被取消公益性捐赠税前扣除资格的公益性群众团体，3年内不得重新申请公益性捐赠税前扣除资格。

（6）对于通过公益性群众团体发生的公益性捐赠支出，主管税务机关应对照财政、税务部门联合发布的名单，接受捐赠的群众团体位于名单内，则企业或个人在名单所属年度发生的公益性捐赠支出可按规定进行税前扣除；接受捐赠的群众团体不在名单内，或虽在名单内但企业或个人发生的公益性捐赠支出不属于名单所属年度的，不得扣除。

【知识点应用】

某服装厂（一般纳税人）通过民政局向灾区捐赠钱物。其中：现金10万元；自产棉被一批，账面成本80万元，售价金额（不含增值税）100万元；已取得民政局开具的公益性捐赠票据。假定该厂当年实现利润总额1 050万元。

如何计算税前可以扣除的捐赠额。

【答案】

（1）视同销售：视同销售收入100万元，应计入收入总额；视同销售成本80万元，计入扣除项目，在税前扣除。

（2）对外捐赠：

按税法确认的捐赠额=10+117=127（万元）

捐赠扣除限额=1 050×12%=126（万元）

而实际捐赠额为127万元，超过扣除限额。故当年可在税前扣除的捐赠额为126万元。

14.有关资产的费用

企业转让各类固定资产发生的费用，允许扣除。企业按规定计算的固定资产折旧费、无形资产和递延资产的摊销费，准予扣除。

15.总机构分摊的费用

非居民企业在中国境内设立的机构、场所，就其中国境外总机构发生的与该机构、场所生产经营有关的费用，能够提供总机构出具的费用汇集范围、定额、分配依据和方法等证明文件，并合理分摊的，准予扣除。

16.资产损失

企业当期发生的固定资产和流动资产盘亏、毁损净损失，由其提供清查盘存资料经主管税务机关审核后，准予扣除；企业因存货盘亏、毁损、报废等原因不得从销项税金中抵扣的进项税金，应视同企业财产损失，准予与存货损失一起在所得税前按规定扣除。

17.法定特殊费用项目

依照有关法律、行政法规和国家有关税法规定准予扣除的其他项目，如会员费、合理的会议费、差旅费、违约金、诉讼费等。

18.手续费及佣金支出

（1）企业发生与生产经营有关的手续费及佣金支出，不超过以下规定计算限额以内的部分，准予扣除；超过部分，不得扣除。

①保险企业：财产保险企业按当年全部保费收入扣除退保金等后余额的15%（含本数，下同）计算限额；人身保险企业按当年全部保费收入扣除退保金等后余额的10%计算限额。

②其他企业：按与具有合法经营资格中介服务机构或个人（不含交易双方及其雇员、代理人和代表人等）所签订服务协议或合同确认的收入金额的5%计算限额。

（2）企业应与具有合法经营资格中介服务企业或个人签订代办协议或合同，并按国家有关规定支付手续费及佣金。除委托个人代理外，企业以现金等非转账方式支付的手续费及佣金不得在税前扣除。企业为发行权益性证券支付给有关证券承销机构的手续费及佣金不得在税前扣除。

（3）企业不得将手续费及佣金支出计入回扣、业务提成、返利、进场费等费用。

（4）企业已计入固定资产、无形资产等相关资产的手续费及佣金支出，应当通过折旧、摊销等方式分期扣除，不得在发生当期直接扣除。

（5）企业支付的手续费及佣金不得直接冲减服务协议或合同金额，并如实入账。

（6）企业应当如实向当地主管税务机关提供当年手续费及佣金计算分配表和其他相关资料，并依法取得合法真实凭证。

四、不得扣除的项目

在计算应纳税所得额时，下列支出不得扣除：

第一，向投资者支付的股息、红利等权益性投资收益款项。

第二，企业所得税税款。

第三，税收滞纳金，是指纳税人违反税收法规，被税务机关处以的滞纳金。

第四，罚金、罚款和被没收财物的损失，是指纳税人违反国家有关法律、法规规定，被有关部门处以的罚款，以及被司法机关处以的罚金和被没收财物。

第五，超过规定标准的捐赠支出。

第六，赞助支出，是指企业发生的与生产经营活动无关的各种非广告性质支出。

第七，未经核定的准备金支出，是指不符合国务院财政、税务主管部门规定的各项资产减值准备、风险准备等准备金支出。

第八，企业之间支付的管理费、企业内营业机构之间支付的租金和特许权使用费，以及非银行企业内营业机构之间支付的利息，不得扣除。

第九，与取得收入无关的其他支出。

【知识点应用】

下列项目中，不可以从应纳税所得额中扣除的有（　　）。

A.企业支付的违约金

B.企业之间支付的管理费

C.企业内营业机构之间支付的租金

D.非银行企业内营业机构之间支付的利息

【答案】BCD

五、年度亏损弥补办法

（一）正常情况下的亏损弥补

亏损，是指企业依照《企业所得税法》及其实施条例的规定，将每一纳税年度的收入总额减除不征税收入、免税收入和各项扣除后小于零的数额。税法规定，企业某一纳税年度发生的亏损可以用下一年度的所得弥补，下一年度的所得不足以弥补的，可以逐年延续弥补，但最长不得超过5年。而且，企业在汇总计算缴纳企业所得税时，其境外营业机构的亏损不得抵减境内营业机构的盈利。

（二）税务机关查增应纳税所得额时的亏损弥补

税务机关对企业以前年度纳税情况进行检查时调增的应纳税所得额，凡企业以前年度发生亏损且该亏损属于企业所得税法规定允许弥补的，应允许调增的应纳税所得额弥补该亏损。

弥补该亏损后仍有余额的，按照《企业所得税法》规定计算缴纳企业所得税。对检查调增的应纳税所得额应根据其情节，依照《税收征管法》有关规定进行处理或处罚。

第四节　资产的税务处理

一、固定资产的税务处理

固定资产是指企业为生产产品、提供劳务、出租或者经营管理而持有的、使用期限超过12个月的非货币性资产，包括房屋、建筑物、机器、机械、运输工具，以及其他与生产经营活动有关的设备、器具、工具等。

（一）固定资产计税基础

1.外购的固定资产，以购买价款和支付的相关税费以及直接归属于使该资产达到预定用途发生的其他支出为计税基础。

2.自行建造的固定资产，以竣工结算前发生的支出为计税基础。

3.融资租入的固定资产，以租赁合同约定的付款总额和承租人在签订租赁合同过程中发生的相关费用为计税基础，租赁合同未约定付款总额的，以该资产的公允价值和承租人在签订租赁合同过程中发生的相关费用为计税基础。

4.盘盈的固定资产，以同类固定资产的重置完全价值为计税基础。

5.通过捐赠、投资、非货币性资产交换、债务重组等方式取得的固定资产，以该资产的公允价值和支付的相关税费为计税基础。

6.改建的固定资产，除已足额提取折旧的固定资产和租入的固定资产以外的其他固定资产，以改建过程中发生的改建支出增加计税基础。

（二）固定资产折旧的范围

在计算应纳税所得额时，企业按照规定计算的固定资产折旧，准予扣除。下列固定资产不得计算折旧扣除：

1.房屋、建筑物以外未投入使用的固定资产。

2.以经营租赁方式租入的固定资产。

3.以融资租赁方式租出的固定资产。

4.已提足折旧继续使用的固定资产。

5.与经营活动无关的固定资产。

6.单独估价作为固定资产入账的土地。

7.其他不得计提折旧扣除的固定资产。

（三）固定资产折旧的计提方法

1.企业应当自固定资产投入使用月份的次月起计提折旧；停止使用的固定资产，应当从停止使用月份的次月起停止计提折旧。

2.企业应当根据固定资产的性质和使用情况，合理确定固定资产的预计净残值。固定资产的预计净残值一经确定，不得变更。

3.固定资产按照直线法计算的折旧，准予扣除。

（四）固定资产折旧的计提年限

除国务院财政、税务主管部门另有规定外，固定资产计算折旧的最低年限如下：

1.房屋、建筑物，为20年。

2.飞机、火车、轮船、机器、机械和其他生产设备，为10年。

3.与生产经营活动有关的器具、工具、家具等，为5年。

4.飞机、火车、轮船以外的运输工具，为4年。

5.电子设备，为3年。

从事开采石油、天然气等矿产资源的企业，在开始商业性生产前发生的费用和有关固定资产的折耗、折旧方法，由国务院财政、税务主管部门另行规定。

二、生物资产的税务处理

生物资产是指有生命的动物和植物。生物资产分为消耗性生物资产、生产性生物资产和公益性生物资产。消耗性生物资产，是指为出售而持有的、或在将来收获为农产品的生物资产，包括生长中的农田作物、蔬菜、用材林以及存栏待售的牲畜等。生产性生物资产，是指为产出农产品、提供劳务或出租等目的而持有的生物资产，包括经济林、薪炭林、产畜和役畜等。公益性生物资产，是指以防护、环境保护为主要目的的生物资产，包括防风固沙林、水土保持林和水源涵养林等。

（一）生物资产的计税基础

生产性生物资产按照以下方法确定计税基础：

1.外购的生产性生物资产，以购买价款和支付的相关税费为计税基础。

2.通过捐赠、投资、非货币性资产交换、债务重组等方式取得的生产性生物资产，以该资产的公允价值和支付的相关税费为计税基础。

（二）生物资产的折旧方法和折旧年限

生产性生物资产按照直线法计算的折旧，准予扣除。企业应当自生产性生物资产投入使用月份的次月起计算折旧；停止使用的生产性生物资产应当自停止使用月份的次月起停止计算折旧。

企业应当根据生产性生物资产的性质和使用情况，合理确定生产性生物资产的预计净残值。生产性生物资产的预计净残值一经确定，不得变更。

生产性生物资产计算折旧的最低年限如下：

1.林木类生产性生物资产，为10年。

2.畜类生产性生物资产，为3年。

三、无形资产的税务处理

无形资产是指企业长期使用、但没有实物形态的资产，包括专利权、商标权、著作权、土地使用权、非专利技术、商誉等。

（一）无形资产的计税基础

无形资产按照以下方法确定计税基础：

1.外购的无形资产，以购买价款和支付的相关税费，以及直接归属于使该资产达到预定用途发生的其他支出为计税基础。

2.自行开发的无形资产，以开发过程中该资产符合资本化条件后至达到预定用途前发生的支出为计税基础。

3.通过捐赠、投资、非货币性资产交换、债务重组等方式取得的无形资产，以该资产的公允价值和支付的相关税费为计算基础。

（二）无形资产摊销的范围

在计算应纳税所得额时，企业按照规定计算的无形资产摊销费用，准予扣除。

下列无形资产不得计算摊销费用扣除：

1.自行开发的支出已在计算应纳税所得额时扣除的无形资产。

2.自创商誉。

3.与经营活动无关的无形资产。

4.其他不得计算摊销费用扣除的无形资产。

（三）无形资产的摊销方法及年限

无形资产的摊销采取直线法计算。无形资产的摊销年限不得低于10年。作为投资或者受让的无形资产，有关法律规定或者合同约定了使用年限的，可以按照规定或者约定的使用年限分期摊销。外购商誉的支出，在企业整体转让或者清算时准予扣除。

四、长期待摊费用的税务处理

长期待摊费用，是指企业发生的应在一个年度以上或几个年度进行摊销的费用。在计算应纳税所得额时，企业发生的下列支出作为长期待摊费用，按照规定摊销的，准予扣除。

1.已足额提取折旧的固定资产的改建支出。

2.租入固定资产的改建支出。

3.固定资产的大修理支出。

4.其他应当作为长期待摊费用的支出。

企业的固定资产修理支出可在发生当期直接扣除。企业的固定资产改良支出，如果有关固定资产尚未提足折旧，可增加固定资产价值；如有关固定资产已提足折旧，可作为长期待摊费用，在规定的期间内平均摊销。

固定资产的改建支出，是指改变房屋或者建筑物结构、延长使用年限等发生的支出。已足额提取折旧的固定资产的改建支出，按照固定资产预计尚可使用年限分期摊销；租入固定资产的改建支出，按照合同约定的剩余租赁期限分期摊销；改建的固定资产延长使用年限的，除已足额提取折旧的固定资产、租入固定资产的改建支出外，其他的固定资产发生改建支出，应当适当延长折旧年限。

大修理支出，按照固定资产尚可使用年限分期摊销。

《企业所得税法》所指固定资产的大修理支出，是指同时符合下列条件的支出：

1.修理支出达到取得固定资产时的计税基础50%以上。

2.修理后固定资产的使用年限延长2年以上。

其他应当作为长期待摊费用的支出，自支出发生月份的次月起，分期摊销，摊销年限不得低于3年。

五、存货的税务处理

存货，是指企业持有以备出售的产品或者商品、处在生产过程中的在产品、在生产或者提供劳务过程中耗用的材料和物料等。

（一）存货的计税基础

存货按照以下方法确定成本：

1.通过支付现金方式取得的存货，以购买价款和支付的相关税费为成本。

2.通过支付现金以外的方式取得的存货，以该存货的公允价值和支付的相关税费为成本。

3.生产性生物资产收获的农产品，以产出或者采收过程中发生的材料费、人工费和分摊的间接费用等必要支出为成本。

（二）存货的成本计算方法

企业使用或者销售的存货的成本计算方法，可以在先进先出法、加权平均法、个别计价法中选用一种。计价方法一经选用，不得随意变更。

企业转让以上资产，在计算企业应纳税所得额时，资产的净值允许扣除。其中，资产的净值是指有关资产、财产的计税基础减除已经按照规定扣除的折旧、折耗、摊销、准备金等后的余额。

除国务院财政、税务主管部门另有规定外，企业在重组过程中，应当在交易发生时确认有关资产的转让所得或者损失，相关资产应当按照交易价格重新确定计税基础。

六、投资资产的税务处理

投资资产，是指企业对外进行权益性投资和债权性投资而形成的资产。

（一）投资资产的成本

投资资产按以下方法确定投资成本：

1.通过支付现金方式取得的投资资产，以购买价款为成本。

2.通过支付现金以外的方式取得的投资资产，以该资产的公允价值和支付的相关税费为成本。

（二）投资资产成本的扣除方法

企业对外投资期间，投资资产的成本在计算应纳税所得额时不得扣除，企业在转让或者处置投资资产时，投资资产的成本准予扣除。

七、税法规定与会计规定差异的税务处理

税法规定与会计规定差异的处理，是指企业在财务会计核算中与税法规定不一致的，应当依照税法规定予以调整，即企业在平时进行会计核算时，可以按会计制度的有关规定进行账务处理，但在申报纳税时，对税法规定和会计制度规定有差异的，要按税法规定进行纳税调整。

1.企业不能提供完整、准确的收入及成本、费用凭证，不能正确计算应纳税所得额的，由税务机关核定其应纳税所得额。

2.企业依法清算时，以其清算终了后的清算所得为应纳税所得额，

按规定缴纳企业所得税，所谓清算所得，是指企业清算时的全部资产可变现价值或交易价格减除资产净值、清算费用以及相关税费后的余额。

投资方企业从被投资企业分得的剩余资产，期中相当于从被清算企业累计未分配利润和累计盈余公积中应分得的部分，应当确认为股利所得；剩余资产减除上述股利所得后的余额，超过或者低于投资成本的部分，应当确认为投资资产转让所得或损失。

3.企业应纳税所得额是根据税收法规计算出来的，它在数额上与依据财务会计制度计算的利润总额往往不一致。因此，税法规定：对企业按照有关财务会计规定计算的利润总额，要按照税法的规定进行必要调整后，才能作为应纳税所得额计算缴纳所得税。

第五节　企业所得税的税收优惠

一、免征与减征优惠

企业的下列所得，可以免征、减征企业所得税。企业如果从事国家限制和禁止发展的项目，不得享受企业所得税优惠。

（一）从事农、林、牧、渔业项目的所得

企业从事农、林、牧、渔业项目的所得，包括免征和减征两部分。

1.企业从事下列项目的所得，免征企业所得税。

（1）蔬菜、谷物、薯类、油料、豆类、棉花、麻类、糖料、水果、坚果的种植。

（2）农作物新品种的选育。

（3）中药材的种植。

（4）林木的培育和种植。

（5）牲畜、家禽的饲养。

（6）林产品的采集。

（7）灌溉、农产品初加工、兽医、农技推广、农机作业和维修等农、林、牧、渔服务业项目。

（8）远洋捕捞。

2.企业从事下列项目的所得，减半征收企业所得税。

（1）花卉、茶以及其他饮料作物和香料作物的种植。

（2）海水养殖、内陆养殖。

（二）从事国家重点扶持的公共基础设施项目投资经营的所得

《企业所得税法》所称国家重点扶持的公共基础设施项目，是指《公共基础设施项目企业所得税优惠目录》规定的港口码头、机场、铁路、公路、电力、水利等项目。

企业从事国家重点扶持的公共基础设施项目的投资经营的所得，自项目取得第一笔生产经营收入所属纳税年度起，第1年至第3年免征企业所得税，第4年至第6年减半征收企业所得税。

企业承包经营、承包建设和内部自建自用本条规定的项目，不得享受本条规定的企业所得税优惠。

（三）从事符合条件的环境保护、节能节水项目的所得

环境保护、节能节水项目的所得，自项目取得第一笔生产经营收入所属纳税年度起，第1年至第3年免征企业所得税，第4年至第6年减半征收企业所得税。

符合条件的环境保护、节能节水项目，包括公共污水处理、公共垃圾处理、沼气综合开发利用、节能减排技术改造、海水淡化等。项目的具体条件和范围由国务财政、税务主管部门同国务院有关部门制定，报国务院批准后公布施行。

但是以上规定享受减免税优惠的项目，在减免税期限内转让的，受让方自受让之日起，可以在剩余期限内享受规定的减免税优惠；减免税期限届满后转让的，受让方不得就该项目重复享受减免税优惠。

（四）符合条件的技术转让所得

《企业所得税法》所称符合条件的技术转让所得免征、减征企业所得税，是指一个纳税年度内，居民企业转让技术所有权所得不超过500万元的部分，免征企业所得税；超过500万元的部分，减半征收企业所得税。

（五）西部大开发税收优惠

1.适用范围

本政策的适用范围包括重庆市、四川省、贵州省、云南省、西藏自治区、陕西省、甘肃省、宁夏回族自治区、青海省、新疆维吾尔自治

区、新疆生产建设兵团、内蒙古自治区和广西壮族自治区（上述地区统称“西部地区”）。湖南省湘西土家族苗族自治州、湖北省恩施土家族苗族自治州、吉林省延边朝鲜族自治州，可以比照西部地区的税收优惠政策执行。

2.具体内容

（1）对设在西部地区国家鼓励类产业的内资企业，在2011年1月1日至2020年12月31日期间，减按15%的所得税税率征收企业所得税。

国家鼓励类产业的内资企业是指以《当前国有重点鼓励发展的产业、产品和技术目录（2000年修订）》中规定的产业项目为主营业务，其主营业务收入占企业总收入70%以上的企业。

收入达到比例的，实行企业自行申请，税务机关审核的管理办法。经税务机关审核确认后，企业方可减按15%所得税税率缴纳企业所得税。企业未按规定提出申请或未经税务机关审核确认的，不得享受上述税收优惠政策。

（2）经省级人民政府批准。民族自治地方的内资企业可以定期减征或免征企业所得税；凡减免税款涉及中央收入100万元（含100万元）以上的，需报国家税务总局批准。

（3）对在西部地区新办交通、电力、水利、邮政、广播电视企业，上述项目业务收入占企业总收入70%以上的，可以享受企业所得税如下优惠政策：内资企业自开始生产经营之日起，第一年至第二年免征企业所得税，第三年至第五年减半征收企业所得税。

新办交通企业，是指投资新办从事公路、铁路、航空、港口、码头运营和管道运输的企业；新办电力企业，是指投资新办从事电力运营的企业；新办水利企业，是指投资新办从事江河湖泊综合治理、防洪除涝、灌溉、供水、水资源保护、水力发电、水土保持、河道疏浚、河海堤防建设等开发水利、防治水害的企业；新办邮政企业，是指投资新办从事邮政运营的企业；新办广播电视企业，是指投资新办从事广播电视运营的企业。

上述企业同时符合本规定条件的，第三年至第五年减半征收所得时，按15%所得税税率计算出应纳所得税额后减半执行。

上述所称企业，是指投资主体自建、运营上述项目的企业，单纯承揽上述项目建设的施工企业不得享受两年免征、三年减半征收企业所得税的政策。

3.汇总（合并）纳税企业

对实行汇总（合并）纳税企业，应当将西部地区的成员企业与西部地区以外的成员企业分开，分别汇总（合并）申报纳税、分别适用所得税税率。

二、高新技术企业优惠

（一）国家需要重点扶持的高新技术企业减按15%的所得税税率征收企业所得税

国家需要重点扶持的高新技术企业，是指拥有核心自主知识产权，并同时符合下列6方面条件的企业：

1.拥有核心自主知识产权，是指在中国境内（不含港、澳、台地区）注册的企业，近3年内通过自主研发、受让、受赠、并购等方式，或通过5年以上的独占许可方式，对其主要产品（服务）的核心技术拥有自主知识产权。

2.产品（服务）属于《国家重点支持的高新技术领域》规定的范围。

3.研究开发费用占销售收入的比例不低于规定比例。是指企业为获得科学技术（不包括人文、社会科学）新知识，创造性运用科学技术新知识，或实质性改进技术、产品（服务）而持续进行了研究开发活动，且近3个会计年度的研究开发费用总额占销售收入总额的比例符合如下要求：

（1）最近一年销售收入小于5 000万元的企业，比例不低于6%。

（2）最近一年销售收入在5 000万元至20 000万元的企业，比例不低于4%。

（3）最近一年销售收入在20 000万元以上的企业，比例不低于3%。

其中，企业在中国境内发生的研究开发费用总额占全部研究开发费用总额的比例不低于60%。企业注册成立时间不足3年的，按实际经营年限计算。

4.高新技术产品（服务）收入占企业总收入的比例不低于规定比例。是指高新技术产品（服务）收入占企业当年总收入的60%以上。

5.科技人员占企业职工总数的比例不低于规定比例。是指具有大学专科以上学历的科技人员占企业当年职工总数的30%以上，其中研发人员占企业当年职工总数的10%以上。

6.高新技术企业认定管理办法规定的其他条件。《国家重点支持的高新技术领域》和高新技术企业认定管理办法由国务院科技、财政、税务主管部门商国务院有关部门制定，报国务院批准后公布施行。

（二）经济特区和上海浦东新区新设立高新技术企业过渡性税收优惠

1.对经济特区和上海浦东新区内在2008年1月1日（含）之后完成登记注册的国家需要重点扶持的高新技术企业（以下简称新设高新技术企业），在经济特区和上海浦东新区内取得的所得，自取得第一笔生产经营收入所属纳税年度起，第一年至第二年免征企业所得税，第三年至第五年按照25%的法定税率减半征收企业所得税。

2.经济特区和上海浦东新区内新设高新技术企业同时在经济特区和上海浦东新区以外的地区从事生产经营的，应当单独计算其在经济特区和上海浦东新区内取得的所得，并合理分摊企业的期间费用；没有单独计算的，不得享受企业所得税优惠。

3.经济特区和上海浦东新区内新设高新技术企业在按照本通知的规定享受过渡性税收优惠期间，由于复审或抽查不合格而不再具有高新技术企业资格的，从其不再具有高新技术企业资格年度起，停止享受过渡性税收优惠；以后再次被认定为高新技术企业的，不得继续享受或者重新享受过渡性税收优惠。

（三）技术先进型服务企业税收优惠

自2014年1月1日起至2018年12月31日止，在北京、天津、上海、重庆、大连、深圳、广州、武汉、哈尔滨、成都、南京、西安、济南、杭州、合肥、南昌、长沙、大庆、苏州、无锡、厦门等21个中国服务外包示范城市（以下简称示范城市）继续实行以下企业所得税优惠政策：

1.对经认定的技术先进型服务企业，减按15%的税率征收企业所得税。

2.经认定的技术先进型服务企业发生的职工教育经费支出，不超过工资薪金总额8%的部分，准予在计算应纳税所得额时扣除；超过部分，准予在以后纳税年度结转扣除。

三、小型微利企业优惠

小型微利企业减按20%的所得税税率征收企业所得税。

（一）小型微利企业的条件

1.工业企业

工业企业，年度应纳税所得额不超过30万元，从业人数不超过100人，资产总额不超过3 000万元。

2.其他企业

其他企业，年度应纳税所得额不超过30万元，从业人数不超过80人，资产总额不超过1 000万元。

上述“从业人数”按企业全年平均从业人数计算，“资产总额”按企业年初和年末的资产总额平均计算。

小型微利企业，是指企业的全部生产经营活动产生的所得均负有我国企业所得税纳税义务的企业。仅就来源于我国所得负有我国纳税义务的非居民企业，不适用上述规定。

（二）对小型微利企业所得税优惠政策的落实

为落实国务院第83次常务会议关于扩大小型微利企业减半征收企业所得税优惠政策实施范围的决定，根据《中华人民共和国企业所得税法》及其实施条例、《财政部 国家税务总局关于小型微利企业所得税优惠政策的通知》（财税〔2015〕34号）规定，对落实小型微利企业所得税优惠政策问题公告如下：

1.符合规定条件的小型微利企业，无论采取查账征收还是核定征收方式，均可享受小型微利企业所得税优惠政策。小型微利企业所得税优惠政策，包括企业所得税减按20%税率征收（以下简称减低税率政策），以及财税〔2015〕34号文件规定的优惠政策（以下简称减半征税政策）。

2.符合规定条件的小型微利企业，在季度、月份预缴企业所得税时，可以自行享受小型微利企业所得税优惠政策，无须税务机关审核批准。小型微利企业在预缴和汇算清缴时通过填写企业所得税纳税申报表“从业人数、资产总额”等栏次履行备案手续，不再另行专门备案。在

2015年企业所得税预缴纳税申报表修订之前，小型微利企业预缴申报时，暂不需提供“从业人数、资产总额”情况。

3.小型微利企业预缴时享受企业所得税优惠政策，按照以下规定执行：

（1）查账征收的小型微利企业。上一纳税年度符合小型微利企业条件，且年度应纳税所得额不超过20万元（含）的，分别按照以下情况处理：

①本年度按照实际利润额预缴企业所得税的，预缴时累计实际利润额不超过20万元的，可以享受小型微利企业所得税减半征税政策；超过20万元的，应当停止享受减半征税政策。

②本年度按照上年度应纳税所得额的季度（或月份）平均额预缴企业所得税的，可以享受小型微利企业减半征税政策。

（2）定率征税的小型微利企业。上一纳税年度符合小型微利企业条件，且年度应纳税所得额不超过20万元（含）的，本年度预缴企业所得税时，累计应纳税所得额不超过20万元的，可以享受减半征税政策；超过20万元的，不享受减半征税政策。

（3）定额征税的小型微利企业，由主管税务机关根据优惠政策规定相应调减定额后，按照原办法征收。

（4）本年度新办的小型微利企业预缴企业所得税时，凡累计实际利润额或应纳税所得额不超过20万元的，可以享受减半征税政策；超过20万元的，停止享受减半征税政策。

（5）企业根据本年度生产经营情况，预计本年度符合小型微利企业条件的，季度、月份预缴企业所得税时，可以享受小型微利企业所得税优惠政策。

四、加计扣除优惠

加计扣除优惠包括以下两项内容：

（一）研究开发费

研究开发费，是指企业为开发新技术、新产品、新工艺发生的研究开发费用，未形成无形资产计入当期损益的，在按照规定据实扣除的基础上，按照研究开发费用的50%加计扣除；形成无形资产的，按照无形资产成本的150%，摊销。

从2008年1月1日起，可以加计扣除的研究开发费按下列相关规定执行：

1.研究开发费，是指从事规定范围内的研究开发活动发生的相关费用。研究开发活动是指企业为获得科学与技术（不包括人文、社会科学）新知识，创造性运用科学技术新知识，或实质性改进技术、工艺、产品（服务）而持续进行的具有明确目标的研究开发活动。

创造性运用科学技术新知识，或实质性改进技术、工艺、产品（服务），是指企业通过研究开发活动在技术、工艺、产品（服务）方面的创新取得了有价值的成果，对本地区（省、自治区、直辖市或计划单列市）相关行业的技术、工艺领先具有推动作用，不包括企业产品（服务）的常规性升级或对公开的科研成果直接应用等活动（如直接采用公开的新工艺、材料、装置、产品、服务或知识等）。

2.企业从事《国家重点支持的高新技术领域》和国家发展和改革委员会等部门公布的《当前优先发展的高技术产业化重点领域指南（2011年度）》规定项目的研究开发活动，其在一个纳税年度中实际发生的下列费用支出，允许在计算应纳税所得额时按照规定实行加计扣除。

（1）新产品设计费、新工艺规程制定费以及与研发活动直接相关的技术图书资料费、资料翻译费。

（2）从事研发活动直接消耗的材料、燃料和动力费用。

（3）在职直接从事研发活动人员的工资、薪金、奖金、津贴、补贴。

（4）专门用于研发活动的仪器、设备的折旧费或租赁费。

（5）专门用于研发活动的软件、专利权、非专利技术等无形资产的摊销费用。

（6）专门用于中间试验和产品试制的模具、工艺装备开发及制造费。

（7）勘探开发技术的现场试验费。

（8）研发成果的论证、评审、验收费用。

3.对企业共同合作开发的项目，凡符合上述条件的，由合作各方就自身承担的研发费用分别按照规定计算加计扣除。

4.对企业委托给外单位进行开发的研发费用，凡符合上述条件的，由委托方按照规定计算加计扣除，受托方不得再进行加计扣除。

对委托开发的项目，受托方应向委托方提供该研发项目的费用支出明细情况，否则，该委托开发项目的费用支出不得实行加计扣除。

5.企业根据财务会计核算和研发项目的实际情况，对发生的研发费用进行收益化或资本化处理的，可按上述规定计算加计扣除：

（1）研发费用计入当期损益未形成无形资产的，允许再按其当年研发费用实际发生额的50%，直接抵扣当年的应纳税所得额。

（2）研发费用形成无形资产的，按照该无形资产成本的150%在税前摊销。除法律另有规定外，摊销年限不得低于10年。

6.法律、行政法规和国家税务总局规定不允许企业所得税前扣除的费用和支出项目，均不允许计入研究开发费用。

7.企业未设立专门的研发机构或企业研发机构同时承担生产经营任务的，应对研发费用和生产经营费用分开进行核算，准确、合理的计算各项研究开发费用支出，对划分不清的，不得实行加计扣除。

8.企业必须对研究开发费用实行专账管理，同时必须按照本办法附表的规定项目，准确归集填写年度可加计扣除的各项研究开发费用实际发生金额。企业应于年度汇算清缴所得税申报时向主管税务机关报送本办法规定的相应资料。申报的研究开发费用不真实或者资料不齐全的，不得享受研究开发费用加计扣除，主管税务机关有权对企业申报的结果进行合理调整。

企业在一个纳税年度内进行多个研究开发活动的，应按照不同开发项目分别归集可加计扣除的研究开发费用额。

9.企业申请研究开发费加计扣除时，应向主管税务机关报送如下资料：

（1）自主、委托、合作研究开发项目计划书和研究开发费预算。

（2）自主、委托、合作研究开发专门机构或项目组的编制情况和专业人员名单。

（3）自主、委托、合作研究开发项目当年研究开发费用发生情况归集表。

（4）企业总经理办公会或董事会关于自主、委托、合作研究开发项目立项的决议文件。

（5）委托、合作研究开发项目的合同或协议。

（6）研究开发项目的效用情况说明、研究成果报告等资料。

10.企业实际发生的研究开发费，在年度中间预缴所得税时，允许据实计算扣除，在年度终了进行所得税年度申报和汇算清缴时，再依照本办法的规定计算加计扣除。

11.主管税务机关对企业申报的研究开发项目有异议的，可要求企业提供政府科技部门的鉴定意见书。

12.企业研究开发费各项目的实际发生额归集不准确、汇总额计算不准确的，主管税务机关有权调整其税前扣除额或加计扣除额。

13.企业集团研究开发费用按下列规定处理：

（1）企业集团根据生产经营和科技开发的实际情况，对技术要求高、投资数额大，需要由集团公司进行集中开发的研究开发项目，其实际发生的研究开发费，可以按照合理的分摊方法在受益集团成员公司间进行分摊。

（2）企业集团采取合理分摊研究开发费的，企业集团应提供集中研究开发项目的协议或合同，该协议或合同应明确规定参与各方在该研究开发项目中的权利和义务、费用分摊方法等内容。如不提供协议或合同，研究开发费不得加计扣除。

（3）企业集团采取合理分摊研究开发费的，企业集团集中研究开发项目实际发生的研究开发费，应当按照权利和义务、费用支出和收益分享一致的原则，合理确定研究开发费用的分摊方法。

（4）企业集团采取合理分摊研究开发费的，企业集团母公司负责编制集中研究开发项目的立项书、研究开发费用预算表、决算表和决算分摊表。

（5）税企双方对企业集团集中研究开发费的分摊方法和金额有争议的，如企业集团成员公司设在不同省、自治区、直辖市和计划单列市的，企业按照国家税务总局的裁决意见扣除实际分摊的研究开发费；企业集团成员公司在同一省、自治区、直辖市和计划单列市的，企业按照省税务机关的裁决意见扣除实际分摊的研究开发费。

（二）企业安置残疾人员所支付的工资

企业安置残疾人员所支付工资费用的加计扣除，是指企业安置残疾人员的，在按照支付给残疾职工工资据实扣除的基础上，按照支付给残疾职工工资的100%加计扣除。残疾人员的范围适用《中华人民共和国残疾人保障法》（以下简称《残疾人保障法》）的有关规定。企业安置国家鼓励安置的其他就业人员所支付的工资的加计扣除办法，由国务院另行规定。

五、创投企业优惠

创投企业从事国家需要重点扶持和鼓励的创业投资，可以按投资额的一定比例抵扣应纳税所得额。

创投企业优惠，是指创业投资企业采取股权投资方式投资于未上市的中小高新技术企业2年以上的，可以按照其投资额的70%在股权持有满2年的当年抵扣该创业投资企业的应纳税所得额，当年不足抵扣的，可以在以后纳税年度结转抵扣。

【知识点应用】

甲企业2013年1月1日向乙企业（未上市的中小高新技术企业）投资100万元、股权持有到2014年12月31日。甲企业2011年度可抵扣的应纳税所得额是多少？

【答案】70万元

六、加速折旧优惠

企业的固定资产由于技术进步等原因，确需加速折旧的，可以缩短折旧年限或者采取加速折旧的方法。可采用以上折旧方法的固定资产是指：

①由于技术进步，产品更新换代较快的固定资产；

②常年处于强震动、高腐蚀状态的固定资产。

采取缩短折旧年限方法的，最低折旧年限不得低于规定折旧年限的60%；采取加速折旧方法的，可以采取双倍余额递减法或者年数总和法。

为落实国务院完善固定资产加速折旧政策，促进企业技术改造，支持创业创新，根据《企业所得税法》及其实施条例、《财政部、国家税务总局关于完善固定资产加速折旧企业所得税政策的通知》（财税〔2014〕75号）规定，对落实完善固定资产加速折旧企业所得税政策有关问题补充如下：

对生物药品制造业，专用设备制造业，铁路、船舶、航空航天和其他运输设备制造业，计算机、通信和其他电子设备制造业，仪器仪表制造业，信息传输、软件和信息技术服务业等行业企业（简称六大行业），2014年1月1日后购进的固定资产（包括自行建造），允许按不低于企业所得税法规定折旧年限的60%缩短折旧年限，或选择采取双倍余额递减法或年数总和法进行加速折旧。企业在2014年1月1日后购进并专门用于研发活动的仪器、设备，单位价值不超过100万元的，可以一次性在计算应纳税所得额时扣除；单位价值超过100万元的，允许按不低于企业所得税法规定折旧年限的60%缩短折旧年限，或选择采取双倍余额递减法或年数总和法进行加速折旧。

七、减计收入优惠

减计收入优惠，是企业综合利用资源，生产符合国家产业政策规定的产品所取得的收入，可以在计算应纳税所得额时减计收入。

综合利用资源，是指企业以《资源综合利用企业所得税优惠目录》规定的资源作为主要原材料，生产国家非限制和禁止并符合国家和行业相关标准的产品取得的收入，减按90%计入收入总额。

上述所称原材料占生产产品材料的比例不得低于《资源综合利用企业所得税优惠目录》规定的标准。

八、税额抵免优惠

税额抵免，是指企业购置并实际使用《环境保护专用设备企业所得税优惠目录》、《节能节水专用设备企业所得税优惠目录》和《安全生产专用设备企业所得税优惠目录》规定的环境保护、节能节水、安全生产等专用设备的，该专用设备的投资额的10%可以从企业当年的应纳税额中抵免；当年不足抵免的，可以在以后5个纳税年度结转抵免。

享受前款规定的企业所得税优惠的企业，应当实际购置并自身实际投入使用前款规定的专用设备；企业购置上述专用设备在5年内转让、出租的，应当停止享受企业所得税优惠，并补缴已经抵免的企业所得税税款。

企业所得税优惠目录，由国务院财政、税务主管部门同国务院有关部门制定，报国务院批准后公布施行。

企业同时从事适用不同企业所得税待遇的项目的，其优惠项目应当单独计算所得，并合理分摊企业的期间费用；没有单独计算的，不得享受企业所得税优惠。

自2008年1月1日起，停止执行企业购买国产设备投资抵免企业所得税的政策。

第六节 企业所得税应纳税额的计算

一、居民企业应纳所得税额的计算

居民企业应纳税额等于应纳税所得额乘以适用税率，基本计算公式为：

居民企业应纳税额 = 应纳税所得额×适用税率 - 减免税额 - 抵免税额

根据计算公式可以看出，居民企业应纳税额的多少，取决于应纳税所得额和适用税率两个因素。在实际计算过程中，应纳税所得额的计算一般有两种方法。

（一）直接计算法

在直接计算法下，居民企业每一纳税年度的收入总额减除不征税收入、免税收入、各项扣除以及允许弥补的以前年度亏损后的余额为应纳税所得额。计算公式与前述相同，即为：

应纳税所得额 = 收入总额 - 不征税收入 - 免税收入 - 各项扣除金额 - 弥补亏损

（二）间接计算法

在间接计算法下，在会计利润总额的基础上加或减按照税法规定调整的项目金额后，即为应纳税所得额。计算公式为：

应纳税所得额 = 会计利润总额±纳税调整项目金额

税收调整项目金额包括两方面的内容：一是企业的财务会计处理和税收规定不一致的应予以调整的金额；二是企业按税法规定准予扣除的税收金额。

二、境外所得抵扣税额的计算

企业取得的下列所得已在境外缴纳的所得税税额，可以从其当期应纳税额中抵免，抵免限额为该项所得依照本法规定计算的应纳税额；超过抵免限额的部分，可以在以后5个纳税年度内，用每年度抵免限额抵免当年应抵税额后的余额进行抵补：

1.居民企业来源于中国境外的应税所得。

2.非居民企业在中国境内设立机构、场所，取得发生在中国境外但与该机构、场所有实际联系的应税所得。

居民企业从其直接或者间接控制的外国企业分得的来源于中国境外的股息、红利等权益性投资收益，外国企业在境外实际缴纳的所得税税额中属于该项所得负担的部分，可以作为该居民企业的可抵免境外所得税税额，在企业所得税税法规定的抵免限额内抵免。

上述所称直接控制，是指居民企业直接持有外国企业20%以上股份。

上述所称间接控制，是指居民企业以间接持股方式持有外国企业20%以上股份，具体认定办法由国务院财政、税务主管部门另行制定。

已在境外缴纳的所得税税额，是指企业来源于中国境外的所得依照中国境外税收法律以及相关规定应当缴纳并已经实际缴纳的企业所得税性质的税款。企业依照《企业所得税法》的规定抵免企业所得税税额时，应当提供中国境外税务机关出具的税款所属年度的有关纳税凭证。

抵免限额，是指企业来源于中国境外的所得，依照《企业所得税法》及其实施条例的规定计算的应纳税额。除国务院财政、税务主管部门另有规定外，该抵免限额应当分国（地区）不分项计算，计算公式为：

$$\text{抵免限额} = \text{中国境内、境外所得依照《企业所得税法》及其实施条例规定计算的应纳税总额} \times \text{来源于某国（地区）的应纳税所得额} \div \text{中国境内、境外所得总额}$$

前述5个年度，是指从企业取得的来源于中国境外的所得，已经在中国境外缴纳的企业所得税性质的税额超过抵免限额的当年的次年起连续5个纳税年度。

【知识点应用】

某企业2014年度境内应纳税所得额为100万元，适用25%的企业所得税税率。另外，该企业分别在A、B两国设有分支机构（我国与A、B两国已经缔结避免双重征税协定），在A国分支机构的应纳税所得额为50万元，A国企业所得税税率为20%；在B国的分支机构的应纳税所得额为30万元，B国企业所得税税率为30%。假设该企业在A、B两国所得按我国税法计算的应纳税所得额和按A、B两国税法计算的应纳税所得额一致，两个分支机构在A、B两国分别缴纳了10万元和9万元的企业所得税。

要求：计算该企业汇总时在我国应缴纳的企业所得税税额。

【答案】

（1）该企业按我国税法规定计算的境内、境外所得的应纳税额总额为：

（100+50+30）×25% = 45（万元）

（2）A、B两国的扣除限额。

A国扣除限额 = 45×［50÷（100+50+30）］= 12.5（万元）

B国扣除限额 = 45×［30÷（100+50+30）］= 7.5（万元）

在A国缴纳的所得税为10万元，低于扣除限额12.5万元，可全额扣除。

在B国缴纳的所得税为9万元，高于扣除限额7.5万元，其超过扣除限额的部分1.5万元当年不能扣除。

（3）汇总时在我国应缴纳的所得税 = 45 − 10 − 7.5 = 27.5（万元）

在实际执行中，应注意下列问题：上述计算过程是根据定义来计算抵免限额的，即根据企业来自国内外的应纳税所得总额，按照我国企业所得税税率计算出应纳税总额。然后再按照来自某一国的应纳税所得额占来自境内外应纳税所得总额的比例来计算可抵扣的限额。由于我国采用比例税率，所以抵免限额还可以采用简便方法计算，即用来自于某外国的应纳税所得额直接乘以我国《企业所得税法》规定的税率来计算来自于该国的应纳税所得额可抵扣的限额。

【知识点应用】

承上例，按照简便方法计算是怎么样的？

【答案】

（1）该企业按我国税法计算的境内、境外所得的应纳税额。

应纳税额=（100+50+30）×25％=45（万元）

（2）A、B两国的扣除限额。

A国扣除限额=50×25％=12.5（万元）

B国扣除限额=30×25％=7.5（万元）

在A国缴纳的所得税为10万元，低于扣除限额12.5万元，可全额扣除。

在B国缴纳的所得税为9万元，高于扣除限额7.5万元，其超过扣除限额的部分1.5万元当年不能扣除。

（3）汇总时在我国应缴纳的所得税=45－10－7.5=27.5（万元）

三、非居民企业应纳税额的计算

对于在中国境内未设立机构、场所的，或者虽设立机构、场所但取得的所得与其所设机构、场所没有实际联系的非居民企业的所得，按照下列方法计算应纳税所得额：

第一，股息、红利等权益性投资收益和利息、租金、特许权使用费所得，以收入全额为应纳税所得额。

第二，转让财产所得，以收入全额减除财产净值后的余额为应纳税所得额。

第三，其他所得，参照前两项规定的方法计算应纳税所得额。

财产净值是指财产的计税基础减除已经按照规定扣除的折旧、折耗、摊销、准备金等后的余额。

具体征收管理规定如下：

1.扣缴义务人在每次向非居民企业支付或者到期应支付所得时，应从支付或者到期应支付的款项中扣缴企业所得税。

到期应支付的款项，是指支付人按照权责发生制原则应当计入相关成本、费用的应付款项。

扣缴义务人每次代扣代缴税款时，应当向其主管税务机关报送《中华人民共和国扣缴企业所得税报告表》（以下简称扣缴表）及相关资料，并自代扣之日起7日内缴入国库。

2.扣缴企业所得税应纳税额计算。

扣缴企业所得税应纳税额=应纳税所得额×实际征收率

应纳税所得额的计算，以上述1～3项的规定为标准；实际征收率是指《企业所得税法》及其实施条例等相关法律法规规定的税率，或者税收协定规定的更低的税率。

3.扣缴义务人对外支付或者到期应支付的款项为人民币以外货币的，在申报扣缴企业所得税时，应当按照扣缴当日国家公布的人民币汇率中间价，折合成人民币计算应纳税所得额。

4.扣缴义务人与非居民企业签订应税所得有关的业务合同时，凡合同中约定由扣缴义务人负担应纳税款的，应将非居民企业取得的不含税所得换算为含税所得后计算征税。

5.按照《企业所得税法》及其实施条例和相关税收法规规定，给予非居民企业减免税优惠的，应按相关税收减免管理办法和行政审批程序的规定办理。对未经审批或者减免税申请未得到批准之前，扣缴义务人发生支付款项的，应按规定代扣代缴企业所得税。

6.非居民企业可以适用的税收协定与国内相关法规有不同规定的，可申请执行税收协定规定；非居民企业未提出执行税收协定规定申请的，按国内税收法律法规的有关规定执行。

7.非居民企业已按国内税收法律法规的有关规定征税后，提出享受减免税或税收协定待遇申请的，主管税务机关经审核确认应享受减免税或税收协定待遇的，对多缴纳的税款应依据《税收征管法》及其实施细则的有关规定予以退税。

8.因非居民企业拒绝代扣税款的，扣缴义务人应当暂停支付相当于非居民企业应纳税款的款项，并在1日之内向其主管税务机关报告，并报送书面情况说明。

9.扣缴义务人未依法扣缴或者无法履行扣缴义务的，非居民企业应于扣缴义务人支付或者到期应支付之日起7日内，到所得发生地主管税务机关申报缴纳企业所得税。

股权转让交易双方为非居民企业且在境外交易的，由取得所得的非居民企业自行或委托代理人向被转让股权的境内企业所在地主管税务机关申报纳税。被转让股权的境内企业应协助税务机关向非居民企业征缴税款。

扣缴义务人所在地与所得发生地不在一地的，扣缴义务人所在地主管税务机关应自确定扣缴义务人未依法扣缴或者无法履行扣缴义务之日起5个工作日内，向所得发生地主管税务机关发送《非居民企业税务事项联络函》，告知非居民企业的申报纳税事项。

10.非居民企业依照有关规定申报缴纳企业所得税，但在中国境内存在多处所得发生地，并选定其中之一申报缴纳企业所得税的，应向申报纳税所在地主管税务机关如实报告有关情况。申报纳税所在地主管税务机关在受理申报纳税后，应将非居民企业申报缴纳所得税情况书面通知扣缴义务人所在地和其他所得发生地主管税务机关。

11.非居民企业未依照有关规定申报缴纳企业所得税，由申报纳税所在地主管税务机关责令限期缴纳，逾期仍未缴纳的，申报纳税所在地主管税务机关可以收集、查实该非居民企业在中国境内其他收入项目及其支付人（以下简称其他支付人）的相关信息，并向其他支付人发出《税务事项通知书》，从其他支付人应付的款项中，追缴该非居民企业的应纳税款和滞纳金。

其他支付人所在地与申报纳税所在地不在一地的，其他支付人所在地主管税务机关应给予配合和协助。

12.对多次付款的合同项目，扣缴义务人应当在履行合同最后一次付款前15日内，向主管税务机关报送合同全部付款明细、前期扣缴表和完税凭证等资料，办理扣缴税款清算手续。

四、企业所得税的计算与缴纳例示

【例8-1】假定某企业为居民企业，2014年经营业务如下：

（1）取得产品销售收入4 000万元。

（2）发生产品销售成本2 600万元。

（3）发生销售费用770万元（其中广告费650万元）；管理费用480万元（其中业务招待费25万元）；财务费用60万元。

（4）销售税金160万元（含增值税120万元）。

（5）营业外收入80万元，营业外支出50万元（含通过公益性社会团体向贫困山区捐款30万元，支付税收滞纳金6万元）。

（6）计入成本、费用中的实发工资总额200万元，拨缴职工工会经费5万元，支出职工福利费31万元，发生职工教育经费7万元。

要求：计算该企业2014年度实际应纳的企业所得税。

【解析】

（1）会计利润总额：4 000+80－2600－770－480－60－40－50＝80（万元）

（2）广告费和业务宣传费调增所得额：650－4 000×15%＝650－600＝50（万元）

（3）业务招待费调增所得额：25－25×60%＝25－15＝10（万元）

4 000×5‰＝20（万元）>25×60%＝15（万元）

（4）捐赠支出应调增所得额：30－80×12%＝20.4（万元）

（5）工会经费应调增所得额：5－200×2%＝1（万元）

（6）职工福利费应调增所得额：31－200×14%＝3（万元）

（7）职工教育费应调增所得额：7－200×2.5%＝2（万元）

（8）应纳税所得额：80+50+10+20.4+6+1+3+2＝172.4（万元）

（9）2014年应缴企业所得税：172.4×25%＝43.1（万元）

【例8-2】某汽车轮胎厂（以下简称企业）2012年应纳税所得额为－10万元，2013年应纳税所得额为－15万元。2014年度有关经营情况如下：

全年实现产品销售收入5 030万元，固定资产盘盈收入20万元，取得国家发行的国债利息收入20万元；2014年度结转产品销售成本3 000万元；缴纳增值税90万元，消费税110万元，城市维护建设税14万元，教育费附加6万元；发生产品销售费用250万元（其中广告费用150万元）；发生财务费用12万元（其中因逾期归还银行贷款，支付银行罚息2万元），发生管理费用802万元（其中新产品研究开发费用90万元）；发生营业外支出70万元（其中含通过当地政府部门向农村某小学捐赠款20万元，因排污不当被环保部门罚款1万元）；全年已提取未使用的职工教育经费2万元。

【要求】根据所给资料，计算该厂2014年应缴纳的企业所得税。

【解析】

(1) 会计利润：

5 030+20+20－3 000－110－14－6－250－12－802－70=806（万元）

(2) 国债利息收入免征所得税，调减应纳税所得额20万元。

(3) 广告费税前列支限额：5 030×15％=754.5（万元），广告费实际发生150万元，不需调整。

(4) 银行罚息2万元可在所得税前扣除，不需要调整。

(5) 新产品研究开发费用在所得税前据实扣除，再按实际发生额的50％从其纳税所得中加计扣除，90×50%=45（万元），应调减应纳税所得额45万元。

(6) 公益性捐赠扣除限额：806×12%=96.72万元，通过当地政府部门向农村某小学捐赠款20万元，不需要调整。因排污不当被环保部门罚款1万元，属于行政性罚款，不得在所得税前扣除，应调增应纳税所得额1万元。

(7) 已提取未使用的职工教育经费2万元所得税前不得扣除，应调增应纳税所得额2万元。

(8) 本年度应纳企业所得税额的计算：

本年度补亏前应纳税所得额：806－20－45+1+2=744（万元）

补亏后应纳税所得额：744－10－15=719（万元）

应纳企业所得税：719×25%=179.75（万元）

第七节　企业所得税的征收管理

一、企业所得税的纳税地点

(一) 居民企业

1.除税收法律、行政法规另有规定外，居民企业以企业登记注册地为纳税地点；但登记注册地在境外的，以实际管理机构所在地为纳税地点。企业注册登记地，是指企业依照国家有关规定登记注册的住所地。

2.居民企业在中国境内设立不具有法人资格的营业机构的，应当汇总计算并缴纳企业所得税。企业汇总计算并缴纳企业所得税时，应当统一核算应纳税所得额，具体办法由国务院财政、税务主管部门另行制定。

（二）非居民企业

1.非居民企业在中国境内设立机构、场所的，应当就其所设机构、场所取得的来源于中国境内的所得，以及发生在中国境外但与其所设机构、场所有实际联系的所得，以机构、场所所在地为纳税地点。非居民企业在中国境内设立两个或者两个以上机构、场所的，经税务机关审核批准，可以选择由其主要机构、场所汇总缴纳企业所得税。非居民企业经批准汇总缴纳企业所得税后，需要增设、合并、迁移、关闭机构、场所或者停止机构、场所业务的，应当事先由负责汇总申报缴纳企业所得税的主要机构、场所向其所在地税务机关报告；需要变更汇总缴纳企业所得税的主要机构、场所的，依照前款规定办理。

2.非居民企业在中国境内未设立机构、场所的，或者虽设立机构、场所但取得的所得与其所设机构、场所没有实际联系的所得，以扣缴义务人所在地为纳税地点。

（三）其他规定

除国务院另有规定外，企业之间不得合并缴纳企业所得税。

二、企业所得税的纳税期限

企业所得税按年计征，分月或者分季预缴，年终汇算清缴，多退少补。

企业所得税的纳税年度，自公历每年1月1日起至12月31日止。企业在一个纳税年度的中间开业，或者由于合并、关闭等原因终止经营活动，使该纳税年度的实际经营期不足12个月的，应当以其实际经营期为一个纳税年度。企业清算时，应当以清算期间作为一个纳税年度。

自年度终了之日起5个月内，向税务机关报送年度企业所得税纳税申报表，并汇算清缴，结清应缴应退税款。

企业在年度中间终止经营活动的，应当自实际经营终止之日起60日内，向税务机关办理当期企业所得税汇算清缴。

三、企业所得税的纳税申报

按月或按季预缴的，应当自月份或者季度终了之日起15日内，向税务机关报送预缴企业所得税纳税申报表，预缴税款。

企业在报送企业所得税纳税申报表时，应当按照规定附送财务会计报告和其他有关资料。

企业应当在办理注销登记前，就其清算所得向税务机关申报并依法缴纳企业所得税。

依照《企业所得税法》缴纳的企业所得税，以人民币计算。所得以人民币以外的货币计算的，应当折合成人民币计算并缴纳税款。

企业在纳税年度内无论盈利或者亏损，都应当依照《企业所得税法》第五十四条规定的期限，向税务机关报送预缴企业所得税纳税申报表、年度企业所得税纳税申报表、财务会计报告和税务机关规定应当报送的其他有关资料。

四、2009年1月1日以后新增企业的征管机关的确定

自2009年1月1日起，新增企业所得税纳税人中，应缴纳增值税的企业，其企业所得税由国税局管理；应缴纳营业税的企业，其企业所得税由地税局管理。以2008年为基年，2008年年底之前国税局、地税局各自管理的企业所得税纳税人不做调整。

从2009年起，企业所得税全额为中央收入的企业和在国税局缴纳营业税的企业，其企业所得税由国税局管理。银行（信用社）、保险公司的企业所得税由国税局管理。除前述规定外的其他各类金融企业的企业所得税由地税局管理。外商投资企业和外国企业常驻代表机构的企业所得税仍由国税局管理。

如2008年年底之前已成立跨区经营汇总纳税企业，从2009年起新设立的分支机构，其企业所得税的征管部门应与总机构企业所得税征管部门相一致；从2009年起新增跨区经营汇总纳税企业，总机构按基本规定确定的原则划分征管归属，其分支机构企业所得税的管理部门也应与总机构企业所得税管理部门相一致。按税法规定免缴流转税的企业，按其免缴的流转税税种确定企业所得税征管归属；既不缴纳增值税，也不缴纳营业税的企业，其企业所得税暂由地税局管理。既缴纳增值税又缴纳营业税的企业，原则上按照其税务登记时自行申报的主营业务应缴纳的流转税税种确定征管归属；企业税务登记时无法确定主营业务的，一般以工商登记注明的第一项业务为准；一经确定，原则上不再调整。

本章小结

1. 企业所得税的概念：企业所得税是对我国境内的企业和其他取得收入的组织的生产经营所得和其他所得征收的所得税。其中，企业分为居民企业和非居民企业。

2. 企业所得税特点：(1) 计税依据为应纳税所得额。(2) 应纳税所得额的计算涉及纳税人的成本、费用等各个方面，有利于加强税收业务监督，促使纳税人建立、健全财务会计制度和改善经营管理。(3) 企业所得税属于直接税。(4) 实行按年计征、分期预缴的征收管理办法。

3. 企业所得税的征税对象：企业所得税的征税对象是指企业的生产经营所得、其他所得和清算所得。

4. 企业所得税的纳税人：企业所得税的纳税义务人是指在中华人民共和国境内的企业和其他取得收入的组织。不包括个人独资企业和合伙企业。

企业所得税的纳税人分为居民企业和非居民企业，这是根据企业纳税义务范围的宽窄进行分类的方法，不同的企业在向中国政府缴纳所得税时，纳税义务不同。

5. 企业所得税应纳税额的计算方法：企业应缴纳的企业所得税税额，为应纳税所得额乘以适用税率，再减除依照规定减免和抵免的税额后的余额。

练习与思考

一、单项选择题

1. 下列各项中，不属于企业所得税纳税人的企业是（　　）。

A. 在外国成立但实际管理机构在中国境内的企业

B. 在中国境内成立的外商独资企业

C. 在中国境内成立的个人独资企业

D. 在中国境内未设立机构、场所，但有来源于中国境内所得的企业

2. 某公司2014年度实现会计利润总额25.36万元。经某注册税

务师审核，“财务费用”账户中列支有两笔利息费用：向银行借入生产用资金200万元，借用期限6个月，支付借款利息5万元；经过批准向本企业职工借入生产用资金60万元，借用期限10个月，支付借款利息3.5万元。该公司2014年度的应纳税所得额为（　　）万元。

A.21.86　　B.26.36

C.30.36　　D.33.36

3.下列各项中，能作为业务招待费税前扣除限额计算依据的是（　　）。

A.转让无形资产使用权的收入

B.因债权人原因确实无法支付的应付款项

C.转让无形资产所有权的收入

D.出售固定资产的收入

4.根据《企业所得税法》的规定，纳税人在我国境内的公益性捐赠支出，可以（　　）。

A.在税前全额扣除

B.在年度应纳税所得额12%以内的部分准予扣除

C.在年度利润总额12%以内的部分准予扣除

D.在年度应纳税所得额30%以内的部分准予扣除

5.下列项目中，关于税前限额扣除说法不正确的是（　　）。

A.职工教育经费不得超过工资总额的2.5%

B.业务招待费不得超过销售（营业）收入的60%

C.房地产企业的广告费，不超过当年销售收入的15%

D.利息支出不得超过按金融企业同期同类贷款利率计算的利息

6.根据《企业所得税法》的规定，下列税金在计算企业应纳税所得额时，不得从收入总额中扣除的是（　　）。

A.土地增值税　　B.增值税

C.消费税　　D.营业税

7.某贸易公司2014年3月1日，以经营租赁方式租入固定资产使用，租期1年，按独立纳税人交易原则支付租金1.2万元；6月1日以融资租赁方式租入机器设备一台，租期2年，当年支付租金1.5万元。计算当年企业应纳税所得额时应扣除的租赁费用为（　　）。

A.1.0万元　　　　　　　　B.1.2万元

C.1.5万元　　　　　　　　D.2.7万元

8.企业所得税的收入总额包括以货币形式和非货币形式取得的收入，纳税人以非货币形式取得的收入确认收入的标准是（　　）。

A.折现价值　　　　　　　　B.历史成本

C.公允价值　　　　　　　　D.拍卖价值

9.某内资企业从2008年开始投产，各年获利情况见表8-1：

表8-1　　　　　　　　**获利情况**　　　　　　　　单位：万元

年度	2008	2009	2010	2011	2012	2013	2014
获利	－50	－10	5	15	20	－5	25

该企业2014年应纳企业所得税为（　　）万元。

A.0　　　　　　　　　　B.2.5

C.2.7　　　　　　　　　　D.3.3

10.下列各项中不得从应纳税所得额中扣除的是（　　）。

A.生产性生物资产折旧费

B.转让财产损失

C.为职工支付的商业保险

D.为管理组织经营活动而发生的各种费用

二、多项选择题

1.下列项目中，应计入应纳税所得额的有（　　）。

A.非金融企业让渡资金使用权的收入

B.因债权人原因确定无法支付的应付款项

C.出口货物退还的增值税

D.将自产货物用于职工福利

2.根据《企业所得税法》的规定，下列各项中，应计入应纳税所得额的有（　　）。

A.股权转让收入

B.因债权人缘故确实无法支付的应付款项

C.依法收取并纳入财政管理的行政事业性收费

D.接受捐赠收入

3.企业所得税的纳税义务人有（　　）。

A.中外合资企业　　　　B.个人独资企业

C.股份有限公司　　　　D.合伙企业

4.下列各项中，超过税法规定的扣除限额部分，可以结转到以后年度扣除的有（　　）。

A.职工教育经费支出超过工资薪金总额2.5%的部分

B.向非金融企业借款的利息支出超过按照金融企业同期同类贷款利率计算的数额的部分

C.业务招待费超过税法规定标准的部分

D.广告费和业务宣传费支出超过当年销售（营业）收入15%的部分

5.某生产企业（一般纳税人）因意外事故损失外购钢材30万元，保险公司调查后同意赔付4万元，其余损失已报经税务机关同意扣除。则该企业确定应纳税所得额时正确的是（　　）。

A.税前准予扣除的损失为26万元

B.税前准予扣除的损失为31.1万元

C.税前不得扣除的损失为4万元

D.损失原材料而转出的进项税准予所得税前扣除

6.下列各项中不得从应纳税所得额中扣除的有（　　）。

A.纳税人在生产经营活动中发生的固定资产修理费

B.行政性罚款

C.为投资者或职工支付的商业保险费

D.企业之间支付的管理费

7.下列各项中，既要调整纳税年度会计利润，又要调整当年应纳税所得额的是（　　）。

A.税收滞纳金、罚款

B.以自产货物对外捐赠未确认的收入

C.会计师事务所审计时查出的当年未入账收入

D.选项C收入补交的城建税和教育费附加

8.现行《企业所得税法》中对企业的优惠方式包括（　　）。

A.加计扣除　　　　B.加速折旧

C.减计收入　　　　　　　　D.税额抵免

9.关于企业所得税的优惠政策哪些说法是错误的（　　）。

A.企业购置并使用规定的环保、节能节水、安全生产等专用设备，该设备投资额的40%可以从应纳税所得额中抵免

B.创投企业从事国家需要扶持和鼓励的创业投资，可以按投资额的70%在当年应纳税所得额中抵免

C.企业综合利用资源生产符合国家产业政策规定的产品取得的收入，可以在计算应纳税所得额时减计收入10%

D.企业安置残疾人员，所支付的工资，按照残疾人工资的50%，加计扣除

10.下列各项中属于企业所得税征税范围的有（　　）。

A.居民企业来源于境外的所得

B.非居民企业来源于中国境内的所得

C.非居民企业来源于中国境外的所得

D.居民企业来源于境内的所得

三、判断题

1.某设备生产企业2014年营业收入为1 500万元，广告费支出为52万元。2013年超标广告费90万元，则2014年税前准允扣除的广告费为142万元。（　　）

2.企业发生的损失，减除责任人赔偿和保险赔款后的余额，准予在所得税前扣除。但企业已经作为损失处理的资产，在以后纳税年度又全部收回或者部分收回时，应当计入当期收入。（　　）

3.我国对跨国纳税人的征税管辖权，选择了地域管辖权和居民管辖权双重标准。（　　）

4.年度应纳税所的额不超过30万元的企业为小型微利企业，一律按20%的税率计征企业所得税。（　　）

5.对非居民企业在境内未设立机构场所的，或者虽设立机构、场所但取得的与其机构场所没有实际联系的所得，实行源泉扣缴，以支付人为扣缴义务人。（　　）

6.对国家需要重点扶持的高新技术企业，适用15%的税率。（　　）

7.非居民企业一律适用20%的税率。（ ）

8.企业应当在年度终了之日起5个月内，向税务机关报送年度企业所得税纳税申报表，并汇算清缴，结清税款。（ ）

9.企业发生的合理的工资薪金，准予据实扣除。（ ）

10.所有企业内部营业机构之间支付的利息，均不得扣除。（ ）

四、案例分析题

1.某生产企业，2013年成立，职工共30人，企业的资产总额为300万元，计算出的亏损为80万元，后经税务机关认定的亏损为52万元，2014年企业有关生产、经营资料如下：

(1) 取得产品销售收入230万元、国债利息收入23万元，金融债券利息收入39万元；

(2) 发生产品销售成本100万元；发生产品销售税金及附加5.6万元；

(3) 发生销售费用38万元，全部为广告费；

(4) 发生财务费用40万元，其中：1月1日以集资方式筹集生产性资金300万元，期限1年，支付利息费用30万元（同期银行贷款年利率6%）；

(5) 发生管理费用26万元，其中含业务招待费10万元，为股东支付的商业保险费5万元；

(6)“营业外支出”账户记载金额33.52万元。其中：合同违约金4万元；通过民政局对灾区捐赠现金29.52万元。

要求：根据上述资料，按下列序号计算回答问题，每问需计算出合计数：

(1) 计算2014年企业所得税前准予扣除的销售费用；

(2) 计算2014年企业所得税前准予扣除的财务费用；

(3) 计算2014年企业所得税前准予扣除的管理费用；

(4) 计算2014年企业所得税前准予扣除的营业外支出；

(5) 计算2014年应纳税所得额；

(6) 计算2014年度企业应纳所得税。

2.某市一内资服装生产企业于2013年10月成立，年底职工共30人，企业的资产总额为300万元，企业2014年销售收入720万元，投资收益为30万元，销售成本和税金520万元，财务费用、管理费用、销售费用共计210万元，企业自行计算的应纳税所得额为20万元，当年度新增职员35人，资产总额增加到800万元。企业已经按规定到税务机关备案，取得所得税优惠的审批。在汇算清缴时经会计师事务所审核，发现以下事项未进行纳税调整：

(1) 企业的“主营业务收入”科目隐瞒销售自产化妆品含税收入11.7万元；

(2) 已计入成本费用中实际支付的合理为工资72万元，并计提但未上缴工会经费1.44万元，实际发生职工福利费15.16万元，实际发生职工教育经费1.08万元；

(3) 管理费用中列支的业务招待费15万元；

(4) 管理费用中列支企业的财产保险费用2.8万元，为股东支付的商业保险费5万元；

(5) 销售费用中列支的业务宣传费20万元，广告费10万元；

(6) 投资收益30万元直接投资于其他居民企业取得的投资收益；

(7) 去年经税务机关审核认定的亏损额10万元。

已知会计师事务所审核该企业核算的进项税额准确。

要求：根据上述资料，按下列序号计算回答问题，每问需计算出合计数：

(1) 计算企业2014年度应补缴的流转税、城市维护建设税和教育费附加；

(2) 计算企业工资及三项费用纳税调整金额；

(3) 计算企业管理费用纳税调整金额；

(4) 计算企业销售费用纳税调整金额；

(5) 计算企业应缴纳的企业所得税。

3.某企业2014年度境内应纳税所得额为100万元，适用25%的企业所得税税率。另外，该企业分别在A、B两国设有分支机构（我国与A、B两国已经缔结避免双重征税协定），在A国分支机构的应纳税所得额为50万元，A国企业所得税税率为20%；在B国的分支机构的应纳税所得额为30万元，B国企业所得税税率为30%。假设该企业在A、B两国所得按我国税法计算的应纳税所得额和按A、B两国税法计算的应纳税所得额一致。要求：计算该企业汇总时在我国应缴纳的企业所得税税额。

4.某企业为居民企业，2014年发生经营业务如下：全年取得产品销售收入为5 600万元，发生产品销售成本4 000万元；其他业务收入800万元，其他业务成本660万元；取得购买国债的利息收入40万元；缴纳非增值税销售税金及附加300万元；发生的管理费用760万元，其中新技术的研究开发费用为60万元、业务招待费用70万元；发生财务费用200万元；取得直接投资其他居民企业的权益性收益34万元（已在投资方所在地按15%的税率缴纳了所得税）；取得营业外收入100万元，发生营业外支出250万元（其中含公益捐赠38万元）。

按要求计算该企业2014年应纳的企业所得税。

(1) 企业利润总额；

(2) 国债利息收入调整额；

(3) 技术开发费调整额；

(4) 业务招待费调整额；

(5) 取得直接投资其他居民企业的权益性收益调整额；

(6) 捐赠调整额；

(7) 企业应纳税所得额；

(8) 企业本年应缴纳企业所得税。

五、思考题

1.如何界定居民企业与非居民企业？

2.如何确定所得来源地？

3.优惠税率的适用范围包括哪些？

4.哪些支出不得在税前扣除？

5.简述企业所得税的税收优惠方式以及优惠政策。

6.比较分析税法与会计准则的差异。

7.居民企业和非居民企业各自负有何种纳税义务？

第九章

个人所得税

学习目标

个人所得税是所得税中的一个重要税种。通过本章的学习，应了解个人所得税的概念、特点及作用；熟悉个人所得税的纳税人、征税对象和税率；掌握个人所得税应纳税额的计算和税额缴纳办法。

重要提示

世界各国的个人所得税税制模式一般可分为三类：分类征收制、综合征收制、混合征收制（分类综合所得税制），我国目前个人所得税采用的是分类征收制。

分类征收制，就是将纳税人不同来源、性质的所得项目，分别规定不同的税率征税；综合征收制，是对纳税人全年的各项所得加以汇总，就其总额进行征税；混合征收制，是对纳税人不同来源、性质的所得一部分综合征收、一部分分类征收。

三种不同的征收模式各有其优缺点。就第一种征收模式而言，其优点是对纳税人全部所得区分性质进行区别征税，能够体现国家的政治、经济与社会政策。缺点是对纳税人整体所得把握得不够全面，容易导致实际税负的不公平。就第二种征收模式而言，可以对纳税人的全部所得征税，从收入的角度体现税收公平的原则，但它不利于针对不同收入进行调节，不利于体现国家的有关社会、经济政策。就第三种征收模式而言，集中了前两种的优点，既可实现税收的政策性调节功能，也可体现税收的公平原则。

第一节　个人所得税概述

一、个人所得税的概念

个人所得税是以自然人取得的各类应税所得为征税对象而征收的一种所得税，是政府利用税收对个人收入进行调节的一种手段。个人所得税的征税对象不仅包括个人，还包括具有自然人性质的企业。

二、个人所得税的特点

个人所得税是世界各国普遍征收的一个税种，我国个人所得税主要有以下特点：

（一）实行分类征收

世界各国的个人所得税制大体可分为三种类型：分类所得税制、综合所得税制和混合所得税制。这三种税制类型各有所长。我国现行个人所得税采用的是分类所得税制，即将个人取得的各种所得划分为11类，分别适用不同的费用扣除规定、不同的税率和不同的计税方法。实行分类课征制度，可以广泛采用源泉扣缴办法，加强源泉控管，简化纳税手续，方便征纳双方。

（二）累进税率与比例税率并用

分类所得税制一般采用比例税率，综合所得税制通常采用累进税率。比例税率计算简便，便于实行源泉扣缴；累进税率可以合理调节收入分配，体现公平。我国现行个人所得税根据各类个人所得的不同性质和特点，将这两种形式的税率综合运用于个人所得税制。

（三）费用扣除额较宽

各国的个人所得税均有费用扣除的规定，只是扣除的方法及额度不尽相同。我国本着费用扣除从宽、从简的原则。主要采用费用定额扣除和定额扣除与定率扣除相结合两种方法。对工资、薪金所得，每月减除费用3 500元；对劳务报酬等所得，每次收入不超过4 000元的减除800元，每次收入4 000元以上的减除20%的费用。

（四）采取源泉扣缴和自行申报两种征纳方法

我国个人所得税法对纳税人的应纳税额分别采取由支付单位源泉扣缴和纳税人自行申报两种方法。对凡是可以在应税所得的支付环节扣缴个人所得税的，均由扣缴义务人履行代扣代缴义务；对于没有扣缴义务人的、个人在两处以上取得工资、薪金所得的、年所得12万元人民币以上的以及国务院规定的其他情形，由纳税人自行申报纳税。

三、个人所得税的作用

税收的基本功能具体为组织财政收入功能、资源配置、收入分配功能与宏观调控功能。个人所得税作为一个重要的税种，其基本功能同样为组织财政收入功能、收入分配功能、经济调节功能（或资源配置与宏观调控功能）。而其具体作用在不同国家或一个国家的不同时期有不同的表现或侧重点。

我国现行个人所得税的作用是：

（一）调节收入分配，体现社会公平

随着经济的发展，我国人民的生活水平不断提高，一部分人已经达到较高的收入水平。因此，有必要对个人收入进行适当的税收调节。在保证人们基本生活费用支出不受影响的前提下，高收入者多纳税，中等收入者少纳税，低收入者不纳税，以此缓解社会分配不公的矛盾，在不损害分配效率的前提下体现社会公平。

（二）扩大聚财渠道，增加财政收入

目前我国个人所得税收入占全部税收收入的比重不断提高，成为同家筹集财政收入的渠道之一。随着经济的发展，居民的收入水平还将继续提高，个人所得税占全部税收收入的比重还将继续提高，最终将成为我国的主体税种之一。

（三）增强纳税意识，树立义务观念

长期以来，我国公民的纳税意识普遍较为单薄，义务观念也比较缺乏。通过个人所得税税法宣传，税收的管理和税款的缴纳，源泉扣缴和自行申报制度实施，使公民在纳税过程中逐步树立公民必须依法履行纳税义务的观念。

知识拓展

个人所得税是以个人（自然人）取得的应税所得为征税对象所征收的一种税。它自1799年诞生于英国以来，在200多年的时间内迅速发展，目前已成为世界各国普遍开征的一个税种，而且随着生产力水平的提高和个人所得税制度的不断完善，个人所得税收入在税收收入中的比重也迅速增加，在许多国家尤其是发达国家已确立了主体税种的地位，成为财政收入的主要来源。

在我国，个人所得税制度也经历了一个从无到有、不断发展的过程。

1950年，政务院发布了新中国税制建设的纲领性文件《全国税政实施要则》，其中涉及对个人所得征税的主要是薪给报酬所得税和存款利息所得税，但由于种种原因，一直没有开征。

1980年9月，《中华人民共和国个人所得税法》颁布，征税对象包括中国公民和中国境内的外籍人员，但由于规定的免征额较高(每月或每次800元)，而国内居民工资收入普遍很低，因此绝大多数国内居民不在征税范围之内。为了有效调节社会成员收入水平的差距，1986年1月，国务院发布了《中华人民共和国城乡个体工商业户所得税暂行条例》，同年9月颁布了《中华人民共和国个人收入调节税暂行条例》，上述规定仅适用于本国居民。

1994年我国颁布实施了新的《中华人民共和国个人所得税法》，初步建立起内外统一的个人所得税制度。其后，随着经济社会形势的发展变化，国家对个人所得税制进行了几次重大调整：1999年恢复征收储蓄存款利息所得个人所得税；2006年和2008年两度提高工资、薪金所得项目减除费用标准；2007年将储蓄存款利息所得个人所得税税率由20%调减为5%；2008年暂免征收储蓄存款利息所得个人所得税；2010年对个人转让上市公司限售股取得的所得征收个人所得税。

2011年6月30日，十一届全国人大常委会第二十一次会议表决通过关于修改《中华人民共和国个人所得税法》的决定。修改后的该法规定，工资、薪金所得，以每月收入额减除费用3 500元后的余额为应纳税所得额，工资、薪金所得，适用超额累进税率，税率为3%至45%，修改后的个税法于2011年9月1日起施行。

第二节　个人所得税基本制度

一、个人所得税纳税人

个人所得税纳税人，包括中国公民（自然人）、个体工商业户以及在中国境内有所得的外籍人员（包括无国籍人员）、华侨，香港、澳门、台湾同胞。上述纳税人依据住所和居住时间两个标准，区分居民纳税人和非居民纳税人，分别承担不同的纳税义务。

（一）居民纳税人及其纳税义务

居民纳税人，是指在中国境内有住所，或者无住所而在境内居住满1年的个人。

1.在中国境内有住所的个人，是指因户籍、家庭、经济利益关系而在中国境内习惯性居住的个人。习惯性居住，是判定纳税人是居民或非居民的法律意义上的标准，不是指实际居住或在某一个特定时期内的居住地。如因学习、工作、探亲、旅游等而在中国境外居住的，在其原因消除之后，必须回到中国境内居住的个人，则中国即为该纳税人习惯性居住地。

2.在中国境内居住满1年，是指在一个纳税年度中在中国境内居住365日。临时离境的，不扣减日数。临时离境，是指在一个纳税年度中一次不超过30日或者多次累计不超过90日的离境。

居民纳税人负有无限纳税义务，应就其来源于中国境内、境外的全部所得缴纳个人所得税。

（二）非居民纳税人及其纳税义务

非居民纳税人，是指在中国境内无住所又不居住，或者无住所而在境内居住不满1年的个人。非居民纳税人承担有限纳税义务，仅就其来源于中国境内的所得缴纳个人所得税。

纳税年度是指公历1月1日至12月31日。

税法中关于“中国境内”的概念，是指施行《中华人民共和国个人所得税法》（以下简称《个人所得税法》）的地区，即中国大陆地区，目前还不包括中国香港、澳门和台湾地区。

【知识点应用】

下列人员不属于个人所得税居民纳税义务人的是（　　）。

A.在中国境内居住满1年，不足5年的无住所的外籍个人

B.自2013年2月14日至2014年2月14日，一直在中国境内居住的无住所的外籍个人

C.在中国境内无住所也不在中国境内居住的侨居海外的华侨

D.在中国境内无住所也不在中国境内居住的港、澳、台同胞

【答案】BCD

二、个人所得税征税对象

个人所得税的征税对象是个人取得的应税所得。我国个人所得税实行分类征收制，根据不同的应税所得项目，分别确定应纳税所得额。现行个人所得税法规定的应税所得项目有11项。

（一）工资、薪金所得

工资、薪金所得，是指个人因任职或者受雇而取得的工资、薪金、奖金、年终加薪、劳动分红、津贴、补贴以及任职或者受雇有关的其他所得。

一般来说，工资、薪金所得属于非独立个人劳动所得。所谓非独立个人劳动，是指个人所从事的是由他人指定、安排并接受管理的劳动，工作或服务于公司、工厂、行政、事业单位的人员（私营企业主除外）均为非独立劳动者。他们从上述单位取得的劳动报酬，是以工资、薪金的形式体现的。在这类报酬中，工资和薪金的收入主体略有差异。通常情况下，把直接从事生产、经营或服务的劳动者（工人）的收入称为工资，即所谓“蓝领阶层”所得；而将从事社会公职或管理活动的劳动者（公职人员）的收入称为薪金，即所谓“白领阶层”所得。但实际立法过程中，各国都从简便易行的角度考虑，将工资、薪金合并为一个项目计征个人所得税。

除工资、薪金以外奖金、年终加薪、劳动分红、津贴、补贴也被确

定为工资、薪金范畴。其中，年终加薪、劳动分红不分种类和取得情况，一律按工资、薪金所得课税。津贴、补贴等则有例外。根据我国目前个人收入的构成情况，规定对于一些不属于工资、薪金性质的补贴、津贴或者不属于纳税人本人工资、薪金所得项目的收入，不予征税。这些项目包括：

（1）独生子女补贴。

（2）执行公务员工资制度未纳入基本工资总额的补贴、津贴差额和家属成员的副食品补贴。

（3）托儿补助费。

（4）差旅费津贴、误餐补助。其中，误餐补助是指按照财政部规定，个人因公在城区、郊区工作，不能在工作单位或返回就餐的，根据实际误餐顿数，按规定的标准领取的误餐费。单位以误餐补助名义发给职工的补助、津贴不能包括在内。

奖金是指所有具有工资性质的奖金，免税奖金的范围在税法中另有规定。

关于企业减员增效和行政、事业单位、社会团体在机构改革过程中实行内部退养办法人员取得收入如何征税问题，现行规定如下：

（1）实行内部退养的个人在其办理内部退养手续后至法定离退休年龄之间从原任职单位取得的工资、薪金，不属于离退休工资，应按“工资、薪金所得”项目计征个人所得税。

（2）个人在办理内部退养手续后从原任职单位取得的一次性收入，应按办理内部退养手续后至法定离退休年龄之间的所属月份进行平均，并与领取当月的“工资、薪金”所得合并后减除当月费用扣除标准，以余额为基数确定适用税率，再将当月工资、薪金加上取得的一次性收入，减去费用扣除标准，按适用税率计征个人所得税。

（3）个人在办理内部退养手续后至法定离退休年龄之间重新就业取得的“工资、薪金”所得，应与其从原任职单位取得的同一月份的“工资、薪金”所得合并，并依法自行向主管税务机关申报缴纳个人所得税。

参照2001年11月9日国税函[2001]832号批复的规定，公司职工取得的用于购买企业国有股权的劳动分红，按“工资、薪金所得”项目计征个人所得税。

出租汽车经营单位对出租车驾驶员采取单车承包或承租方式运营，出租车驾驶员从事客货营运取得的收入，按工资、薪金所得征税。

【知识点应用】

根据个人所得税法律制度的规定，下列各项中，属于工资、薪金所得项目的是（　　）。

A.年终加薪

B.托儿补助费

C.差旅费津贴

D.独生子女补贴

【答案】A

（二）个体工商户的生产、经营所得

个体工商户的生产、经营所得，是指：

1.个体工商户从事工业、手工业、建筑业、交通运输业、商业、饮食业、服务业、修理业及其他行业取得的所得。

2.个人经政府有关部门批准，取得执照，从事办学、医疗、咨询以及其他有偿服务活动取得的所得。

3.上述个体工商户和个人取得的与生产、经营有关的各项应税所得。

4.个人因从事彩票代销业务而取得所得，应按照“个体工商户的生产、经营所得”项目计征个人所得税。

5.其他个人从事个体工商业生产、经营取得的所得。

个体工商户的上述生产、经营所得实际上可以分为两类：一类是纯生产、经营所得，如第1～第4项所得，它是指个人直接从事工商各业生产、经营活动而取得的生产性、经营性所得以及有关的其他所得。另一类是独立劳动所得，如第5项所得。所谓独立劳动，是指个人所从事的是由自己自由提供的、不受他人指定、安排和具体管理的劳动。

从事个体出租车运营的出租车驾驶员取得的收入，按个体工商户的生产、经营所得项目缴纳个人所得税。

出租车属个人所有，但挂靠出租汽车经营单位或企事业单位，驾驶员向挂靠单位缴纳管理费的，或出租汽车经营单位将出租车所有权转移给驾驶员的，出租车驾驶员从事客货运营取得的收入，比照个体工商户的生产、经营所得项目征税。

个体工商户和从事生产、经营的个人，取得与生产、经营活动无关的其他各项应税所得，应分别按照其他应税项目的有关规定，计算征收个人所得税。如取得银行存款的利息所得、对外投资取得的股息所得，应按“股息、利息、红利”税目的规定单独计征个人所得税。

个人独资企业、合伙企业的个人投资者以企业资金为本人、家庭成员及其相关人员支付与企业生产经营无关的消费性支出及购买汽车、住房等财产性支出，视为企业对个人投资者利润分配，并入投资者个人的生产经营所得，依照“个体工商户的生产经营所得”项目计征个人所得税。

【知识点应用】

下列各项中，按“个体工商户生产经营所得”项目征税的是（　　）。

A.个人因从事彩票代销业务而取得的所得

B.个人独资企业对外投资取得的股息所得

C.私营企业的个人投资者以企业资本金为本人购买的汽车

D.出租汽车经营单位对出租车驾驶员采取单车承包或承租方式运营，出租车驾驶员从事客货营运取得的收入

【答案】A

（三）对企事业单位的承包经营、承租经营的所得

对企事业单位的承包经营、承租经营所得，是指个人承包经营或承租经营以及转包、转租取得的所得。承包项目可分多种，如生产经营、采购、销售、建筑安装等各种承包。转包包括全部转包或部分转包。

（四）劳务报酬所得

劳务报酬所得，指个人独立从事各种非雇佣的各种劳务所取得的所得。内容如下：

1.设计，指按照客户的要求，代为制定工程、工艺等各类设计业务。

2.装潢，指接受委托，对物体进行装饰、修饰，使之美观或具有特定用途的作业。

3.安装，指按照客户要求，对各种机器、设备的装配、安置，以及与机器、设备相连的附属设施的装设和被安装机器设备的绝缘、防腐、保温、油漆等工程作业。

4.制图，指受托按实物或设想物体的形象，依体积、面积、距离等，用一定比例绘制成平面图、立体图、透视图等的业务。

5.化验，指受托用物理或化学的方法，检验物质的成分和性质等业务。

6.测试，指利用仪器仪表或其他手段代客对物品的性能和质量进行检测试验的业务。

7.医疗，指从事各种病情诊断、治疗等医护业务。

8.法律，指受托担任辩护律师、法律顾问，撰写辩护词、起诉书等法律文书的业务。

9.会计，指受托从事会计核算的业务。

10.咨询，指对客户提出的政治、经济、科技、法律、会计、文化等方面的问题进行解答、说明的业务。

11.讲学，指应邀（聘）进行讲课、作报告、介绍情况等业务。

12.新闻，指提供新闻信息、编写新闻消息的业务。

13.广播，指从事播音等劳务。

14.翻译，指受托从事中、外语言或文字的翻译（包括笔译和口译）的业务。

15.审稿，指对文字作品或图形作品进行审查、核对的业务。

16.书画，指按客户要求，或自行从事书法、绘画、题词等业务。

17.雕刻，指代客镌刻图章、牌匾、碑、玉器、雕塑等业务。

18.影视，指应邀或应聘在电影、电视节目中出任演员，或担任导演、音响、化妆、道具、制作、摄影等等与拍摄影视节目有关的业务。

19.录音，指用录音器械代客录制各种音响带的业务，或者应邀演讲、演唱、采访而被录音的服务。

20.录像，指用录像器械代客录制各种图像、节目的业务，或者应邀表演、采访被录像的业务。

21.演出，指参加戏剧、音乐、舞蹈、曲艺等文艺演出活动的业务。

22.表演，指从事杂技、体育、武术、健美、时装、气功以及其他技巧性表演活动的业务。

23.广告，指利用图书、报纸、杂志、广播、电视、电影、招贴、路牌、橱窗、霓虹灯、灯箱、墙面及其他载体，为介绍商品、经营服务项目、文体节目或通告、声明等事项，所做的宣传和提供相关服务的业务。

24.展览，指举办或参加书画展、影展、盆景展、邮展、个人收藏品展、花鸟虫鱼展等各种展示活动的业务。

25.技术服务，指利用一技之长而进行技术指导、提供技术帮助的业务。

26.介绍服务，指介绍供求双方商谈，或者介绍产品、经营服务项目等服务的业务。

27.经纪服务，指经纪人通过居间介绍，促成各种交易和提供劳务等服务的业务。

28.代办服务，指代委托人办理受托范围内的各项事宜的业务。

29.其他劳务，指上述列举28项劳务项目之外的各种劳务。

自2004年1月20日起，对商品营销活动中，企业和单位对其营销业绩突出的非雇员以培训班、研讨会、工作考察等名义组织旅游活动，通过免收差旅费、旅游费对个人实行的营销业绩奖励（包括实物、有价证券等），应根据所发生费用的全额作为该营销人员当期的劳务收入，按照“劳务报酬所得”项目征收个人所得税，并由提供上述费用的企业和单位代扣代缴。

在实际操作过程中，还可能出现难以判定一项所得是属于工资、薪金所得，还是属于劳务报酬所得的情况。这两者的区别在于：工资、薪金所得是属于非独立个人劳务活动，即在机关、团体、学校、部队、企业、事业单位及其他组织中任职、受雇而得到的报酬；而劳务报酬所得，则是个人独立从事各种技艺、提供各项劳务取得的报酬。

【知识点应用】

下列项目中，属于劳务报酬所得的是（　　）。

A.个人书画展卖取得的报酬

B.提供著作的版权而取得的报酬

C.个人开设牙科诊所的收入

D.高校教师受出版社委托进行审稿取得的报酬

【答案】AD

（五）稿酬所得

稿酬所得，是指个人因其作品以图书、报刊形式出版、发表而取得的所得。将稿酬所得独立划归一个征税项目，而对不以图书、报刊形式出版、发表的翻译、审稿、书画所得归为劳务报酬所得，主要是考虑了出版、发表作品的特殊性。第一，它是一种依靠较高智力创作的精神产品；第二，它具有普遍性；第三，它与社会主义精神文明和物质文明密切相关；第四，它的报酬相对偏低。因此，稿酬所得应当与一般劳务报酬相对区别，并给予适当优惠照顾。

（六）特许权使用费所得

特许权使用费所得，是指个人提供专利权、商标权、著作权、非专利技术以及其他特许权的使用权取得的所得。提供著作权的使用权取得的所得。不包括稿酬所得。

专利权，是由国家专利主管机关依法授予专利申请人或其权利继承人在一定期间内实施其发明创造的专有权。对于专利权，许多国家只将提供他人使用取得的所得，列入特许权使用费。而将转让专利权所得列为资本利得税的征税对象。我国没有开征资本利得税。故将个人提供和转让专利权取得的所得都列入特许权使用费所得征收个人所得税。

商标权，即商标注册人享有的商标专用权。著作权，即版权，是作者依法对文学、艺术和科学作品享有的专有权。个人提供或转让商标权、著作权、专有技术或技术秘密、技术诀窍取得的所得，应当依法缴纳个人所得税。

（七）利息、股息、红利所得

利息、股息、红利所得，是指个人拥有债权、股权而取得的利息、股息、红利所得。利息，是指个人拥有债权而取得的利息，包括存款利息、贷款利息和各种债券的利息。按税法规定，个人取得的利息所得，除国债和国家发行的金融债券利息外。应当依法缴纳个人所得税。股息、红利，指个人拥有股权取得的股息、红利。按照一定的比率对每股发给的息金叫股息；公司、企业应分配的利润按股份分配的叫红利。股息、红利所得，除另有规定外，都应当缴纳个人所得税。

除个人独资企业、合伙企业以外的其他企业的个人投资者，以企业资金为本人、家庭成员及其相关人员支付与企业生产经营无关的消费性支出及购买汽车、住房等财产性支出，视为企业对个人投资者的红利分配，依照“利息、股息、红利所得”项目计征个人所得税。企业的上述支出不允许在所得税前扣除。

纳税年度内个人投资者从其投资企业（个人独资企业、合伙企业除外）借款，在该纳税年度终了后既不归还又未用于企业生产经营的，其未归还的借款可视为企业对个人投资者的红利分配，依照“利息、股息、红利所得”项目计征个人所得税。

个人在个人银行结算账户的存款自2003年9月1日起孳生的利息，应按“利息、股息、红利所得”项目计征个人所得税，税款由办理个人银行结算账户业务的储蓄机构在结付利息时代扣代缴。

（八）财产租赁所得

财产租赁所得，是指个人出租建筑物、土地使用权、机器设备、车船以及其他财产取得的所得。

个人取得的财产转租收入属于“财产租赁所得”的征税范围，由财产转租人缴纳个人所得税。在确认纳税义务人时，应以产权凭证为依据；对无产权凭证的，由主管税务机关根据实际情况确定。产权所有人死亡，在未办理产权继承手续期间，该财产出租而有租金收入的，以领取租金的个人为纳税义务人。

（九）财产转让所得

财产转让所得，是指个人转让有价证券、股权、建筑物、土地使用权、机器设备、车船以及其他财产取得的所得。

在现实生活中，个人进行的财产转让主要是个人财产所有权的转让。财产转让实际上是一种买卖行为，当事人双方通过签订、履行财产转让合同，形成财产买卖的法律关系，使出让财产的个人从对方取得价款（收入）或其他经济利益。财产转让所得因其性质的特殊性，需要单独列举项目征税。对个人取得的各项财产转让所得，除股票转让所得外，都要征收个人所得税。具体规定为：

1.股票转让所得

根据《中华人民共和国个人所得税法实施条例》（以下简称《个人所得税法实施条例》）规定，对股票所得征收个人所得税的办法，由财政部另行制定，报国务院批准施行。鉴于我国证券市场发育还不成熟，股份制还处于试点阶段，对股票转让所得的计算、征税办法和纳税期限的确认等都需要做深入的调查研究后，结合国际通行的做法，作出符合我国实际的规定。因此，国务院决定，对股票转让所得暂不征收个人所得税。

2.量化资产股份转让

集体所有制企业在改制为股份合作制企业时，对职工个人以股份形式取得的拥有所有权的企业量化资产，暂缓征收个人所得税；待个人将股份转让时，就其转让收入额，减除个人取得该股份时实际支付的费用支出和合理转让费用后的余额，按“财产转让所得”项目计征个人所得税。

3.个人出售自有住房

（1）根据《个人所得税法》的规定，个人出售自有住房取得的所得应按照“财产转让所得”项目征收个人所得税。

（2）个人出售自有住房的应纳税所得税额，按下列原则确定：

①个人出售除已购公有住房以外的其他自有住房，其应纳税所得额按照个人所得税法的有关规定确定。

②个人出售已购公有住房，其应纳税所得额为个人出售已购公有住房的销售价减除住房面积标准的经济适用房价款、原支付超过住房面积标准的房价款、向财政或原产权单位缴纳的所得收益以及税法规定的合理费用后的余额。

③职工以成本价（或标准价）出资的集资合作建房、安居工程住房、经济适用住房以及拆迁安置住房，比照已购公有住房确定应纳税所

得额。

（3）对个人转让自用5年以上并且是家庭唯一生活用房取得的所得，继续免征个人所得税。

（4）为了确保有关住房转让的个人所得税政策得到全面、正确的实施，各级房地产交易管理部门应与税务机关加强协作、配合，主管税务机关需要有关本地区房地产交易情况的，房地产交易管理部门应及时提供。

（5）个人现自有住房房产证登记的产权人为1人，在出售后1年内又以产权人配偶名义或产权人夫妻双方名义按市场价重新购房的，产权人出售住房所得应缴纳的个人所得税，可以全部或部分予以免税；以其他人名义按市场价重新购房的，产权人出售住房所得应缴纳的个人所得税，不予免税。

【知识点应用】

下列各项中，应按照“财产转让所得”项目计征个人所得税的有（　　）。

A.个人销售无偿受赠不动产的所得

B.员工因拥有股权而参与企业税后利润分配取得的所得

C.员工将行权后的股票再转让时获得的高于购买日公平市场价的差额

D.量化资产股份转让

【答案】ACD

（十）偶然所得

偶然所得，是指个人得奖、中奖、中彩以及其他偶然性质的所得。得奖是指参加各种有奖竞赛活动，取得名次得到的奖金；中奖、中彩是指参加各种有奖活动，如有奖销售、有奖储蓄，或者购买彩票，经过规定程序，抽中、摇中号码而取得的奖金。偶然所得应缴纳的个人所得税税款，一律由发奖单位或机构代扣代缴。

（十一）经国务院财政部门确定征税的其他所得

除上述列举的各项个人应税所得外，其他确有必要征税的个人所得，由国务院财政部门确定。个人取得的所得，难以界定应纳税所得项目的，由主管税务机关确定。

三、个人所得税税率

个人所得税税率按所得项目不同分别确定为：

（一）工资、薪金所得

工资、薪金所得适用7级超额累进税率，税率为3%~45%，如表9-1所示。

表9-1　　**工资、薪金所得适用税率和速算扣除数**

级数	全月应纳税所得额		税率（%）	速算扣除数
	含税级距	不含税级距		
1	不超过1 500元的	不超过1 455元的	3	0
2	超过1 500元至4 500元的部分	超过1 455元至4 155元的部分	10	105
3	超过4 500元至9 000元的部分	超过4 155元至7 755元的部分	20	555
4	超过9 000元至35 000元的部分	超过7 755元至27 255元的部分	25	1 005
5	超过35 000元至55 000元的部分	超过27 255元至41 255元的部分	30	2 755
6	超过55 000元至80 000元的部分	超过41 255元至57 505元的部分	35	5 505
7	超过80 000元的部分	超过57 505元的部分	45	13 505

速算扣除数，是指在采用超额累进税率征税的情况下，根据超额累进税率表中划分的应纳税所得额级距和税率，用全额累进方法计算的税额减去用超额累进方法计算的税额之后的差额。当各级距应纳税所得额和对应的超额累进税率确定以后，各级距速算扣除数也固定不变，成为计算应纳税额时的常数。

（二）个体工商户的生产经营所得和对企事业单位的承包经营、承租经营所得

上述所得适用5级超额累进税率，税率为5%~35%，如表9-2

所示。

表9-2　　个体工商户、承包户适用税率和速算扣除数

级数	全年应纳税所得额		税率（%）	速算扣除数
	含税级距	不含税级距		
1	不超过15 000元的	不超过14 250元的	5	0
2	超过15 000元至30 000元的部分	超过14 250元至27 750元的部分	10	750
3	超过30 000元至60 000元的部分	超过27 750元至51 750元的部分	20	3 750
4	超过60 000元至100 000元的部分	超过51 750元至79 750元的部分	30	9 750
5	超过100 000元的部分	超过79 750元的部分	35	14 750

个人独资企业和合伙企业投资者的所得，比照个体工商户的生产经营所得适用上述5级超额累进税率。

对企事业单位实行承包经营、承租经营的征税问题，按下列规定执行：

1.企业实行个人承包、承租经营后，如果工商登记仍为企业的，不管其分配方式如何，均应先按照企业所得税的有关规定缴纳企业所得税；承包经营、承租经营者按照承包、承租经营合同（协议）规定取得的所得，依照个人所得税法的有关规定缴纳个人所得税。

（1）承包、承租人对企业经营成果不拥有所有权，仅是按合同（协议）规定取得一定所得的，其所得按“工资、薪金所得”项目征税，适用3%～45%的7级超额累进税率。

（2）承包、承租人按合同（协议）的规定只向发包、出租方交纳一定费用后，企业经营成果归其所有的，承包、承租人取得的所得，按对企事业单位的承包经营、承租经营所得项目征税，适用5%～35%的5级超额累进税率。

2.企业实行个人承包、承租经营后，如工商登记改变为个体工商户的，应依照“个体工商户的生产、经营所得”项目计征个人所得税，不

再征收企业所得税。

【知识点应用】

下列各项中，适用5%～35%的5级超额累进税率征收个人所得税的有（　　）。

A.个体工商户的生产经营所得

B.一人有限责任公司的生产经营所得

C.个人独资企业的生产经营所得

D.对企事业单位的承包经营、承租经营所得

【答案】ACD

（三）稿酬所得

稿酬所得适用20%的比例税率，并按应纳税额减征30%。

（四）劳务报酬所得

劳务报酬所得，适用20%的比例税率。对劳务报酬所得一次收入畸高的，可以实行加成征税。

“劳务报酬所得一次收入畸高”，是指个人一次取得劳务报酬，其应纳税所得额超过20 000元。对应纳税所得额超过20 000元至50 000元的部分，依照税法规定计算出应纳税额后，再按照应纳税额加征五成；超过50 000元的部分，加征十成。实际上，劳务报酬所得适用3级超额累进税率，税率为20%、30%、40%，见表9-3。

表9-3　　**劳务报酬所得适用税率和速算扣除数**

级数	每次应纳税所得额	税率（%）	速算扣除数
1	不超过20 000元的	20	0
2	超过20 000元至50 000元的部分	30	2 000
3	超过50 000元的部分	40	7 000

（五）特许权使用费所得，利息、股息、红利所得，财产租赁所得，财产转让所得，偶然所得和其他所得

上述六项所得适用比例税率，税率为20%。

对个人按市场价格出租房屋取得的所得，减按10%的税率征收个人所得税。

储蓄存款在1999年10月31日前孳生的利息所得，不征收个人所得税；储蓄存款在1999年11月1日至2007年8月14日孳生的利息所得，按照20%的比例税率征收个人所得税；储蓄存款在2007年8月15日至2008年10月9日孳生的利息所得，按照5%的比例税率征收个人所得税；储蓄存款在2008年10月9日后（含10月9日）孳生的利息所得，暂免征收个人所得税。

第三节　个人所得税应纳税额的计算

一、工资、薪金所得的计算

（一）一般情况下的税额计算

1.应纳税所得额的计算

工资、薪金所得，以每月工资性收入额减去费用减除标准后的余额为应纳税所得额。自2011年9月1日起，费用减除标准为3 500元/月。单位按规定为个人缴付和个人按规定缴付的基本养老保险费、基本医疗保险费、失业保险费、住房公积金（简称“三费一金”），准予从纳税人的应纳税所得额中扣除。

在中国境内无住所而在中国境内取得工资、薪金所得的纳税人和在中国境内有住所而在中国境外取得工资、薪金所得的纳税人，在以每月收入额减去费用减除标准的基础上，再减去附加减除费用后的余额为应纳税所得额。自2011年9月1日起，附加减除费用标准为1 300元/月。

附加减除费用的适用范围包括：

（1）在中国境内的外商投资企业和外国企业中工作的外籍人员。

（2）应聘在中国境内的企业、事业单位、社会团体、国家机关中工作的外籍专家。

（3）在中国境内有住所而在中国境外任职或者受雇取得工资、薪金所得的个人。

（4）国务院财政、税务主管部门确定的其他人员。比如，对远洋运输船员每月的工资、薪金收入在统一扣除费用减除标准的基础上，准予再扣除税法规定的附加减除费用。

华侨和香港、澳门、台湾同胞，参照上述规定执行。

2.应纳税额的计算

应纳税额的计算公式为：

应纳税额=应纳税所得额×适用税率－速算扣除数

=（每月收入额－3 500元或4 800元）×适用税率-速算扣除数

【知识点应用】

杨先生（中国公民）系某单位职工，2014年10月份应税工资收入为4 400元。计算杨先生该月工资应纳个人所得税。

【答案】

应纳税所得额=4 400－3 500=900（元）

应纳税额=900×3%=27（元）

【知识点应用】

约翰先生（外籍人员）在境内某外商投资企业工作。2014年10月份工资收入10 000元人民币。计算约翰在我国该月工资应纳个人所得税。

【答案】

应纳税所得额=10 000－3 500－1 300=5 200（元）

应纳税额=5 200×20%－555=485（元）

（二）几种特殊情形的计税问题

1.对个人取得的公务交通、通讯补贴收入计税问题

个人因公务用车和通讯制度改革而取得的公务用车、通讯补贴收入，扣除一定标准的公务费用后，按照“工资、薪金所得”项目计征个人所得税。按月发放的，并入当月“工资、薪金所得”计征个人所得税；不按月发放的，分解到所属月份并与该月份“工资、薪金所得”合并后计征个人所得税。

公务费用的扣除标准，由省级地方税务局根据纳税人公务交通、通讯费用的实际发生情况调查测算，报经省级人民政府批准后确定，并报国家税务总局备案。

在实际执行中，凡因公务用车制度改革而以现金、报销等形式向职工个人支付的收入，均应视为个人取得公务用车补贴收入，按照“工

资、薪金所得”项目计征个人所得税。

2.对特定行业职工的工资薪金所得计税问题

特定行业，是指采掘业、远洋运输业、远洋捕捞业以及国务院财政、税务主管部门确定的其他行业。特定行业职工的工资、薪金所得应纳的个人所得税款，实行按年计算、分月预缴，年度终了后30日内，合计其全年工资、薪金所得，再按12个月平均并计算实际应纳的税款，多退少补。

3.对个人取得全年一次性奖金的计税问题

全年一次性奖金，是指行政机关、企事业单位等扣缴义务人根据全年经济效益和对雇员全年工作业绩的综合考核情况，向雇员发放的一次性奖金。一次性奖金也包括年终加薪、实行年薪制和绩效工资办法的单位根据考核情况兑现的年薪和绩效工资。从2005年1月1日起，纳税人取得全年一次性奖金，单独作为一个月工资、薪金所得计算纳税，并按以下计税办法，由扣缴义务人发放时代扣代缴。

（1）先将雇员当月内取得的全年一次性奖金，除以12个月，按其商数确定适用税率和速算扣除数。

如果在发放年终一次性奖金的当月，雇员当月工资薪金所得低于税法规定的费用扣除额，应将全年一次性奖金减除“雇员当月工资薪金所得与费用扣除额的差额”后的余额，按上述办法确定全年一次性奖金的适用税率和速算扣除数。

（2）将雇员个人当月内取得的全年一次性奖金，依照上述确定的适用税率和速算扣除数计算征税。

如果雇员当月工资薪金所得高于（或等于）税法规定的费用扣除额的，适用公式为：

$$\text{应纳税额}=\text{雇员当月取得全年一次性奖金}\times\text{适用税率}-\text{速算扣除数}$$

如果雇员当月工资薪金所得低于税法规定的费用扣除额的，适用公式为：

$$\begin{matrix}\text{应纳}\\\text{税额}\end{matrix}=\left(\begin{matrix}\text{雇员当月取得}\\\text{全年一次性奖金}\end{matrix}-\begin{matrix}\text{雇员当月工资薪金所得}\\\text{与费用扣除额的差额}\end{matrix}\right)\times\begin{matrix}\text{适用}\\\text{税率}\end{matrix}-\begin{matrix}\text{速算}\\\text{扣除数}\end{matrix}$$

在实际执行中，应注意下列问题：

（1）在一个纳税年度内，对每一个纳税人，该计税办法只允许采用一次。

（2）雇员取得除全年一次性奖金以外的其他各种名目奖金，如半年奖、季度奖、加班奖、先进奖、考勤奖等，一律与当月工资、薪金收入合并，按税法规定缴纳个人所得税。

【知识点应用】

杨先生（中国公民）系某单位职工，2014年12月应税工资收入5 400元，全年一次性奖金36 000元。计算杨先生在我国该月工资及奖金应纳个人所得税。

【答案】

（1）12月份工资收入应纳税额=（5 400－3 500）×10%－105=85（元）

（2）计算全年一次性奖金应纳税额

月应纳税所得额=36 000÷12=3 000（元）

故税率为10%，速算扣除数为105。

应纳税额=36 000×10%－105=3 495（元）

（3）杨先生12月份应纳税额合计=85+3 495=3 580（元）

【知识点应用】

李先生（中国公民）系某单位职工，2014年12月应税工资收入3 300元，全年一次性奖金29 000元。计算李先生在我国该月工资及奖金应纳个人所得税。

【答案】

（1）12月份应税工资收入3 300元，不足3 500元，故不纳税。

（2）计算全年一次性奖金应纳税额

月应纳税所得额=[29 000－（3 500－3 300）]÷12=2 400（元）

故税率为10%，速算扣除数为105。

应纳税额=[29 000－（3 500－3 300）]×10%－105=2 775（元）

4.对个人取得不含税全年一次性奖金收入的计税问题

对个人取得不含税全年一次性奖金收入，应将其换算为含税奖金收入计征个人所得税。

（1）按照不含税的全年一次性奖金收入除以12的商数，查找相应适用税率A和速算扣除数A。

（2）将不含税的全年一次性奖金收入换算为含税的全年一次性奖金收入。

$$\text{含税的全年一次性奖金收入}=\left(\text{不含税的全年一次性奖金收入}-\text{速算扣除数A}\right)\div\left(1-\text{适用税率A}\right)$$

（3）按含税的全年一次性奖金收入除以12的商数，重新查找适用税率B和速算扣除数B。

（4）计算应纳税额。

应纳税额=含税的全年一次性奖金收入×适用税率B－速算扣除数B

5.在外商投资企业、外国企业和外国驻华机构工作的中方人员取得的工资薪金所得的计税问题

中方人员取得的工资、薪金收入，凡是由雇佣单位和派遣单位分别支付的，支付单位应按照税法规定代扣代缴个人所得税。具体办法是：雇佣单位在支付工资薪金时，按税法规定减除费用，计算扣缴个人所得税；派遣单位支付的工资薪金不再减除费用，以支付全额直接确定适用税率，计算扣缴个人所得税。纳税人应持两处支付单位提供的原始明细工资、薪金单（书）和完税凭证原件，选择并固定到一地税务机关申报每月工资、薪金收入，汇算清缴其工资薪金收入的个人所得税，多退少补。

【知识点应用】

杨先生（国内某单位职工）被派到某外资企业工作。该人2014年10月份有关收入情况是：外资企业应付杨先生工资额5 200元；原单位支付应税工资额为1 000元。请问杨先生该补交多少税款。

【答案】

外资企业代扣税款=（5 200－3500）×10%－105=65（元）

原单位代扣税款=1 000 ×3%=30（元）

杨先生个人申报应纳税额=（5 200+1 000－3 500）×10%－105=165（元）

应补税额=165－65－30=70（元）

对外商投资企业、外国企业和外国驻华机构发放给中方工作人员的工资、薪金所得，应全额征税。但对可以提供有效合同或有关凭证，能够证明其工资、薪金所得的一部分按照有关规定上交派遣（介绍）单位的，可扣除其实际上交的部分，按其余额计征个人所得税。

【知识点应用】

假定上例，原单位停发杨先生工资，外资企业每月应付给杨先生工资额5 200元，其中1 500元由外资企业划给杨先生原单位，实际应付杨先生工资3 700元。杨先生应负担多少税款呢？

【答案】

外资企业代扣个人所得税额=（3 700－3 500）×3%=6（元）

6.内部退养人员取得收入的计税问题

在企业减员增效和行政事业单位、社会团体机构改革过程中，实行内部退养办法人员取得的收入按下列规定办理。

（1）实行内部退养的个人在其办理内部退养手续后至法定离退休年龄之间从原任职单位取得的工资、薪金，不属于离退休工资，应按“工资、薪金所得”项目计征个人所得税。

（2）个人在办理内部退养手续后从原任职单位取得的一次性收入，应按办理内部退养手续后至法定离退休年龄之间的所属月份进行平均，并与领取当月的“工资、薪金”所得合并后减除当月费用扣除标准，以余额为基数确定适用税率；再将当月工资、薪金加上取得的一次性收入，减除费用扣除标准，按适用税率计征个人所得税。

（3）个人在办理内部退养手续后至法定离退休年龄之间重新就业取得的工资、薪金所得，应与其从原单位取得的同一月份的工资、薪金所得合并，并依法自行向主管税务机关申报缴纳个人所得税。

【知识点应用】

杨先生系国内某单位职工，2014年10月办理内部退养手续，取得一次性收入120 000元；当月应税工资收入1 900元。杨先生办理内部退养手续后至法定离退休年龄之间为5年。请问杨先生当月该交多少个人所得税。

【答案】

月应纳税所得额=120 000÷（12×5）+1 900－3 500=400（元）

故适用税率为3%。

应纳个人所得税额=（1 900+120 000－3 500）×3%=3 548（元）

7.个人与用人单位解除劳动关系取得的一次性补偿金计税问题

个人因与用人单位解除劳动关系而取得的一次性补偿收入（包括用人单位发放的经济补偿金、生活补助费和其他补助费用），其收入在当地上年职工平均工资3倍数额以内的部分，免征个人所得税；超过的部分按照国税发[1999]178号文件的有关规定，计算征收个人所得税，即视为一次取得数月的工资薪金收入，按“工资、薪金所得”项目计征个人所得税。具体办法为：以个人取得的一次性经济补偿收入，除以个人在本企业的工作年限数，以其商数作为个人的月工资薪金收入，按照税法规定计算缴纳个人所得税。个人在本企业的工作年限数按实际工作年限数计算，超过12年的按12计算。

个人领取一次性补偿收入时，按照国家和地方政府规定的比例实际缴纳的住房公积金、医疗保险费、基本养老保险费、失业保险费，可以在计征其一次性补偿收入的个人所得税时扣除。

8.单位低价向职工售房有关个人所得税问题

根据住房制度改革政策的有关规定，国家机关、企事业单位及其他组织（简称单位）在住房制度改革期间，按照所在地县级以上人民政府规定的房改成本价格向职工出售公有住房，职工因支付的房改成本价格低于房屋建造成本价格或市场价格而取得的差价收益，免征个人所得税。

除上述情形外，单位按低于购置或建造成本价格出售住房给职工，职工因此而少支出的差价部分，属于个人所得税应税所得，应按照“工资、薪金所得”项目缴纳个人所得税。

差价部分，是指职工实际支付的购房价款低于该房屋的购置或建造成本价格的差额。对职工取得的上述应税所得，比照全年一次性奖金的征税办法计征个人所得税，即先将全部所得数额除以12，按其商数确定适用税率和速算扣除数，再根据全部所得数额、适用税率和速算扣除数，计算征收个人所得税。

二、个体工商户生产、经营所得的计算

个体工商户的生产、经营所得，以每一纳税年度的收入总额，减除成本、费用以及损失后的余额，为应纳税所得额。

成本、费用以及损失的扣除，应按国家税务总局制定的《个体工商

户个人所得税计税办法（试行）》的规定执行。自2011年9月1日起，业主的费用扣除标准为42 000元/年，即3 500元/月。

应纳税额=应纳税所得额×适用税率－速算扣除数

=（全年收入总额-成本、费用以及损失）×适用税率－速算扣除数

三、对企事业单位的承包、承租经营所得的计算

对企事业单位的承包经营、承租经营所得，以每一纳税年度的收入总额，减除必要费用后的余额，为应纳税所得额。

应纳税所得额＝该年度收入总额－必要费用

每一纳税年度的收入总额，是指纳税人按承包经营、承租经营合同分得的经营利润和工资、薪金性质的所得。所说的必要费用，是指3 500元/月。

在一个纳税年度内，承包、承租经营不足12个月的，以其实际承包、承租经营的月份数为一个纳税年度计算应纳税所得额。

应纳税所得额＝该年度承包、承租经营收入额－（3 500×该年度实际承包、承租经营月份数）

应纳税额=应纳税所得额×适用税率－速算扣除数

【知识点应用】

杨先生承包经营某市一家饭店（某事业单位下属企业），承包期3年，每年从税后利润中上交承包费50万元。该饭店本年度实现利润总额882 700元，企业所得税的应纳税所得额1 247 400元，企业所得税税率为25%；杨先生全年领取的工资性收入15 950元。该年度必要费用的扣除标准为3 500元/月。计算饭店应纳企业所得税和杨先生应纳个人所得税。

【答案】

（1）该饭店应纳企业所得税税额=1 247 400×25%=311 850（元）

（2）该饭店实现的净利润=882 700－311 850=570 850（元）

（3）杨先生应纳税所得额=570 850－500 000+15 950－3 500×12=44 800（元）

（4）应纳个人所得税税额=44 800×20%－3 750=5 210（元）

四、劳务报酬所得的计算

（一）一般情况下的税额计算

1.费用扣除标准

劳务报酬所得，每次收入不超过4 000元的，减除费用800元；每次收入在4 000元以上的，减除20%的费用；其余额为应纳税所得额。

每次收入不足4 000元的：

应纳税所得额=每次收入额－800元

每次收入在4 000元以上的：

应纳税所得额=每次收入额×（1－20%）

收入次数的确定办法：属于一次性收入的，以取得该项收入为一次；属于同一项目连续性收入的，以一个月内取得的收入为一次。

同一项目，是指“劳务报酬所得”列举具体劳务项目中的某一单项，个人兼有不同的劳务报酬所得，应分别减除费用，计算缴纳个人所得税。对属于同一项目连续性收入的，考虑属地管辖与时间划定有交叉的特殊情况，统一规定以县（含县级市、区）为一地，其管辖内的一个月内的劳务服务为一次；当月跨县地域的，则应分别计算。

2.应纳税额的计算

应纳税额=应纳税所得额×适用税率－速算扣除数

【知识点应用】

杨先生应邀为A公司（非任职单位）进行经营策划，报酬（税前）10 000元。请问杨先生该交多少个人所得税。

【答案】应纳税额=10 000×（1－20%）×20%=1 600（元）

【知识点应用】

假定上例杨先生取得的报酬（税前）为40 000元。请问杨先生该交多少个人所得税。

【答案】

应纳税额=40 000×（1－20%）×30%－2 000=7 600（元）

或：应纳税所得额=40 000×（1－20%）=32 000（元）

应纳税额=20 000×20%+（32 000－20 000）×30%=7 600（元）

（二）由支付单位负担税款的计算

单位或个人为纳税人负担个人所得税款的，应将纳税人取得的不含税收入额换算为应纳税所得额，计算征收个人所得税。

1.不含税收入额为3 360元（即含税收入额4 000元）以下的计算公式

应纳税所得额=（不含税收入额－800）÷（1－税率）

2.不含税收入额为3 360元（即含税收入额4 000元）以上的计算公式

$$\text{应纳税所得额}=[（\text{不含税收入额}-\text{速算扣除数}）\times（1-20\%）]\div[1-\text{税率}\times（1-20\%）]$$

或：$$\text{应纳税所得额}=（\text{不含税收入额}-\text{速算扣除数}）\times（1-20\%）\div\text{当级换算系数}$$

3.应纳税额计算公式

应纳税额=应纳税所得额×适用税率－速算扣除数

在计算应纳税所得额时所适用的税率，是指不含税劳务报酬收入按不含税级距对应的税率（见表9-4）；计算应纳税额时所适用的税率，是指应纳税所得额按含税级距对应的税率（见表9-3）。

表9-4　**不含税劳务报酬收入适用税率表**

级数	不含税劳务报酬收入级距	税率（%）	速算扣除数（元）	换算系数（%）
1	不超过3 360元的部分	20	0	无
2	超过3 360元至21 000元的部分	20	0	84
3	超过21 000元至49 500元的部分	30	2 000	76
4	超过49 500元的部分	40	7 000	68

【知识点应用】

演员杨女士应某晚会举办单位邀请，参加该晚会的演唱。合同规定，出场费5万元，其个人所得税由晚会举办单位承担。请问杨女士承担多少税款。

【答案】

应纳税所得额=（50 000－7 000）×（1－20%）÷[1－40%×（1－20%）]
=50 588.24（元）

或：应纳税所得额=（50 000－7 000）×（1－20%）÷68%=50 588.24（元）

应承担的个人所得税额=50 588.24×40%－7 000=13 235.30（元）

五、稿酬所得的计算

（一）费用扣除标准

每次收入不超过4 000元的，减除费用800元；每次收入在4 000元以上的，减除20%的费用；其余额为应纳税所得额。即：

每次收入不足4 000元的：

应纳税所得额=每次收入额－800元

每次收入在4 000元以上的：

应纳税所得额=每次收入额×（1－20%）

收入次数的确定办法：稿酬所得，以作品每次出版、发表取得的收入为一次。具体规定如下：

（1）个人每次以图书、报刊方式出版、发表同一作品（文字作品、书画作品、摄影作品以及其他作品），不论出版单位是预付还是分笔支付稿酬，或者加印该作品后再付稿酬，均应合并其稿酬所得按一次计征个人所得税；

（2）在两处或两处以上出版、发表或再版同一作品而取得稿酬所得，应分别各处取得的所得或再版所得，按分次所得计征个人所得税。

（3）个人的同一作品在报刊上连载，应将因连载而取得的所有稿酬所得合并为一次；在连载之后又出书取得稿酬所得，或先出书后连载取得稿酬所得，应视同再版稿酬分次计征个人所得税。

（二）应纳税额的计算：

应纳税额=应纳税所得额×适用税率（20%）×（1－30%）

【知识点应用】

作家张女士出版一部小说，稿酬20 000元。后因小说畅销，出版社加印若干册，追加稿酬3 000元。该部小说在报刊上连载4个月，每月稿酬3 500元。请问张女士稿酬所得应纳多少个人所得税。

作家张女士取得的稿酬应为两次稿酬所得，即出版为一次，连载为一次，分别由出版社和报社代扣税款。

【答案】

出版社代扣税款=（20 000+3 000）×（1－20%）×20%×（1－30%）

=2 576（元）

报社代扣税款=3 500×4×（1－20%）×20%×（1－30%）=1 568（元）

六、特许权使用费所得的计算

特许权使用费所得，每次收入不超过4 000元的，减除费用800元；每次收入在4 000元以上的，减除20%的费用；其余额为应纳税所得额。即：

每次收入不足4 000元的：

应纳税所得额=每次收入额－800元

每次收入在4 000元以上的：

应纳税所得额=每次收入额×（1－20%）

值得注意的是，对个人从事技术转让、提供劳务等过程中所支付的中介费，如能提供有效、合法凭证的，允许从其所得中扣除。

特许权使用费所得，以某项使用权的一次转让所取得的收入为一次。

应纳税额=应纳税所得额×适用税率（20%）

七、财产租赁所得的计算

财产租赁所得，每次收入不超过4 000元的，减除费用800元；每次收入在4 000元以上的，减除20%的费用；其余额为应纳税所得额。财产租赁所得，以一个月内取得的收入为一次。

个人在出租财产过程中缴纳的税金和教育费附加，可凭完税（缴款）凭证，从其财产租赁收入中扣除。由纳税人负担的出租财产实际开支的修缮费用，能够提供有效、准确凭证，证明由纳税人负担的，准予从其租赁收入中扣除。准予扣除的修缮费用，以每次800元为限，一次扣除不完的，准予在下一次继续扣除，直至扣完为止。个人将承租房屋转租的，取得转租收入的个人向房屋出租方支付的租金，可凭房屋租赁合同和合法支付凭据，从该项转租收入中扣除。

应纳税额=应纳税所得额×适用税率（20%或10%）

在计算个人所得税时，“财产租赁所得”相关税费的税前扣除次序为：（1）财产租赁过程中缴纳的税费；（2）向出租方支付的租金；（3）由纳税人负担的租赁财产实际开支的修缮费用；（4）税法规定的费用扣除标准。

八、财产转让所得的计算

财产转让所得，以转让财产的收入额减除财产原值和合理费用后的余额，为应纳税所得额。

财产原值是指：有价证券，为买入价以及买入时按照规定缴纳的有关费用；建筑物，为建造费或者购进价格以及其他有关费用；土地使用权，为取得土地使用权所支付的金额、开发土地的费用以及其他有关费用；机器设备、车船，为购进价格、运输费、安装费以及其他有关费用；其他财产，参照以上方法确定。纳税义务人未提供完整、准确的财产原值凭证，不能正确计算财产原值的，由主管税务机关核定其财产原值。

合理费用是指卖出财产时按照规定支付的有关费用。

应纳税额=应纳税所得额×适用税率（20%）

九、利息、股息、红利、偶然所得和其他所得的计算

利息、股息、红利、偶然所得和其他所得，不减除费用。以每次收入额为应纳税所得额。

为促进资本市场发展，对个人投资者从上市公司取得的股息红利所得，对证券投资基金从上市公司分配取得的股息、红利所得，减按50%计算应纳税所得额。上市公司是指在上海证券交易所、深圳证券交易所挂牌交易的上市公司。

利息、股息、红利所得，以支付利息、股息、红利时取得的收入为一次；偶然所得和其他所得，以每次取得该项收入为一次。

计算公式：

应纳税额=应纳税所得额×适用税率

【知识点应用】

万先生（中国公民）持有境内某上市公司的股票，取得股息（税前）10 000元。请计算万先生股息应纳个人所得税。

【答案】

应纳个人所得税额=10 000×50%×20%=1 000（元）

十、税额计算的其他规定

（一）非现金所得的计量

个人所得的形式，包括现金、实物、有价证券和其他形式的经济利益。

所得为实物的，应按照取得的凭证上所注明的价格计算应纳税所得额；无凭证的实物或者凭证上所注明的价格明显偏低的，参照市场价格核定应纳税所得额。

所得为有价证券的，根据票面价格和市场价格核定应纳税所得额。

所得为其他形式的经济利益的，参照市场价格核定应纳税所得额。

（二）公益救济性捐赠的税务处理

个人将其所得对教育事业和其他公益事业捐赠的部分，按照国务院有关规定从应纳税所得中扣除。

1.限定比例扣除

个人将其所得通过中国境内的社会团体、国家机关向教育和其他社会公益事业以及遭受严重自然灾害地区、贫困地区的捐赠，捐赠额未超过纳税人申报的应纳税所得额30%的部分，可以从其应纳税所得额中扣除。

【知识点应用】

张先生为M公司（非任职单位）搞软件设计，协议约定应得报酬（税前）30 000元。在领取前，张先生通过民政局向灾区捐赠10 000元。计算张先生该笔所得应纳个人所得税。

【答案】

捐赠扣除限额=30 000×（1－20%）×30%=7 200（元）

实际捐赠10 000元超出扣除限额，故按限额扣除。

应纳个人所得税额=[30 000×（1－20%）－7 200]×20%=3 360（元）

2.全额扣除

个人通过非营利性的社会团体和国家机关（包括中国红十字会）向

红十字事业的捐赠，准予在缴纳个人所得税全额扣除。

个人通过非营利性的社会团体和国家机关发生的下列捐赠，准予在缴纳个人所得税前全额扣除：向公益性青少年活动场所（包括新建）的捐赠；向福利性、非营利性的老年服务机构的捐赠；向农村义务教育的捐赠（2004年1月1日起向教育事业的捐赠）；向中华健康快车基金会、孙冶方经济科学基金会、中华慈善总会、中国法律援助基金会和中华见义勇为基金会的捐赠。

个人通过宋庆龄基金会、中国福利会、中国残疾人福利基金会、中国扶贫基金会、中国煤矿尘肺病治疗基金会、中华环境保护基金会用于公益救济性的捐赠；通过中国老龄事业发展基金会、中国华文教育基金会、中国绿化基金会、中国妇女发展基金会、中国关心下一代健康体育基金会、中国生物多样性保护基金会、中国儿童少年基金会和中国光彩事业基金会用于公益救济性捐赠；通过中国医药卫生事业发展基金会用于公益救济性捐赠；通过中国教育发展基金会用于公益救济性捐赠，准予在缴纳个人所得税前全额扣除。

3.不得扣除

纳税人直接向受赠人的捐赠以及其他非公益救济性捐赠，不准予在个人所得税前扣除。

（三）科技经费资助支出的税务处理

个人将其所得（不含偶然所得，经国务院财政部门确定征税的其他所得）通过中国境内非营利的社会团体、国家机关，用于非关联的科研机构和高等学校研究开发经费资助的，可以全额在下月（工资、薪金所得）或下次（按次计征的所得）或当年（按年计征的所得）计征个人所得税时，从应纳税所得额中扣除；不足抵扣的，不得结转抵扣。纳税人直接向科研机构和高等学校的资助不允许在税前扣除。

（四）两个纳税人共同取得同一项所得的税务处理

两个或两个以上的纳税人共同取得同一项所得的，可以对每个人分得的收入分别减除费用，计算各自的应纳税所得额和应纳税额。

【知识点应用】

甲、乙、丙3人共同出版一部工具书，稿酬共计20 000元。其中：

甲应得稿酬16 000元，乙应得稿酬3 500元，丙应得稿酬500元。请问三人该如何纳税。

【答案】

甲应纳税额=16 000×（1－20%）×20%×（1－30%）=1 792（元）

乙应纳税额=（3 500－800）×20%×（1－30%）=378（元）

丙的稿酬500元，不足800元，故不纳税。

（五）个人取得拍卖收入的计税问题

自2007年5月1日起，对个人通过拍卖市场拍卖各种财产（包括字画、瓷器、玉器、珠宝、邮品、钱币、古籍、古董等物品）取得的所得，按以下规定征税：

1.作者将自己的文字作品手稿原件或复印件拍卖，转让收入额4 000元以下的，以其转让收入额减除800元；转让收入额4 000元以上的，以其转让收入额减除20%的费用；其余额为应纳税所得额；按照“特许权使用费”所得项目适用20%税率缴纳个人所得税。

2.个人拍卖除文字作品原稿及复印件外的其他财产，以其转让收入额减除财产原值和合理费用后的余额为应纳税所得额，按照“财产转让所得”项目适用20%税率缴纳个人所得税。

对个人财产拍卖所得征收个人所得税时，以该项财产最终拍卖成交价格为其转让收入额。对适用“财产转让所得”项目的，纳税人凭合法有效凭证（税务机关监制的正式发票、相关境外交易单据或海关报关单据、完税证明等），从其转让收入额中减除相应的财产原值、拍卖财产过程中缴纳的税金及有关合理费用。

（1）财产原值，是指售出方个人取得该拍卖品的价格（以合法有效凭证为准）。具体为：通过商店、画廊等途径购买的，为购买该拍卖品时实际支付的价款；通过拍卖行拍得的，为拍得该拍卖品实际支付的价款及缴纳的相关税费；通过祖传收藏的，为其收藏该拍卖品而发生的费用；通过赠送取得的，为其受赠该拍卖品时发生的相关税费；通过其他形式取得的，参照以上原则确定财产原值。

（2）拍卖财产过程中缴纳的税金，是指在拍卖财产时纳税人实际缴纳的相关税金及附加。

（3）有关合理费用，是指拍卖财产时纳税人按照规定实际支付的拍卖费（佣金）、鉴定费、评估费、图录费、证书费等费用。

纳税人如不能提供合法、完整、准确的财产原值凭证，不能正确计算财产原值的，按转让收入额的3%征收率计算缴纳个人所得税；拍卖品为经文物部门认定是海外回流文物的，按转让收入额的2%征收率计算缴纳个人所得税。

纳税人的财产原值凭证内容填写不规范，或者一份财产原值凭证包括多件拍卖品且无法确认每件拍卖品一一对应的原值的，不得将其作为扣除财产原值的计算依据，应视为不能提供合法、完整、准确的财产原值凭证，并按上述规定的征收率计算缴纳个人所得税。纳税人能够提供合法、完整、准确的财产原值凭证，但不能提供有关税费凭证的，不得按征收率计算纳税，应当就财产原值凭证上注明的金额据实扣除，并按照税法规定计算缴纳个人所得税。

（六）在企业改组改制过程中，职工个人取得量化资产的计税问题

根据国家有关规定，集体所有制企业在改制为股份合作制企业时，可以将有关资产量化给职工个人。为支持企业改组改制的顺利进行，国家税务总局对个人取得量化资产的征免税问题作了如下规定。

1.对职工个人以股份形式取得的仅作为分红依据，不拥有所有权的企业量化资产，不征收个人所得税。

2.对职工个人以股份形式取得的拥有所有权的企业量化资产，暂缓征收个人所得税；待个人将股份转让时，就其转让收入额，减除个人取得该股份时实际支付的费用支出和合理转让费用后的余额，按“财产转让所得”项目计征个人所得税。

3.对职工个人以股份形式取得的企业量化资产参与企业分配而获得的股息、红利，应按“利息、股息、红利所得”项目征收个人所得税。

（七）转化职务科技成果以股权形式给予个人奖励的计税问题

科研机构、高等学校转化职务科技成果以股份或出资比例等股权形式给予个人奖励，获奖人在取得股份、出资比例时，暂不缴纳个人所得税；取得按股份、出资比例分红或转让股权、出资比例所得时，应依法缴纳个人所得税。

获奖人按股份、出资比例获得分红时，对其所得按“利息、股息、

红利所得”项目征收个人所得税。获奖人转让股权、出资比例，对其所得按“财产转让所得”项目征收个人所得税，财产原值为零。

（八）个人取得单位购买的财产等计税问题

1.基本规定

（1）个人独资企业、合伙企业的个人投资者以企业资金为本人、家庭及其相关人员支付与企业生产经营无关的消费性支出及购买汽车、住房等财产性支出，视为企业对个人投资者的利润分配，并入投资者个人的生产经营所得，依照“个体工商户的生产、经营所得”项目征收个人所得税。

除个人独资企业、合伙企业以外的其他企业的个人投资者，以企业资金为本人、家庭成员及其相关人员支付与企业经营无关的消费性支出及购买汽车、住房等财产性支出，视为企业对个人投资者的红利分配，依照“利息、股息、红利所得”项目征收个人所得税。

（2）纳税年度内个人投资者从其投资企业（个人独资企业、合伙企业除外）借款，在该纳税年度终了后既不归还，又未用于企业生产经营的，其未归还的借款可视为企业对个人投资者的红利分配，依照“利息、股息、红利所得”项目征收个人所得税。

2.在执行中应注意的问题

（1）凡符合以下情形的房屋或其他财产，不论所有权人是否将财产无偿或有偿交付企业使用，其实质均属于企业对个人进行了实物性质的分配，应依法计征个人所得税：一是企业出资购买房屋及其他财产，将所有权登记为投资者个人、投资者家庭成员或企业其他人员的；二是企业投资者个人、投资者家庭成员或企业其他人员向企业借款用于购买房屋及其他财产，将所有权登记为投资者、投资者家庭成员或企业其他人员，且借款年度终了后未归还借款的。

对个人独资企业、合伙企业的个人投资者或其家庭成员取得的上述所得，视为企业对个人投资者的利润分配，按照“个体工商户的生产、经营所得”项目计征个人所得税；对除个人独资企业、合伙企业以外其他企业的个人投资者或其家庭成员取得的上述所得，视为企业对个人投资者的红利分配，按照“利息、股息、红利所得”项目计征个人所得税；对企业其他人员取得的上述所得，按照“工资、薪金所得”项目计征个人所得税。

（2）企业购买车辆并将车辆所有权办到股东个人名下，应按照“利息、股息、红利所得”项目征收个人所得税。考虑到该股东个人名下的车辆同时也为企业经营使用的实际情况，允许合理减除部分所得，减除的具体数额由主管税务机关根据车辆的实际使用情况合理确定。

（九）个人无偿受赠房屋有关个人所得税问题

1.不征税的房屋产权赠与

（1）以下情形的房屋产权无偿赠与，对当事双方不征收个人所得税：

①房屋产权所有人将房屋产权无偿赠与配偶、父母、子女、祖父母、外祖父母、孙子女、外孙子女、兄弟姐妹。

②房屋产权所有人将房屋产权无偿赠与对其承担直接抚养或者赡养义务的抚养人或赡养人。

③房屋产权所有人死亡，依法取得房屋产权的法定继承人、遗嘱继承人或者受遗赠人。

（2）赠与双方办理免税手续时，应向税务机关提交以下资料：

①属于继承不动产的，继承人应提交公证机关出具的“继承权公证书”、房产所有权证和《个人无偿赠与不动产登记表》；属于遗嘱人处分不动产的，遗嘱继承人或者受遗赠人须提交公证机关出具的“遗嘱公证书”和“遗嘱继承权公证书”或“接受遗赠公证书”、房产所有权证以及《个人无偿赠与不动产登记表》；属于其他情况无偿赠与不动产的，受赠人应提交房产所有人“赠与公证书”和受赠人“接受赠与公证书”，或持双方共同办理的“赠与合同公证书”，以及房产所有权证和《个人无偿赠与不动产登记表》（上述证明材料必须提供原件）。

②赠与双方当事人的有效身份证件。

③将房屋产权无偿赠与配偶、父母、子女、祖父母、外祖父母、孙子女、外孙子女、兄弟姐妹的，须提供公证机构出具的赠与人和受赠人亲属关系的公证书（原件）。

④将房屋产权无偿赠与对其承担直接抚养或者赡养义务的抚养人或赡养人的，须提供公证机构出具的抚养关系或者赡养关系公证书（原件），或者乡镇政府或街道办事处出具的抚养关系或者赡养关系证明。

税务机关审核无误后，在提交的《个人无偿赠与不动产登记表》上签字盖章并复印留存，原件退还提交人，同时办理个人所得税不征税手续。

2.受赠、转让房屋产权的计税问题

（1）除上述不征税的房屋产权赠与外，房屋产权所有人将房屋产权无偿赠与他人的，受赠人因无偿受赠房屋取得的受赠所得，按照“其他所得”项目缴纳个人所得税，税率为20%。

对受赠人无偿受赠房屋计征个人所得税时，其应纳税所得额为房地产赠与合同上标明的赠与房屋价值减除赠与过程中受赠人支付的相关税费后的余额。赠与合同标明的房屋价值明显低于市场价格，或者房地产赠与合同未标明赠与房屋价值的，税务机关可依据受赠房屋的市场评估价格或者采取其他合理方式确定受赠人的应纳税所得额。

（2）受赠人转让受赠房屋的，以其转让受赠房屋的收入减除原捐赠人取得该房屋的实际购置成本以及赠与和转让过程中受赠人支付的相关税费后的余额，为受赠人的应纳税所得额，按照“财产转让所得”计征个人所得税。受赠人转让受赠房屋价格明显偏低且无正当理由的，税务机关可以依据该房屋的市场评估价格或者其他合理方式确定的价格核定其转让收入。

（十）企业年金、职业年金个人所得税征收管理的规定

企业年金，企业及其职工在依法参加基本养老保险的基础上，自愿建立的补充养老保险制度。

职业年金，事业单位及其职工在依法参加基本养老保险的基础上，建立的补充养老保险制度。

1.缴费时的个人所得税处理

（1）单位缴费部分：在计入个人账户时暂不缴纳个人所得税。

（2）个人缴费部分：在不超过本人缴费工资计税基数的4%标准内的部分，暂从个人当期的应纳税所得额中扣除。

（3）超过上述标准缴付的年金单位缴费和个人缴费部分，应并入个人当期的工资、薪金所得，依法计征个人所得税。

解析：工资计税基数（本人上一年度月平均工资、职工岗位工资和薪级工资之和）超过职工工作地所在设区城市上一年度职工月平均工资

300%以上的部分，不计入个人缴费工资计税基数。

2.投资收益

年金基金投资运营收益分配计入个人账户时，个人暂不缴纳个人所得税。

3.领取年金的个人所得税处理

（1）按月领取的年金，全额按照“工资、薪金所得”项目适用的税率，计征个人所得税；按年或按季领取的年金，平均分摊计入各月，每月领取额全额按照“工资、薪金所得”项目适用的税率，计征个人所得税。

（2）对单位和个人在本通知实施之前开始缴付年金缴费，个人在本通知实施之后领取年金的，允许其从领取的年金中减除在本通知实施之前缴付的年金单位缴费和个人缴费且已经缴纳个人所得税的部分，就其余额征税。

4.对个人一次性领取的年金个人账户资金

（1）因出境定居而一次性领取，或个人死亡后受益人或法定继承人一次性领取的年金个人账户余额，允许领取人将一次性领取的年金个人账户资金或余额按12个月分摊到各月，就其每月分摊额计算缴纳个人所得税。

（2）对个人除上述特殊原因外一次性领取年金个人账户资金或余额的，则不允许采取分摊的方法，而是就其一次性领取的总额，单独作为一个月的工资薪金所得计算缴纳个人所得税。

5.执行日期

本通知自2014年1月1日起执行。

（十一）关于非货币性资产投资有关个人所得税征管问题

为贯彻落实国务院决定，财政部、国家税务总局下发了《财政部国家税务总局关于个人非货币性资产投资有关个人所得税政策的通知》（财税〔2015〕41号），规定自2015年4月1日起，对非货币性投资实行分期缴纳个人所得税。

1.个人非货币性投资的纳税地点

根据《公告》的规定，纳税人以不动产投资的，以不动产所在地地税机关为主管税务机关；纳税人以其持有的企业股权对外投资的，以该企业所在地地税机关为主管税务机关。对纳税人以其他非货币资产投资的情形，以被投资企业所在地地税机关为主管税务机关。

2.非货币性资产原值及合理税费的确认

非货币性资产原值以历史成本进行确认。纳税人不能提供相关证明资料，不能准确计算原值的，主管税务机关可依法进行核定。

合理税费是指非货币性资产投资过程中发生的与非货币性资产转移相关的税金及有关合理费用。允许扣除的税费必须与非货币性资产投资相关，且具有合理性。

此外，对以股权投资的情形，股权原值的确认等问题按照股权转让个人所得税的有关规定处理。

3.分期缴税计划的制定、变更和备案手续

纳税人需要在取得被投资企业股权的次月15日内自行制定分期缴税计划并向主管税务机关办理分期缴税备案手续；在分期缴税期间，纳税人的分期缴税计划需要进行变更调整的，应重新向主管税务机关办理备案手续。

2015年4月1日之前发生的非货币性资产投资，期限未超过5年，尚未进行税收处理且需要分期缴纳个人所得税的，纳税人应于本公告下发之日起30日内向主管税务机关办理分期缴税备案手续。

4.被投资企业的报告义务

被投资企业也应将纳税人以非货币性资产投入本企业取得股权和分期缴税期间纳税人股权变动情况分别于相关事项发生后15日内向主管税务机关报告。

（十二）境外所得的税额扣除

为避免对同一所得双重征税，对纳税人从中国境外取得的所得、准予其在应纳税额中扣除已在境外缴纳的个人所得税额。但扣除额不得超过该纳税人境外所得依照我国税法规定计算的应纳税额。

1.已在境外缴纳的所得税额。境外所得已在境外缴纳的个人所得税额，是指纳税人从中国境外取得的所得，依照该所得来源国家或者地区的法律应当缴纳并且实际已经缴纳的税额。

2.依照税法规定计算的应纳税额。境外所得依照税法规定计算的应纳税额，是指纳税人从中国境外取得的所得，区别不同国家或者地区和不同应税项目，依照我国税法规定的费用减除标准和适用税率计算的应纳税额；同一国家或者地区内不同应税项目的应纳税额之和，为该国家或者地区的扣除限额。

3.境外所得税额扣除。纳税人在中国境外一个国家或者地区实际已经缴纳的个人所得税额，低于依照税法规定计算出的该国家或者地区扣除限额的，应在中国缴纳差额部分的税款；超过该国家或者地区扣除限额的，其超过部分不得在本纳税年度的应纳税额中扣除，但可以在以后纳税年度的该国家或者地区扣除限额的余额中补扣。补扣期限最长不得超过5年。

纳税人依照税法规定申请扣除已在境外缴纳的个人所得税额时，应提供境外税务机关填发的完税凭证原件。

在中国境内有住所，或者无住所而在境内居住满1年的个人，从中国境内和境外取得的所得，应当分别计算应纳税额。

【知识点应用】

钱先生（中国公民）在A国出版一部著作，稿酬20 000元，利息收入3 000元；两项所得缴纳所得税2 900元；在B国提供一项专利技术使用权，收入25 000元，已纳所得税3 800元。请计算钱先生如何缴税。

【答案】

（1）在A国取得所得的税额扣除

稿酬所得税款扣除限额=20 000×（1－20%）×20%×（1－30%）=2 240（元）

利息所得税款扣除限额=3 000×20%=600（元）

扣除限额合计：2 240+600=2 840（元）

因钱先生在A国已纳所得税2 900元，超过税款扣除限额60元，不得在本纳税年度应纳税额中扣除，但可在以后纳税年度的A国扣除限额的余额中补扣，补扣期限最长不得超过5年。

（2）在B国取得所得的税额扣除

特许权使用费所得税款扣除限额=25 000×（1－20%）×20%=4 000（元）

因钱先生在B国已纳所得税3 800元，低于税款扣除限额，故应在国内补缴个人所得税。

应补税额=4 000－3 800=200（元）

第四节　税收优惠

《个人所得税法》及其实施条例以及财政部、国家税务总局的若干规定等，都对个人所得项目给予了减税免税的优惠，主要有：

一、免征个人所得税的优惠

1. 省级人民政府、国务院部委和中国人民解放军军以上单位，以及外国组织颁发的科学、教育、技术、文化、卫生、体育、环境保护等方面的奖金。

2. 国债和国家发行的金融债券利息。这里所说的国债利息，是指个人持有中华人民共和国财政部发行的债券而取得的利息所得；所说的国家发行的金融债券利息，是指个人持有经国务院批准发行的金融债券而取得的利息所得。

3. 按照国家统一规定发给的补贴、津贴。这里所说的按照国家统一规定发给的补贴、津贴，是指按照国务院规定发给的政府特殊津贴和国务院规定免纳个人所得税的补贴、津贴。发给中国科学院资深院士和中国工程院资深院士每人每年1万元的资深院士津贴免予征收个人所得税。

4. 福利费、抚恤金、救济金。这里所说的福利费，是指根据国家有关规定，从企业、事业单位、国家机关、社会团体提留的福利费或者工会经费中支付给个人的生活补助费；所说的救济金，是指国家民政部门支付给个人的生活困难补助费。

5. 保险赔款。

6. 军人的转业费、复员费。

7. 按照国家统一规定发给干部、职工的安家费、退职费、退休工资、离休工资、离休生活补助费。

8. 依照我国有关法律规定应予免税的各国驻华使馆、领事馆的外交代表、领事官员和其他人员的所得。上述“所得”，是指依照《中华人民共和国外交特权与豁免条例》和《中华人民共和国领事特权与豁免条例》规定免税的所得。

9.中国政府参加的国际公约以及签订的协议中规定免税的所得。

10.关于发给见义勇为者的奖金问题。对乡、镇（含乡、镇）以上人民政府或经县（含县）以上人民政府主管部门批准成立的有机构、有章程的见义勇为基金或者类似性质组织，奖励见义勇为者的奖金或奖品，经主管税务机关核准，免征个人所得税。

11.企业和个人按照省级以上人民政府规定的比例提取并缴付的住房公积金、医疗保险金、基本养老保险金、失业保险金，不计入个人当期的工资、薪金收入，免予征收个人所得税。超过规定的比例缴付的部分计征个人所得税。个人领取原提存的住房公积金、医疗保险金、基本养老保险金时，免予征收个人所得税。

12.对个人取得的教育储蓄存款利息所得以及国务院财政部门确定的其他专项储蓄存款或者储蓄性专项基金存款的利息所得，免征个人所得税。

13.储蓄机构内从事代扣代缴工作的办税人员取得的扣缴利息税手续费所得，免征个人所得税。

14.对第三届高等学校教学名师奖奖金，免予征收个人所得税。

15.生育妇女按照县级以上人民政府根据国家有关规定制定的生育保险办法，取得的生育津贴、生育医疗费或其他属于生育保险性质的津贴、补贴，免征个人所得税。

16.对第二届全国职工技术创新成果获奖者所得奖金，免予征收个人所得税。

17.对延长离休退休年龄的高级专家从其劳动人事关系所在单位取得的，按国家有关规定向职工统一发放的工资、薪金、奖金、津贴、补贴等收入，视同离休、退休工资，免征个人所得税。从其劳动人事关系所在单位之外的其他地方取得的培训费、讲课费、顾问费、稿酬等各种收入，依法计征个人所得税。

延长离休退休年龄的高级专家是指：

（1）享受国家发放的政府特殊津贴的专家、学者。

（2）中国科学院、中国工程院院士。

18.个人通过扣缴单位统一向灾区的捐赠，由扣缴单位凭政府机关或非营利组织开具的汇总捐赠凭据、扣缴单位记载的个人捐赠明细表等，由扣缴单位在代扣代缴税款时，依法据实扣除。

个人直接通过政府机关、非营利组织向灾区的捐赠，采取扣缴方式纳税的，捐赠人应及时向扣缴单位出示政府机关、非营利组织开具的捐赠凭据，由扣缴单位在代扣代缴税款时，依法据实扣除；个人自行申报纳税的，税务机关凭政府机关、非营利组织开具的接受捐赠凭据，依法据实扣除。

扣缴单位在向税务机关进行个人所得税全员全额扣缴申报时，应一并报送由政府机关或非营利组织开具的汇总接受捐赠凭据（复印件）、所在单位每个纳税人的捐赠总额和当期扣除的捐赠额。

19.经国务院财政部门批准免税的所得。

二、减征个人所得税的优惠

1.残疾、孤老人员和烈属的所得。

2.因严重自然灾害造成重大损失的。

3.其他经国务院财政部门批准减税的。

三、暂免征收个人所得税的优惠

1.外籍个人以非现金形式或实报实销形式取得的住房补贴、伙食补贴、搬迁费、洗衣费。

2.外籍个人按合理标准取得的境内、外出差补贴。

3.外籍个人取得的探亲费、语言训练费、子女教育费等，经当地税务机关审核批准为合理的部分。可以享受免征个人所得税优惠的探亲费，仅限于外籍个人在我国的受雇地与其家庭所在地（包括配偶或父母居住地）之间搭乘交通工具，且每年不超过两次的费用。

4.个人举报、协查各种违法、犯罪行为而获得的奖金。

5.个人办理代扣代缴税款手续，按规定取得的扣缴手续费。

6.个人转让自用达5年以上并且是唯一的家庭居住用房取得的所得。

7.对按《国务院关于高级专家离休退休若干问题的暂行规定》和《国务院办公厅关于杰出高级专家暂缓离休审批问题的通知》精神，达到离休、退休年龄，但确因工作需要，适当延长离休、退休年龄的高级专家（享受国家发放的政府特殊津贴的专家、学者），其在延长离休、退休期间的工资、薪金所得，视同退休工资、离休工资免征个人所得税。

8.外籍个人从外商投资企业取得的股息、红利所得。

9.凡符合下列条件之一的外籍专家取得的工资、薪金所得可免征个人所得税：

（1）根据世界银行专项贷款协议由世界银行直接派往我国工作的外国专家。

（2）联合国组织直接派往我国工作的专家。

（3）为联合国援助项目来华工作的专家。

（4）援助国派往我国专为该国无偿援助项目工作的专家。

（5）根据两国政府签订文化交流项目来华工作2年以内的文教专家，其工资、薪金所得由该国负担的。

（6）根据我国大专院校国际交流项目来华工作2年以内的文教专家，其工资、薪金所得由该国负担的。

（7）通过民间科研协定来华工作的专家，其工资、薪金所得由该国政府机构负担的。

10.股权分置改革中非流通股股东通过对价方式向流通股股东支付的股份、现金等收入，暂免征收流通股股东应缴纳的个人所得税。

11.对被拆迁人按照国家有关城镇房屋拆迁管理办法规定的标准取得的拆迁补偿款，免征个人所得税。

12.个人取得单张有奖发票奖金所得不超过800元（含800元）的，暂免征收个人所得税；个人取得单张有奖发票奖金所得超过800元的，应全额按照个人所得税法规定的“偶然所得”项目征收个人所得税。

13.自2006年6月1日起，对保险营销员佣金中的展业成本，免征个人所得税；对佣金中的劳务报酬部分，扣除实际缴纳的营业税及附加后，依照税法有关规定计算征收个人所得税。保险营销员的佣金由展业成本和劳务报酬构成，所谓“展业成本”即营销费。根据目前保险营销员展业的实际情况，佣金中展业成本的比例暂定为40%。

14.第二届高等学校教学名师奖奖金，免予征收个人所得税；第二届高等学校教学名师奖获奖人数为100人，每人奖金2万元。

【知识点应用】

各项所得中，属于个人所得税免税项目的是（　　）。

A.离退休人员取得的工资

B.个人取得的国债利息收入

C.外籍个人以现金形式取得的住房补贴

D.外籍个人以实报实销形式取得的伙食补贴

【答案】ABD

四、对在中国境内无住所，但在境内居住1年以上、不到5年的纳税人的减免税优惠

《个人所得税法实施条例》规定："在中国境内无住所，但是居住1年以上5年以下的个人，其来源于中国境外的所得，经主管税务机关批准，可以只就由中国境内公司、企业以及其他经济组织或者个人支付的部分缴纳个人所得税；居住超过5年的个人，从第6年起，应当就其来源于中国境内外的全部所得缴纳个人所得税。"

1995年9月16日，财政部、国家税务总局又发出通知，对执行上述规定时5年期限的计算问题作了明确规定：

（一）关于5年期限的具体计算

个人在中国境内居住满5年，是指个人在中国境内连续居住满5年，即在连续5年中的每一纳税年度内均居住满1年。

（二）关于个人在华居住满5年以后纳税义务的确定

个人在中国境内居住满5年后，从第6年起的以后年度中，凡在境内居住满1年的应当就其来源于境内、境外的所得申报纳税；凡在境内居住不满1年的，则仅就该年内来源于境内的所得申报纳税。如该个人在第6年起以后的某一纳税年度内在境内居住不足90天，可以按《个人所得税法实施条例》第七条的规定确定纳税义务，并从再次居住满1年的年度起重新计算5年期限。

（三）关于计算5年期限的起始日期

个人在境内是否居住满5年。自1994年1月1日起开始计算。

五、对在中国境内无住所，但在一个纳税年度中在中国境内居住不超过90日的纳税人的减免税优惠

《个人所得税法实施条例》规定：在中国境内无住所，但是在一个纳税年度中在中国境内连续或者累计居住不超过90日的个人，其来源于中国境内的所得，由境外雇主支付并且不由该雇主在中国境内的机构、场所负担的部分，免予缴纳个人所得税。

第五节　个人所得税的征收管理

个人所得税的纳税办法，有自行申报纳税和代扣代缴两种。

一、自行申报纳税

自行申报纳税，是由纳税人自行在税法规定的纳税期限内，向税务机关申报取得的应税所得项目和数额，如实填写个人所得税纳税申报表，并按照税法规定计算应纳税额，据此缴纳个人所得税的一种方法。

（一）自行申报纳税的纳税义务人

1.自2006年1月1日起，年所得12万元以上的。

2.从中国境内两处或者两处以上取得工资、薪金所得的。

3.从中国境外取得所得的。

4.取得应税所得，没有扣缴义务人的。

5.国务院规定的其他情形。

其中，年所得12万元以上的纳税人，无论取得的各项所得是否已足额缴纳了个人所得税，均应当按照本办法的规定，于纳税年度终了后向主管税务机关办理纳税申报；其他情形的纳税人，均应当按照自行申报纳税管理办法的规定，于取得所得后向主管税务机关办理纳税申报。同时需注意的是，年所得12万元以上的纳税人，不包括在中国境内无住所，且在一个纳税年度中在中国境内居住不满1年的个人；从中国境外取得所得的纳税人，是指在中国境内有住所，或者无住所而在一个纳税年度中在中国境内居住满1年的个人。

【知识点应用】

下列各项中，纳税人应当自行申报缴纳个人所得税的有（ ）。

A.年所得12万元以上的

B.从中国境外取得所得的

C.个体工商户的生产、经营所得

D.从中国境内两处或者两处以上取得工资，薪金所得的

【答案】ABCD

（二）自行申报纳税的内容

年所得12万元以上的纳税人，在纳税年度终了后，应当填写《个人所得税纳税申报表（适用于年所得12万元以上的纳税人申报）》，并在办理纳税申报时报送主管税务机关，同时报送个人有效身份证件复印件，以及主管税务机关要求报送的其他有关资料。

1.构成12万元的所得。

工资、薪金所得；个体工商户的生产、经营所得；对企事业单位的承包经营、承租经营所得；劳务报酬所得；稿酬所得；特许权使用费所得；利息、股息、红利所得；财产租赁所得；财产转让所得；偶然所得；经国务院财政部门确定征税的其他所得。

2.不包含在12万元中的所得。

（1）免税所得，即省级人民政府、国务院部委、中国人民解放军军以上单位，以及外国组织、国际组织颁发的科学、教育、技术、文化、卫生、体育、环境保护等方面的奖金；国债和国家发行的金融债券利息；按照国家统一规定发给的补贴、津贴，即《个人所得税法实施条例》第十三条规定的按照国务院规定发放的政府特殊津贴、院士津贴、资深院士津贴，以及国务院规定免征个人所得税的其他补贴、津贴；福利费、抚恤金、救济金；保险赔款；军人的转业费、复员费；按照国家统一规定发给干部、职工的安家费、退职费、退休工资、离休工资、离休生活补助费。

（2）暂免征税所得，即依照我国有关法律规定应予免税的各国驻华使馆、领事馆的外交代表、领事官员和其他人员的所得；中国政府参加

的国际公约、签订的协议中规定免税的所得。

（3）可以免税的来源于中国境外的所得。

3.各项所得的年所得的计算方法。

（1）工资、薪金所得。按照未减除费用及附加减除费用的收入额计算。

（2）劳务报酬所得、特许权使用费所得。不得减除纳税人在提供劳务或让渡特许权使用权过程中缴纳的有关税费。

（3）财产租赁所得。不得减除纳税人在出租财产过程中缴纳的有关税费；对于纳税人一次取得跨年度财产租赁所得的，全部视为实际取得所得年度的所得。

（4）个人转让房屋所得。采取核定征收个人所得税的，按照实际征收率（1%、2%、3%）分别换算为应税所得率（5%、10%、15%），据此计算年所得。

（5）个人储蓄存款利息所得、企业债券利息所得。全部视为纳税人实际取得所得年度的所得。

（6）对个体工商户、个人独资企业投资者。按照征收率核定个人所得税的，将征收率换算为应税所得率，据此计算应纳税所得额。合伙企业投资者按照上述方法确定应纳税所得额后，合伙人应根据合伙协议规定的分配比例确定其应纳税所得额，合伙协议未规定分配比例的，按合伙人数平均分配确定其应纳税所得额。对于同时参与两个以上企业投资的，合伙人应将其投资所有企业的应纳税所得额相加后的总额作为年所得。

（7）股票转让所得。以1个纳税年度内，个人股票转让所得与损失盈亏相抵后的正数为申报所得数额，盈亏相抵为负数的，此项所得按“零”填写。

（三）自行申报纳税的申报期限

1.年所得12万元以上的纳税人，在纳税年度终了后3个月内向主管税务机关办理纳税申报。

2.个体工商户和个人独资、合伙企业投资者取得的生产、经营所得应纳的税款，分月预缴的，纳税人在每月终了后7日内办理纳税申报；分季预缴的，纳税人在每个季度终了后15日内办理纳税申报；纳税年度终了后，纳税人在3个月内进行汇算清缴。

3.纳税人年终一次性取得对企事业单位的承包经营、承租经营所得的，自取得所得之日起30日内办理纳税申报；在1个纳税年度内分次取得承包经营、承租经营所得的，在每次取得所得后的次月7日内申报预缴；纳税年度终了后3个月内汇算清缴。

4.从中国境外取得所得的纳税人，在纳税年度终了后30日内向中国境内主管税务机关办理纳税申报。

5.除以上规定的情形外，纳税人取得其他各项所得须申报纳税的，在取得所得的次月7日内向主管税务机关办理纳税申报。

6.纳税人不能按照规定的期限办理纳税申报，需要延期的，按照《税收征管法》第二十七条和《中华人民共和国税收征收管理法实施细则》(以下简称《税收征管法实施细则》)第三十七条的规定办理。

(四) 自行申报纳税的申报方式

纳税人可以采取数据电文、邮寄等方式申报，也可以直接到主管税务机关申报，或者采取符合主管税务机关规定的其他方式申报。纳税人采取邮寄方式申报的，以邮政部门挂号信函收据作为申报凭据，以寄出的邮戳日期为实际申报日期。

纳税人也可以委托有税务代理资质的中介机构或者他人代为办理纳税申报。

(五) 自行申报纳税的申报地点

1.在中国境内有任职、受雇单位的，向任职、受雇单位所在地主管税务机关申报。

2.在中国境内有两处或者两处以上任职、受雇单位的，选择并固定向其中一处单位所在地主管税务机关申报。

3.在中国境内无任职、受雇单位，年所得项目中有个体工商户的生产、经营所得或者对企事业单位的承包经营、承租经营所得（以下统称生产、经营所得）的，向其中一处实际经营所在地主管税务机关申报。

4.在中国境内无任职、受雇单位，年所得项目中无生产、经营所得的，向户籍所在地主管税务机关申报。在中国境内有户籍，但户籍所在地与中国境内经常居住地不一致的，选择并固定向其中一地主管税务机关申报。在中国境内没有户籍的，向中国境内经常居住地主管税务机关申报。

5.其他所得的纳税人，纳税申报地点分别为：

（1）从两处或者两处以上取得工资、薪金所得的，选择并固定向其中一处单位所在地主管税务机关申报。

（2）从中国境外取得所得的，向中国境内户籍所在地主管税务机关申报。在中国境内有户籍，但户籍所在地与中国境内经常居住地不一致的，选择并固定向其中一地主管税务机关申报。在中国境内没有户籍的，向中国境内经常居住地主管税务机关申报。

（3）个体工商户向实际经营所在地主管税务机关申报。

（4）个人独资、合伙企业投资者兴办两个或两个以上企业的，区分不同情形确定纳税申报地点：

兴办的企业全部是个人独资性质的，分别向各企业的实际经营管理所在地主管税务机关申报；兴办的企业中含有合伙性质的，向经常居住地主管税务机关申报；兴办的企业中含有合伙性质，个人投资者经常居住地与其兴办企业的经营管理所在地不一致的，选择并固定向其参与兴办的某一合伙企业的经营管理所在地主管税务机关申报；除以上情形外，纳税人应当向取得所得所在地主管税务机关申报。

纳税人不得随意变更纳税申报地点，因特殊情况变更纳税申报地点的，须报原主管税务机关备案。

（六）自行申报纳税的申报管理

1.主管税务机关应当将各类申报表，登载到税务机关的网站上，或者摆放到税务机关受理纳税申报的办税服务厅，免费供纳税人随时下载或取用。

2.主管税务机关应当在每年法定申报期间，通过适当方式，提醒年所得12万元以上的纳税人办理自行纳税申报。

3.受理纳税申报的主管税务机关根据纳税人的申报情况，按照规定办理税款的征、补、退、抵手续。

4.主管税务机关按照规定为已经办理纳税申报并缴纳税款的纳税人开具完税凭证。

5.税务机关依法为纳税人的纳税申报信息保密。

6.纳税人变更纳税申报地点，并报原主管税务机关备案的，原主管税务机关应当及时将纳税人变更纳税申报地点的信息传递给新的主管税务机关。

7.主管税务机关对已办理纳税申报的纳税人建立纳税档案，实施动态管理。

二、代扣代缴纳税

代扣代缴，是指按照税法规定负有扣缴税款义务的单位或者个人，在向个人支付应纳税所得时，应计算应纳税额，从其所得中扣出并缴入国库，同时向税务机关报送扣缴个人所得税报告表。这种方法，有利于控制税源、防止漏税和逃税。

根据《个人所得税法》及其实施条例，以及《税收征管法》及其实施细则的有关规定，国家税务总局制定下发了《个人所得税代扣代缴暂行办法》(以下简称《暂行办法》)。自1995年4月1日起执行的《暂行办法》，对扣缴义务人和代扣代缴的范围、扣缴义务人的义务及应承担的责任、代扣代缴期限等作了明确规定。

(一) 扣缴义务人和代扣代缴的范围

1.扣缴义务人。凡支付个人应纳税所得的企业（公司)、事业单位、机关、社团组织、军队、驻华机构、个体户等单位或者个人，为个人所得税的扣缴义务人。

这里所说的驻华机构，不包括外国驻华使领馆和联合国及其他依法享有外交特权和豁免的国际组织驻华机构。

2.代扣代缴的范围。扣缴义务人向个人支付下列所得，应代扣代缴个人所得税：

(1) 工资、薪金所得。

(2) 对企事业单位的承包经营、承租经营所得。

(3) 劳务报酬所得。

(4) 稿酬所得。

(5) 特许权使用费所得。

(6) 利息、股息、红利所得。

(7) 财产租赁所得。

(8) 财产转让所得。

(9) 偶然所得。

（10）经国务院财政部门确定征税的其他所得。

扣缴义务人向个人支付应纳税所得（包括现金、实物和有价证券）时，不论纳税人是否属于本单位人员，均应代扣代缴其应纳的个人所得税税款。

这里所说支付，包括现金支付、汇拨支付、转账支付和以有价证券、实物以及其他形式的支付。

（二）扣缴义务人的义务及应承担的责任

1.扣缴义务人应指定支付应纳税所得的财务会计部门或其他有关部门的人员为办税人员，由办税人员具体办理个人所得税的代扣代缴工作。

代扣代缴义务人的有关领导要对代扣代缴工作提供便利，支持办税人员履行义务；确定办税人员或办税人员发生变动时，应将名单及时报告主管税务机关。

2.扣缴义务人的法人代表（或单位主要负责人）、财会部门的负责人及具体办理代扣代缴税款的有关人员，共同对依法履行代扣代缴义务负法律责任。

3.同一扣缴义务人的不同部门支付应纳税所得时，应报办税人员汇总。

4.扣缴义务人在代扣税款时，必须向纳税人开具税务机关统一印制的代扣代收税款凭证，并详细注明纳税人姓名、工作单位、家庭住址和居民身份证或护照号码（无上述证件的，可用其他能有效证明身份的证件）等个人情况。对工资、奖金所得和利息、股息、红利所得等，因纳税人数众多、不便一一开具代扣代收税款凭证的，经主管税务机关同意，可不开具代扣代收税款凭证，但应通过一定形式告知纳税人已扣缴税款。纳税人为持有完税依据而向扣缴义务人索取代扣代收税款凭证的，扣缴义务人不得拒绝。

扣缴义务人应主动向税务机关申领代扣代收税款凭证，据以向纳税人扣税。非正式扣税凭证，纳税人可以拒收。

5.扣缴义务人对纳税人的应扣未扣的税款，其应纳税款仍然由纳税人缴纳，扣缴义务人应承担应扣未扣税款50%以上至3倍的罚款。

6.扣缴义务人应设立代扣代缴税款账簿，正确反映个人所得税的扣缴情况，并如实填写《扣缴个人所得税报告表》及其他有关资料。

7.关于行政机关、事业单位工资发放方式改革后扣缴个人所得税问题。

（1）行政机关、事业单位改革工资发放方式后，随着支付工资所得单位的变化，其扣缴义务人也有所变化。根据《个人所得税法》第八条规定，凡是有向个人支付工薪所得行为的财政部门（或机关事务管理、人事等部门）、行政机关、事业单位均为个人所得税的扣缴义务人。

（2）财政部门（或机关事务管理、人事等部门）向行政机关、事业单位工作人员发放工资时应依法代扣代缴个人所得税。行政机关、事业单位在向个人支付与其任职、受雇有关的其他所得时，应将个人的这部分所得与财政部门（或机关事务管理、人事等部门）发放的工资合并计算应纳税额，并就应纳税额与财政部门（或机关事务管理、人事等部门）已扣缴税款的差额部分代扣代缴个人所得税。

（三）代扣代缴期限

扣缴义务人每月所扣的税款，应当在次月15日内缴入国库，并向主管税务机关报送《扣缴个人所得税报告表》（略）、代扣代收税款凭证和包括每一纳税人姓名、单位、职务、收入、税款等内容的支付个人收入明细表以及税务机关要求报送的其他有关资料。

扣缴义务人违反上述规定不报送或者报送虚假纳税资料的，一经查实，其未在支付个人收入明细表中反映的向个人支付的款项，在计算扣缴义务人应纳税所得额时不得作为成本费用扣除。

扣缴义务人因有特殊困难不能按期报送《扣缴个人所得税报告表》及其他有关资料的，经县级税务机关批准，可以延期申报。

三、核定征收

核定征收是指按照征管法的有关规定对无法查账征收的纳税人所采用的一种征收形式。为了加强个人所得税的管理，有关规定如下：

1.增值税、营业税起征点提高后，对采取核定征税办法的纳税人（包括按综合征收率或按应缴纳流转税的一定比例附征个人所得税等方法的纳税人），可依据《税收征管法》和《个人所得税法》的有关规定，结合增值税和营业税起征点提高后纳税人所得相应增加的实际情况，本着科学、合理、公开的原则，重新核定纳税人的个人所得税定额。

2.任何地区均不得对律师事务所实行全行业核定征税办法。要按照《税收征管法》和国发[1997]12号文件的规定精神，对具备查账征收条件的律师事务所，实行查账征收个人所得税。

对按照《税收征管法》第三十五条的规定确实无法实行查账征收的律师事务所，经地市级地方税务局批准，应根据《财政部国家税务总局关于印发（关于个人独资企业和合伙企业投资者征收个人所得税的规定）的通知》（财税[2000]91号）中确定的应税所得率来核定其应纳税额。各地要根据其雇员人数、营业规模等情况核定其营业额，并根据当地同行业的盈利水平从高核定其应税所得率，应税所得率不得低于25%。对实行核定征税的律师事务所，应督促其建账建制，符合查账征税条件后，应尽快转为查账征税。

各地要严格贯彻执行《国家税务总局关于律师事务所从业人员取得收入征收个人所得税有关业务问题的通知》（国税发[2000]149号），对律师事务所的个人所得税加强征收管理。对作为律师事务所雇员的律师，其办案费用或其他个人费用在律师事务所报销的，在计算其收入时不得再扣除国税发[2000]149号第5条第2款规定的其收入30%以内的办理案件支出费用。

3.会计师事务所、税务师事务所、审计师事务所以及其他中介机构的个人所得税征收管理，也应按照上述律师事务所的有关原则进行处理。

四、个人所得税的计算与缴纳例示

【例9-1】张先生（中国公民，国内某单位职工）2014年12月的收入情况如下。

（1）应税工资收入（不含按规定缴纳的基本养老保险费、基本医疗保险费、失业保险费和住房公积金）为5 400元。

（2）向A企业转让一项非专利技术的使用权，成交价格10 000元。

（3）因检举、揭发某人违法犯罪行为，获得政府部门颁发奖金1 000元。

（4）为B公司搞软件设计，报酬20 000元；领取前，通过民政局捐给某福利性敬老院10 000元。

(5) 参与电视台举办的有奖竞猜活动，获得奖品价值500元。

(6) 取得省政府颁发的科技奖5 000元。

(7) 因购房领取原提存的住房公积金25 000元。

(8) 在Y国出版一部专著，稿酬25 000元，已在Y国缴纳个人所得税2 850元。

上述应税收入均为税前收入。

【要求】根据上述资料，回答下列问题：

(1) 上述收入中，哪些需缴纳个人所得税，哪些不需缴纳个人所得税？

(2) 各支付单位应扣缴的个人所得税额是多少？应在什么时间内解缴税款？

(3) 对于境外所得，张先生应如何申报纳税？

【解析】

(1) 上述收入中，第 (1)、(2)、(4)、(5)、(8) 项收入需缴纳个人所得税；第 (3)、(6)、(7) 项收入不需缴纳个人所得税。

(2) 计算各支付单位应扣缴的个人所得税

① 任职单位按“工资薪金所得”项目扣缴税款 = (5 400－3 500) ×10%－105 =85 (元)

② A企业按“特许权使用费所得”项目扣缴税款 =10 000× (1－20%) ×20%=1 600 (元)

③ B公司按“劳务报酬所得”项目扣缴税款 =[20 000×(1－20%)－10 000]×20%=1 200(元)

④电视台按“偶然所得”项目扣缴税款=500×20%=100 (元)

各支付单位每月所扣的税款，应在次月15日内缴入国库，并向税务机关报送扣缴报告表。

(3) 境外稿酬所得税款扣除限额 =25 000× (1－20%) ×20%× (1－30%) =2 800 (元)

因张先生在Y国实际缴纳个人所得税2 850元，超出扣除限额50元，不能在本年度扣除，但可在以后5个纳税年度的该国扣除限额的余额中补扣。

张先生应在年度终了后30日内，向境内户籍所在地或经常居住地税务机关申报，并提供境外税务机关填发的完税凭证原件。

【例9-2】李某是一位知名作家，2014年取得以下收入：

（1）3月出版一本小说取得稿费50 000元；

（2）7月将境内一处住房出租，租赁期限1年，月租金4 000元，当月发生修缮费1 200元（不考虑其他税费）；

（3）8月应邀出国访问期间，举办明清文学历史讲座，国外主办单位支付酬金15 000元，境外缴纳个人所得税600元；

（4）9月将国内上市公司的股票对外转让，取得转让收入 50 000元，原购入价45 000元；

（5）11月，以建造成本价格12万元从本单位购进一套市场价格20万的住房。

（提示：流转税除提示要求计算外，上述业务均忽略不计算）

【要求】根据上述资料，按下列序号计算有关纳税事项，每问需计算出合计数：

（1）计算李某2014年稿酬所得应缴纳的个人所得税；

（2）计算李某2014年出租住房应缴纳的个人所得税；

（3）计算李某2014年取得举办讲座应缴纳的个人所得税；

（4）计算李某2014年股票转让应缴纳的个人所得税；

（5）计算李某2014年购进住房应缴纳的个人所得税。

【解析】

（1）稿酬纳税应由出版社扣缴税款：

50 000×（1－20%）×20%×（1－30%）＝5 600（元）

（2）7月取得的租赁所得应缴纳个人所得税：

（4 000－800－800）×10%+（4 000－800－400）×10%+（4 000－800）×10%×4=1 760（元）

（3）8月境外讲座应在我国纳税，可抵免限额以内的境外已纳税款：

15 000×（1－20%）×20%＝2 400（元）

应在国内补交：2 400－600＝1 800（元）

（4）个人将境内上市公司股票再转让而取得的所得，暂不征收个人所得税。

(5) 单位按低于购置或建造成本价格出售住房给职工，职工因此而少支出的差价部分，属于个人所得税应税所得，应按照“工资、薪金所得”项目缴纳个人所得税，比照全年一次性奖金的征税办法，计算征收个人所得税。

差价＝20－12＝8（万元）

80 000÷12＝6 666.67（元）

适用税率为20%，速算扣除数555：

应纳税额＝80 000×20%－555＝15 445（元）

本章小结

1.个人所得税的概念：个人所得税是以自然人取得的各类应税所得为征税对象而征收的一种所得税，是政府利用税收对个人收入进行调节的一种手段。

2.个人所得税特点：实行分类征收；累进税率与比例税率并用；费用扣除额较宽；采取源泉扣缴和自行申报两种征纳方法。

3.个人所得税的征税对象：个人所得税的征税对象是个人取得的应税所得。我国个人所得税实行分类征收制，根据不同的应税所得项目，分别确定应纳税所得额。现行个人所得税法规定的应税所得项目有11项。

4.个人所得税的纳税人：个人所得税纳税人，包括中国公民（自然人）、个体工商业户以及在中国境内有所得的外籍人员（包括无国籍人员）、华侨、香港、澳门、台湾同胞。依据住所和居住时间两个标准，区分居民纳税人和非居民纳税人，分别承担不同的纳税义务。

5.个人所得税应纳税额的计算方法：采用累进税率和比例税率相结合，定额费用扣除和定率费用扣除相结合，对11类所得分别计算分别征管的计税方法。

练习与思考

一、单项选择题

1.下列属于非居民纳税人的是（　　）。

A.在中国境内无住所且不居住，但有来源于中国境内所得

B.在中国境内无住所

C.在中国境内无住所，但居住时间满1个纳税年度

D.在中国境内有住所，但目前未居住

2.某演员参加一次商业演出，取得演出费26 000元，其缴纳个人所得税时不正确的做法是（　　）。

A.应纳税额4 240元

B.适用加成征收方法

C.由演出单位代扣代缴个人所得税

D.费用扣除标准是定额800元

3.王某的一篇论文被编入某论文集出版，取得稿酬5 000元，当年因添加印数又取得追加稿酬2 000元。上述王某所获稿酬应缴纳的个人所得税为（　　）。

A.728元　　　　B.784元

C.812元　　　　D.868元

4.某工程师2014年将自己研制的一项非专利技术使用权提供给甲企业，取得技术转让收入为3 000元，又将自己发明的一项专利转让给乙企业，取得收入为45 000元。该工程师两次所得应纳的个人所得税为（　　）。

A.7 640元　　　　B.7 650元

C.7 680元　　　　D.9 200元

5.2014年8月，李某出版小说一本取得稿酬80 000元，从中拿出20 000元通过国家机关捐赠给受灾地区。李某8月份应缴纳个人所得税（　　）。

A.6 160元　　　　B.6 272元

C.8 400元　　　　D.8 960元

6.下列项目中，不适用代扣代缴方式纳税的有（　　）。

A.工资薪金所得　　　　B.稿酬所得

C.个体户生产经营所得　　　　D.劳务报酬所得

7.下列各项中，应纳个人所得税的有（　　）。

A.财产租赁所得　　　　B.退休工资

C.保险赔款　　　　D.国债利息

8.下列项目中，属于劳务报酬所得的是（　　）。

A.个人为单位或他人提供担保获得报酬

B.提供著作的版权而取得的报酬

C.将国外的作品翻译出版而取得的报酬

D.高校教师受出版社委托进行审稿取得的报酬

9.下列各项中，不能按次计算征收个人所得税的是（　　）。

A.股息红利所得　　B.稿酬所得

C.工资薪金所得　　D.财产租赁所得

10.退休职工李某本月取得下列收入，不需要缴纳个人所得税的有（　　）。

A.退休工资2 200元

B.股票红利收入1 000元

C.咨询费收入1 500元

D.杂志上发表文章稿酬3 000元

二、多项选择题

1.个人所得税应税项目中，同时采用费用定额扣除（800元）或者定率扣除（20%）的项目有（　　）。

A.财产转让所得　　B.财产租赁所得

C.特许权使用费所得　　D.劳务报酬所得

2.下列关于“次”的规定，说法正确的有（　　）。

A.同一事项连续取得收入的，以全部取得的收入为一次

B.同一作品再版取得的稿酬，应当单独看做一次所得征税

C.同一作品出版社分三次支付的稿酬，应当看做一次所得征税

D.出租房屋所得，以一个月作一次所得征税

3.下列项目中，免征、减征、不征个人所得税的有（　　）。

A.个人按规定标准取得的拆迁补偿款

B.单位为职工个人购买商业性补充养老保险

C.个人取得1 000元的单张有奖发票奖金

D.商业保险赔款

4.下列各项中，适用5%～35%的超额累进税率计征个人所得税的有（　　）。

A.个体工商户的生产经营所得

B.个人独资企业的生产经营所得

C.对企事业单位的承包经营所得

D.合伙企业的生产经营所得

5.下列各项中，应当按照工资、薪金所得项目征收个人所得税的有（　　）。

A.劳动分红　　　　B.独生子女补贴

C.差旅费津贴　　　　D.超过规定标准的误餐费

6.下列项目中，属于劳务报酬所得的是（　　）。

A.个人书画展卖取得的报酬

B.提供著作的版权而取得的报酬

C.将国外的作品翻译出版取得的报酬

D.高校教师受出版社委托进行审稿取得的报酬

7.下列各项个人所得中，应当征收个人所得税的有（　　）。

A.企业集资利息

B.从股份公司取得股息

C.企业债券利息

D.国家发行的金融债券利息

8.下列各项中，以取得的收入为应纳税所得额直接计征个人所得税的有（　　）。

A.稿酬所得　　　　B.偶然所得

C.股息所得　　　　D.特许权使用费所得

9.王某从美国取得偶然所得2 000元，已纳个人所得税100元，从美国取得稿酬所得5 000元，已经缴纳个人所得税600元，则以下说法正确的有（　　）。

A.在我国不需补税

B.境外抵免限额为960元

C.境外所得采用分国不分项计算抵免限额

D.境外所得采用分国又分项计算抵免限额

10.根据现行税法规定，下列所得可以免征个人所得税的有（　　）。

A.购买国家金融债券取得的利息

B.个人出售已购公有住房的收入

C.个人取得的教育储蓄存款利息所得

D.个人出租自有居住用房的收入

三、判断题

1.张某承揽一项房屋装饰工程，工程 2个月完工。房主第一个月支付给张某15 000元，第二个月支付20 000元。张某应缴纳个人所得税6 400元。 ( )

2.王某为一家私营企业的个人投资者，2011年该私营企业以企业资金为王某购买了一辆汽车，这应当视为企业对个人投资者利润分配，依照私营企业以企业资金为营所得”项目征收个人所得税。 ( )

3.张某承包经营一国有企业，每年上缴承包费用5万元，该承包费用在计算企业所得税时不允许税前扣除，但在计算个人所得税时允许扣除。 ( )

4.按照个人所得税法的规定，对于纳税人临时离境的，应视同在华居住，不扣减其在华居住的天数。临时离境是指一次离境不超过30天，多次离境累计不超过183天。 ( )

5.李某转让专利权收入40 000元，适用加成征收方式。 ( )

6.我国个人所得税法规定居民纳税人是在中国境内有住所并且居住时间满1个纳税年度的个人。 ( )

7.对个人按市场价格出租的居民住房，可暂按其租金收入征收10%的个人所得税。 ( )

8.个人将其应税所得，全部用于公益性捐赠，将不承担缴纳个人所得税义务。 ( )

9.纳税人从两处或者两处以上取得的工资所得，应分别在各处收入来源地申报纳税。 ( )

10.为他人提供担保取得的所得属于偶然所得。 ( )

四、案例分析题

1.某大学李教授2014年取得如下收入：

(1) 每月工资收入3 800元；1—6月份校外讲课，每月收入2 000元。

（2）一次性稿费收入6 000元。

（3）为其他公司提供技术咨询，一次性取得报酬22 000元。

（4）出租用于居住的住房，月租金收入为2 000元，全年24 000元。

（5）到期国债利息收入1 286元。

（6）在A国讲学取得收入40 000元，在B国取得特许权使用费收入70 000元，已经分别按照收入来源国税法规定缴纳了个人所得税7 000元和18 000元。

【要求】计算李教授2014年应缴纳的个人所得税。

2.某市集团公司工程师张先生，假设2014年各项收入情况如下：

（1）每月工资6 000元，12月份得全年一次性奖金100 000元。

（2）与某大学王教授合著一本专业著作，取得稿酬收入20 000元，其中：张先生分得稿酬12 000元，并拿出3 000元捐赠给希望工程基金会。

（3）当年将一项专利的使用权转让给A企业，收入3 000元，又将另一发明的使用权转让给B企业，取得收入8 000元。

（4）在A国某大学讲学取得酬金折合人民币80 000元，已被A国税法规定缴纳个人所得税折合人民币10 000元。

（5）5月将市内私有住房出租用于居住，租期1年，每月取得租金收入2 000元，当年4月发生出租房维修费1 800元（已按税法规定缴纳营业税、城建税、教育费附加）。

（6）当年取得国债利息收入6 000元，获得当地省政府颁发的科学技术奖金5 000元。

【要求】请根据上述资料计算张工程师：

（1）全年工资薪金应缴纳的个人所得税。

（2）全年一次性奖金应缴纳的个人所得税。

（3）稿酬收入应缴纳的个人所得税。

（4）转让专利、发明权应缴纳的个人所得税。

（5）劳务报酬所得应缴纳的个人所得税。

（6）出租房屋收入应缴纳的个人所得税。

（7）省级科学技术奖金、国债利息收入应缴纳的个人所得税。

(8) 张工程师2014年收入应在我国缴纳的个人所得税合计数。

3. 中国公民李某为某高校老师，2014年的收入情况如下：

(1) 3月份出版一本书，取得稿酬5 000元。该书6月至8月被某晚报连载，6月份取得稿费1 000元，7月份取得稿费1 000元，8月份取得稿费1 500元。因该书畅销，9月份出版社增加印数，又取得追加稿酬4 000元。

(2) 6月份，购买社会福利彩票中奖8 000元。

(3) 当年向两家单位提供专利权使用，一次取得收入为3 000元，另一次收入为4 500元。

(4) 学校公务用车改革，按月发给用车补贴，10月收到补贴500元，当地规定的公务用车费用扣除标准为每月300元。10月份工资3 300元，当月发放第四季度考核奖金4 000元。

【要求】按下列顺序回答问题，每问均为共计金额。

(1) 计算李某当年稿酬收入应纳的个人所得税。

(2) 计算李某当年社会福利彩票中奖收入应纳的个人所得税。

(3) 计算李某提供专利权应纳的个人所得税。

(4) 计算李某10月份工资、公务用车补贴和所获第四季度考核奖金应缴纳的个人所得税。

五、思考题

1. 如何确定居民纳税人与非居民纳税人及其纳税义务？

2. 个人所得税的应税所得项目有哪些？

3. 如何区分工资薪金所得与劳务报酬所得？

4. 试探讨个人所得税改革方向。

5. 对在中国境内无住所的个人，如何确定工资薪金所得来源地？

6. 个人所得税申报缴纳方式及其适用范围是如何规定的？

第十章

资源课税

学习目标

本章的主要税种包括资源税、土地增值税、城镇土地使用税和耕地占用税。通过本章的学习，应了解资源税类各税种的概念、特点；熟悉资源税类各税种的征税对象、纳税人、税率；掌握资源税类各税种应纳税额的计算及其征收管理规定。

重要提示

资源课税是国家以资源为征税对象征收的一类税的总称。资源税改革将促进节能减排，有利于增加地方财政收入。

资源税与增值税之间的关系是：应税矿产品同时也要交增值税，从价计征；资源税只针对开采矿产品和生产盐的单位和个人，实行从价计征或从量计征资源税。

第一节　资源税

一、资源税的概念

资源税是对在中华人民共和国领域及管辖海域从事开采应税矿产品或者生产盐的单位和个人征收的一种税，属于对自然资源占用课税的范畴。从理论上看，征收资源税的最重要理论依据是地租理论。任何单位和个人取得的矿产资源开采权，实际上是国家对矿产资源所有权的部分让渡，有责任向所有者支付其地租。

我国现行资源税具有“只对特定资源征税、受益税性质、级差收入税、实行从价定率或从量定额征收和一次课征制”的特点。

二、资源税的基本制度

（一）纳税义务人和扣缴义务人

1.纳税义务人

在中华人民共和国领域及管辖海域开采税法规定的矿产品或者生产盐的单位和个人，为资源税的纳税人。

需要说明的是：

（1）资源税是对在中国领域及管辖海域生产或开采应税资源的单位或个人征收，而对进口应税资源产品的单位或个人不征资源税。相应的对出口应税产品也不退（免）已纳的资源税。

（2）资源税是对开采或生产应税资源进行销售或自用的单位和个人，在出厂销售或移作自用时一次性征收，而对已税产品批发、零售的单位和个人不再征收资源税。

（3）开采海洋石油、天然气资源的企业，是指在中华人民共和国内海、领海、大陆架及其他属于中华人民共和国行使管辖权的海域内依法从事开采海洋石油、天然气资源的企业。

（4）根据国务院的决定，从2011年11月1日起，中外合作开采陆上、海洋石油资源的企业依法缴纳资源税，不再缴纳矿区使用费。但是，该条例施行前已依法订立的中外合作开采陆上、海洋石油资源的合同，在已约定的合同有效期内，继续按照当时国家有关规定缴纳矿区使用费，不缴纳资源税；合同期满后，依法缴纳资源税。

2.扣缴义务人

独立矿山、联合企业和其他收购未税矿产品的单位为资源税的扣缴义务人。

独立矿山是指只有采矿或只有采矿和选矿，独立核算、自负盈亏的单位，其生产的原矿和精矿主要用于对外销售。

联合企业是指采矿、选矿、冶炼（或加工）连续生产的企业或采矿、冶炼（或加工）连续生产的企业，其采矿单位，一般是该企业的二级或二级以下核算单位。

（二）税目和税率

资源税实行“普遍征收，级差调节”的原则，其征税对象仅限于矿产品和盐。

1.税目

资源税共七大税目，具体包括：

（1）原油

只对开采的天然原油征税；人造石油不征税。

（2）天然气

天然气指专门开采的天然气和与原油同时开采的天然气。对煤矿生产的天然气、对地面抽采煤层气暂不征收资源税（指赋存于煤层及其围岩中与煤炭资源伴生的非常规天然气，也称煤矿瓦斯）。

（3）煤炭

煤炭，是指原煤。对洗煤、选煤和其他煤炭制品不征税。

（4）其他非金属矿原矿

其他非金属矿原矿是指上列产品和井矿盐以外的非金属矿原矿，包括宝石、金刚石、玉石、大理石、花岗石、石灰石、石棉、膨润土等。矿泉水等水气矿产属于“其他非金属矿原矿——未列举名称的其他非金属矿原矿”。

（5）黑色金属矿原矿

黑色金属矿原矿包括铁矿石、锰矿石、铬矿石。

（6）有色金属矿原矿

有色金属矿原矿包括铜矿石、铅锌矿石、铝土矿石、钨矿石、锡矿石、锑矿石、铝矿石、镍矿石、黄金矿石等。

（7）盐

盐包括固体盐和液体盐，固体盐有海盐原盐、湖盐原盐和井矿盐。液体盐俗称卤水，是指氯化钠含量达到一定浓度的溶液，是用于生产碱和其他产品的原料。

【知识点应用】

下列各项中，属于资源税应税产品的有（　　）。

A.石灰石　　B.煤矿瓦斯

C.井矿盐　　D.进口原油

【答案】AC

2.税率

资源税税率形式有三种，原油、天然气和煤炭采用幅度比例税率，稀土矿、钨矿、钼矿资源税采用比例税率，其他矿产品和盐采用幅度定额税率（详见表10-1）。自2015年5月1日起实施稀土矿、钨矿、钼矿资源税清费立税、从价计征改革。

纳税人具体适用的税率，在《资源税税目税率表》规定的税率幅度内，根据纳税人所开采或者生产应税产品的资源品位、开采条件等情况，由财政部等国务院有关部门确定。

纳税人在开采主矿产品的过程中伴采的其他应税矿产品，凡未单独规定适用税额的，一律按主矿产品或视同主矿产品税目征收资源税。

财政部未列举名称且未确定具体适用税率的其他非金属矿原矿和有色金属矿原矿，由省、自治区、直辖市人民政府根据实际情况确定，报财政部和国家税务总局备案。

纳税人开采或者生产不同税目应税产品的，应当分别核算不同税目应税产品的销售额或者销售数量；未分别核算或者不能准确提供不同税目应税产品的销售额或者销售数量的，从高适用税率。

独立矿山、联合企业收购未税资源税应税产品的单位，按照本单位应税产品税额（率）标准，依据收购的数量（金额）代扣代缴资源税。

其他收购单位收购的未税资源税应税产品，按主管税务机关核定的应税产品税额（率）标准，依据收购的数量（金额）代扣代缴资源税。

表10-1 **资源税税目税率表**

税目		税率
一、原油		销售额的5%～10%
二、天然气		销售额的5%～10%
三、煤炭		销售额的2%～10%
四、其他非金属矿原矿	普通非金属矿原矿	每吨或者每立方米0.5～20元
	贵重非金属矿原矿	每千克或者每克拉0.5～20元
五、黑色金属矿原矿		每吨2～30元
六、有色金属矿原矿	稀土矿	
	轻稀土	内蒙古11.5%、四川9.5%、山东7.5%
	中重稀土	27%
	钨矿	6.5%
	钼矿	11%
	其他有色金属矿原矿	每吨0.4～30元
七、盐	固体盐	每吨10～60元
	液体盐	每吨2～10元

自2014年12月1日起，原油、天然气矿产资源补偿费费率降为零，相应将资源税适用税率由5%提高至6%。

三、资源税的计算

（一）计税依据的确定

资源税采取从价定率或从量定额的办法征收，其计税依据是应税资源产品的销售额或课税数量。

1.一般规定

纳税人开采或者生产应税产品销售的，以销售额或销售数量为计税依据；

销售额为纳税人销售应税产品向购买方收取的全部价款和价外费用，但不包括收取的增值税销项税额。

价外费用，包括价外向购买方收取的手续费、补贴、基金、集资费、返还利润、奖励费、违约金、滞纳金、延期付款利息、赔偿金、代收款项、代垫款项、包装费、包装物租金、储备费、优质费、运输装卸费以及其他各种性质的价外收费。但下列项目不包括在内：

一是同时符合以下条件的代垫运输费用：①承运部门的运输费用发票开具给购买方的；②纳税人将该项发票转交给购买方的。

二是同时符合以下条件代为收取的政府性基金或者行政事业性收费：①由国务院或者财政部批准设立的政府性基金，由国务院或者省级人民政府及其财政、价格主管部门批准设立的行政事业性收费；②收取时开具省级以上财政部门印制的财政票据；③所收款项全额上缴财政。

纳税人开采或者生产应税产品，自用于连续生产应税产品的，不缴纳资源税；自用于其他方面的，视同销售，依照本条例缴纳资源税。应当征收资源税的视同销售的自产自用产品，包括用于非生产项目和生产非应税产品两部分。

销售数量包括生产销售数量和视同销售数量，视同销售数量以自用数量为课税数量。

2.特殊规定

（1）特殊销售额的确定

纳税人开采应税产品由其关联单位对外销售的，按其关联单位的销售额征收资源税。

纳税人既有对外销售应税产品，又有将应税产品自用于除连续生产应税产品以外的其他方面的，则自用的这部分应税产品，按纳税人对外销售应税产品的平均价格计算销售额征收资源税。

纳税人将其开采的应税产品直接出口的，按其离岸价格（不含增值税）计算销售额征收资源税。

原油中的稠油、高凝油与稀油划分不清或不易划分的，一律按原油的数量和金额课税。凝析油视同原油，征收资源税。

（2）自产自用产品的课税数量

资源税纳税人自产自用应税产品，因无法准确提供移送使用量而采取折算比换算课税数量办法的，具体规定如下：

纳税人不能准确提供应税产品销售数量或移送使用数量的，以应税产品的产量或主管税务机关确定的折算比，换算成的数量为课税数量。

煤炭，对于连续加工前无法正确计算原煤移送使用量的，可按加工产品的综合回收率，将加工产品实际销量和自用量折算成的原煤数量作为课税数量。

金属和非金属矿产品原矿，因无法准确掌握纳税人移送使用原矿数量的，可将其精矿按选矿比折算成的原矿数量作为课税数量。

纳税人以自产的液体盐加工固体盐，按固体盐税额征税，以加工的固体盐数量为课税数量。纳税人以外购的液体盐加工成固体盐，其加工固体盐所耗用液体盐的已纳税额准予抵扣。

（3）收购数量（金额）的确定比照课税数量（销售额）的规定执行。

3.关于应税煤炭销售额

（1）纳税人开采原煤直接对外销售的，以原煤销售额作为应税煤炭销售额计算缴纳资源税。原煤销售额不含从坑口到车站、码头等的运输费用。

（2）纳税人将其开采的原煤，自用于连续生产洗选煤的，在原煤移送使用环节不缴纳资源税；自用于其他方面的，视同销售原煤，计算缴纳资源税。

（3）纳税人将其开采的原煤加工为洗选煤销售的，以洗选煤销售额乘以折算率作为应税煤炭销售额计算缴纳资源税。洗选煤销售额包括洗选副产品的销售额，不包括洗选煤从洗选煤厂到车站、码头等的运输费用。折算率由省、自治区、直辖市财税部门或其授权地市级财税部门确定。

（4）纳税人将其开采的原煤加工为洗选煤自用的，视同销售洗选煤，计算缴纳资源税。

4.关于稀土、钨、钼的规定

纳税人2015年5月1日前开采的稀土、钨、钼原矿或加工的精矿，在2015年5月1日后销售和自用的，按新规定缴纳资源税；2015年5月1日前签订的稀土、钨、钼销售原矿或精矿的合同，在2015年5月1日后收讫销售款或者取得索取销售款凭据的，按新规定缴纳资源税。

2015年5月1日后销售的稀土、钨、钼精矿，其所用原矿如果此前已按从量定额办法缴纳了资源税，这部分已缴税款可在其应纳税额中抵减。

5.核定销售额

纳税人申报的应税产品销售额明显偏低并且无正当理由的、有视同销售应税产品行为而无销售额的，除财政部、国家税务总局另有规定外，按下列顺序确定销售额：

（1）按纳税人最近时期同类产品的平均销售价格确定。

（2）按其他纳税人最近时期同类产品的平均销售价格确定。

（3）按组成计税价格确定。组成计税价格为：

组成计税价格＝成本×（1+成本利润率）÷（1－税率）

公式中的成本是指应税产品的实际生产成本。公式中的成本利润率由省、自治区、直辖市税务机关确定。

【知识点应用】

某纳税人本期以自产液体盐50 000吨和外购液体盐10 000吨（每吨已缴纳资源税5元）加工固体盐12 000吨对外销售，取得销售收入600万元。已知固体盐税额为每吨30元，计算该纳税人本期应缴纳的资源税。

【答案】

应纳资源税=12 000×30－10 000×5=310 000（元）

（二）应纳税额的计算

资源税的应纳税额，按照从价定率或者从量定额的办法，分别以应税产品的销售额乘以纳税人具体适用的比例税率或者以应税产品的销售数量乘以纳税人具体适用的定额税率计算。

1.从价定率

应纳税额=销售额×比例税率

2.从量定额

应纳税额=课税数量×单位税额

【知识点应用】

某铜矿2014年9月销售铜精矿4 000吨（选矿比为20%），每吨不含税售价1 500元，当地铜矿石资源税每吨1.2元，试计算应纳资源税和增值税税额。

【答案】

应纳资源税=4 000×1÷20%×1.2=24 000（元）

应纳增值税=1 500×4 000×17%=1 020 000（元）

（三）税收优惠

有下列情形之一的，减征或者免征资源税：

1.开采原油过程中用于加热、修井的原油，免税。

2.纳税人开采或者生产应税产品过程中，因意外事故或者自然灾害等原因遭受重大损失的，由省、自治区、直辖市人民政府酌情决定减税或者免税。

3.铁矿石资源税减按80%征收；尾矿再利用不征收资源税。2014年12月1日起，对稠油、高凝油和高含硫天然气资源税减征40%；对三次采油资源税减征30%；对低丰度油气田资源税暂减征20%；对深水油气田资源税减征30%。

4.从2007年1月1日起，对地面抽采煤层气（煤矿瓦斯）暂不征收资源税。2014年12月1日起，对衰竭期煤矿开采的煤炭，资源税减征30%；对充填开采置换出来的煤炭，资源税减征50%。

5.国务院规定的其他减税、免税项目。

纳税人的减税、免税项目，应当单独核算销售额或者销售数量；未单独核算或者不能准确提供销售额或者销售数量的，不予减税或者免税。

四、资源税的征收管理

（一）纳税义务发生时间

1.纳税人生产销售应税产品，其纳税义务发生时间为：采取分期收款结算方式的，为销售合同规定的收款日期的当天；采取预收货款结算方式的，为发出应税产品的当天；采取其他结算方式的，为收讫销售款或者取得索取销售款凭据的当天。

2.纳税人自产自用应税产品的，其纳税义务发生时间为移送使用应税产品的当天。

3.扣缴义务人代扣代缴资源税的纳税义务发生时间为支付首笔货款或首次开具支付货款凭据的当天。

【知识点应用】

下列各项中，符合资源税纳税义务发生时间规定的有（　　）。

A.采取分期收款结算方式的，为实际收到款项的当天

B.采取预收贷款结算方式的，为发出应税产品的当天

C.自产自用应税产品的，为移送使用应税产品的当天

D.采取其他结算方式的，为收讫销售款或取得索取销售款凭据的当天

【答案】BCD

（二）纳税期限

资源税的纳税期限为1日、3日、5日、10日、15日或者1个月。纳税人的纳税期限由主管税务机关根据实际情况具体核定，不能按固定期限计算纳税的，可以按次计算纳税。

纳税人以1个月为一期纳税的，自期满之日起10日内申报纳税；以1日、3日、5日、10日或者15日为一期纳税的，自期满之日起5日内预缴税款，于次月1日起10日内申报纳税并结清上月税款。

扣缴义务人的解缴税款期限，比照上述规定执行。

（三）纳税地点

凡缴纳资源税的纳税人，都应当向应税产品的开采或者生产所在地主管税务机关缴纳。

纳税人在本省、自治区、直辖市范围内开采或者生产应税产品，其纳税地点需要调整的，由所在地省、自治区、直辖市税务机关决定。

跨省、自治区、直辖市开采或者生产资源税应税产品的纳税人，其下属生产单位与核算单位不在同一省、自治区、直辖市的，对其开采或者生产的应税产品，一律在开采地或者生产地纳税。实行从量计征的应税产品，其应纳税款一律由独立核算的单位按照每个开采地或者生产地的销售量及适用税率计算划拨；实行从价计征的应税产品，其应纳税款一律由独立核算的单位按照每个开采地或者生产地的销售量、单位销售价格及适用税率计算划拨。

扣缴义务人代扣代缴的资源税，应当向收购地主管税务机关缴纳。

【知识点应用】

甲县某独立矿山2014年7月份开采铜矿石原矿3万吨，当月还到乙县收购未税铜矿石原矿5万吨并运回甲县，上述矿石的80%已在当月销售。假定甲县铜矿石原矿单位税额每吨5元，计算该独立矿山7月份应向甲县税务机关缴纳的资源税。

【答案】

应纳税额=3×80%×5=12（万元）

第二节　土地增值税

一、土地增值税的概念

土地增值税是对有偿转让国有土地使用权及地上建筑物和其他附着物产权，取得增值收入的单位和个人征收的一种税。具有“以转让房地产的增值额为计税依据、征税面比较广、实行超率累进税率和实行按次征收”的特点。

二、土地增值税的基本制度

（一）纳税义务人

土地增值税的纳税义务人为转让国有土地使用权、地上的建筑物及其附着物（以下简称转让房地产）并取得收入的单位和个人。单位包括各类企业、事业单位、国家机关和社会团体及其他组织。个人包括个体经营者。

（二）征税对象及范围

土地增值税的征税对象是土地增值额，其征税范围的判定标准为：

（1）转让的土地使用权是否属于国家所有；

（2）土地使用权、地上建筑物及其附着物是否发生产权转让；

（3）转让房地产是否取得收入。

土地增值税的具体范围包括：

（1）转让国有土地使用权；

（2）地上的建筑及其附着物连同国有土地使用权一并转让；

（3）存量房地产的买卖；

（4）房地产的交换。（个人之间互换自有居住用房地产的，免征土地增值税）

【思考】

房地产的继承、赠与、出租、出让、抵押、投资联营、合作建房、兼并转让、代建房行为以及评估增值是否应当缴纳土地增值税？

【知识点应用】

下列项目中，按税法规定可以不征土地增值税的有（　　）。

A.国家机关转让自用的房产

B.税务机关拍卖欠税单位的房产

C.对国有企业进行评估增值的房产

D.房地产的出租出让

【答案】CD

（三）税率

土地增值税实行四级超率累进税率（详见表10-2），每级“增值额未超过扣除项目金额”的比例，均包括本比例数。

表10-2　**土地增值税四级超率累进税率表**

级数	增值额与扣除项目金额的比率	税率（%）	速算扣除系数（%）
1	不超过50%的部分	30	0
2	超过50%至100%的部分	40	5
3	超过100%至200%的部分	50	15
4	超过200%的部分	60	35

三、土地增值税的计算

（一）计税依据的确定

土地增值税是以土地增值额为计税依据。

土地增值额=转让收入－扣除项目金额

1.转让收入的确定

转让收入为转让房地产取得的货币收入、实务收入以及其他收入。

2.扣除项目金额的确定

根据转让项目的性质不同，可进行以下划分：

（1）对于新建房地产转让，可扣除：

①取得土地使用权所支付的金额包括纳税人为取得土地使用权所支付的地价款和纳税人在取得土地使用权时按国家统一规定缴纳的有关费用。

②房地产开发成本包括土地的征用及拆迁补偿费、前期工程费、建筑安装工程费、基础设施费、公共配套设施费、开发间接费用等。

③房地产开发费用主要指期间费用，包括销售费用、管理费用和财务费用。

第一，纳税人能够按转让房地产项目计算分摊利息支出，并能提供金融机构的贷款证明的：

$$\frac{\text{房地产}}{\text{开发费用}}=\text{利息}+\left(\frac{\text{取得土地使用权}}{\text{所支付的金额}}+\frac{\text{房地产}}{\text{开发成本}}\right)\times 5\%$$

这里的利息需注意两点：一是不能超过按商业银行同类同期银行贷款利率计算的金额；二是不包括加息、罚息。

第二，纳税人不能按转让房地产项目计算分摊利息支出，或不能提供金融机构贷款证明的：

$$\frac{\text{房地产}}{\text{开发费用}}=\left(\frac{\text{取得土地使用权}}{\text{所支付的金额}}+\frac{\text{房地产}}{\text{开发成本}}\right)\times 10\%$$

具体比例由各省、自治区、直辖市人民政府规定。

④与转让房地产有关的税金

专营房地产开发的企业，允许扣除的税金有营业税、城建税和教育费附加。

兼营房地产开发的企业，允许扣除的税金有营业税、城建税和教育费附加及印花税。

⑤财政部规定的其他扣除项目：从事房地产开发的纳税人可加计20%的扣除，公式为：

$$\text{加计扣除费用}=(\text{取得土地使用权支付的金额}+\text{房地产开发成本})\times 20\%$$

（2）对于存量房地产转让，可扣除：

①房屋及建筑物的评估价格。

旧房及建筑的评估价格是指在转让已使用的房屋及建筑时，由政府批准设立的房地产评估机构评定的重置成本价乘以成新度折扣率后的价格。

评估价格 = 重置成本价×成新度折扣率

重置成本的含义是对旧房及建筑物，按转让时的建材价格及人工费用计算，建造同样面积、同样层次、同样结构、同样建设标准的新房及建筑物所需花费的成本费用。

②取得土地使用权所支付的地价款和按国家统一规定交纳的有关费用。

③转让环节缴纳的税金，同新建房地产企业。

【知识点应用】

某国有企业2012年5月在市区购置一栋办公楼，支付价款8 000万元。2014年5月，该企业将办公楼转让，取得收入10 000万元，签订产权转移书据。办公楼经税务机关认定的重置成本价为12 000万元，成新率70%.该企业在缴纳土地增值税时计算的增值额为（　　）。

A.400万元　　B.1 485万元　　C.1 490万元　　D.200万元

【答案】B

（二）应纳税额的计算

应纳税额 = 增值额×适用税率 − 扣除项目金额×速算扣除系数

计算土地增值税有4个步骤：第一，计算扣除项目金额。第二，计算土地增值额。第三，计算土地增值率。第四，计算应纳税额。

【知识点应用】

某市房地产开发企业建造商品房一幢，建房总支出3 000万元，有关费用为：

（1）支付地价款200万元；

（2）土地征用及拆迁补偿费120万元；

（3）前期工程费180万元；

（4）基础设施费200万元；

（5）建筑安装工程费1 500万元；

（6）公共配套设施费200万元；

（7）期间费用600万元，其中利息支出500万元（利息能按房地产项目分摊，并有金融机构贷款证明）。其他房地产开发费用扣除比例为5%。

该房地产开发企业将商品房卖出，取得收入6 000万元，并按规定缴纳了营业税、城建税、印花税和教育费附加。试计算该企业应缴纳的土地增值税。

【答案】

（1）应纳营业税＝6 000×5%＝300（万元）

（2）应纳城建税和教育费附加＝6 000×5%×（7%+3%）＝30（万元）

（3）应纳土地增值税

允许扣除的房地产开发成本＝120+180+200+1 500+200＝2 200（万元）

允许扣除的房地产开发费用和其他扣除项目合计

＝500+（200+2 200）×5%+（200+2 200）×20%＝1 100（万元）

扣除项目金额＝200+2 200+1 100+330=3 830（万元）

增值额＝6 000－3 830＝2 170（万元）

增值额占扣除项目金额比率＝2 170÷3 830×100%＝56.7%

适用土地增值税率40%，扣除率5%。

应纳土地增值税＝2 170×40%－3 830×5%＝676.5（万元）

在实际的房地产交易过程中，纳税人有下列情形之一的，则按照房地产评估价格计算征收土地增值税：

1.隐瞒、虚报房地产成交价格的。

2.提供扣除项目金额不实的。

3.转让房地产的成交价格低于房地产评估价格，又无正当理由的。

4.旧房及房地产的转让。

（三）税收优惠

1.建造普通标准住宅的税收优惠

纳税人建造普通标准住宅出售，增值额未超过扣除项目金额20%的，免征土地增值税。如果超过20%的，应就其全部增值额按规定计税。

2.国家征用收回的房地产的税收优惠

因城市实施规划、国家建设的需要而被政府批准征用的房产或收回的土地使用权，免征土地增值税。

3.因城市实施规划、国家建设的需要而搬迁由纳税人自行转让原房地产的税收优惠

因城市实施规划、国家建设的需要而搬迁，由纳税人自行转让原房地产的，比照有关规定免征土地增值税。

4.个人转让房地产的税收优惠

个人因工作调动或改善居住条件而转让原自用住房，经向税务机关申报核准，土地增值税减免税优惠如下：

（1）居住满5年或5年以上的，免征土地增值税。

（2）居住满3年未满5年的，减半征收土地增值税。

（3）居住未满3年的，按规定计征土地增值税。

【知识点应用】

下列各项中，符合土地增值税征收管理有关规定的有（　　）。

A.纳税人建造普通标准住宅出售，增值额未超过扣除项目金额20%的，减半征收土地增值税

B.纳税人建造普通标准住宅出售，增值额未超过扣除项目金额20%的，免征土地增值税

C.纳税人建造普通标准住宅出售，增值额超过扣除项目金额20%的，应对其超过部分的增值额按规定征收土地增值税

D.纳税人建造普通标准住宅出售，增值额超过扣除项目金额20%的，应就其全部增值额按规定征收土地增值税

【答案】BD

四、土地增值税的征收管理

（一）纳税地点

土地增值税的纳税人应向房地产所在地主管税务机关办理纳税申报，并在税务机关核定的期限内缴纳土地增值税。

1.纳税人是法人的

当转让的房地产坐落地与其机构所在地或经营所在地一致时，则在

办理税务登记的原管辖税务机关申报纳税即可；如果转让的房地产坐落地与其机构所在地或经营所在地不一致时，则应在房地产坐落地所管辖的税务机关申报纳税。

2.纳税人是自然人的

当转让的房地产坐落地与其居住所在地一致时，则在住所所在地税务机关申报纳税；当转让的房地产坐落地与其居住所在地不一致时，在办理过户手续所在地的税务机关申报纳税。

（二）纳税申报

土地增值税的纳税人应在转让房地产合同签订后的7日内，到房地产所在地主管税务机关办理纳税申报，并向税务机关提交房屋及建筑物产权证、土地使用权证书，土地转让、房产买卖合同，房地产评估报告及其他与转让房地产有关的资料。纳税人因经常发生房地产转让而难以在每次转让后申报的，经税务机关审核同意后，可以定期进行纳税申报，具体期限由税务机关根据情况确定。

（三）房地产开发企业土地增值税清算

1.土地增值税的清算条件

（1）符合下列情形之一的，纳税人应当进行土地增值税的清算：

①房地产开发项目全部竣工、完成销售的。

②整体转让未竣工决算房地产开发项目的。

③直接转让土地使用权的。

（2）符合下列情形之一的，主管税务机关可要求纳税人进行土地增值税清算：

①已竣工验收的房地产开发项目，已转让的房地产建筑面积占整个项目可售建筑面积的比例在85%以上，或该比例虽未超过85%，但剩余的可售建筑面积已经出租或自用的。

②取得销售（预售）许可证满三年仍未销售完毕的。

③纳税人申请注销税务登记但未办理土地增值税清算手续的。

④省税务机关规定的其他情况。

2.纳税人清算土地增值税时应提供的清算资料

（1）土地增值税清算表及其附表。

（2）房地产开发项目清算说明，主要内容应包括房地产开发项目立项、用地、开发、销售、关联方交易、融资、税款缴纳等基本情况及主管税务机关需要了解的其他情况。

（3）项目竣工决算报表、取得土地使用权所支付的地价款凭证、国有土地使用权出让合同、银行贷款利息结算通知单、项目工程合同结算单、商品房购销合同统计表、销售明细表、预售许可证等与转让房地产的收入、成本和费用有关的证明资料。主管税务机关需要相应项目记账凭证的，纳税人还应提供记账凭证复印件。

（4）纳税人委托税务中介机构审核鉴证的清算项目，还应报送中介机构出具的《土地增值税清算税款鉴证报告》。

第三节 城镇土地使用税

一、城镇土地使用税的概念

城镇土地使用税是以城镇土地为征税对象，对拥有土地使用权的单位和个人征收的一种税。城镇土地使用税具有“征税对象是国有土地、征税范围广、实行差别幅度税额“的特点。

二、城镇土地使用税的基本制度

（一）纳税义务人

在城市、县城、建制镇、工矿区范围内使用土地的单位和个人，为城镇土地使用税（以下简称土地使用税）的纳税人。单位包括国有企业、集体企业、私营企业、股份制企业、外商投资企业和外国企业在华机构、事业单位、社会团体、国家机关、军队及其他单位，个人包括个体工商户及其他个人。

纳税人具体包括以下几类：

1.拥有土地使用权的单位和个人。

2.拥有土地使用权的单位和个人不在土地所在地的，其土地的实际使用人和代管人为纳税人。

3.土地使用权未确定或权属纠纷未解决的，其实际使用人为纳税人。

4.土地使用权共有的，共有各方都是纳税人，由共有各方分别纳税。

（二）征税范围

城镇土地使用税的征税范围，包括在城市、县城、建制镇和工矿区内的国家所有和集体所有的土地，不包括农村集体所有的土地。具体标准确认为：

1.城市是指经国务院批准设立的市，包括市区和郊区的土地。

2.县城是指县人民政府所在地，指县人民政府所在地的城镇土地。

3.建制镇是指经省、自治区、直辖市人民政府批准设立的建制镇，指镇人民政府所在地的土地。

4.工矿区是指工商业比较发达，人口比较集中，符合国务院规定的建制镇标准，但尚未设立建制镇的大中型工矿企业所在地，工矿区须经省、自治区、直辖市人民政府批准。

5.自2009年1月1日起，公园、名胜古迹内的索道公司经营用地，应按规定缴纳城镇土地使用税。

6.对在城镇土地使用税征税范围内单独建造的地下建筑用地，暂按应征税款的50%征收城镇土地使用税。其中：已取得地下土地使用权证的，按土地使用权证确认的土地面积计算应征税款；未取得地下土地使用权证或地下土地使用权证上未标明土地面积的，按地下建筑垂直投影面积计算应征税款。

7.建立在城市、县城、建制镇和工矿以外的工矿企业则不需缴纳城镇土地使用税。

（三）税率

城镇土地使用税采用定额税率，即采用有幅度的差别税额，按大、中、小城市和县城、建制镇、工矿区分别规定每平方米土地使用税单位税额（详见表10-3）。

大、中、小城市以公安部门登记在册的非农业正式户口人数为依据，按照国务院颁布的《城市规划条例》中规定的标准划分。

各省、自治区、直辖市人民政府可根据市政建设情况和经济繁荣程度在规定税额幅度内，确定所辖地区的适用税额幅度。经济落后地区，土地使用税的适用税额标准可适当降低，但降低额不得超过上述规定最低税额的30%。经济发达地区的适用税额标准可以适当提高，但须报财政部批准。

表10-3 **城镇土地使用税税率表**

级 别	人口（人）	每平方米税额（元/年）
大城市	50万以上	1.5～30
中等城市	20万～50万	1.2～24
小城市	20万以下	0.9～18
县城、建制镇、工矿区		0.6～12

土地使用税规定幅度税额主要考虑到我国各地区存在着悬殊的土地级差收益，同一地区内不同地段的市政建设情况和经济繁荣程度也有较大的差别。把土地使用税税额定为幅度税额，拉开档次，而且每个幅度税额的差距规定为20倍。

三、城镇土地使用税的计算

（一）计税依据的确定

城镇土地使用税的计税依据是纳税人实际占用的土地面积。具体为：

1.以测定面积为计税依据，适用于由省、自治区、直辖市人民政府确定的单位组织测定土地面积的纳税人。

2.以证书确认的土地面积为计税依据，适用尚未组织测量土地面积，但持有政府部门核发的土地使用证书的纳税人。

3.以申报的土地面积为计税依据，适用于尚未核发土地使用证书的纳税人。

【知识点应用】

某城市的一家公司，实际占地23 000平方米。由于经营规模扩大，年初该公司又受让了一块尚未办理土地使用证的土地3 000平方米，公司按其当年开发使用的2 000平方米土地面积进行申报纳税，以上土地均适用每平方米2元的城镇土地使用税税额。该公司当年应缴纳城镇土地使用税为（　　）。

A.46 000元　　　B.48 000元

C.50 000元　　　D.52 000元

【答案】C

（二）应纳税额的计算

（全年）应纳税额＝实际占用应税土地面积（平方米）×适用税额

【知识点应用】

某盐场2014年度占地200 000平方米，其中办公楼占地20 000平方米，盐场内部绿化占地50 000平方米，盐场附属幼儿园占地10 000平方米，盐滩占地120 000平方米。盐场所在地城镇土地使用税单位税额每平方米0.7元。计算该盐场2014年应缴纳的城镇土地使用税。

【答案】

应纳税额＝（200 000－10 000－120 000）×0.7=49 000（元）

企业内部的幼儿园、盐场的盐滩占地免征城镇土地使用税。

（三）税收优惠

1.《中华人民共和国城镇土地使用税暂行条例》（以下简称《城镇土地使用税暂行条例》）或其他法规中规定的统一免税项目，具体规定如下：

（1）国家机关、人民团体、军队自用的土地。

（2）由国家财政部门拨付事业经费的单位自用的土地。

（3）宗教寺庙、公园、名胜古迹自用的土地。

以上单位的生产、经营用地和其他用地，不属于免税范围，应按规定缴纳土地使用税，如公园、名胜古迹中附设的营业单位如影剧院、饮食部、茶社、照相馆使用的土地。

【知识点应用】

某人民团体A、B两栋办公楼，A占地3 000平方米，B占地1 000平方米。2014年3月31日至12月31日该团体将B栋出租。当地城镇土地使用税的税率为每平方米15元，计算该团体2014年应缴纳城镇土地使用税。

【答案】

应纳城镇土地使用税＝1 000×15÷12×9＝11 250（元）

（4）市政街道、广场、绿化地带等公共用地。

（5）直接用于农、林、牧、渔业的生产用地。

(6) 经批准开山填海整治的土地和改造的废弃土地，从使用的月份起免缴土地使用税5年至10年。

(7) 对非营利性医疗机构、疾病控制机构和妇幼保健机构等卫生机构自用的土地，免征城镇土地使用税。

(8) 企业办的学校、医院、托儿所、幼儿园，其用地能与企业其他用地明确区分的，免征城镇土地使用税。

(9) 免税单位无偿使用纳税单位的土地（如公安、海关等单位使用铁路、民航等单位的土地），免征城镇土地使用税。纳税单位无偿使用免税单位的土地，纳税单位应照章缴纳城镇土地使用税。纳税单位与免税单位共同使用、共有使用权土地上的多层建筑，对纳税单位可按其占用的建筑面积占建筑总面积的比例计征城镇土地使用税。

【知识点应用】

某公司与政府机关共同使用一栋共有土地使用权的建筑物。该建筑物占用土地面积2 000平方米，建筑面积10 000平方米（公司与机关的占用比例为4∶1），该公司所在市城镇土地使用税单位税额每平方米5元。计算该公司应纳城镇土地使用税。

【答案】

应纳税额＝2 000×5×4÷5＝8 000（元）

(10) 对行使国家行政管理职能的中国人民银行总行（含国家外汇管理局）所属分支机构自用的土地，免征城镇土地使用税。

2. 为了体现国家的产业政策，支持重点产业的发展，对石油、电力、煤炭等能源用地，民用港口、铁路等交通用地和水利设施用地，三线调整企业、盐业、采石场、邮电等一些特殊用地划分了征免税界限和给予政策性减免税照顾。具体规定如下：

(1) 对企业的铁路专用线、公路等用地，在厂区以外、与社会公用地段未加隔离的，暂免征收城镇土地使用税。

(2) 对企业厂区以外的公共绿化用地和向社会开放的公园用地，暂免征收城镇土地使用税。

(3) 对矿山的采矿场、排土场、尾矿库、炸药库的安全区、采区运矿及运岩公路、尾矿输送管道及回水系统用地，免征城镇土地使用税。

对矿山企业采掘地下矿造成的塌陷地以及荒山占地，在利用之前，暂免征收城镇土地使用税。

（4）对盐场的盐滩、盐矿的矿井用地，暂免征收城镇土地使用税。

（5）自2007年1月1日起，在城镇土地使用税征收范围内经营采摘、观光业的单位和个人，其直接用于采摘、观光的种植、养殖、饲养的土地，根据《城镇土地使用税暂行条例》第六条中“直接用于农、林、牧、渔的生产用地”的规定，免征城镇土地使用税。

3.由省、自治区、直辖市地方税务局确定的减免税项目。

（1）个人所有的居住房屋及院落用地。

（2）房产管理部门在房租调整改革前经租的居民住房用地。

（3）免税单位职工家属的宿舍用地。

（4）民政部门举办的安置残疾人占一定比例的福利工厂用地。

（5）集体和个人办的各类学校、医院、托儿所、幼儿园用地。

（6）向居民供热并向居民收取采暖费的供热企业暂免征收土地使用税。对既向居民供热，又向非居民供热的企业，可按向居民供热收取的收入占其总供热收入的比例划分征免税界限；对于兼营供热的企业，可按向居民供热收取的收入占其生产经营总收入的比例划分征免税界限。

【知识点应用】

下列各项中，属于法定免征城镇土地使用税的有（　　）。

A.个人办的托儿所、幼儿园用地

B.工业企业仓库用地

C.公园的照相馆用地

D.向居民供热并向居民收取采暖费的供热企业用地

【答案】AD

四、城镇土地使用税的征收管理

（一）纳税期限

城镇土地使用税实行按年计算、分期缴纳的征收方法，具体纳税期限由省、治区、直辖市人民政府确定。

（二）纳税义务发生时间

1.纳税人购置新建商品房，自房屋交付使用之次月起，缴纳城镇土地使用税。

2.纳税人购置存量房，自办理房屋权属转移、变更登记手续，房地产权属登记机关签发房屋权属证书之次月起，缴纳城镇土地使用税。

3.纳税人出租、出借房产，自交付出租、出借房产之次月起，缴纳城镇土地使用税。

4.以出让或转让方式有偿取得土地使用权的，应由受让方从合同约定交付时间的次月起缴纳城镇土地使用税；合同未约定交付时间的，由受让方从合同签订的次月起缴纳城镇土地使用税。

5.纳税人新征用的耕地，自批准征用之日起满1年时开始缴纳土地使用税。

6.纳税人新征用的非耕地，自批准征用次月起缴纳土地使用税。

7.自2009年1月1日起，纳税人因土地的权利发生变化而依法终止城镇使用税纳税义务的，其应纳税款的计算应截止到土地权利发生变化的当月末。

（三）纳税地点和征收机构

城镇土地使用税在土地所在地缴纳。

纳税人使用的土地不属于同一省、自治区、直辖市管辖的，由纳税人分别向土地所在地的税务机关缴纳土地使用税；在同一省、自治区、直辖市管辖范围内，税人跨地区使用的土地，其纳税地点由各省、自治区、直辖市地方税务局确定。

土地使用税由土地所在地的地方税务机关征收，其收入纳入地方财政预管理。土地使用税征收工作涉及面广，政策性较强，在税务机关负责征收的同时，还必须注意加强同国土管理、测绘等有关部门的联系，及时取得土地的权属资料，沟通情况，共同协作做好征收管理工作。

第四节　耕地占用税

一、耕地占用税的概念

耕地占用税是对占用耕地建房或从事其他非农业建设的单位和个人，就其实际占用的耕地面积征收的一种税，它属于对特定土地资源占用课税。耕地占用税具有“兼具资源税与特定行为税的性质、采用地区差别税率、在占用耕地环节一次性课征以及税收收入专用于耕地开发与改良”的特点。

二、耕地占用税的基本制度

（一）纳税义务人

耕地占用税的纳税义务人，是占用耕地建房或从事非农业建设的单位和个人。所称单位，包括国有企业、集体企业、私营企业、股份制企业、外商投资企业、外国企业以及其他企业和事业单位、社会团体、国家机关、军队以及其他单位；所称个人，包括个体工商户以及其他个人。

（二）征税范围

耕地占用税的征税范围包括纳税人为建房或从事其他非农业建设而占用的国家所有和集体所有的耕地。

所谓“耕地”是指种植农业作物的土地，包括菜地、园地。其中，园地包括花圃、苗圃、茶园、果园、桑园和其他种植经济林木的土地。占用鱼塘及其他农用土地建房或从事其他非农业建设，也视同占用耕地，必须依法征收耕地占用税。占用已开发从事种植、养殖的滩涂、草场、水面和林地等从事非农业建设，由省、自治区、直辖市本着有利于保护土地资源和生态平衡的原则，结合具体情况确定是否征收耕地占用税。

占用林地、牧草地、农田水利用地、养殖水面以及渔业水域滩涂等其他农用地建房或者从事非农业建设的，比照本条例的规定征收耕地占用税。建设直接为农业生产服务的生产设施占用前款规定的农用地的，不征收耕地占用税。

此外，在占用之前三年内属于上述范围的耕地或农用土地，也视为耕地。

【知识点应用】

下列各项中，属于耕地占用税征税范围的有（　　）。

A. 占用菜地开发花圃

B. 占用2年前的农用土地建造住宅区

C. 占用耕地开发食品加工厂

D.占用养殖的滩涂修建飞机场跑道

【答案】BCD

（三）税率

由于在我国的不同地区之间人口和耕地资源的分布极不均衡，各地区之间的经济发展水平也有很大差异。考虑到不同地区之间客观条件的差别以及与此相关的税收调节力度和纳税人负担能力方面的差别，耕地占用税在税率设计上采用了地区差别定额税率（详见表10-4）。税率规定如下：

1.人均耕地不超过1亩的地区（以县级行政区域为单位，下同），每平方米为10～50元。

2.人均耕地超过1亩但不超过2亩的地区，每平方米为8～40元。

3.人均耕地超过2亩但不超过3亩的地区，每平方米6～30元。

4.人均耕地超过3亩以上的地区，每平方米5～25元。

经济特区、经济技术开发区和经济发达、人均耕地特别少的地区，适用税额可以适当提高，但最多不得超过上述规定税额的50%。

表10-4　　**各省、自治区、直辖市耕地占用税平均税额表**

地　区	每平方米/平均税额（元）
上海	45
北京	40
天津	35
江苏、浙江、福建、广东	30
辽宁、湖北、湖南	25
河北、安徽、江西、山东、河南、重庆、四川	22.5
广西、海南、贵州、云南、陕西	20
山西、吉林、黑龙江	17.5
内蒙古、西藏、甘肃、青海、宁夏、新疆	12.5

三、耕地占用税的计算

（一）计税依据的确定

耕地占用税以纳税人占用耕地的面积为计税依据，以平方米为计量单位。

（二）应纳税额的计算

耕地占用税以纳税人实际占用的耕地面积为计税依据，以每平方米土地为计税单位，按适用的定额税率计税。其计算公式为：

应纳税额=实际占用耕地面积（平方米）×适用定额税率

【知识点应用】

假设某市一家企业新占用19 800平方米耕地用于工业建设，所占耕地适用的定额税率为20元／平方米。试分析该企业是否需要缴纳耕地占用税，若需要缴纳应该于何时缴纳并计算应纳税额。

【答案】

（1）企业新占用耕地用于工业建设需要缴纳耕地占用税。

（2）获准占用耕地的单位或者个人应当在收到土地管理部门的通知之日起30日内缴纳耕地占用税。

（3）应纳税额=19 800×20 =396 000（元）

（三）税收优惠

1.免征耕地占用税

（1）军事设施占用耕地。

（2）学校、幼儿园、养老院、医院占用耕地。

2.减征耕地占用税

（1）铁路线路、公路线路、飞机场跑道、停机坪、港口、航道占用耕地，减按每平方米2元的税额征收耕地占用税。

（2）农村居民占用耕地新建住宅，按照当地适用税额减半征收耕地占用税。

（3）农村烈士家属、残疾军人、鳏寡孤独以及革命老根据地、少数民族聚居区和边远贫困山区生活困难的农村居民，在规定用地标准以内新建住宅缴纳耕地占用税确有困难的，经所在地乡（镇）人民政府审核，报经县级人民政府批准后，可以免征或者减征耕地占用税。

免征或者减征耕地占用税后，纳税人改变原占地用途，不再属于免征或者减征耕地占用税情形的，应当按照当地适用税额补缴耕地占用税。

【知识点应用】

下列各项中，应征收耕地占用税的有（　　）。

A.铁路线路占用耕地　　B.学校占用耕地

C.公路线路占用耕地　　D.军事设施占用耕地

【答案】AC

四、耕地占用税的征收管理

耕地占用税由地方税务机关负责征收。土地管理部门在通知单位或者个人办理占用耕地手续时，应当同时通知耕地所在地同级地方税务机关。获准占用耕地的单位或者个人应当在收到土地管理部门的通知之日起30日内缴纳耕地占用税。土地管理部门凭耕地占用税完税凭证或者免税凭证和其他有关文件发放建设用地批准书。

纳税人临时占用耕地，应当依照本条例的规定缴纳耕地占用税。纳税人在批准临时占用耕地的期限内恢复所占用耕地原状的，全额退还已经缴纳的耕地占用税。

本章小结

1.资源税的征税对象是在我国境内开采的应税矿产品和生产的盐，包括原油、天然气、煤炭、其他非金属矿原矿、黑色金属矿原矿、有色金属矿原矿和盐7大类。资源税实行“普遍征收，级差调节”的原则，采取从价定率或从量定额的办法征收，计税依据是应税资源产品的销售额或课税数量。纳税人应向应税产品的开采或者生产所在地主管税务机关缴纳资源税，扣缴义务人代扣代缴的资源税应向收购地主管税务机关缴纳资源税。

2.土地增值税是国家对转让国有土地使用权、地上建筑物及其附着物产权并取得收入的单位和个人，就其转让房地产所取得的增值额征收的一种税。土地增值税的征收范围包括转让国有土地使用权和地上的建筑物及其附着物连同国有土地使用权一并转让。土地增值税的计税依据是土地增值额。土地增值额是纳税人转让房地产所取得的收入减去法定扣除项目金额后的余额，土地增值税实行四级超率累进税率。纳税人应在转让房地产合同签订后的7日内，到房地产所在地主管税务机关办理纳税申报，纳税地点是房地产所在地的主管税务机关。

3.城镇土地使用税以城镇土地为征收对象，征收范围包括在城市、县城、建制镇和工矿区内的国家所有和集体所有的土地，在征收范围内拥有并使用土地的单位和个人，包括外商投资企业和外国企业，都应按照规定缴纳城镇土地使用税。城镇土地使用税，以纳税人实际使用的土地面积为计税依据，实行分级幅度税额，按年计算，分期缴纳。

4.耕地占用税是国家对占用耕地建房或者从事非农业建设的单位和个人，按其占用的耕地面积一次性定额征收的一种税。纳税人是占用耕地建房或者从事非农业建设的单位和个人。耕地占用税由地方税务机关负责征收，获准占用耕地的单位或者个人应在收到土地管理部门的通知之日起30日内缴纳耕地占用税。

练习与思考

一、单项选择题

1.资源税纳税人包括（　　）。

A.出口盐的盐业公司

B.开采金矿的矿业集团

C.销售汽油的加油站

D.进口天然气的进出口公司

2.下列单位需要缴纳资源税的是（　　）。

A.油田生产的天然气　　B.煤矿生产的天然气

C.销售给用户的天然气公司　　D.使用天然气的用户

3.下列单位出售的矿产品中，不缴纳资源税的有（　　）。

A.采矿销售黑色金属原矿　　B.油田出售的天然气

C.煤矿销售的煤矿瓦斯　　D.盐场销售的湖盐原盐

4.下列可以不征或免征土地增值税的有（　　）。

A.将房屋出租

B.个人之间交换的商铺

C.企业与个人之间交换的房地产

D.以房地产抵债而发生房地产权属转让的

5.房地产开发企业转让房地产的，其已缴纳的税金不得单独扣除的是（　　）。

A.营业税　　B.城市维护建设税

C.印花税　　D.教育费附加

6.土地增值税的纳税人隐瞒、虚报房地产成交价格的，按照（　　）计算征收。

A.隐瞒、虚报的房地产成交价格加倍

B.提供的扣除项目金额加倍

C.最高一档税率

D.房地产评估价格

7.经济落后地区，城镇土地使用税的适用税额标准可适当降低，但降低额不得超过上述规定最低税额的（　　）。

A.10%　　B.20%

C.30%　　D.50%

8.下列情况中应当缴纳城镇土地使用税的是（　　）。

A.天安门广场用地

B.某农村饲养场用地

C.某工矿区的产品仓库用地

D.某矿山的采矿厂用地

9.经济特区、经济技术开发区和经济发达、人均耕地特别少的地区，耕地占用税适用税额可以适当提高，但最多不得超过上述规定税额的（　　）。

A.5%　　B.10%

C.30%　　D.50%

10.下列各项中，可以按照当地适用税额减半征收耕地占用税的是（　　）。

A.供电部门占用耕地新建变电站

B.农村居民占用耕地新建住宅

C.市政部门占用耕地新建自来水厂

D.国家机关占用耕地新建办公楼

二、多项选择题

1.下列资源税减免税规定正确的有（　　）。

A.开采原油过程中用于加热、修井的原油免税

B.纳税人开采或者生产应税产品过程中，发生意外事故或者自然灾害者免税

C.对地面抽采煤层气暂不征收资源税

D.纳税人的减税、免税项目，应当单独核算课税数量

2.按照现行资源税代扣代缴的规定，下列说法不正确的有（　　）。

A.独立矿山、联合企业收购未税矿产品的单位，按照税务机关核定的应税产品税额标准，依据收购的数量代扣代缴资源税

B.其他收购单位收购的未税矿产品，按本单位应税产品税额标准，依据收购的数量代扣代缴资源税

C.扣缴义务人代扣代缴税款，其纳税义务发生时间为支付首笔货款的当天

D.扣缴义务人代扣代缴的资源税，应当向核算地主管税务机关缴纳

3.下列资源采用幅度比例税率计算资源税的有（　　）。

A.原油　　B.天然气

C.煤炭　　D.盐

4.计算土地增值税时，下列费用准予从收入总额中扣除的有（　　）。

A.地价款和契税

B.房地产开发成本

C.企业实际发生的房地产开发费用

D.与转让房地产有关的税金

5.下列各项中，不属于土地增值税征税范围的有（　　）。

A.房地产的继承

B.存量房地产的买卖

C.房地产的抵押期间

D.国有土地使用权出让

6.下列各项中，符合土地增值税征收管理有关规定的有（　　）。

A.纳税人建造普通标准住宅出售，增值额未超过扣除项目金额20%的，减半征收土地增值税

B.纳税人建造普通标准住宅出售，增值额未超过扣除项目金额20%的，免征土地增值税

C.纳税人建造普通标准住宅出售，增值额超过扣除项目金额20%的，应对其超过部分的增值额按规定征收土地增值税

D.纳税人建造普通标准住宅出售，增值额超过扣除项目金额20%的，应就其全部增值额按规定征收土地增值税

7.下列各项中，符合城镇土地使用税有关纳税义务发生时间规定的有（　　）。

A.纳税人新征用的耕地，自批准征用之月起缴纳城镇土地使用税

B.纳税人出租房产，自交付出租房产之次月起缴纳城镇土地使用税

C.纳税人新征用的非耕地，自批准征用之月起缴纳城镇土地使用税

D.纳税人购置新建商品房，自房屋交付使用之次月起缴纳城镇土地使用税

8.下列用地免征城镇土地使用税的有（　　）。

A.在城镇土地使用税征收范围内经营采摘、观光业的单位和个人，其直接用于采摘、观光的种植、养殖、饲养的土地

B.非营利性医疗服务机构自用土地

C.企业厂区内的铁路专用线用地

D.企业厂区以外的公共绿化用地

9.下列各项中，应征收耕地占用税的有（　　）。

A.铁路线路占用耕地　　B.学校占用耕地

C.公路线路占用耕地　　D.军事设施占用耕地

10.耕地占用税具有以下（　　）特点。

A.兼具资源税与特定行为税的性质

B.采用地区差别税率

C.在占用耕地环节一次性课征

D.税收收入专用于耕地开发与改良

三、判断题

1.在中华人民共和国境内开采所有矿产品或者盐的单位和个人，为资源税的纳税义务人。 ( )

2.资源税条例规定，纳税人开采或者生产应税产品，自用于连续生产应税产品的，不缴纳资源税；自用于其他方面的，视同销售，依照条例缴纳资源税。 ( )

3.根据国务院的决定，从2011年11月1日起，中外合作开采陆上、海洋石油资源的企业依法缴纳资源税，不再缴纳矿区使用费。 ( )

4.直接转让土地使用权的行为，主管税务机关可要求纳税人进行土地增值税的清算。 ( )

5.个人因工作调动或改善居住条件而转让原自用住房，居住满3年未满5年的，免征土地增值税。 ( )

6.土地增值税可以扣除的利息，不能超过按商业银行同类同期银行贷款利率计算的金额，可以包括加息和罚息。 ( )

7.自2009年1月1日起，公园、名胜古迹内的索道公司经营用地，应按规定缴纳城镇土地使用税。 ( )

8.对在城镇土地使用税征税范围内单独建造的地下建筑用地，暂按应征税款的40%征收城镇土地使用税。 ( )

9.在占用之前三年内属于规定范围的耕地或农用土地，可以不视为耕地。 ( )

10.纳税人临时占用耕地，可以暂时不纳耕地占用税。 ( )

四、案例分析题

1.某油田2014年12月份发生的业务如下所述：

(1) 生产原油30万吨，其中：对外销售22万吨，取得销售收入10 000万元，将5万吨原油移送所属化工厂进行加工提炼，1万吨用于加热和修井，还有2万吨待售。

(2) 伴采天然气100千立方米，其中：本月销售80千立方米，取得销售收入20.8万元，自用生产非应税产品20千立方米。已知该油田资源税额：原油税率为8%，天然气税率6%。要求计算该油田本月应纳的资源税额。

2.某盐场为增值税一般纳税人，主要生产液体盐和固体盐。2014年有关业务如下所述：

(1) 销售固体盐75万吨。在生产固体盐过程中耗用自产液体盐200万吨、外购液体盐50万吨。

(2) 用自产的固体盐加工的精盐15万吨、粉洗盐10万吨，全部销售。

该盐场固体盐适用的资源税额15元/吨；自产、外购的液体盐适用的资源税额均为2元/吨；该盐场1吨固体盐可加工0.6吨精盐或0.8吨粉盐。要求计算该盐场全年应纳的资源税额。

3.某联合企业为增值税一般纳税人，2014年12月生产经营情况如下：

(1) 专门开采的天然气45 000千立方米，开采原煤450万吨，采煤过程中生产天然气2 800千立方米；

(2) 销售原煤280万吨，取得不含税销售额22 400万元；

(3) 以原煤直接加工洗煤110万吨，对外销售90万吨，取得不含税销售额15 840万元；

(4) 企业职工食堂和供热等用原煤2 500吨；

(5) 销售天然气37 000千立方米（含采煤过程中生产的2 000千立方米），取得不含税销售额6 660万元（含采煤过程中生产天然气360万元）；

已知资源税税率：原煤2%，天然气6%；洗煤与原煤的选矿比为60%。要求分析并计算该联合企业2014年12月应缴纳的资源税。

4.某房地产开发公司销售其新建商品房一幢，取得销售收入140 000万元，已知该公司支付与商品房相关的土地使用权费及开发成本合计为4 800万元；该公司没有按房地产项目计算分摊银行借款利息；该商品房所在地的省政府规定计征土地增值税时房地产开发费用扣除比例为10%；销售商品房缴纳的有关税金770万元。要求计算该公司销售该商品房应缴纳的土地增值税。

5.某市外商投资房地产开发公司于2014年12月将一座写字楼整

体转让给某单位，合同约定的转让价为20 000万元，公司按税法规定缴纳营业税1 000万元，城建税、教育费附加100万元，印花税10万元；公司为取得土地使用权而支付的地价款和按国家统一规定缴纳的有关费用和税金为3 000万元；投入房地产开发成本为4 000万元；房地产开发费用中的利息支出为1 200万元（能按转让房地产项目计算分摊利息支出，并提供金融机构证明）。

已知该公司所在省级人民政府规定的房地产开发费用的计算扣除比例为5%。要求计算该公司转让写字楼应缴纳的土地增值税税额。

6.某制药企业坐落在某县城，全年实际占地50 000平方米，办公楼占地4 500平方米，医务室占地900平方米，幼儿园占地1 600平方米，厂区内道路及绿化占地3 000平方米（单位税额为3元/平方米）。试计算该企业应纳的城镇土地使用税。

7.某企业2014年实际占地面积为2 000平方米，2014年4月该企业为扩大生产，根据有关部门的批准，新征用非耕地3 000平方米。该企业所处地段适用年税额5元/平方米。试计算该企业2014年应缴纳城镇土地使用税。

8.某企业因生产经营的需要决定扩大生产规模，经有关土地管理部门批准，于2014年6月占用耕地50亩用以新建厂房。已知当地耕地占用税的适用税额为30元/平方米，该企业收到土地管理部门（批准占用耕地）的通知之日为当年6月20日。

要求根据上述资料，回答下列问题：

(1) 该企业应缴纳的耕地占用税额是多少？

(2) 该企业应在什么期限内缴纳耕地占用税？

(3) 该企业应向哪一部门申报缴纳耕地占用税？

五、思考题

1.资源税的征税对象是什么？征收范围包括哪些？

2.资源税纳税人和扣缴义务人是如何规定的？

3.资源税在什么环节征收？计税依据如何确定？

4.土地增值税征税对象及其界定标准是什么？

5.土地增值税的计税依据是什么？

6.土地增值税的优惠政策有哪些？

7.城镇土地使用税的征收范围和纳税人包括哪些?
8.城镇土地使用税的计税依据是什么?如何确定?
9.耕地占用税的征税对象是什么?
10.耕地占用税的征收管理是如何规定的?

第十一章

财产课税

学习目标

财产课税是国家对法人和自然人所拥有的财产为征税对象征收的一类税的总称。本章的主要税种包括房产税、车船税和契税。通过本章的学习，应了解财产税类各税种的概念、特点；熟悉财产税类各税种的征税对象、纳税人、税率；掌握财产税类各税种应纳税额的计算及其征收管理规定。

重要提示

1.注意契税与土地增值税征税范围的交叉部分。契税范围包括：国有土地使用权出让、国有土地使用权转让、房屋买卖（包括抵债、投资、买房拆料或翻建新房）、房屋赠予、房屋交换等。其中国有土地使用权出让、房屋赠予不征土地增值税。

2.房产税和城镇土地使用税的征收范围一致，均为城市、县城、建制镇、工矿区，不包括农村。

第一节　房产税

一、房产税的概念

房产税是以房屋为征税对象，按照房屋的计税余值或租金收入，向产权所有人征收的一种财产税。房产税具有“属于个别财产税、征税范围限于城镇的经营性房屋、区别房屋的经营使用方式规定征税办法”的特点。

二、房产税的基本制度

（一）纳税义务人

1.产权属国家所有的，由经营管理单位纳税；产权属集体和个人所有的，由集体单位和个人纳税。

房产税的纳税义务人是征税范围内的房屋的产权所有人，包括国家所有和集体、个人所有房屋的产权所有人、承典人、代管人或使用人三类。

2.产权出典的，由承典人按房产余值纳税。

3.产权所有人、承典人不在房屋所在地的，由房产代管人或者使用人纳税。

4.产权未确定及租典纠纷未解决的，由房产代管人或者使用人按房产余值纳税。

5.无租使用其他房产的，应由房产使用人代为缴纳房产税。

6.自2009年1月1日起，外商投资企业、外国企业和组织以及外籍个人，依照《中华人民共和国房产税暂行条例》（以下简称《房产税暂行条例》）缴纳房产税。

（二）征税对象及征税范围

房产税的征税对象是房产。所谓房产，是指有屋面和围护结构（有墙或两边有柱），能够遮风避雨，可供人们在其中生产、学习、工作、娱乐、居住或贮藏物资的场所。

房地产开发企业建造的商品房，在出售前，不征收房产税；但对出售前房地产开发企业已使用或出租、出借的商品房应按规定征收房产税。

房产税的征税范围是城市、县城、建制镇和工矿区，不包括农村。

（三）税率

我国现行房产税采用的是比例税率。由于房产税的计税依据分为从价计征和从租计征两种形式，所以房产税的税率也有两种：一种是按房产原值一次减除10%～30%后的余值计征的，税率为1.2%；另一种是按房产出租的租金收入计征的，税率为12%。从2001年1月1日起，对个人按市场价格出租的居民住房，用于居住的，可暂减按4%的税率征收房产税。

三、房产税的计算

（一）计税依据的确定

房产税的计税依据是房产的计税价值或房产的租金收入。按照房产计税价值征税的，称为从价计征；按照房产租金收入计征的，称为从租计征。

1.从价计征

《房产税暂行条例》规定，房产税应按照房产原值一次减除10%～30%的扣除比例后的余值。各地扣除比例由当地省、自治区、直辖市人民政府确定。房产原值是指纳税人按照会计制度规定，在账簿“固定资产”科目中记载的房屋原价。

对依照房产原值计税的房产，不论是否记载在会计账簿固定资产科目中，均应按照房屋原价计算缴纳房产税。纳税人对原有房屋进行改建、扩建的，要相应增加房屋的原值。

需要注意的特殊问题：

（1）以房产联营投资的，房产税计税依据应区别对待

①以房产联营投资，共担经营风险的，以房产余值为计税依据计征房产税；

②以房产联营投资，收取固定收入，不承担经营风险，只收取固定收入的，实际是以联营名义取得房产租金，因此应由出租方按租金收入计征房产税。

【知识点应用】

某企业有一处房产原值1 000万元，2014年7月1日用于投资联营（收取固定收入，不承担联营风险），投资期为5年。已知该企业当年取得固定收入50万元，当地政府规定的扣除比例为20%。计算该企业2011年应缴纳房产税。

【答案】

应纳房产税 = 1 000×（1－20%）×1.2%÷2+50×12% = 10.8（万元）

（2）融资租赁房屋的，以房产余值为计税依据计征房产税

自2009年12月1日起，融资租赁的房产，由承租人自融资租赁合同约定开始日的次月起依照房产余值缴纳房产税。合同未约定开始日的，由承租人自合同签订的次月起依照房产余值缴纳房产税。

（3）房屋附属设备和配套设施的计税规定

从2006年1月1日起，房屋附属设备和配套设施计征房产税按以下规定执行：

①凡以房屋为载体，不可随意移动的附属设备和配套设施，如给排水、采暖、消防、中央空调、电气及智能化楼宇设备等，无论在会计核算中是否单独记账与核算，都应计入房产原值，计征房产税。

②对于更换房屋附属设备和配套设施的，在将其价值计入房产原值时，可扣减原来相应设备和设施的价值；对附属设备和配套设施中易损坏、需要经常更换的零配件，更新后不再计入房产原值。

（4）居民住宅区内业主共有经营性房产缴纳房产税

从2007年1月1日起，对居民住宅区内业主共有的经营性房产，由实际经营（包括自营和出租）的代管人或使用人缴纳房产税。其中自营的，依照房产原值减除10%～30%后的余值计征，没有房产原值或不能将业主共有房产与其他房产的原值准确划分开的，由房产所在地地方税务机关参照同类房产核定房产原值；出租的，依照租金收入计征。

2.从租计征

《房产税暂行条例》规定，房产出租的，以房产租金收入为房产税的计税依据。

所谓房产的租金收入，是房屋产权所有人出租房产使用权所得的报

酬，包括货币收入和实物收入。如果是以劳务或者其他形式为报酬抵付房租收入的，应根据当地同类房产的租金水平，确定一个标准租金额从租计征。

（二）应纳税额的计算

房产税的计税依据有两种，与之相适应的应纳税额计算也分为两种：一是从价计征的计算；二是从租计征的计算。

1.从价计征的税额计算

从价计征是按房产的原值减除一定比例后的余值计征，其计算公式为：

全年应纳税额=应税房产原值×（1－扣除比例）×1.2%

【知识点应用】

某企业拥有房产原值1 000万元，2014年7月1日将其中的30%用于对外投资，不承担经营风险，投资期限3年，当年取得固定利润分红20万元；2014年9月1日将其中10%按政府规定价格租给本企业职工居住，每月取得租金5万元，其余房产自用。已知当地政府规定的扣除比例为20%，试计算该企业2014年度应缴纳房产税。

【答案】

应缴纳房产税＝1 000×60%×（1－20%）×1.2%＋[1 000×30%×（1－20%）×1.2%×6÷12＋20×12%]＋1 000×10%×（1－20%）×1.2%×8÷12＝10.24（万元）

企业向职工出租的单位自有住房，暂免征收房产税。

2.从租计征的税额计算

从租计征是按房产的租金收入计征，其计算公式为：

应纳税额=租金收入×12%（或4%）

【知识点应用】

赵某拥有两处房产，一处原值60万元的房产供自己和家人居住，另一处原值20万元的房产于2014年7月1日出租给王某居住，按市场价每月取得租金收入1 200元。试计算赵某当年应缴纳的房产税。

【答案】

应纳房产税＝1 200×6×4%＝288（元）

（三）税收优惠

1.国家机关、人民团体、军队自用的房产免征房产税。但上述免税单位的出租房产以及非自身业务使用的生产、营业用房，不属于免税范围。

2.由国家财政部门拨付事业经费的单位，如学校、医疗卫生单位、托儿所、幼儿园、敬老院、文化、体育、艺术这些实行全额或差额预算管理的事业单位所有的，本身业务范围内使用的房产免征房产税。

3.宗教寺庙、公园、名胜古迹自用的房产免征房产税。

4.个人所有非营业用的房产免征房产税。

个人所有的非营业用房，主要是指居民住房，不分面积多少，一律免征房产税；对个人拥有的营业用房或者出租的房产，不属于免税房产，应照章纳税。

5.对行使国家行政管理职能的中国人民银行总行（含国家外汇管理局）所属分支机构自用的房产，免征房产税。

6.经财政部批准免税的其他房产。

（1）损坏不堪使用的房屋和危险房屋，经有关部门鉴定，在停止使用后，可免征房产税。

（2）纳税人因房屋大修导致连续停用半年以上的，在房屋大修期间免征房产税。

（3）在基建工地为基建工程服务的各种工棚、材料棚等临时性房屋，在施工期间一律免征房产税；当施工结束后，施工企业将这种临时性房屋交还或估价转让给基建单位的，应从基建单位接受的次月起照章纳税。

（4）对高校后勤实体免征房产税。

（5）对非营利性医疗机构、疾病控制机构和妇幼保健机构等卫生机构自用的房产，免征房产税。

（6）老年服务机构自用的房产免税。

（7）对按政府规定价格出租的公有住房和廉租住房免税。

（8）对邮政部门坐落在征税范围内的房产需交房产税，反之，则不交房产税。

（9）向居民供热并向居民收取采暖费的供热企业暂免征收房产税，

不包括从事热力生产但不直接向居民供热的企业。

【知识点应用】

某供热企业2014年度拥有生产用房原值3 000万元，当年取得供热收入2 000万元，其中直接向居民供热的收入500万元，房产所在地规定计算房产余值的扣除比例为20%。计算该企业2014年应缴纳的房产税。

【答案】

应纳房产税=3 000×（1－20%）×1.2%×1 500÷2 000=21.6（万元）

四、房产税的征收管理

（一）纳税义务发生时间

1.纳税人将原有房产用于生产经营，从生产经营之月起缴纳房产税。

2.纳税人自行新建房屋用于生产经营，从建成之次月起缴纳房产税。

3.纳税人委托施工企业建设的房屋，从办理验收手续之次月起缴纳房产税。

4.纳税人购置新建商品房，自房屋交付使用之次月起缴纳房产税。

5.纳税人购置存量房，自办理房屋权属转移、变更登记手续，房地产权属登记机关签发房屋权属证书之次月起，缴纳房产税。

6.纳税人出租、出借房产，自交付出租、出借房产之次月起，缴纳房产税。

7.房地产开发企业自用、出租、出借本企业建造的商品房，自房屋使用或交付之次月起，缴纳房产税。

8.自2009年1月1日起，纳税人因房产的实物或权利状态发生变化而依法终止房产税纳税义务的，其应纳税款的计算应截止到房产的实物或权利状态发生变化的当月末。

【知识点应用】

下列各项中，符合房产税纳税义务发生时间规定的有（　　）。

A.纳税人购置新建商品房，自房屋交付使用之次月起缴纳房产税

B.纳税人委托施工企业建设的房屋，自建成之次月起缴纳房产税

C.纳税人将原有房产用于生产经营，自生产经营之次月起缴纳房产税

D.纳税人购置存量房，自房地产权属登记机关签发房屋权属证书之次月起缴纳房产税

【答案】AD

（二）纳税期限

房产税实行按年计算、分期缴纳的征收方法，具体纳税期限由省、自治区、直辖市人民政府确定。

（三）纳税地点

房产税在房产所在地缴纳；房产不在同一地方的纳税人，应按房产的坐落地点分别向房产所在地的税务机关纳税。

第二节 车船税

一、车船税的概念

车船税是以车船为征税对象，向拥有车船的单位和个人征收的一种税。

二、车船税的基本制度

（一）纳税义务人

在中华人民共和国境内，车辆、船舶（以下简称车船）的所有人或者管理人为车船税的纳税人。外商投资企业和外国企业以及外籍人员适用车船税的规定。

（二）征税范围

车船税的征收范围，是指依法应当在我国车船管理部门登记的车船（除规定减免的车船外），包括依法应当在车船登记管理部门登记的机动车辆、船舶和依法不需要在车船登记管理部门登记的在单位内部场所行驶或者作业的机动车辆、船舶。

车辆，包括机动车辆和非机动车辆。机动车辆，指依靠燃油、电力等能源作为动力运行的车辆，如汽车、拖拉机、无轨电车等；非机动车辆，指依靠人力、畜力运行的车辆，如三轮车、自行车、畜力驾驶车等。

船舶，包括机动船舶和非机动船舶。机动船舶，指依靠燃料等能源作为动力运行的船舶，如客轮、货船、气垫船等；非机动船舶，指依靠人力或者其他力量运行的船舶，如木船、帆船、舢板等。

临时入境的外国车船和香港特别行政区、澳门特别行政区、台湾地区的车船，不征收车船税。

（三）税目与税率

税目包括乘用车、商用车（包括客车和货车，客车包括电车、货车包括半挂牵引车、三轮汽车和低速载货汽车等）、挂车、其他车辆（包括专业作业车、轮式专业机械车，不包括拖拉机）、摩托车和船舶（包括机动船舶和游艇）。

车船税实行分类定额税率（详见表11-1）。定额税率计算简便，适宜于从量计征的税种。车辆的具体适用税额由省、自治区、直辖市人民政府依照本法所附《车船税税目税额表》规定的税额幅度和国务院的规定确定。船舶的具体适用税额由国务院在本法所附《车船税税目税额表》规定的税额幅度内确定。确定时应当遵循“乘用车依排气量从小到大递增税额；客车按照核定载客人数20人以下和20人（含）以上两档划分，递增税额”的原则。

三、车船税的计算

（一）计税依据的确定

1.乘用车、商用客车、摩托车以“辆”为计税依据；商用货车、挂车、其他车辆以“整备质量每吨”为计税依据；机动船舶以“净吨位”为计税依据；游艇以“艇身长度每米”为计税依据。

2.纳税人在购买机动车交通事故责任强制保险时，应当向扣缴义务人提供地方税务机关出具的本年度车船税的完税凭证或者减免税证明。

3.拖船按照发动机功率每1千瓦折合净吨位0.67吨计算征收车船税。

表11-1 车船税税目税额表

税目		计税单位	年基准税额	备注
乘用车〔按发动机汽缸容量（排气量）分档〕	1.0升（含）以下的	每辆	60元至360元	核定载客人数9人（含）以下
	1.0升以上至1.6升(含)的		300元至540元	
	1.6升以上至2.0升(含)的		360元至660元	
	2.0升以上至2.5升(含)的		660元至1 200元	
	2.5升以上至3.0升(含)的		1 200元至2 400元	
	3.0升以上至4.0升(含)的		2 400元至3 600元	
	4.0升以上的		3 600元至5 400元	
商用车	客车	每辆	480元至1 440元	核定载客人数9人以上，包括电车
	货车	整备质量每吨	16元至120元	包括半挂牵引车、三轮汽车和低速载货汽车等
挂车		整备质量每吨	按照货车税额的50%计算	
其他车辆	专用作业车	整备质量每吨	16元至120元	不包括拖拉机
	轮式专用机械车		16元至120元	
摩托车		每辆	36元至180元	

续表

税目		计税单位	年基准税额	备注
船舶	机动船舶	净吨位每吨	3元至6元（净吨位不超过200吨的，每吨3元；净吨位超过200吨但不超过2 000吨的，每吨4元；净吨位超过2 000吨但不超过10 000吨的，每吨5元；净吨位超过10 000吨的，每吨6元）	拖船、非机动驳船分别按照机动船舶税额的50%计算
	游艇	艇身长度每米	600元至2 000元（艇身长度不超过10米的，每米600元；艇身长度超过10米但不超过18米的，每米900元；艇身长度超过18米但不超过30米的，每米1 300元；艇身长度超过30米的，每米2 000元；辅助动力帆艇，每米600元）	

4.《中华人民共和国车船税法》（以下简称《车船税法》）和《中华人民共和国车船税法实施条例》（以下简称《车船税法实施条例》）所涉及的排气量、整备质量、核定载客人数、净吨位、千瓦、艇身长度，以车船登记管理部门核发的车船登记证书或者行驶证所载数据为准。依法不需要办理登记的车船和依法应当登记而未办理登记或者不能提供车船登记证书、行驶证的车船，以车船出厂合格证明或者进口凭证

标注的技术参数、数据为准；不能提供车船出厂合格证明或者进口凭证的，由主管税务机关参照国家相关标准核定，没有国家相关标准的参照同类车船核定。

【知识点应用】

下列项目中，以“辆”为计税依据计算车船税的有（　　）。

A.船舶　　　　B.摩托车

C.客车　　　　D.货车

【答案】BC

（二）应纳税额的计算

购置的新车船，购置当年的应纳税额自纳税义务发生的当月起按月计算。计算公式为：

应纳税额 = 年应纳税额÷12×应纳税月份数

【知识点应用】

某运输公司拥有商用货车15辆（货车整备质量吨位全部为10吨），乘用车20辆（其中发动机汽缸容量1.6升的有10辆，1.8升的有10辆），商用客车10辆。当地政府规定，商用货车整备质量每吨年税额80元，乘用车1.6升每辆年税额500元，1.8升每辆年税额600元，商用客车每辆年税额480元。要求计算该公司应纳车船税。

【答案】

（1）商用货车应纳税额=15×10×80= 12 000（元）

（2）乘用车应纳税额=10×500+10×600 =11 000（元）

（3）商用客车应纳税额=10×480=4 800（元）

（4）全年应纳车船税额=12 000+11 000+4 800= 27 800（元）

（三）保险机构代收代缴车船税和滞纳金的计算

为了做好机动车车船税代收代缴工作，中国保险监督管理委员会下发了《关于修改机动车交通事故责任强制保险保单的通知》（保监产险[2007]501号），在机动车交通事故责任强制保险（以下简称“交强险”）保单中增加了与车船税有关的数据项目。为了便于保险机构根据新修改的“交强险”保单，完善“交强险”业务及财务系统，现就有关涉税问题进一步明确如下：

1.特殊情况下车船税应纳税款的计算

（1）购买短期“交强险”的车辆。对于境外机动车临时入境、机动车临时上道路行驶、机动车距规定的报废期限不足一年而购买短期“交强险”的车辆，保单中“当年应缴”项目的计算公式为：

当年应缴=计税单位×年单位税额×应纳税月份数÷12

其中，应纳税月份数为“交强险”有效期起始日期的当月至截止日期当月的月份数。

（2）已向税务机关缴税的车辆或税务机关已批准减免税的车辆。对于已向税务机关缴税或税务机关已经批准免税的车辆，保单中“当年应缴”项目应为0；对于税务机关已批准减税的机动车，保单中“当年应缴”项目应根据减税前的应纳税额扣除依据减税证明中注明的减税幅度计算的减税额确定，计算公式为：

减税车辆应纳税额=减税前应纳税额×（1－减税幅度）

2.欠缴车船税的车辆补缴税款的计算

从2008年7月1日起，保险机构在代收代缴车船税时，应根据纳税人提供的前次保险单，查验纳税人以前年度的完税情况。对于以前年度有欠缴车船税的，保险机构应代收代缴以前年度应纳税款。

（1）对于2007年1月1日前购置的车辆或者曾经缴纳过车船税的车辆，保单中“往年补缴”项目的计算公式为：

往年补缴=计税单位×年单位税额×（本次缴税年度—前次缴税年度－1）

其中，对于2007年1月1日前购置的车辆，纳税人从未缴纳车船税的，前次缴税年度设定为2006。

（2）对于2007年1月1日以后购置的车辆，纳税人从购置时起一直未缴纳车船税的，保单中“往年补缴”项目的计算公式为：

往年补缴=购置当年欠缴的税款+购置年度以后欠缴税款

其中，购置当年欠缴的税款=计税单位×年单位税额×应纳税月份数÷12。应纳税月份数为车辆登记日期的当月起至该年度终了的月份数。若车辆尚未到车船管理部门登记，则应纳税月份数为购置日期的当月起至该年度终了的月份数。

$$\text{购置年度以后欠缴税款}=\text{计税单位}\times\text{年单位税额}\times(\text{本次缴税年度}-\text{车辆登记年度}-1)$$

3.滞纳金计算

对于纳税人在应购买“交强险”截止日期以后购买“交强险”的，或以前年度没有缴纳车船税的，保险机构在代收代缴税款的同时，还应代收代缴欠缴税款的滞纳金。保单中“滞纳金”项目为各年度欠税与应加收滞纳金之和。

每一年度欠税应加收的滞纳金=欠税金额×滞纳天数×5‱

滞纳天数的计算自应购买“交强险”截止日期的次日起到纳税人购买“交强险”当日止。纳税人连续两年以上欠缴车船税的，应分别计算每一年度欠税应加收的滞纳金。

（四）税收优惠

1.按照《车船税法》及其实施条例的规定，下列车船免征车船税：

（1）捕捞、养殖渔船。

（2）军队、武装警察部队专用的车船。

（3）警用车船。

（4）依照法律规定应当予以免税的外国驻华使领馆、国际组织驻华代表机构及其有关人员的车船。

2.为促进节约能源，鼓励使用新能源，根据《车船税法》及其实施条例有关规定，相关优惠政策如下：

（1）对节约能源车船，减半征收车船税。

（2）对使用新能源车船，免征车船税。

3.对受严重自然灾害影响纳税困难以及有其他特殊原因确需减税、免税的，可以减征或者免征车船税。具体办法由国务院规定，并报全国人民代表大会常务委员会备案。

4.省、自治区、直辖市人民政府根据当地实际情况，可以对公共交通车船，农村居民拥有并主要在农村地区使用的摩托车、三轮汽车和低速载货汽车定期减征或者免征车船税。

5.按照规定缴纳船舶吨税的机动船舶，自《车船税法》实施之日起5年内免征车船税。依法不需要在车船登记管理部门登记的机场、港口、铁路站场内部行驶或者作业的车船，自《车船税法》实施之日起5

年内免征车船税。

【知识点应用】

下列车船属于免征车船税的有（　　）。

A.专项作业车　　B.警用车船

C.非机动驳船　　D.捕捞、养殖渔船

【答案】BD

四、车船税的征收管理

（一）纳税期限

车船税纳税义务发生时间为取得车船所有权或者管理权的当月，具体应当以购买车船的发票或者其他证明文件所载日期的当月为准。

车船税按年申报，分月计算，一次性缴纳。纳税年度为公历1月1日至12月31日。

（二）纳税地点

车船税由地方税务机关负责征收。纳税地点由省、自治区、直辖市人民政府根据当地实际情况确定。跨省、自治区、直辖市使用的车船，纳税地点为车船的登记地。

（三）纳税申报

1.车船的所有人或者管理人未缴纳车船税的，使用人应当代为缴纳车船税。

2.从事机动车交通事故责任强制保险业务的保险机构为机动车车船税的扣缴义务人，应当依法代收代缴车船税。

3.机动车车船税的扣缴义务人依法代收代缴车船税时，纳税人不得拒绝。由扣缴义务人代收代缴机动车车船税的，纳税人应当在购买机动车交通事故责任强制保险的同时缴纳车船税。纳税人在购买机动车交通事故责任强制保险时缴纳车船税的，不再向地方税务机关申报纳税。

4.扣缴义务人在代收车船税时，应当在机动车交通事故责任强制保险的保险单上注明已收税款的信息，作为纳税人完税的证明。除另有规定外，扣缴义务人不再给纳税人开具代扣代收税款凭证。纳税人如有需要，可以持注明已收税款信息的保险单，到主管地方税务机关开具完税凭证。

5.扣缴义务人应当及时解缴代收代缴的税款，并向地方税务机关申报。扣缴义务人解缴税款的具体期限，由各省、自治区、直辖市地方税务机关依照法律、行政法规的规定确定。

（四）其他管理规定

1.各级车船管理部门应当在提供车船管理信息等方面，协助地方税务机关加强对车船税的征收管理。纳税人应当向主管地方税务机关和扣缴义务人提供车船的相关信息。拒绝提供的，按照《税收征管法》有关规定处理。

2.车船税的征收管理，依照《税收征管法》及本条例的规定执行。在一个纳税年度内，已完税的车船被盗抢、报废、灭失的，纳税人可以凭有关管理机关出具的证明和完税证明，向纳税所在地的主管地方税务机关申请退还自被盗抢、报废、灭失月份起至该纳税年度终了期间的税款。

已办理退税的被盗抢车船，失而复得的，纳税人应当从公安机关出具相关证明的当月起计算缴纳车船税。

3.在一个纳税年度内，纳税人在非车辆登记地由保险机构代收代缴机动车车船税，且能够提供合法有效完税证明的，纳税人不再向车辆登记地的地方税务机关缴纳机动车车船税。

4.在一个纳税年度内，已经缴纳车船税的车船变更所有权或管理权的，地方税务机关对原车船所有人或管理人不予办理退税手续，对现车船所有人或管理人也不再征收当年度的税款；未缴纳车船税的车船变更所有权或管理权的，由现车船所有人或管理人缴纳该纳税年度的车船税。

【知识点应用】

下列各项中，符合车船税有关征收管理规定的有（　　）。

A.跨省使用的车船，纳税地点为车船的登记地

B.车船的所有人或者管理人未缴纳车船税的，使用人应当代为缴纳车船税

C.纳税人在购买机动车交强险时缴纳车船税的，不再向地方税务机关申报纳税

D.已办理退税的被盗抢车船失而复得的，纳税人应当从公安机关出具相关证明的当月起计算缴纳车船税

【答案】ABCD

知识拓展

我国对车船课税历史悠久。早在公元前129年（汉武帝元光六年），我国就开征了“算商车”。1945年6月，国民党政府公布了《使用牌照税法》，在全国统一开征车船使用牌照税。新中国成立后，中央人民政府政务院于1951年9月颁布了《车船使用牌照税暂行条例》，在全国部分地区开征。1973年简化税制、合并税种时，把对国营企业和集体企业征收的车船使用牌照税并入工商税。从那时起，车船使用牌照税只对不缴纳工商税的单位、个人及外侨征收，征税范围大大缩小。1984年10月国务院决定恢复对车船征税，因原税种名称“车船使用牌照税”定位不很准确，实际工作中往往误认为是对牌照征税，因此，改名为车船使用税。1986年9月15日，国务院发布了《中华人民共和国车船使用税暂行条例》，决定从1986年10月1日起在全国施行。各省、自治区、直辖市人民政府根据该暂行条例的规定，先后制定了施行细则。2006年12月29日国务院颁布了《中华人民共和国车船税暂行条例》，并于2007年1月1日实施。2011年2月25日《中华人民共和国车船税法》由中华人民共和国第十一届全国人民代表大会常务委员会第十九次会议通过、2011年11月23日《中华人民共和国车船税法实施条例》由国务院第182次常务会议通过，并于2012年1月1日起施行。

第三节 契 税

一、契税的概念

契税是以在中华人民共和国境内转移土地、房屋权属为征税对象，向产权承受人征收的一种财产税。契税具有“属于财产转移税、契税由

财产承受人纳税”的特点。

二、契税的基本制度

(一) 纳税义务人

契税的纳税义务人，是境内转移土地、房屋权属承受的单位和个人。单位包括内外资企业、事业单位、国家机关、军事单位和社会团体。个人包括中国公民和外籍人员。

(二) 征税对象

契税的征税对象是在境内转移土地、房屋权属的各种行为。契税征税对象具体包括以下六种具体情况：

1.国有土地使用权出让。

2.国有土地使用权转让。土地使用权的转让不包括农村集体土地承包经营权的转移。

3.房屋买卖。

几种特殊情况视同买卖房屋：

(1) 以房产抵债或实物交换房屋。

(2) 以房产作投资或作股权转让。以自有房产作股投入本人独资经营的企业，免纳契税。

(3) 买房拆料或翻建新房。

4.房屋赠予。

5.房屋交换。

(1) 以获奖方式承受土地、房屋权属的行为，应缴纳契税。

(2) 以预购方式或者预付集资建房款方式承受土地、房屋权属，应缴纳契税。

6.承受国有土地使用权支付的土地出让金。对承受国有土地使用权支付的土地出让金，要计征契税。不得因减免土地出让金而减免契税。

【知识点应用】

下列各项中，应当征收契税的有（　　）。

A.以房产抵债　　B.将房产赠与他人

C.以房产作投资　　D.子女继承父母房产

【答案】ABC

（三）税率

契税实行3%～5%的幅度税率。实行幅度税率是考虑到我国经济发展的不平衡，各地经济差别较大的实际情况。因此，各省、自治区、直辖市人民政府可以在3%～5%的幅度税率规定范围内，按照本地区的实际情况决定。

三、契税的计算

（一）计税依据

契税的计税依据是不动产的价格。依不动产的转移方式、定价方法不同，契税计税依据有以下几种情况：

1.国有土地使用权出让、土地使用权出售、房屋买卖，以成交价格为计税依据。

2.土地使用权赠与、房屋赠与，由征收机关参照土地使用权出售、房屋买卖的市场价格核定。

3.土地使用权交换、房屋交换，以所交换的土地使用权、房屋的价格差额为计税依据。

4.以划拨方式取得土地使用权，经批准转让房地产时，由房地产转让者补交契税，计税依据为补交的土地使用权出让费用或者土地收益。

5.房屋附属设施征收契税依据的规定。

（1）采取分期付款方式购买房屋附属设施土地使用权、房屋所有权的，按照合同规定的总价款计算征收契税。

（2）承受的房屋附属设施权属如果是单独计价的，按照当地适用的税率征收，如果与房屋统一计价的，适用与房屋相同的税率。

6.对于个人无偿赠与不动产行为（法定继承人除外），应对受赠人全额征收契税。

7.出让国有土地使用权，契税计税价格为承受人为取得该土地使用权而支付的全部经济利益。对通过“招、拍、挂”程序承受国有土地使用权的，应按照土地成交总价款计征契税，其中的土地前期开发成本不得扣除。

【知识点应用】

下列各项中，契税计税依据可由征收机关核定的是（　）。

A.土地使用权出售　　B.国有土地使用权出让

C.土地使用权赠与　　D.以划拨方式取得土地使用权

【答案】C

（二）应纳税额的计算方法

契税应纳税额=计税依据×税率

【知识点应用】

居民甲有两套住房，将一套出售给居民乙，成交价格为200 000元；将另一套两室住房与居民丙交换成两处一室住房，并支付给居民丙换房差价款60 000元。试计算甲、乙、丙相关行为应缴纳的契税（假定税率为4%）。

【答案】

（1）甲应缴纳契税=60 000×4% =2 400（元）

（2）乙应缴纳契税=200 000×4% =8 000（元）

（3）丙不缴纳契税。

（三）税收优惠

1.契税优惠的一般规定

（1）国家机关、事业单位、社会团体军事单位承受土地、房屋用于办公、教学、医疗、科研和军事设施的，免征契税。

（2）城镇职工按规定第一次购买公有住房，免征契税。

（3）因不可抗力灭失住房而重新购买住房的，酌情减免。

（4）土地、房屋被县级以上人民政府征用、占用后，重新承受土地、房屋权属的，由省级人民政府确定是否减免。

（5）承受荒山、荒沟、荒丘、荒滩土地使用权，并用于农、林、牧、渔业生产的，免征契税。

（6）房屋的附属设施。对于承受与房屋相关的附属设施（包括停车位、汽车库、自行车库、顶层阁楼以及储藏室，下同）所有权或土地使用权的行为，征收契税；对于不涉及土地使用权和房屋所有权转移变动的，不征收契税。

（7）继承土地、房屋权属。法定继承人（包括配偶、子女、父母、兄弟姐妹、祖父母、外祖父母）继承土地、房屋权属，不征收契税。非法定继承人根据遗嘱承受死者生前的土地、房屋权属，属于赠与行为，应征收契税。

（8）对拆迁居民因拆迁重新购置住房的，对购房成交价格中相当于拆迁补偿款的部分免征契税；成交价格超过拆迁补偿款的，对超过部分征收契税。

（9）婚姻关系存续期间，房屋、土地权属原归夫妻一方所有，变更为夫妻双方共有的，免征契税。

（10）自2010年10月1日起，对个人购买普通住房，且该住房属于家庭（成员范围包括购房人、配偶以及未成年子女，下同）唯一住房的，减半征收契税；对个人购买90平方米及以下普通住房，且该住房属于家庭唯一住房的，减按1%税率征收契税。

2.契税优惠的特殊规定

（1）企业公司制改造。

非公司制企业，按照《中华人民共和国公司法》（以下简称《公司法》）的规定，整体改建为有限责任公司（含国有独资公司）或股份有限公司，有限责任公司整体改建为股份有限公司，股份有限公司整体改建为有限责任公司的，对改建后的公司承受原企业土地、房屋权属，免征契税。上述所称整体改建是指不改变原企业的投资主体，并承继原企业权利、义务的行为。

非公司制国有独资企业或国有独资有限责任公司，以其部分资产与他人组建新公司，且该国有独资企业（公司）在新设公司中所占股份超过50%的，对新设公司承受该国有独资企业（公司）的土地、房屋权属，免征契税。

国有控股公司以部分资产投资组建新公司，且该国有控股公司占新公司股份超过85%的，对新公司承受该国有控股公司土地、房屋权属，免征契税。上述所称国有控股公司，是指国家出资额占有限责任公司资本总额超过50%，或国有股份占股份有限公司股本总额超过50%的公司。

（2）公司股权（股份）转让。

在股权（股份）转让中，单位、个人承受公司股权（股份），公司土地、房屋权属不发生转移，不征收契税。

（3）公司合并。

两个或两个以上的公司，依据法律规定、合同约定，合并为一个公司，且原投资主体存续的，对其合并后的公司承受原合并各方的土地、房屋权属，免征契税。

（4）公司分立。

公司依照法律规定、合同约定分设为两个或两个以上与原公司投资主体相同的公司，对派生方、新设方承受原企业土地、房屋权属，免征契税。

（5）企业出售。

国有、集体企业整体出售，被出售企业法人予以注销，并且买受人按照《中华人民共和国劳动法》（以下简称《劳动法》）等国家有关法律法规政策妥善安置原企业全部职工，与原企业全部职工签订服务年限不少于三年的劳动用工合同的，对其承受所购企业的土地、房屋权属，免征契税；与原企业超过30%的职工签订服务年限不少于三年的劳动用工合同的，减半征收契税。

（6）企业破产。

企业依照有关法律、法规规定实施破产，债权人（包括破产企业职工）承受破产企业抵偿债务的土地、房屋权属，免征契税；对非债权人承受破产企业土地、房屋权属，凡按照《劳动法》等国家有关法律法规政策妥善安置原企业全部职工，与原企业全部职工签订服务年限不少于三年的劳动用工合同的，对其承受所购企业的土地、房屋权属，免征契税；与原企业超过30%的职工签订服务年限不少于三年的劳动用工合同的，减半征收契税。

（7）债权转股权。

经国务院批准实施债权转股权的企业，对债权转股权后新设立的公司承受原企业的土地、房屋权属，免征契税。

（8）资产划转。

对承受县级以上人民政府或国有资产管理部门按规定进行行政性调

整、划转国有土地、房屋权属的单位，免征契税。

同一投资主体内部所属企业之间土地、房屋权属的划转，包括母公司与其全资子公司之间，同一公司所属全资子公司之间，同一自然人与其设立的个人独资企业、一人有限公司之间土地、房屋权属的划转，免征契税。

（9）事业单位改制。

事业单位按照国家有关规定改制为企业的过程中，投资主体没有发生变化的，对改制后的企业承受原事业单位土地、房屋权属，免征契税。投资主体发生变化的，改制后的企业按照《劳动法》等有关法律法规妥善安置原事业单位全部职工，与原事业单位全部职工签订服务年限不少于三年劳动用工合同的，对其承受原事业单位的土地、房屋权属，免征契税；与原事业单位超过30%的职工签订服务年限不少于三年劳动用工合同的，减半征收契税。

（10）其他。

以出让方式或国家作价出资（入股）方式承受原改制重组企业、事业单位划拨用地的，不属上述规定的免税范围，对承受方应按规定征收契税。

所称企业、公司是指依照中华人民共和国有关法律法规设立并在中国境内注册的企业、公司。

【知识点应用】

下列各项中，免征或不征契税的有（　）。

A.国家出让国有土地使用权

B.受赠人接受他人赠与的房屋

C.法定继承人继承土地、房屋权属

D.承受荒山土地使用权用于林业生产

【答案】CD

四、契税的征收管理

（一）纳税义务发生时间

纳税人在签订土地、房屋权属转移合同的当天，或者取得其他具有土地、房屋权属转移合同性质的凭证的当天，为纳税义务发生时间。

（二）纳税期限

纳税人应当自纳税义务发生之日起的10日内。

（三）纳税地点

在土地、房屋所在地的征收机关缴纳。

（四）退税管理

对已缴纳契税的购房单位和个人，在未办理房屋权属变更登记前退房的，退还已纳契税；在办理房屋权属变更登记后退房的，不予退还已纳契税。

本章小结

1. 房产税以房产为征税对象，征收范围为城市、县城、建制镇和工矿区。纳税人是在征收范围内的房屋产权所有人。自用的房产，计税依据是房产的计税价值；出租的房产，计税依据是租金收入。房产税按年征收，分期缴纳。

2. 车船税的征税对象是车辆和船舶两大类。车船税的纳税人是车船的所有人或者管理人。从事机动车交通事故责任强制保险业务的保险机构为机动车车船税的扣缴义务人。车船税采用从量定额征收，分别以辆、整备质量吨位和净吨位为计税依据。车船税实行按年缴纳，由地方税务机关负责征收。

3. 契税是以境内出让、转让、买卖、赠与、交换发生权属转移的土地、房屋为征税对象而征收的一种税。契税的征税对象是在我国境内转移土地、房屋权属。纳税人是承受土地、房屋权属的单位和个人。契税以土地使用权和房屋的成交价格为计税依据，采用幅度比例税率。契税在土地、房屋所在地缴纳。

练习与思考

一、单项选择题

1. 下列各项中，符合房产税纳税义务人规定的是（　　）。

A. 产权属于集体的由使用人缴纳

B. 房屋产权出典的由出典人缴纳

C. 产权纠纷未解决的由代管人或使用人缴纳

D.产权属于国家所有的不缴纳

2.某企业有原值为5 000万元的房产，2014年1月1日将其中的40%用于对外投资联营，投资期限10年，每年固定利润分红200万元，不承担投资风险。已知当地政府规定的扣除比例为20%，该企业2014年度应纳房产税（　　）万元。

A.24　　B.3.8

C.4.25　　D.52.8

3.下列各项中，不符合房产税纳税义务发生时间规定的是（　　）。

A.将原有房产用于生产经营，从生产经营之次月起缴纳房产税

B.委托施工企业建设的房屋，从办理验收手续之次月起缴纳房产税

C.购置存量房，自权属登记机关签发房屋权属证书之次月起缴纳房产税

D.购置新建商品房，自房屋交付使用之次月起缴纳房产税

4.纳税人经营用房屋的计税依据是（　　）。

A.房屋原值　　B.房屋净值

C.房屋计税余值　　D.房屋现值

5.以下属于法定的免税车船是（　　）。

A.载货汽车　　B.乘用车

C.警车　　D.挂车

6.以“整备质量每吨”为计税依据缴纳车船税的是（　　）。

A.游艇　　B.商用货车

C.摩托车　　D.机动车船

7.跨省使用的车船，纳税地点一般为（　　）。

A.车船购买地　　B.车船登记地

C.车船所在地　　D.车船行驶地

8.发生下列业务的单位和个人，无需缴纳契税的是（　）。

A.处置旧楼房的工业企业

B.接受土地使用权投资的某商业企业

C.房产交换中的支付补价方

D.购买商品房的外籍人员

9.下列各项中，根据契税的相关规定不正确的是（　　）。

A.契税由财产的承受方缴纳

B.城镇职工按规定第一次购买公有住房的，免征契税

C.房屋产权相互交换，免征契税

D.纳税人应当自纳税义务发生之日起10日内，向土地、房屋所在地的契税征收机关办理纳税申报，并在契税征收机关核定的期限内缴纳税款

10.契税的纳税地点是（　　）。

A.企业的核算地　　B.纳税人的居住地

C.单位的注册地　　D.土地房屋所在地

二、多项选择题

1.以下关于房产税的表述中错误的有（　　）。

A.房屋的各种附属设施不应计入房屋价值缴纳房产税，比如，电梯、中央空调

B.房产税的征税范围不包括农村

C.房产税的计税依据仅是房产余值

D.对出售前房地产开发企业已使用或出租、出借的商品房应按规定征收房产税

2.下列各项中，关于房产税的免税规定表述正确的有（　　）。

A.对高校后勤实体免征房产税

B.对非营利性医疗机构自用的房产免征房产税

C.房管部门向居民出租的公有住房免征房产税

D.应税房产大修停用三个月以上的，在大修期间可免征房产税

3.下列各项中，应当计入房产税计税原值的有（　　）。

A.与房屋不可分割的附属设施

B.以房屋为载体，不可随意搬动的附属设备和配套设施

C.需要经常更换的附属设备零配件

D.对原有房产进行改建，增加房产的部分

4.房产税的税率有（　　）。

A.12%　　B.1.2%

C.5%　　D.3%

5.下列表述符合车船税征税现行规定的有（　　）。

A.电车不需缴纳车船税

B.半挂牵引车不需缴纳车船税

C.农用拖拉机不需缴纳车船税

D.拖船按照船舶税额的50%计税

6.下列表述符合车船税征税现行规定的有（　　）。

A.外商投资企业不缴纳车船税

B.挂车按照货车税额的50%计算

C.拖船按照发动机功率每1千瓦折合净吨位0.67吨计算征收车船税

D.依法不应当在车船管理部门登记的车船不征车船税

7.下列各项中，符合车船税征收管理规定的有（　　）。

A.车船税按年申报缴纳，具体纳税期限由省级人民政府确定

B.车船税的纳税地点为车船所有人的住所所在地

C.车船所有人没有缴纳车船税的，使用人应当代为缴纳车船税

D.机动车车船税的扣缴义务人依法代收代缴车船税时，纳税人不得拒绝

8.关于契税的计税依据，下列说法不正确的有（　　）。

A.以划拨方式取得土地使用权的，以成交价格作为计税依据

B.土地使用权出售，其计税依据为成交价格

C.土地使用权相交换的，以交换的土地使用权的价格作为计税依据

D.承受的房屋附属设施权属如为单独计价的，适用与房屋相同的契税税率

9.契税征税对象具体包括（　　）。

A.国有土地使用权出让

B.农村集体土地承包经营权的转移。

C.房屋买卖

D.房屋赠予

10.下列项目按规定免征契税的有（　　）。

A．法定继承人继承土地、房屋权属

B．企业分立

C．企业合并

D．企业出售，与原企业全部职工签订服务年限不少于一年的劳动用工合同的

三、判断题

1．目前外商投资企业、外国企业和组织以及外籍个人不是房产税的纳税人。（　　）

2．融资租赁的房屋，应按照支付的房屋租金计算征收房产税。（　　）

3．纳税单位和个人无租使用免税单位房产的，应由房屋产权所有人为纳税人。（　　）

4．房产不在同一地方的纳税人，应按房产的坐落地点分别向房产所在地税务机关纳税。（　　）

5．对个人按市场价格出租的居民用房用于居住的，可减按4%的税率征收房产税。（　　）

6．车船税的纳税义务时间为车船管理部门核发的车船登记证书或者行驶证书所记载日期的当月。（　　）

7．对节约能源、使用新能源的车船可以减征或者免征车船税。（　　）

8．按照规定缴纳船舶吨税的机动船舶，免征车船税。（　　）

9．对承受国有土地使用权所支付的土地出让金，不需要征收契税。（　　）

10．对于个人无偿赠与不动产行为（法定继承人除外），应对受赠人全额征收契税。（　　）

四、案例分析题

1．某公司坐落在某市郊区，厂房和办公用房原值为5 000万元，其中：出租给某公司使用的房屋原值800万元，年租金60万元。在郊区外的农村建有一个仓库，原值为40万元。当地规定的计算房产余值的扣除比例30%。要求根据上述资料，计算该公司全年应缴纳的房产税额。

2. 某企业年初拥有房产原值8 000万元，当年7月1日将其中原值为2 000万元的房产对外出租，当年取得的租赁收入为50万元；年初将其中原值为1 000万元的房产对外投资，每年取得固定收益为30万元；年初将其中原值为1 500万元的房产对外投资，并与对方共担风险，且房产已过户到被投资企业名下；已知当地的扣除比例为30%，请计算企业当年应当缴纳的房产税。

3. 某航运公司2014年拥有机动船25艘（其中净吨位为600吨的12艘，3 000吨的8艘，15 000吨的5艘），当地政府规定，600吨的单位税额4元，3 000吨的单位税额5元，15 000吨的单位税额6元。要求计算该航运公司全年应纳车船税税额。

4. 某小型运输公司2014年拥有并使用以下车辆：(1) 农业机械部门登记的拖拉机5辆，整备质量吨位为2吨；(2) 整备质量5吨的载货卡车10辆；(3) 整备质量吨位为4吨的汽车挂车5辆。当地政府规定，载货汽车的车辆税额为60元/吨。要求计算该公司当年应纳车船税。

5. 居民甲2014年购置了一套价值100万元的新住房，同时对原有的两套住房处理如下：一套出售给居民乙，成交价格50万元；另一套市场价格80万元的住房与居民丙进行等价交换。假定当地省政府规定的契税税率为4%，试计算居民甲2014年应缴纳的契税。

五、思考题

1. 房产税的征收范围和纳税人包括哪些？

2. 房产税、城镇土地使用税的计税依据是如何规定的？

3. 车船税的计税依据是如何规定的？

4. 车船税税额如何计算？

5. 车船税的减免税优惠是如何规定的？

6. 车船税的征收管理是如何规定的？

7. 契税的征税对象和纳税人是如何规定的？

8. 契税的计税依据是如何规定的？

第十二章

行为课税

学习目标

行为课税是指以纳税人的某种行为为课税对象而征收的一种税。行为课税的最大特点是征纳行为的发生具有偶然性或一次性。本章的主要税种包括印花税和车辆购置税。通过本章的学习，应了解行为税类税种的概念、特点；熟悉行为税类税种的征税对象、纳税人、税率；掌握行为税类税种应纳税额的计算及其征收管理规定。

重要提示

1.印花税是对经济活动中签立的各种合同、产权转移书据、营业账簿、权利许可证照等应税凭证征收的一种行为税。由纳税人按规定应税的比例和定额自行购买并粘贴印花税票，即完成纳税义务。证券交易印花税，是印花税的一部分，根据书立证券交易合同的金额对卖方计征。

2.车辆购置税是2001年1月1日在我国开征的新税种，是在原交通部门收取的车辆购置税附加费的基础上，通过“费改税”方式改革而来的。车辆购置税基本保留了原车辆附加费的特点。车辆购置税的计税依据，在购买自用和进口自用方面，与增值税的计税依据相一致。

第一节　印花税

一、印花税的概念

印花税是以经济活动和经济交往中，书立、领受应税凭证的行为为征税对象征收的一种税。印花税因其采用在应税凭证上粘贴印花税票的方法缴纳税款而得名。印花税具有“征税范围广、轻税重罚、自行贴花纳税、多缴不退不抵”的特点。

二、印花税的基本制度

（一）纳税义务人

印花税的纳税人，是在中国境内书立、使用、领受印花税法所列举的凭证，并应依法履行纳税义务的单位和个人，包括内、外资企业，各类行政（机关、部队）和事业单位，中、外籍个人。

印花税的纳税人，按照所书立、使用、领受的应税凭证不同，又可分为以下六类：立合同人、立据人、立账簿人、领受人、使用人、各类电子应税凭证的签订人。

（1）立合同人。指合同的当事人，不包括合同的担保人、证人、鉴定人。

（2）立据人。主要是指产权转移书据的立据人，即书立产权转移书据的单位和个人。

（3）立账簿人。营业账簿的纳税人是立账簿人。

（4）领受人。权利、许可证照的纳税人是领受人。

（5）使用人。在国外书立、领受，但在国内使用的应税凭证，其纳税人是使用人。

（6）各类电子应税凭证的签订人。

需要注意的是，对应税凭证，凡由两方或两方以上当事人共同书立应税凭证的，其当事人各方都是印花税的纳税人，应各就其所持凭证的计税金额履行纳税义务。

【知识点应用】

下列属于印花税的纳税人有（　　）。

A.借款合同的担保人

B.发放商标注册证的国家商标局

C.在国外书立，在国内使用技术合同的单位

D.签订加工承揽合同的两家中外合资企业

【答案】CD

（二）税目与税率

1.税目

印花税的税目，指印花税法明确规定的应当纳税的项目，它具体划定了印花税的征税范围。一般地说，列入税目的就要征税，未列入税目的就不征税。印花税共有13个税目，分别适用比例税率和定额税率，详见表12-1。

表12-1　　印花税税目税率表

应税凭证	税目	范围	税率形式	纳税人
一、合同或具有合同性质的凭证	1.购销合同	包括供应、预购、采购、购销结合及协作、调剂、补偿、易货等	按购销金额0.3‰	订合同人（双方）
	2.加工承揽合同	包括加工、定做、修缮、修理、印刷、广告、测绘、测试等合同	按加工或承揽收入0.5‰	
	3.建设工程勘察设计合同	包括勘察、设计合同	按收取费用0.5‰	
	4.建筑安装工程承包合同	包括建筑、安装工程承包合同	按承包金额0.3‰	
	5.财产租赁合同	包括租赁房屋、船舶、飞机、机动车辆、机械、器具、设备等	按租赁金额1‰	

续表

应税凭证	税目	范围	税率形式	纳税人
一、合同或具有合同性质的凭证	6.货物运输合同	包括民用航空运输、铁路运输、海上运输、内河运输、公路运输和联运合同	按收取的运输费用0.5‰	订合同人（双方）
	7.仓储保管合同	包括仓储、保管合同	按仓储收取的保管费用1‰	
	8.借款合同（包括融资租赁合同）	银行及其他金融组织和借款人所签订的借款合同	按借款金额0.05‰	
	9.财产保险合同	包括财产、责任、保证、信用等保险合同	按收取的保险费收入1‰	
	10.技术合同	包括技术开发、转让、咨询、服务等合同，以及作为合同使用的单据	按所载金额0.3‰	
二、书据	11.产权转移书据	包括财产所有权和版权、商标专用权、专利权、专有技术使用权等转移书据、土地使用权出让合同、土地使用权转让合同、商品房销售合同	按所载金额0.5‰	立据人
三、账簿	12.营业账簿	生产、经营用账册，包括日记账簿和各明细分类账簿	记载资金的账簿，按实收资本和资本公积的合计0.5‰；其他账簿按件贴花5元	立账簿人
四、证照	13.权利、许可证照	包括政府部门发给的房屋产权证、工商营业执照、商标注册证、专利证、土地使用证	按件贴花5元	领受人

说明：

①融资租赁合同属于借款合同。银行同业拆借合同不属于列举征税的凭证，不贴印花税。

②包括出版单位与发行单位之间订立的图书、报纸、期刊和音像制品的应税凭证，例如订购单、订数单等。电网与用户之间签订的供用电合同不属于印花税列举征税的凭证，不征收印花税。

③一般的法律、会计、审计等方面的咨询不属于技术咨询，其所立合同不贴印花。

④产权转移书据包括个人无偿赠送不动产所签订的“个人无偿赠与不动产登记表”。

⑤ 银行根据业务管理需要设置的各种登记簿，如空白重要凭证登记簿、有价单证登记簿、现金收付登记簿等，其记载的内容与资金活动无关，仅用于内部备查，属于非营业账簿，均不征收印花税。

⑥技术转让合同包括专利申请转让、非专利技术转让所书立的合同，但不包括专利权转让、专利实施许可所书立的合同。专利权转让、专利实施许可所书立的合同按“产权转移书据”税目计算缴纳印花税。

【知识点应用】

下列各项中，应当征收印花税的项目有（　　）。

A.产品加工合同　　B.法律咨询合同

C.劳动用工合同　　D.出版印刷合同

【答案】AD

2.税率

印花税的税率有两种形式，即比例税率和定额税率。

（1）比例税率

①借款合同：0.05‰。

②购销合同、建筑安装工程承包合同、技术合同：0.3‰。

③加工承揽合同、建设工程勘察设计合同、货物运输合同、产权转移书据、营业账簿中记载资金的账簿：0.5‰。

④财产租赁合同、仓储保管合同、财产保险合同、股权转让书据：1‰。

（2）定额税率

权利、许可证照和营业账簿中的其他账簿适用定额税率，按件贴花5元。

三、印花税的计算

（一）计税依据的确定

1.计税依据的一般规定

印花税的计税依据为各种应税凭证上所记载的计税金额和应税凭证的件数。具体为：

（1）购销合同，计税依据为购销金额。如果是以物易物方式签订的购销合同，计税金额为合同所载的购、销金额合计数。

【知识点应用】

甲公司于2014年8月与乙公司签订了数份以货易货合同，以共计750 000元的钢材换取650 000元的水泥，甲公司取得差价100 000元。下列各项中表述正确的有（　　）。

A.甲公司8月应缴纳的印花税为225元

B.甲公司8月应缴纳的印花税为420元

C.甲公司可对易货合同采用汇总方式缴纳印花税

D.甲公司可对易货合同采用汇贴方式缴纳印花税

【答案】BC

（2）加工承揽合同，计税依据为加工或承揽收入。

如果是由受托方提供原材料的加工、定作合同，凡在合同中分别记载加工费金额与原材料金额的，加工费金额按“加工承揽合同”，原材料金额按“购销合同”计税，两项税额相加数，即为合同应贴印花；若合同中未分别记载，则就全部金额依照加工承揽合同计税贴花。

如果由委托方提供原材料金额的，原材料不计税，计税依据为加工费和辅料。

【知识点应用】

某高新技术企业与广告公司签订广告制作合同1份，分别记载加工费3万元，广告公司提供的原材料7万元；计算高新技术企业应当缴纳的印花税。

【答案】

应纳税额 = 30 000×0.5‰ + 70 000×0.3‰ = 36（元）

（3）建设工程勘察设计合同，计税依据为勘察、设计收取的费用（即勘察、设计收入）。

（4）建筑安装工程承包合同，计税依据为承包金额，不得剔除任何费用。施工单位将自己承包的建设项目分包或转包给其他施工单位所签订的分包合同或转包合同，应以新的分包合同或转包合同所载金额为依据计算应纳税额。

【知识点应用】

某建筑公司与甲企业签订一份建筑承包合同，合同金额6 000万元（含相关费用50万元）。施工期间，该建筑公司又将其中价值800万元的安装工程转包给乙企业，并签订转包合同。计算该建筑公司此项业务应缴纳印花税。

【答案】

应纳印花税 =（6 000+800）×0.3‰ = 2.04（万元）

（5）财产租赁合同，计税依据为租赁金额（即租金收入）。

需要注意的问题：①税额不足1元的按照1元贴花。②财产租赁合同只是规定（月）天租金而不确定租期的，先定额5元贴花，再结算时按实际补贴印花。

【知识点应用】

2014年1月，甲公司将闲置厂房出租给乙公司，合同约定每月租金2 500元，租期未定。签订合同时，预收租金5 000元，双方已按定额贴花。5月底合同解除，甲公司收到乙公司补交租金7 500元。计算甲公司5月应补缴印花税。

【答案】

应补缴印花税 =（5 000 + 7 500）×1‰ − 5 = 7.5（元）

（6）货物运输合同，计税依据为取得的运输费金额（即运费收入），不包括所运货物的金额、装卸费和保险费等。

【知识点应用】

某企业与货运公司签订运输合同，载明运输费用8万元（其中含装卸费0.5万元），货运合同应纳印花税为多少？

【答案】

应纳印花税＝（80 000－5 000）×0.5‰＝37.5（元）

（7）仓储保管合同，计税依据为仓储保管的费用（即保管费收入）。

（8）借款合同，计税依据为借款金额（即借款本金）。

需要注意的问题：①凡是一项信贷业务既签订借款合同，又一次或分次填开借据的，只以借款合同所载金额为计税依据计税贴花；凡是只填开借据并作为合同使用的，应以借据所载金额为计税依据计税贴花。②借贷双方签订的流动周转性借款合同，一般按年（期）签订，规定最高限额，借款人在规定的期限和最高限额内随借随还。为避免加重借贷双方的负担，对这类合同只以其规定的最高限额为计税依据，在签订时贴花一次，在限额内随借随还不签订新合同的，不再贴花。③对借款方以财产作抵押，从贷款方取得一定数量抵押贷款的合同，应按借款合同贴花；在借款方因无力偿还借款而将抵押财产转移给贷款方时，应再就双方书立的产权书据，按产权转移书据的有关规定计税贴花。④对银行及其他金融组织的融资租赁业务签订的融资租赁合同，应按合同所载租金总额，暂按借款合同计税。

（9）财产保险合同，计税依据为支付（收取）的保险费金额，不包括所保财产的金额。

（10）技术合同，计税依据为合同所载的价款、报酬或使用费。技术开发合同研究开发经费不作为计税依据。

【知识点应用】

甲公司作为受托方签订技术开发合同一份，合同约定：技术开发金额共计1 000万元，其中研究开发费用与报酬金额之比为3∶1。甲公司该笔业务应缴纳印花税是多少？

【答案】

应纳印花税＝1 000÷4×0.3‰=750（元）

（11）产权转移书据，计税依据为书据中所载的金额。

（12）记载资金的营业账簿，以实收资本和资本公积的两项合计金额为计税依据。

凡“资金账簿”在次年度的实收资本和资本公积未增加的，对其不再计算贴花。

其他营业账簿，计税依据为应税凭证件数。

（13）权利、许可证照，计税依据为应税凭证件数，每件5元。

2.计税依据的特殊规定

（1）应税凭证以“金额”、“收入”、“费用”作为计税依据的，应当全额计税，不得作任何扣除。

（2）同一凭证，载有两个或两个以上经济事项而适用不同税目税率，如分别记载金额的，应分别计算应纳税额，相加后按合计税额贴花；如未分别记载金额的，按税率高的计税贴花。

（3）按金额比例贴花的应税凭证，未标明金额的，应按照凭证所载数量及国家牌价计算金额；没有国家牌价的，按市场价格计算金额，然后按规定税率计算应纳税额。

（4）应税凭证所载金额为外国货币的，应按照凭证书立当日国家外汇管理局公布的外汇牌价折合成人民币，然后计算应纳税额。

（5）应纳税额不足1角的，免纳印花税；1角以上的，其税额尾数不满5分的不计，满5分的按1角计算。

（6）有些合同，在签订时无法确定计税金额，如技术转让合同中的转让收入，是按销售收入的一定比例收取或是按实现利润分成的；财产租赁合同，只是规定了月（天）租金标准而无租赁期限的。对这类合同，可在签订时先按定额5元贴花，以后结算时再按实际金额计税，补贴印花。

（7）应税合同在签订时纳税义务即已产生，应计算应纳税额并贴花。所以，不论合同是否兑现或是否按期兑现，均应贴花。

对已履行并贴花的合同，所载金额与合同履行后实际结算金额不一致的，只要双方未修改合同金额，一般不再办理完税手续。

（8）商品购销活动中，采用以货换货方式进行商品交易签订的合同，是反映既购又销双重经济行为的合同。对此，应按合同所载的购、销合计金额计税贴花。合同未列明金额的，应按合同所载购、销数量依照国家牌价或者市场价格计算应纳税额。

（9）施工单位将自己承包的建设项目，分包或者转包给其他施工单位所签订的分包合同或者转包合同，应按新的分包合同或转包合同所载金额计算应纳税额。这是因为印花税是一种具有行为税性质的凭证税，尽管总承包合同已依法计税贴花，但新的分包或转包合同是一种新的凭证，又发生了新的纳税义务。

（10）对股票交易征收印花税，始于深圳和上海两地证券交易的不断发展。现行印花税法规定，股份制试点企业向社会公开发行的股票，因购买、继承、赠与所书立的股权转让书据，均依书立时证券市场当日实际成交价格计算的金额，由销售单方当事人按1‰的税率缴纳印花税。

必须明确的是，印花税票为有价证券，其票面金额以人民币为单位，分为1角、2角、5角、1元、2元、5元、10元、50元、100元9种。

（二）应纳税额的计算

纳税人的应纳税额，根据应税凭证的性质，分别按比例税率或者定额税率计算，其计算公式为：

$$\text{应纳税额}=\text{应税凭证计税金额（或应税凭证件数）}\times\text{适用税率（比例或者定额税率）}$$

【知识点应用】

某交通运输企业12月签订以下合同：1.与某银行签订融资租赁合同购置新车15辆，合同载明租赁期限为3年，每年支付租金100万元；2.与某客户签订货物运输合同，合同载明货物价值500万元，运输费用65万元（含装卸费5万元，货物保险费10万元）；3.与某运输企业签订租赁合同，合同载明将本企业闲置的总价值300万元的10辆货车出租，每辆车月租金4 000元，租期未定；4.与某保险公司签订保险合同，合同载明为本企业的50辆车上第三方责任险，每辆车每年支付保险费4 000元。计算该企业当月应缴纳的印花税。

【答案】

1.融资租赁合同，按合同所载租金总额、暂按借款合同计税，应

纳印花税 = 100×3×0.05‰ = 0.015（万元） = 150（元）；

2.货物运输合同，计税依据为取得的运输费金额，不包括所运货物的金额、装卸费和保险费等，应纳印花税 = （65 − 5 − 10）× 0.5‰ = 0.025（万元） = 250（元）；

3.货车租赁合同，签订时无法确定计税金额，可在签订时先按定额5元贴花，应纳印花税 = 5元；

4.财产保险合同，计税依据为支付（收取）的保险费金额，应纳税额 = 50×4 000×1‰ = 200（元）。

该企业当月应缴纳的印花税 = 150+250+5+200 = 605（元）。

（三）税收优惠

1.对已缴纳印花税凭证的副本或者抄本免税。但以副本或者抄本视同正本使用的，则应另贴印花。

2.对财产所有人将财产赠给政府、社会福利单位、学校所立的书据免税。

3.对国家指定的收购部门与村民委员会、农民个人书立的农副产品收购合同免税。

4.对无息、贴息贷款合同免税。

5.对外国政府或者国际金融组织向我国政府及国家金融机构提供优惠贷款所书立的合同免税。

6.对房地产管理部门与个人签订的用于生活居住的租赁合同免税。

7.对农牧业保险合同免税。

8.对特殊货运凭证免税。

【知识点应用】

下列各项中，免征或不征印花税的有（　　）。

A.合同的副本或者抄本作正本使用

B.会计咨询合同

C.财政贴息贷款合同

D.未列明金额的购销合同

【答案】BC

四、印花税的征收管理

（一）纳税方法

印花税的纳税方法主要包括自行贴花、汇贴或汇缴、委托代征。

1.自行贴花纳税法

纳税人发生应税行为，应自行计算应纳税额，自行购买印花税票，自行一次贴足印花税票并加以注销或划销，纳税义务才算全部履行完毕。

对于已贴花的凭证，修改后所载金额增加的，其增加部分应当补贴印花税票，但多贴印花税票者，不得申请退税或者抵用。

2.汇贴或汇缴纳税法

汇贴或汇缴纳税法一般适用于应纳税额较大或者贴花次数频繁的纳税人。

（1）汇贴纳税法。当一份凭证应纳税额超过500元时，应向税务机关申请填写缴款书或者完税凭证。

（2）汇缴纳税法。如果同一种类应税凭证需要频繁贴花的，应向当地税务机关申请按期汇总缴纳印花税。获准汇总缴纳印花税的纳税人，应持有税务机关发给的汇缴许可证。汇总缴纳的期限，由当地税务机关确定，但最长不得超过1个月。

3.委托代征纳税法

税务机关委托由发放或者办理应纳税凭证的单位代为征收印花税税款。

（二）处罚规定

1.在应纳税凭证上未贴或少贴印花税票的或者已粘贴在应税凭证上的印花税票未注销或者未划销的，由税务机关追缴其不缴或者少缴的税款、滞纳金，并处不缴或者少数的税款50%以上五倍以下的罚款。

2.贴用的印花税票揭下重用造成未缴或少缴印花税的，由税务机关追缴其不缴或者少缴的税款、滞纳金，并处不缴或者少缴的税款50%以上5倍以下的罚款；构成犯罪的，依法追究刑事责任。

3.伪造印花税票的，由税务机关责令改正，处以2 000元以上1万元以下的罚款；情节严重的，处以1万元以上5万元以下的罚款；构成犯罪的，依法追究刑事责任。

【知识点应用】

下列各项中，符合印花税有关违章处罚规定的有（　　）。

A.已贴印花税票，揭下重用造成未缴或少缴印花税的，依法追究刑事责任

B.在应税凭证上未贴少贴印花税票，处以未贴少贴金额3倍至5倍的罚款

C.伪造印花税票的，由税务机关责令改正，处以2 000元以上1万元以下的罚款

D.伪造印花税票情节严重的，处以1万元以上5万元以下的罚款；构成犯罪的，依法追究刑事责任

【答案】CD

第二节　车辆购置税

一、车辆购置税的概念

车辆购置税是以在中国境内购置规定车辆为课税对象、在特定的环节向车辆购置者征收的一种税。就其性质而言，属于直接税的范畴。具有“征收范围单一、征收环节单一、税率单一、征收方法单一、征税具有特定目的、价外征收和税负不发生转嫁”等特点。

二、车辆购置税的基本制度

（一）纳税义务人

车辆购置税的纳税人是指在我国境内购置应税车辆的单位和个人。购置是指：购买使用行为（包括购买自用的国产应税车辆和购买自用的进口应税车辆）；进口使用行为；受赠使用行为；自产自用行为；获奖使用行为；拍卖、抵债、走私、罚没等方式取得并使用的行为。

【知识点应用】

下列各项中，属于车辆购置税应税行为的有（　　）。

A.购买使用行为　　　　B.进口使用行为

C.受赠使用行为　　　　D.获奖使用行为

【答案】ABCD

(二) 征税对象与征税范围

车辆购置税以列举的车辆作为征税对象，未列举的车辆不纳税。其征税范围包括汽车、摩托车、电车、挂车、农用运输车。

(三) 税率

车辆购置税采用统一比例税率，税率为10%。

三、车辆购置税的计算

(一) 计税依据的确定

由于应税车辆购置的来源不同，计税价格的组成也就不一样。车辆购置税的计税依据有以下几种情况：

1.购买自用应税车辆

购买自用应税车辆的计税依据为纳税人购买应税车辆而支付给销售方的全部价款和价外费用（不含增值税）。

2.进口自用应税车辆

进口自用应税车辆以组成计税价格为计税依据：

组成计税价格 = 关税完税价格 + 关税 + 消费税

3.其他自用应税车辆

纳税人自产自用、受赠使用、获奖使用和以其他方式取得并自用的应税车辆一般以国家税务总局核定的最低计税价格为计税依据。

4.最低计税价格的确定

现行车辆购置税条例规定：纳税人购买自用或者进口自用应税车辆，申报的计税价格低于同类型应税车辆的最低计税价格，又无正当理由的，按照最低计税价格征收车辆购置税。

国家税务总局对以下几种特殊情形应税车辆的最低计税价格规定如下：

(1) 对已缴纳并办理了登记注册手续的车辆，其底盘和发动机同时发生更换，其最低计税价格按同类型新车最低计税价格的70%计算。

(2) 免税、减税条件消失的车辆，其最低计税价格的确定方法为：

$$\text{最低计税价格}=\text{同类型新车最低计税价格}\times\left(1-\text{已使用年限}\div\text{规定使用年限}\right)\times 100\%$$

其中，规定使用年限为：国产车辆按10年计算；进口车辆按15年计算。超过使用年限的车辆，不再征收车辆购置税。

（3）非贸易渠道进口车辆的最低计税价格，为同类型新车最低计税价格。

（二）应纳税额的计算

车辆购置税实行从价定率的方法计算应纳税额，计算公式为：

应纳税额=计税依据×税率

1.购买自用应税车辆

应纳税额＝支付给销售方的全部价款和价外费用（不含增值税）×10%

【知识点应用】

宋某2014年1月份，从某汽车有限公司购买一辆小汽车供自己使用支付了含增值税税款在内的款项234 000元，另支付代收临时牌照费550元、代收保险费1 000元，支付工具件和零配件价款3 000元，车辆装饰费1 300元。所支付的款项均由该汽车有限公司开具“机动车销售统一发票”和有关票据。请计算宋某应纳车辆购置税。

【答案】

（1）计税依据＝（234 000+550+1 000+3 000+1 300）÷（1+17%）

＝205 000（元）

（2）应纳税额＝205 000×10%＝20 500（元）

2.进口自用应税车辆

应纳税额＝（关税完税价格＋关税＋消费税）×10%

【知识点应用】

某外贸进出口公司2014年3月份，从国外进口10辆宝马公司生产的某型号小轿车。该公司报送进口这批小轿车时，经报关地海关对有关报关资料的审查，确定关税完税价格为每辆185 000元人民币，海关按关税政策规定每辆征收了关税203 500元，并按消费税、增值税有关规定分别代征了每辆小轿车的进口消费税11 655元和增值税66 045元。由于联系业务需要，该公司将2辆小轿车留在本单位使用。根据以上资料，计算应纳车辆购置税。

【答案】

（1）计税依据 =（185 000+203 500+11 655）×2 = 800 310（元）

（2）应纳税额 = 800 310×10% = 80 031（元）

3.其他自用应税车辆

凡不能或不能准确提供车辆价格的，以国家税务总局核定的最低计税价格为计税依据。

应纳税额 = 最低计税价格×10%

【知识点应用】

某客车制造厂将自产的一辆某型号的客车，用于本厂后勤服务，该厂在办理车辆上牌落籍前，出具该车的发票，注明金额65 000元，并按此金额向主管税务机关申报纳税。经审核，国家税务总局对该车同类型车辆核定的最低计税价格为80 000元。计算该年应纳车辆购置税。

【答案】

应纳税额 = 80 000×10% = 8 000（元）

4.特殊情形下自用应税车辆

（1）减税、免税条件消失车辆。

对减税、免税条件消失的车辆，纳税人应按现行规定，在办理车辆过户手续前或者办理变更车辆登记注册手续前向税务机关缴纳车辆购置税。

$$\text{应纳税额} = \text{同类型新车最低计税价格} \times (1 - \text{已使用年限} \div \text{规定使用年限}) \times 100\% \times \text{税率}$$

【知识点应用】

某部队在更新武器装备过程中，将一辆雷达车进行更换，并将其改制为后勤用车。该车使用年限为10年，已使用4年，属列入军队武器装备计划的免税车辆，经核定的最低计税价格为56 000元。

【答案】

应纳税额=56 000×［1－（4÷10×100%）］×10%=3 360（元）

（2）未按规定纳税车辆。

纳税人未按规定纳税的，应按现行政策规定的计税价格，区分情况分别确定征税。不能提供购车发票和有关购车证明资料的，检查地税务机关应按同类型应税车辆的最低计税价格征税；如果纳税人回落籍地后提供的购车发票金额与支付的价外费用之和高于核定的最低计税价格的，落籍地主管税务机关还应对其差额计算补税。

应纳税额=最低计税价格×税率

（三）税收优惠

1.车辆购置税减免税规定

我国车辆购置税实行法定减免，减免税范围的具体规定是：

（1）外国驻华使馆、领事馆和国际组织驻华机构及其外交人员自用车辆免税。

（2）中国人民解放军和中国人民武装警察部队列入军队武器装备订货计划的车辆免税。

（3）设有固定装置的非运输车辆免税。

（4）有国务院规定予以免税或者减税的其他情形的，按照规定免税或减税。

根据现行政策规定，上述“其他情形”的车辆，目前主要有以下几种：

①防汛部门和森林消防部门用于指挥、检查、调度、报汛（警）、联络的设有固定装置的指定型号的车辆。

②回国服务的留学人员用现汇购买1辆自用国产小汽车。

③长期来华定居专家1辆自用小汽车。

自2014年9月1日至2017年12月31日，对购置的新能源汽车免征车辆购置税。对免征车辆购置税的新能源汽车，由工业和信息化部、国家税务总局通过发布《免征车辆购置税的新能源汽车车型目录》（以下简称《目录》）实施管理。

2.车辆购置税的退税

纳税人已经缴纳车辆购置税但在办理车辆登记手续前，因下列原因需要办理退还车辆购置税的，由纳税人申请，征收机构审查后办理退还车辆购置税手续。

（1）公安机关车辆管理机构不予办理车辆登记注册手续的，凭公安机关车辆管理机构出具的证明办理退税手续。

（2）因质量等原因发生退回所购车辆的，凭经销商的退货证明办理退税手续。

四、车辆购置税的征收管理

根据2012年1月1日开始试行的《车辆购置税征收管理办法》，车辆购置税的征收规定如下：

（一）纳税申报

车辆购置税实行一车一申报制度。纳税人在办理纳税申报时应如实填写《车辆购置税纳税申报表》，同时提供车主身份证明、车辆价格证明、车辆合格证明及税务机关要求提供的其他资料的原件和复印件，经车购办审核后，由税务机关保存有关复印件。

（二）纳税环节

车辆购置税的征税环节为使用环节，即最终消费环节。具体而言，纳税人应当在向公安机关等车辆管理机构办理车辆登记注册手续前，缴纳车辆购置税。

（三）纳税地点

纳税人购置应税车辆，应当向车辆登记注册地的主管税务机关申报纳税；购置不需办理车辆登记注册手续的应税车辆，应当向纳税人所在地主管税务机关申报纳税。车辆登记注册地是指车辆的上牌落籍地或落户地。

（四）纳税期限

纳税人购买自用的应税车辆，自购买之日起60日内申报纳税；进口自用的应税车辆，应当自进口之日起60日内申报纳税；自产、受赠、获奖和以其他方式取得并自用的应税车辆，应当自取得之日起60日内申报纳税。

这里的“购买之日”是指纳税人购车发票上注明的销售日期；“进口之日”是指纳税人报关进口的当天。

（五）车辆购置税的缴税管理

1.车辆购置税的缴税方法

车辆购置税税款缴纳方法主要有以下几种：

（1）自报核缴，即由纳税人自行计算应纳税额、自行填报纳税申报表有关资料，向主管税务机关申报，经税务机关审核后，开具完税证明，由纳税人持完税凭证向当地金库或金库经收处缴纳税款。

（2）集中征收缴纳，包括两种情况：一是由纳税人集中向税务机关统一申报纳税。它适用于实行集中购置应税车辆的单位缴纳和经批准实行代理制经销商的缴纳。二是由税务机关集中报缴税款，即在纳税人向实行集中征收的主管税务机关申报缴纳税款，税务机关开具完税凭证后，由税务机关填写汇总缴款书，将税款集中缴入当地金库或金库经收处。它适用于税源分散、税额较小、税务部门实行集中征收管理的地区。

（3）代征、代扣、代收，即扣缴义务人按税法规定代扣代缴、代收代缴税款，税务机关委托征收单位代征税款的征收方式。它适用于税务机关委托征收或纳税人依法受托征收税款。

2.车辆购置税的缴税管理

（1）税款缴纳方式。纳税人在申报纳税时，税款的缴纳方式主要有现金支付、支票、信用卡和电子结算及委托银行代收、银行划转等方式。

（2）完税凭证及使用要求。税务机关在征收车辆购置税时，应根据纳税人税款缴纳方式的不同，分别使用税收通用完税凭证、税收转账专用完税凭证和税收通用缴款书三种税票，即纳税人以现金方式向税务机关缴纳车辆购置税的，由主管税务机关开具《税收通用完税凭证》；纳税人以支票、信用卡和电子结算方式缴纳及税务机关委托银行代收税款的，由主管税务机关开具《税收转账专用完税证》；纳税人从其银行存款户直接划转税款的，由主管税务机关开具《税收通用缴款书》。

（六）车辆购置税的退税制度

1.已经缴纳车辆购置税的车辆：发生下列情形之一的，纳税人应到车购办申请退税：

（1）因质量原因，车辆被退回生产企业或者经销商的；

（2）应当办理车辆登记注册的车辆，公安机关车辆管理机构不予办理车辆登记注册的。

2.纳税人在车购办申请办理退税手续时，应如实填写《车辆购置税退税申请表》，并提供生产企业或经销商开具的退车证明和退车的发票以及完税证明的正本和副本、公安机关车辆管理机构出具的注销车辆号牌证明。

3.退税款的计算。因质量原因，车辆被退回生产企业或者经销商的，自纳税人办理纳税申报之日起，按已缴税款每满一年扣减10%计算退税额，未满一年的按已缴纳税款额退税；对公安机关车辆管理机构不予办理车辆登记注册手续的车辆，退还全部已缴纳税款。

本章小结

1.印花税是对在经济活动和经济交往中书立、使用、领受具有法律效力的凭证的单位和个人征收的一种税。印花税的征收范围包括税法列举的各类经济凭证，共分为5大类13个税目。在我国境内书立、领受、使用应税凭证的单位和个人，都是印花税的纳税人。印花税的税率有比例税率和定额税率两种形式。适用比例税率的，计税依据为各种应税凭证上所记载的计税金额；适用定额税率的，计税依据是应税凭证的计税件数。印花税的纳税办法有三种：自行贴花、汇贴或汇缴和委托代征。

2.车辆购置税的征税对象是在我国境内购置（购买、进口、自产、受赠、获奖或者以其他方式取得并自用）的应税车辆，包括汽车、摩托车、电车、挂车、农用运输车。纳税人是购置应税车辆的单位和个人。车辆购置税实行从价定率征收，征税环节在应税车辆上牌登记注册前的环节，税率为10%。车辆购置税实行一次课征制度和一车一申报制度，由国家税务局负责征收。

练习与思考

一、单项选择题

1.根据印花税法律制度的规定，下列各项中，属于印花税纳税人的是（　　）。

A.合同的双方当事人　　B.合同的担保人

C.合同的证人　　D.合同的鉴定人王某

2.下列关于印花税计税依据的表述中，符合印花税条例规定的是

(　　)。

A.对采用易货方式进行商品交易签订的合同，应以易货差价为计税依据

B.货物运输合同的计税依据是运输费用总额，含装卸费和保险费

C.建筑安装工程承包合同的计税依据是承包总额

D.对于由委托方提供辅助材料的加工合同，无论加工费和辅助材料金额是否分开记载，均以其合计数为计税依据

3.纳税人缴纳印花税时，下列规定不正确的是（　　）。

A.在应纳税凭证书立或领受时即行贴花完税，不得延至凭证生效日期贴花

B.已经贴花的凭证，凡修改后金额增加的部分，应补贴印花

C.对已贴花的各类应纳税凭证，纳税人须按规定期限保管，不得私自销毁，以备纳税检查

D.凡多贴印花税票者，可以申请退税和抵扣

4.下列各项中，不属于印花税应税凭证的是（　　）。

A.无息、贴息贷款合同

B.发电厂与电网之间签订的电力购售合同

C.财产所有人将财产赠与社会福利单位的书据

D.银行因内部管理需要设置的现金收付登记簿

5.关于车辆购置税的计算，下列说法正确的是（　　）。

A.进口自用的应税小汽车的计税价格包括关税完税价格和关税，不包括消费税

B.纳税人购买自用的应税车辆的计税依据为纳税人购买应税车辆而支付给销售方的全部价款和价外费用（含增值税）

C.纳税人自产自用、受赠使用、获奖使用和以其他方式取得并自用的应税车辆一般以国家税务总局核定的最低计税价格为计税依据

D.车辆购置税是2000年1月1日在我国开征的新税种

6.2014年7月购置了一辆排气量为1.6升的乘用车，支付的全部价款（含增值税）为175 500元，其中包括车辆装饰费5 500元。王某应缴纳的车辆购置税为（　　）元。

A.7 500　　　　B.14 529.91

C.15 000　　　　　　　　D.17 550

7.下列车辆中，可以免缴车辆购置税的是（　　）。

A.排气量在1.6升及以下的小排量乘用车

B.公交汽车

C.外国驻华使馆外交人员自用车辆

D.设有固定装置的运输车辆

8.车辆购置税实行（　　）征收制度。

A.一次课征制　　　　　　B.分次课征制

C.按年征收，分期缴纳　　D.按年征收，年终一次缴纳

二、多项选择题

1.下列各项中，应按“产权转移书据”税目征收印花税的有（　　）。

A.商品房销售合同

B.土地使用权转让合同

C.专利申请权转让合同

D.个人无偿赠与不动产登记表

2.下列税率形式中，适用于印花税的有（　　）。

A.定额税率　　　　　　B.超额累进税率

C.比例税率　　　　　　D.全额累进税率

3.根据印花税法律制度的规定，下列各项中，免征印花税的有（　　）。

A.已缴纳印花税凭证的副本

B.财产所有人将财产赠给政府、社会福利单位、学校所立的书据

C.无息、贴息贷款合同

D.报刊发行单位与订阅单位或个人之间书立的凭证

4.下列各项中，符合印花税有关违章处罚规定的有（　　）。

A.已贴印花税票，揭下重用造成未交或少交印花税的，依法追究刑事责任

B.在应税凭证上未贴少贴印花税票，处以未贴少贴金额3倍至5倍的罚款

C.伪造印花税票的，由税务机关责令改正，处以2 000元以上1

万元以下的罚款；

D.伪造印花税票情节严重的，处以1万元以上5万元以下的罚款；构成犯罪的，依法追究刑事责任

5.下列有关车辆购置税计税依据的说法正确的有（　　）。

A.纳税人购买自用的应税车辆的计税价格，为纳税人购买应税车辆而支付给销售者的全部价款，但不包括价外支付的费用

B.纳税人自产自用的应税车辆的计税价格，由主管税务机关参照最低计税价格核定

C.纳税人进口自用的应税车辆的计税价格公式为：计税价格=（关税完税价格+关税）÷（1－消费税税率）

D.非贸易渠道进口车辆的最低计税价格，一般情况下为同类型新车的最低计税价格

6.下列行为中，属于车辆购置税应税行为的有（　　）。

A.销售应税车辆的行为

B.购买使用应税车辆的行为

C.自产自用应税车辆的行为

D.进口使用应税车辆的行为

7.关于车辆购置税的计算，下列说法正确的有（　　）。

A.购买自用应税车辆时，支付的车辆装饰费不并入计税依据中计税

B.购买者购买应税车辆时，支付的控购费应并入计税价格计征车辆置税

C.汽车销售公司使用本公司发票的代收款项并入计税价格计征车辆购置税

D.进口自用的应税小汽车，其计税价格=关税完税价格+关税+消费税

8.根据《中华人民共和国车辆购置税暂行条例》（以下简称《车辆购置税暂行条例》）的规定，下列车辆中可以减免车辆购置税的有（　　）。

A.武警部队购买的列入武器装备订货计划的车辆

B.长期来华定居专家进口1辆自用小汽车

C.在外留学人员购买1辆自用进口小汽车

D.森林消防部门用于指挥、检查、调度、联络的设有固定装置的指定型号的车

三、判断题

1.对没有履行的已签合同，合同失效，合同已纳印花税应在今后应纳印花税时扣除。（　　）

2.载有两个或两个以上应适用不同税目税率经济事项的同一凭证，不管是否分别记载金额，都要按税率高的项目计算贴花。（　　）

3.同一种类应纳税凭证，需频繁贴花的，纳税人应当向税务机关申请经批准采用按期汇总缴纳印花税的方式，汇总缴纳的期限为1个月。（　　）

4.当一份凭证应纳税额超过500元时，应向税务机关申请填写缴款书或者完税凭证，实现汇贴纳税。（　　）

5.纳税人购买自用应税车辆的，应当自购买之日起90日内申报缴纳车辆购置税。（　　）

6.纳税人购置应税车辆，应当向车辆登记注册地的主管税务机关申报纳税；购置不需办理车辆登记注册手续的应税车辆，应当向纳税人所在地主管税务机关申报纳税。（　　）

7.对纳税人购买的车辆，应按含增值税的计税价格征收车辆购置税。（　　）

8.公安机关车辆管理机构不予办理车辆登记注册手续的，凭公安机关车辆管理机构出具的证明办理退税手续。（　　）

四、案例分析题

1.某钢铁公司与某机械进出口公司签订购买价值2 000万元设备合同，为购买此设备向商业银行签订借款2 000万元的借款合同。后因故购销合同作废，改签融资租赁合同，租赁费1 000万元。根据上述情况，试分析计算该厂共应缴纳印花税的数额。

2.某生产企业作为受托方签订甲、乙两份加工承揽合同，甲合同约定：由委托方提供主要材料（金额300万元），受托方只提供辅助材料（金额20万元），受托方另收取加工费50万元；乙合同约定：由受托方提供主要材料（金额200万元）并收取加工费40万元。

3．某企业2014年1月份，因办公楼失窃，《营业执照》、《税务登记证》、《开户许可证》被盗，特申请重新换发了一份；签订购买土地使用权合同，合同金额100万元，办妥手续取得《土地使用证》；当年实现利润1 000万元，计提盈余公积100万元，吸收投资300万元，取得资本公积40万元。新设其他账簿10本；订立借款合同一份贷款500万元，应付利息5万元；投综合财产保险一份，保额1 000万元，交纳保险费4万元；投机动车保险3份，保险金额50万元，保险费全额10 800元；试分析计算该企业本月应纳（贴）印花税额。

4．某外贸公司从A国进口某型号小轿车10辆，报关地海关确定的关税完税价格为200 000元/辆（人民币），关税税率为28%，消费税税率为5%。该公司将其中2辆进口小轿车留作本单位自己使用。要求根据上述资料，回答下列问题：

（1）该公司在进口环节应缴纳的各项税金是多少？

（2）该公司应缴纳的车辆购置税是多少？

5．甲生产企业2014年从上海大众汽车公司购入轿车一辆，支付的价款175 500元（含增值税），从东风汽车公司购入载货汽车4辆，支付价款561 600元（含增值税），计算该企业应缴纳的车辆购置税。

五、思考题

1．印花税的应税凭证包括哪些？

2．各类应税凭证的印花税纳税人是如何规定的？

3．印花税的计税依据是如何规定的？

4．各类应税凭证应在何时贴花？

5．印花税的纳税办法有哪几种？

6．车辆购置税的征税对象有哪些？在什么环节征收？

7．车辆购置税的计税依据是如何规定的？

8．车辆购置税的优惠政策有哪些？免税条件消失时，应如何处理？

第十三章

税收征收管理法

学习目标

税收征收管理法是有关税收征收管理法律规范的总称，包括《税收征管法》及税收征收管理的有关法律、法规和规章。通过本章的学习，应了解税收征收管理法的适用范围和税务检查方法；熟悉税务登记管理、账簿凭证管理、纳税申报管理、税款征收制度以及法律责任等内容。

重要提示

1.《税收征管法》属于税收程序法，它是以税收实体法中所确定的权利义务的履行程序为主要内容的法律规范，是税法的有机组成部分。《税收征管法》不仅是纳税人全面履行纳税义务必须遵守的法律准则，也是税务机关履行征税职责的法律依据。

2.《税收征管法》仅适用于由税务机关征收的各种税收的征收管理。关税、教育费附加等不适用于《税收征管法》。

第一节　税收征收管理法概述

一、税收征收管理法的适用范围

税收征收管理法是有关税收征收管理法律规范的总称，包括《税收征管法》及税收征收管理的有关法律、法规和规章。现行的《税收征管法》由1992年9月4日第七届全国人大常委会通过，历经1995年2月28日第八届全国人大常委会第一次修改和2001年4月28日第九届全国人大常委会第二次修改并于2001年5月1日起施行。

《税收征管法》第二条规定："凡依法由税务机关征收的各种税收的征收管理，均适用本法。"这就明确界定了《税收征管法》的适用范围。

值得注意的是，目前还有一部分费由税务机关征收，如教育费附加等。这些费不适用《税收征管法》，不能采取《税收征管法》规定的措施，其具体管理办法由各种费的条例和规章决定。

【知识点应用】

下列各项中，不适用《税收征管法》的有（　　）。

A.契税　　B.关税

C.车辆购置税　　D.教育费附加

【答案】BD

二、税收征收管理法的遵守主体

（一）税务行政主体——税务机关

《税收征管法》第五条规定："国务院税务主管部门主管全国税收征收管理工作。各地国家税务局和地方税务局应当按照国务院规定的税收征收管理范围分别进行征收管理。"《税收征管法》和《税收征管法实施细则》规定："税务机关是指各级税务局、税务分局、税务所和省以下税务局的稽查局。稽查局专司偷税、逃避追缴欠税、骗税、抗税案件的查处。国家税务总局应明确划分税务局和稽查局的职责，避免职责交叉。"上述规定既明确了税收征收管理的行政主体（即执法主体），也明确了《税收征管法》的遵守主体。

（二）税务行政管理相对人——纳税人、扣缴义务人和其他有关单位

《税收征管法》第四条规定："法律、行政法规规定负有纳税义务的单位和个人为纳税人，法律、行政法规规定负有代扣代缴、代收代缴税款义务的单位和个人为扣缴义务人。纳税人、扣缴义务人必须依照法律、行政法规的规定缴纳税款、代扣代缴、代收代缴税款。"第六条第二款规定："纳税人、扣缴义务人和其他有关单位应当按照国家有关规定如实向税务机关提供与纳税和代扣代缴、代收代缴税款有关的信息。"根据上述规定，纳税人、扣缴义务人和其他有关单位是税务行政管理的相对人，是《税收征管法》的遵守主体，必须按照《税收征管法》的有关规定接受税务管理，享受合法权益。

（三）有关单位和部门

《税收征管法》第五条规定："地方各级人民政府应当依法加强对本行政区域内税收管理工作的领导或者协调，支持税务机关依法执行职务，依照法定税率计算税额，依法征收税款。各有关部门和单位应当支持、协助税务机关依法执行职务。"这说明包括地方各级人民政府在内的有关单位和部门同样是《税收征管法》的遵守主体，必须遵守《税收征管法》的有关规定。

三、税收征收管理权利和义务的设定

（一）税务机关和税务人员的权利和义务

1.税务机关和税务人员的权利

（1）负责税收征收管理工作。

（2）税务机关依法执行职务，任何单位和个人不得阻挠。

2.税务机关和税务人员的义务

（1）税务机关应当广泛宣传税收法律、行政法规，普及纳税知识，无偿地为纳税人提供纳税咨询服务。

（2）税务机关应当加强队伍建设，提高税务人员的政治业务素质。

（3）税务机关、税务人员必须秉公执法、忠于职守、清正廉洁、礼貌待人、文明服务，尊重和保护纳税人、扣缴义务人的权利，依法接受监督。

（4）税务人员不得索贿受贿、徇私舞弊、玩忽职守，不征或者少征

应征税款；不得滥用职权多征税款或者故意刁难纳税人和扣缴义务人。

（5）各级税务机关应当建立、健全内部制约和监督管理制度。

（6）上级税务机关应当对下级税务机关的执法活动依法进行监督。

（7）各级税务机关应当对其工作人员执行法律、行政法规和廉洁自律准则的情况进行监督检查。

（8）税务机关负责征收、管理、稽查，行政复议人员的职责应当明确，并相互分离、相互制约。

（9）税务机关应为检举人保密，并按照规定给予奖励。

（10）税务人员在核定应纳税额、调整税收定额、进行税务检查、实施税务行政处罚、办理税务行政复议时，与纳税人、扣缴义务人或者其法定代表人、直接责任人有下列关系之一的，应当回避：①夫妻关系；②直系血亲关系；③三代以内旁系血亲关系；④近姻亲关系；⑤可能影响公正执法的其他利益关系。

（二）纳税人、扣缴义务人的权利与义务

1.纳税人、扣缴义务人的权利

（1）纳税人、扣缴义务人有权向税务机关了解国家税收法律、行政法规的规定以及与纳税程序有关的情况。

（2）纳税人、扣缴义务人有权要求税务机关为纳税人、扣缴义务人的情况保密。税务机关应当为纳税人、扣缴义务人的情况保密。

保密是指纳税人、扣缴义务人的商业秘密及个人隐私。纳税人、扣缴义务人的税收违法行为不属于保密范围。

（3）纳税人依法享有申请减税、免税、退税的权利。

（4）纳税人、扣缴义务人对税务机关所做出的决定，享有陈述权、申辩权；依法享有申请行政复议、提起行政诉讼、请求国家赔偿等权利。

（5）纳税人、扣缴义务人有权控告和检举税务机关、税务人员的违法违纪行为。

2.纳税人、扣缴义务人的义务

（1）纳税人、扣缴义务人必须依照法律、行政法规的规定缴纳税款、代扣代缴、代收代缴税款。

（2）纳税人、扣缴义务人和其他有关单位应当按照国家有关规定如实向税务机关提供与纳税和代扣代缴、代收代缴税款有关的信息。

（3）纳税人、扣缴义务人和其他有关单位应当接受税务机关依法进行的税务检查。

（三）地方各级人民政府、有关部门和单位的权利与义务

1.地方各级人民政府、有关部门和单位的权利

（1）地方各级人民政府应当依法加强对本行政区域内税收征收管理工作的领导或者协调，支持税务机关依法执行职务，依照法定税率计算税额，依法征收税款。

（2）各有关部门和单位应当支持、协助税务机关依法执行职务。

（3）任何单位和个人都有权检举违反税收法律、行政法规的行为。

2.地方各级人民政府、有关部门和单位的义务

（1）任何机关、单位和个人不得违反法律、行政法规的规定，擅自做出税收开征、停征以及减税、免税、退税、补税和其他与税收法律、行政法规相抵触的决定。

（2）收到违反税收法律、行政法规行为检举的机关和负责查处的机关应当为检举人保密。

第二节　税务管理

税务管理主要包括：税务登记管理、账簿凭证管理、纳税申报管理三个方面。

一、税务登记管理

税务登记是税务机关对纳税人的生产、经营活动进行登记并据此对纳税人实施税务管理的一种法定制度。

（一）设立税务登记

1.设立税务登记的对象

根据有关规定，开业税务登记的纳税人分为以下两类：

（1）领取营业执照从事生产、经营的纳税人。其中包括企业在外地设立的分支机构和从事生产、经营的场所。

（2）其他纳税人。根据有关法规规定，不从事生产、经营，但依照

法律、法规的规定负有纳税义务的单位和个人，除临时取得应税收入或发生应税行为以及只缴纳个人所得税、车船税的外，都应按规定向税务机关办理税务登记。

2.设立税务登记的时间和地点

从事生产、经营的纳税人，应当自领取营业执照之日起30日内，办理设立税务登记。

以下几种情况应比照设立登记办理：

（1）扣缴义务人应当自扣缴义务发生之日起30日内，向所在地的主管税务机关申报办理扣缴税款登记，领取扣缴税款登记证件。

（2）跨地区的非独立核算分支机构应当自设立之日起30日内，向所在地税务机关办理注册税务登记。

（3）有独立的生产经营权、在财务上独立核算并定期向发包人或者出租人上缴承包费或租金的承包承租人，应当自承包承包租合同签订之日起30日内，向其承包承租业务发生地税务机关申报办理税务登记，税务机关核发临时税务登记证及副本。

（4）从事生产、经营的纳税人外出经营，在同一地连续12个月内累计超过180天的，应当自期满之日起30日内，向生产、经营所在地税务机关申报办理税务登记，税务机关核发临时税务登记证及副本。

【知识点应用】

根据《税收征管法》和税务登记管理办法的有关规定，下列各项中应当进行税务登记的有（　　）。

A.从事生产经营的事业单位

B.企业在境内其他城市设立的分支机构

C.不从事生产经营只缴纳车船税的社会团体

D.有来源于中国境内所得但未在中国境内设立机构、场所的非居民企业

【答案】AB

（二）变更、注销税务登记

1.变更税务登记的范围及时间要求

（1）适用范围。纳税人办理税务登记后，如发生下列情形之一，应

当办理变更税务登记：发生改变名称、改变法定代表人、改变经济性质或经济类型、改变住所和经营地点（不涉及主管税务机关变动的）、改变生产经营或经营方式、增减注册资金（资本）、改变隶属关系、改变生产经营期限、改变或增减银行账号、改变生产经营权属以及改变其他税务登记内容的。

（2）时间要求。纳税人税务登记内容发生变化的，应当自工商行政管理机关或者其他机关办理变更登记之日起30日内，持有关证件向原税务登记机关申报办理变更税务登记。

（3）变更税务登记的程序：变更税务登记是先工商后税务。

2.注销税务登记的适用范围及时间要求

（1）适用范围。纳税人因经营期限届满而自动解散；企业由于改组、分立、合并等原因而被撤销；企业资不抵债而破产；纳税人住所、经营地址迁移而涉及改变原主管税务机关的；纳税人被工商行政管理部门吊销营业执照；以及纳税人依法终止履行纳税义务的其他情形。

（2）时间要求。纳税人发生解散、破产、撤销以及其他情形，依法终止纳税义务的，应当在向工商行政管理机关办理注销登记前，持有关证件向原税务登记管理机关申报办理注销税务登记；按照规定不需要在工商管理机关办理注销登记的，应当自有关机关批准或者宣告终止之日起15日内，持有关证件向原税务登记管理机关申报办理注销税务登记。

（3）注销税务登记的程序：注销税务登记时是先税务后工商。

（三）停业、复业登记

实行定期定额征收方式的纳税人，在营业执照核准的经营期限内需要停业的，应当向税务机关提出停业登记，说明停业的理由、时间、停业前的纳税情况和发票的领、用、存情况，并如实填写申请停业登记表。税务机关经过审核（必要时可实地审查），应当责成申请停业的纳税人结清税款并收回税务登记证件、发票领购簿和发票，办理停业登记。纳税人停业期间发生纳税义务，应当及时向主管税务机关申报，依法补缴应纳税款。

纳税人应当于恢复生产、经营之前，向税务机关提出复业登记申请，经确认后，办理复业登记，领回或启用税务登记证件和发票领购簿及其领购的发票，纳入正常管理。

纳税人停业期满不能及时恢复生产、经营的，应当在停业期满前向税务机关提出延长停业登记。纳税人停业期满未按期复业又不申请延长停业的，税务机关应当视为已恢复营业，实施正常的税收征收管理。

（四）外出经营报验登记

纳税人到外县临时从事生产经营活动的，应当在外出生产经营以前，持税务登记证向主管税务机关申请开具《外出经营活动税收管理证明》（简称《外管证》）。

税务机关按照一地一证的原则，核发《外管证》，《外管证》有效期限一般为30日，最长不得超过180天。

（五）税务登记证的作用和管理

除按照规定不需要发给税务登记证件的外，纳税人办理下列事项时，必须持税务登记证件：

（1）开立银行账户；

（2）申请减税、免税、退税；

（3）申请办理延期申报、延期缴纳税款；

（4）领购发票；

（5）申请开具外出经营活动税收管理证明；

（6）办理停业、歇业；

（7）其他有关税务事项。

纳税人遗失税务登记证件的，应当在15日内书面报告主管税务机关，并登报声明作废。

【知识点应用】

下列各项中，属于法定税务登记事项的有（　　）。

A.开业税务登记　　B.注销税务登记

C.停业税务登记　　D.临时经营税务登记

【答案】ABCD

二、账簿、凭证管理

（一）基本账簿、凭证管理

1.关于对账簿、凭证设置的管理

从事生产、经营的纳税人应当自领取营业执照或者发生纳税义务之日起15日内设置账簿。

2.关于对财务会计制度的管理

凡从事生产、经营的纳税人必须将所采用的财务、会计制度和具体的财务、会计处理办法，按税务机关的规定，自领取税务登记证件之日起15日内，及时报送主管税务机关备案。

3.关于账簿、凭证的保管

账簿、记账凭证、报表、完税凭证、发票、出口凭证以及其他有关涉税资料的保管期限，除另有规定者外，应当保存10年。

（二）发票管理

根据《税收征管法》第二十一条的规定："税务机关是发票的主管机关，负责发票的印制、领购、开具、取得、保管、缴销的管理和监督。"对无固定经营场地或者财务制度不健全的纳税人申请领购发票，主管税务机关有权要求其提供担保人，不能提供担保人的，可以视其情况，要求其提供保证金，并限期缴销发票。

（三）税控管理

《税收征管法》中规定：不能按照规定安装、使用税控装置，或者损毁或擅自改动税控装置的，由税务机关责令限期改正，可以处以2 000元以下的罚款；情节严重的，处2 000元以上1万元以下的罚款。

三、纳税申报管理

（一）纳税申报方式

纳税申报方式主要有直接申报、邮寄申报、数据电文。

除上述方式外，实行定期定额缴纳税款的纳税人，可以实行简易申报、简并征期等申报纳税方式。

（二）延期申报管理

纳税人因有特殊情况，不能按期进行纳税申报的，经县以上税务机关核准，可以延期申报。但应当在规定的期限内向税务机关提出书面延期申请，经税务机关核准，在核准的期限内办理。

经核准延期办理纳税申报的，应当在纳税期内按照上期实际缴纳的税额或者税务机关核定的税额预缴税款，并在核准的延期内办理纳税结算。

第三节　税款征收

一、税款征收原则

1.税务机关是征税的唯一行政主体的原则。

2.税务机关只能依照法律、行政法规的规定征收税款。

3.税务机关不得违反法律、行政法规的规定开征、停征、多征、少征、提前征收或者延缓征收税款，不能任意征收，只能依法征收。

4.税务机关征收税款必须遵守法定权限和法定程序的原则。

5.税务机关征收税款或扣押、查封商品、货物或其他财产时，必须向纳税人开具完税凭证或开付扣押、查封的收据或清单。

6.税款、滞纳金、罚款统一由税务机关上缴国库。

7.税款优先的原则。具体如下：

（1）税收优先于无担保债权。

（2）纳税人发生欠税在前的，税收优先于抵押权、质权和留置权的执行。纳税人欠缴的税款发生在纳税人以其财产设定抵押、质押或者纳税人的财产被留置之前的，税收应当先于抵押权、质权、留置权执行。

（3）税收优先于罚款、没收非法所得。纳税人欠缴税款，同时又被行政机关决定处以罚款、没收违法所得，税收优先于罚款、没收违法所得。

二、税款征收的方式

（一）查账征收

查账征收是指税务机关按照纳税人提供的账表所反映的经营情况，依照适用税率计算缴纳税款的方式。这种方式一般适用于财务会计制度较为健全，能够认真履行纳税义务的纳税单位。

（二）查定征收

查定征收是指税务机关根据纳税人的从业人员、生产设备、采用原材料等因素，对其产制的应税产品查实核定产量、销售额并据以征收税款的方式。这种方式一般适用于账册不够健全，但是能够控制原材料或进销货的纳税单位。

（三）查验征收

查验征收是指税务机关对纳税人应税商品，通过查验数量，按市场一般销售单价计算其销售收入并据以征税的方式。这种方式一般适用于经营品种比较单一，经营地点、时间和商品来源不固定的纳税单位。

（四）定期定额征收

定期定额征收是指税务机关通过典型调查，逐户确定营业额和所得额并据以征税的方式。这种方式一般适用于无完整考核依据的小型纳税单位。

（五）委托代征税款

委托代征税款是指税务机关委托代征人以税务机关的名义征收税款，并将税款缴入国库的方式。这种方式一般适用于小额、零散税源的征收。

（六）邮寄纳税

邮寄纳税是一种新的纳税方式。这种方式主要适用于那些有能力按期纳税，但采用其他方式纳税又不方便的纳税人。

（七）其他方式

如利用网络申报、用IC卡纳税等方式。

三、税款征收制度

（一）代扣代缴、代收代缴税款制度

1.对法律、行政法规没有规定负有代扣、代收税款义务的单位和个人，税务机关不得要求其履行代扣、代收税款义务。

2.税法规定的扣缴义务人必须依法履行代扣、代收税款义务。如果不履行义务，就要承担法律责任。除按《税收征管法》及其实施细则的规定给予处罚外，应当责成扣缴义务人限期将应扣未扣、应收未收的税款补扣或补收。

3.扣缴义务人依法履行代扣、代收税款义务时，纳税人不得拒绝。纳税人拒绝的，扣缴义务人应当在一日之内报告主管税务机关处理。不及时向主管税务机关报告的，扣缴义务人应承担应扣未扣、应收未收税款的责任。

4.扣缴义务人代扣、代收税款，只限于法律、行政法规规定的范围，并依照法律、行政法规规定的征收标准执行。对法律、法规没有规定代扣、代收的，扣缴义务人不能超越范围代扣、代收税款，扣缴义务人也不得提高或降低标准代扣、代收税款。

5.税务机关按照规定付给扣缴义务人代扣、代收手续费。代扣、代收税款手续费只能由县（市）以上税务机关统一办理退库手续，不得在征收税款过程中坐支。

（二）延期缴纳税款制度

1.纳税人因有特殊困难，不能按期缴纳税款的，经省、自治区、直辖市国家税务局、地方税务局批准，可以延期缴纳税款，但最长不得超过3个月。

特殊困难的主要内容：一是因不可抗力；二是当期货币资金在扣除应付职工工资、社会保险费后，不足以缴纳税款的。

2.税款的延期缴纳，必须经省、自治区、直辖市国家税务局、地方税务局批准，方为有效。

3.延期期限最长不得超过3个月，同一笔税款不得滚动审批。

4.批准延期内免予加收滞纳金。

（三）税收滞纳金征收制度

纳税人未按照规定期限缴纳税款的，扣缴义务人未按照规定期限解缴税款的，税务机关除责令限期缴纳外，从滞纳税款之日起，按日加收滞纳税款5‱的滞纳金。

加收滞纳金的起止时间为法律、行政法规规定或者税务机关依照法律、行政法规的规定确定的税款缴纳期限届满次日起至纳税人、扣缴义务人实际缴纳或者解缴税款之日止。

（四）减免税收制度

1.减免税必须有法律、行政法规的明确规定（具体规定将在税收实体法中体现）。地方各级人民政府、各级人民政府主管部门、单位和个人违反法律、行政法规规定，擅自做出的减税、免税决定无效，税务机关不得执行，并向上级税务机关报告。

2.纳税人申请减免税，应向主管税务机关提出书面申请，并按规定附送有关资料。

3.减免税的申请须经法律、行政法规规定的减税、免税审查批准机关审批。

4.纳税人在享受减免税待遇期间，仍应按规定办理纳税申报。

5.纳税人享受减税、免税的条件发生变化时，应当自发生变化之日起15日内向税务机关报告，经税务机关审核后，停止其减税、免税；对不报告的，又不再符合减税、免税条件的，税务机关有权追回已减免的税款。

6.纳税人可以向主管税务机关申请减免税，也可以直接向有权审批的税务机关申请。由纳税人所在地主管税务机关受理、应当由上级税务机关审批的减免税申请，主管税务机关应当自受理申请之日起10个工作日内直接上报有权审批的上级税务机关。

7.减免税审批是对纳税人提供的资料与减免税法定条件的相关性进行的审核，不改变纳税人的真实申报责任。

8.减免税期限超过1个纳税年度的，进行一次性审批。

9.减免税申请符合法定条件、标准的，主管税务机关应当在规定的期限内做出准予减免税的书面决定。

税务机关做出的减免税审批决定，应当自做出决定之日起10个工作日内向纳税人送达减免税审批书面决定。

（五）税额核定和税收调整制度

1.税额核定制度。根据《税收征管法》第三十五条的规定，纳税人（包括单位纳税人和个人纳税人）有下列情形之一的，税务机关有权核定其应纳税额：

（1）依照法律、行政法规的规定可以不设置账簿的；

（2）依照法律、行政法规的规定应当设置但未设置账簿的；

（3）擅自销毁账簿或者拒不提供纳税资料的；

（4）虽设置账簿，但账目混乱或成本资料、收入凭证、费用凭证残缺不全，难以查账的；

（5）发生纳税义务，未按照规定的期限办理纳税申报，经税务机关责令限期申报，逾期仍不申报的；

（6）纳税人申报的计税依据明显偏低，又无正当理由的。

2.税收调整制度。税收调整制度主要指的是关联企业的税收调整制度。

《税收征管法》第三十六条规定："企业或者外国企业在中国境内设

立的从事生产、经营的机构、场所与其关联企业之间的业务往来，应当按照独立企业之间的业务往来收取或者支付价款、费用；不按照独立企业之间的业务往来收取或者支付价款、费用，而减少其应纳税的收入或者所得额的，税务机关有权进行合理调整。”

所称关联企业，是指有下列关系之一的公司、企业和其他经济组织：①在资金、经营、购销等方面，存在直接或者间接的拥有或者控制关系。②直接或者间接地同为第三者所拥有或者控制。③在利益上具有相关联的其他关系。

纳税人与其关联企业之间的业务往来有下列情形之一的，税务机关可以调整其应纳税额：①购销业务未按照独立企业之间的业务往来作价。②融通资金所支付或者收取的利息超过或者低于没有关联关系的企业之间所能同意的数额，或者利率超过或者低于同类业务的正常利率。③提供劳务，未按照独立企业之间的业务往来收取或者支付劳务费用。④转让财产、提供财产使用权等业务往来，未按照独立企业之间的业务往来作价或者收取、支付费用。⑤未按照独立企业之间业务往来作价的其他情形。

纳税人有上述所列情形之一的，税务机关可以按照下列方法调整计税收入额或者所得额：①按照独立企业之间进行的相同或者类似业务活动的价格。②按照再销售给无关联关系的第三者的价格所应取得的收入和利润水平。③按照成本加合理的费用和利润。④按照其他合理的方法。

调整期限：纳税人与其关联企业未按照独立企业之间的业务往来支付价款、费用的，税务机关自该业务往来发生的纳税年度起3年内进行调整；有特殊情况的，可以自该业务往来发生的纳税年度起10年内进行调整。所称“特殊情况”，是指纳税人有下列情形之一：①纳税人在以前年度与其关联企业间的业务往来累计达到或超过10万元人民币的。②经税务机关案头审计分析，纳税人在以前年度与其关联企业的业务往来，预计需调增其应纳税收入或所得额达50万元人民币的。③纳税人在以前年度与设在避税地的关联企业有业务往来的。④纳税人在以前年度未按规定进行关联企业间业务往来的年度申报，或申报内容不实，或不提供有关价格、费用标准的。

（六）未办理税务登记的从事生产、经营的纳税人，以及临时从事经营纳税人的税款征收制度

《税收征管法》第三十七条规定："对未按照规定办理税务登记的从事生产、经营的纳税人以及临时从事生产、经营的纳税人，由税务机关核定其应纳税额，责令缴纳；不缴纳的，税务机关可以扣押其价值相当于应纳税款的商品、货物。扣押后缴纳应纳税款的，税务机关必须立即解除扣押，并归还所扣押的商品、货物；扣押后仍不缴纳应纳税款的，经县以上税务局（分局）局长批准，依法拍卖或者变卖所扣押的商品、货物，以拍卖或者变卖所得抵缴税款。"

1.适用对象：未办理税务登记的从事生产、经营的纳税人及临时从事经营的纳税人。

2.执行程序：

（1）核定应纳税额；

（2）责令缴纳；

（3）扣押商品、货物；

（4）解除扣押或者拍卖、变卖所扣押的商品、货物；

（5）抵缴税款。

（七）税收保全措施

税收保全措施是指税务机关对可能由于纳税人的行为或者某种客观原因，致使以后税款的征收不能保证或难以保证的案件，采取限制纳税人处理或转移商品、货物或其他财产的措施。

1.税收保全措施的主要形式如下：

（1）书面通知纳税人开户银行或其他金融机构暂停支付纳税人相当于应纳税款的存款。

（2）扣押、查封纳税人的价值相当于应纳税款的商品、货物或其他财产。

个人及其所扶养家属维持生活必需的住房和用品，不在税收保全措施的范围之内。生活必需的住房和用品不包括机动车辆、金银饰品、古玩字画、豪华住宅或者一处以外的住房。税务机关对单价5 000元以下的其他生活用品，不采取税收保全措施和强制执行措施。

2.税收保全措施的适用范围如下：

可以采取税收保全措施的纳税人仅限于从事生产、经营的纳税人，不包括非从事生产、经营的纳税人，也不包括扣缴义务人和纳税担保人。

3.税收保全措施的前提。税收保全措施的前提是从事生产、经营的纳税人有逃避纳税义务的行为。采取税收保全措施时，应符合下列两个条件：

（1）纳税人有逃避纳税义务的行为；

（2）必须是在规定的纳税期之前和责令期限缴纳应纳税款的期限内。

4.税务机关按照前款方法确定应扣押、查封的商品、货物或者其他财产的价值时，还应当包括滞纳金和扣押、查封、保管、拍卖、变卖所发生的费用。

5.税务机关扣押商品、货物或者其他财产时，必须开付收据；查封商品、货物或者其他财产时，必须开付清单。

（八）税收强制执行措施

税收强制执行措施是指当事人不履行法律、行政法规规定的义务，有关国家机关采用法定的强制手段，强迫当事人履行义务的行为。

1.税收强制执行措施的主要形式如下：

（1）书面通知其开户银行或其他金融机构从其存款中扣缴税款；

（2）扣押、查封、拍卖其价值相当于应纳税款商品、货物或其他财产，以拍卖所得抵缴税款。

2.税收保全与强制执行关系。税收保全是强制执行的前提，但强制执行不是税收保全的必然结果。

3.税收强制执行措施的适用范围。税收强制执行措施不仅可以适用于从事生产经营的纳税人，而且可以适用于扣缴义务人和纳税担保人。

4.其他注意事项。具体如下：

（1）税务机关采取税收强制执行措施时，必须坚持告诫在先的原则，即纳税人、扣缴义务人、纳税担保人未按照规定的期限缴纳或者解缴税款的，应当先行告诫，责令限期缴纳。逾期仍未缴纳的，再采取税收强制执行措施。

（2）采取税收强制执行措施时，对纳税人、扣缴义务人、纳税担保人未缴纳的滞纳金必须同时强制执行。对纳税人已缴纳税款，但拒不缴纳滞纳金的，税务机关可以单独对纳税人应缴未缴的滞纳金采取强制执行措施。

（3）继续使用被查封的财产不会减少其价值的，税务机关可以允许被执行人继续使用；因被执行人保管或者使用的过错造成的损失，由被执行人承担。

（4）拍卖或者变卖所得抵缴税款、滞纳金、罚款以及扣押、查封、保管、拍卖、变卖等费用后，剩余部分应当在3日内退还被执行人。

【知识点应用】

下列各项中，不符合《税收征管法》有关规定的是（　　）。

A.采取税收保全措施时，冻结的存款以纳税人应纳税款的数额为限

B.采取税收强制执行的措施时，被执行人未缴纳的滞纳金必须同时执行

C.税收强制执行的适用范围不仅限于从事生产经营的纳税人，也包括扣缴义务人

D.税收保全措施的适用范围不仅限于从事生产经营的纳税人，也包括扣缴义务人

【答案】D

【知识点应用】

下列关于税收强制执行措施的表述中，正确的是（　　）。

A.税收强制执行措施不适用于扣缴义务人

B.作为家庭唯一代步工具的轿车，不在税收强制执行的范围之内

C.税务机关采取强制执行措施时，可对纳税人未缴纳的滞纳金同时强制执行

D.税务机关可对未按期缴纳工薪收入个人所得税的个人实施税收强制执行措施

【答案】C

（九）欠税清缴制度

欠税，是指纳税人未按照规定期限缴纳税款，扣缴义务人未按照规定期限解缴税款的行为。

《税收征管法》在欠税清缴方面主要采取了以下措施：

1.严格控制欠缴税款的审批权限。根据《税收征管法》第三十一条的规定，缓缴税款的审批权限集中在省、自治区、直辖市国家税务局、地方税务局。这样规定，一方面能帮助纳税人渡过暂时的难关，另一方面也体现了严格控制欠税的精神，保证国家税收免遭损失。

2.限期缴税时限。从事生产、经营的纳税人、扣缴义务人未按照规定的期限缴纳或者解缴税款的，纳税担保人未按照规定的期限缴纳所担保的税款的，由税务机关发出限期缴纳税款通知书，责令缴纳或者解缴税款的最长期限不得超过15日。

3.建立欠税清缴制度，防止税款流失：

（1）扩大了阻止出境对象的范围。《税收征管法》第四十四条规定："欠缴税款的纳税人及其法定代表需要出境的，应当在出境前向税务机关结清应纳税款或者提供担保。未结清税款，又不提供担保的，税务机关可以通知出境管理机关阻止其出境。"

执行离境清税制度应注意下列问题：①离境清税制度适用于依照我国税法规定，负有纳税义务且欠缴税款的所有自然人、法人的法定代表人和其他经济组织的负责人，包括外国人、无国籍人和中国公民。②纳税人以其所拥有的未作抵押的财产作纳税担保的，应当就作为纳税担保的财产的监管和处分等事项在中国境内委托代理人，并将作为纳税担保的财产清单和委托代理证书（副本）交税务机关。担保使用的所有文书和手续如前所述。③需要阻止出境的，税务机关应当书面通知出入境管理机关执行。阻止出境是出入境管理机关依法对违反我国法律或者有未了结民事案件，以及其他法律规定不能离境等原因的外国人、中国公民告之不准离境、听候处理的一项法律制度，是国家实施主权管理的重要方面。

（2）建立改制纳税人欠税的清缴制度。《税收征管法》第四十八条规定："纳税人有合并、分立情形的，应当向税务机关报告，并依法缴清税款。纳税人合并时未缴清税款的，应当由合并后的纳税人继续履行未履行的纳税义务；纳税人分立时未缴清税款的，分立后的纳税人对未履行的纳税义务应当承担连带责任。”

（3）大额欠税处分财产报告制度。根据《税收征管法》第四十九条和《税收征管法实施细则》第七十七条的规定，欠缴税款数额在5万元以上的纳税人，在处分其不动产或者大额资产之前，应当向税务机关报告。这一规定有利于税务机关及时掌握欠税企业处置不动产和大额资产的动向。税务机关可以根据其是否侵害了国家税收，是否有转移资产、逃避纳税义务的情形，决定是否行使税收优先权，是否采取税收保全措施或者强制执行措施。

（4）税务机关可以对欠缴税款的纳税人行使代位权、撤销权，即对纳税人的到期债权等财产权利，税务机关可以依法向第三者追索以抵缴税款。《税收征管法》第五十条规定了在哪些情况下税务机关可以依据《中华人民共和国合同法》（以下简称《合同法》）行使代位权、撤销权。税务机关代表国家，拥有对欠税的债权，是纳税人应该偿还国家的债务。

如果欠税的纳税人，怠于行使其到期的债权，怠于收回其到期的资产、款项等，税务机关可以向人民法院请求以自己的名义代为行使债权。

（5）建立欠税公告制度。根据《税收征管法》第四十五条和《税收征管法实施细则》第七十六条的规定，税务机关应当对纳税人欠缴税款的情况，在办税场所或者广播、电视、报纸、期刊、网络等新闻媒体上定期予以公告。定期公告是指税务机关定期向社会公告纳税人的欠税情况。同时税务机关还可以根据实际情况和实际需要，制定纳税人的纳税信用等级评比制度。

（十）税款的退还和追征制度

1.税款的退还。《税收征管法》第五十一条规定，纳税人超过应纳税额缴纳的税款，税务机关发现后应当立即退还；纳税人自结算缴纳税款之日起3年内发现的：可以向税务机关要求退还多缴的税款并加算银行同期存款利息，税务机关及时查实后应当立即退还；涉及从国库中退库的，依照法律、行政法规中有关国库管理的规定退还。

根据上述规定，税务机关在办理税款退还时应注意以下几个问题：

（1）税款退还的前提是纳税人已经缴纳了超过应纳税额的税款。

（2）税款退还的范围包括：①技术差错和结算性质的退税。②为加强对收入的管理，规定纳税人先按应纳税额如数缴纳入库，经核实后再从中退还应退的部分。

（3）退还的方式有：①税务机关发现后立即退还。②纳税人发现后申请退还。

（4）退还的时限有：①纳税人发现的多缴税款，可以自结算缴纳税款之日起3年内要求退还。②税务机关发现的多缴税款，《税收征管法》没有规定多长时间内可以退还。法律没有规定期限的，推定为无限期。因此，税务机关发现的多缴税款，无论多长时间，都应当退还给纳税人。③对纳税人超过应纳税额缴纳的税款，无论是税务机关发现的，还是纳税人发现后提出退还申请的，税务机关经核实后都应当立即办理退还手续，不应当拖延。《税收征管法实施细则》第七十八条规定："税务机关发现纳税人多缴税款的，应当自发现之日起10日内办理退还手续；纳税人发现多缴税款，要求退还的，税务机关应当自接到纳税人退还申请之日起30日内查实并办理退还手续。"

2.税款的追征。《税收征管法》第五十二条规定：因税务机关责任，致使纳税人、扣缴义务人未缴或者少缴税款的，税务机关在3年内可要求纳税人、扣缴义务人补缴税款，但是不得加收滞纳金。

因纳税人、扣缴义务人计算等失误.未缴或者少缴税款的，税务机关在3年内可以追征税款、滞纳金；有特殊情况的追征期可以延长到5年。所称特殊情况，是指纳税人或者扣缴义务人因计算错误等失误，未缴或者少缴、未扣或者少扣、未收或者少收税款，累计数额在10万元以上的。对偷税、抗税、骗税的，税务机关追征其未缴或者少缴的税款、滞纳金或者所骗取的税款，不受前款规定期限的限制。

根据上述规定，税务机关在追征税款时应注意以下几个方面：

（1）对于纳税人、扣缴义务人和其他当事人偷税、抗税和骗取税款的，应无限期追征。

（2）纳税人、扣缴义务人未缴或者少缴税款的，其补缴和追征税款的期限，应自纳税人、扣缴义务人应缴未缴或少缴税款之日起计算。

（3）应注意明确划分征纳双方的责任。

【知识点应用】

因纳税人、扣缴义务人计算等失误，未缴或者少缴税款的，税务机关在3年内可以追征税款、滞纳金；有特殊情况的，可（　　）。

A.只追征税款不加收滞纳金

B.将追征期延长到10年

C.将追征期延长到5年

D.处以2 000元以上1万元以下的罚款

【答案】C

（十一）税款入库制度

1.审计机关、财政机关依法进行审计、检查时，对税务机关的税收违法行为做出的决定，税务机关应当执行；发现被审计、检查单位有税收违法行为的，向被审计、检查单位下达决定、意见书，责成被审计、检查单位向税务机关缴纳应当缴纳的税款、滞纳金。税务机关应当根据有关机关的决定、意见书，依照税收法律、行政法规的规定，将应收的税款、滞纳金按照国家规定的税收征收管理范围和税款入库预算级次缴入国库。

2.税务机关应当自收到审计机关、财政机关的决定、意见书之日起30日内将执行情况书面回复审计机关、财政机关。

有关机关不得将其履行职责过程中发现的税款、滞纳金自行征收入库或者以其他款项的名义自行处理、占压。

第四节　税务检查

一、税务检查的形式和方法

（一）税务检查的形式

1.重点检查。是指对公民举报、上级机关交办或有关部门转来的有偷税行为或偷税嫌疑的，纳税申报与实际生产经营情况有明显不符的纳税人及有普遍逃税行为的行业的检查。

2.分类计划检查。是指根据纳税人历来纳税情况、纳税人的纳税规模及税务检查间隔时间的长短等综合因素，按事先确定的纳税人分类、计划检查时间及检查频率而进行的检查。

3.集中性检查。是指税务机关在一定时间、一定范围内，统一安排、统一组织的税务检查，这种检查一般规模比较大，如以前年度的全国范围内的税收、财务大检查就属于这类检查。

4.临时性检查。是指由各级税务机关根据不同的经济形势、偷逃税趋势、税收任务完成情况等综合因素，在正常的检查计划之外安排的检查。如行业性解剖、典型调查性的检查等。

5.专项检查。是指税务机关根据税收工作实际，对某一税种或税收征收管理某一环节进行的检查。比如增值税一般纳税专项检查、漏征漏管户专项检查等。

（二）税务检查的方法

1.全查法。是对被查纳税人一定时期内所有会计凭证、账簿、报表及各种存货进行全面、系统检查的一种方法。

2.抽查法。是对被查纳税人一定时期内的会计凭证、账簿、报表及各种存货，抽取一部分进行检查的一种方法。

3.顺查法。与逆查法对称，是对被查纳税人按照其会计核算的顺序，依次检查会计凭证、账簿、报表，并将其相互核对的一种检查方法。

4.逆查法。与顺查法对称，指逆会计核算的顺序，依次检查会计报表、账簿及凭证，并将其相互核对的一种稽查方法。

5.现场检查法。与调账检查法对称，指税务机关派人员到被查纳税人的机构办公地点对其账务资料进行检查的一种方法。

6.调账检查法。与现场检查法对称，指将被查纳税人的账务资料调到税务机关进行检查的一种方法。

7.比较分析法。是将被查纳税人检查期有关财务指标的实际完成数进行纵向或横向比较，分析其异常变化情况，从中发现纳税问题线索的一种方法。

8.控制计算法。也称逻辑推算法，指根据被查纳税人财务数据的相互关系，用可靠或科学测定的数据，验证其检查期账面记录或申报的资料是否正确的一种检查方法。

9.审阅法。是指对被纳税人的会计账簿、凭证等账务资料，通过直观地审查阅览发现在纳税方面存在的问题的一种检查方法。

10.核对法。是指通过对被纳税人的各种相关联的会计凭证、账簿、报表及实物进行核对，验证其在纳税方面存在的问题的一种检查方法。

11.观察法。是指通过被纳税人的生产经营场所、仓库、工地等现场，实地观察看其生产经营及存货情况，以发现纳税问题或验证账中可疑问题的一种检查方法。

12.外调法。是指对被纳税人有怀疑或已掌握一定线索的经济事项，通过向与其有经济联系的单位或个人进行调查，予以查证的一种方法。

13.盘存法。是指通过对被查纳税人的货币资金、存货及固定资产等实物进行盘点清查，核实其账实是否相符，进而发现纳税问题的一种检查方法。

14.交叉稽核法。国家为加强增值税专用发票管理，应用计算机将开出的增值税专用发票抵扣联与存根联进行交叉稽核，以查出虚开及假开发票行为，避免国家税款流失。目前这种方法通过“金税工程”体现，对利用增值税专用发票偷逃税款行为起到了极大的遏制作用。

二、税务检查的职责

（一）税务检查的权力

1.检查纳税人的账簿、记账凭证、报表和有关资料，检查扣缴义务人代扣代缴、代收代缴税款账簿、记账凭证和有关资料。

因检查需要时，经县以上税务局（分局）局长批准，可以将纳税人、扣缴义务人以前会计年度的账簿、记账凭证、报表和其他有关资料调回税务机关检查，但是税务机关必须向纳税人、扣缴义务人开付清单，并在3个月内完整退还；有特殊情况的，经设区的市、自治州以上税务局局长批准，税务机关可以将纳税人、扣缴义务人当年的账簿、记账凭证、报表和其他有关资料调回检查，但是税务机关必须在30日内退还。

2.到纳税人的生产、经营场所和货物存放地检查纳税人应纳税的商品、货物或者其他财产，检查扣缴义务人与代扣代缴、代收代缴税款有关的经营情况。

3.责成纳税人、扣缴义务人提供与纳税或者代扣代缴、代收代缴税款有关的文件、证明材料和有关资料。

4.询问纳税人、扣缴义务人与纳税或者代扣代缴、代收代缴税款有关的问题和情况。

5.到车站、码头、机场、邮政企业及其分支机构检查纳税人托运、邮寄、应税商品、货物或者其他财产的有关单据凭证和资料。

6.经县以上税务局（分局）局长批准，凭全国统一格式的检查存款账户许可证明，查询从事生产、经营的纳税人、扣缴义务人在银行或者其他金融机构的存款账户。税务机关在调查税收违法案件时，经设区的市、自治州以上税务局（分局）局长批准，可以查询案件涉嫌人员的储蓄存款。税务机关查询所获得的资料，不得用于税收以外的用途。

上述所称的“经设区的市、自治州以上税务局局长”包括地（市）一级（含直辖市下设区）的税务局局长。

税务机关查询的内容，包括纳税人存款账户余额和资金往来情况。查询时应当指定专人负责，凭全国统一格式的检查存款账户许可证明进行，并有责任为被检查人保守秘密。

【知识点应用】

下列关于税务机关行使税务检查权的表述中，符合税法规定的有（　　）。

A.到纳税人的住所检查应纳税的商品，货物和其他财产

B.责成纳税人提供与纳税有关的文件，证明材料和有关资料

C.到车站检查纳税人托运货物或者其他财产的有关单据，凭证和资料

D.经县税务局长批准，凭统一格式的检查存款账户许可证，查询案件涉嫌人员的储蓄存款

【答案】BC

（二）税务检查的要求

1.税务机关对纳税人以前纳税期的纳税情况依法进行税务检查时，发现纳税人有逃避纳税义务的行为，并有明显的转移、隐匿其应纳税的

商品、货物、其他财产或者应纳税收入的迹象的，可以按照批准权限采取税收保全措施或者强制执行措施。这里的批准权限是指县级以上税务局（分局）局长批准。

税务机关采取税收保全措施的期限一般不得超过6个月；重大案件需要延长的，应当报国家税务总局批准。

2.纳税人、扣缴义务人必须接受税务机关依法进行的税务检查，如实反映情况，提供有关资料，不得拒绝、隐瞒。

3.税务机关依法进行税务检查时，有权向有关单位和个人调查纳税人、扣缴义务人和其他当事人与纳税或者代扣代缴、代收代缴税款有关的情况，有关单位和个人有义务向税务机关如实提供有关资料及证明材料。

4.税务机关调查税务违法案件时，对与案件有关的情况和资料，可以记录、录音、录像、照相和复制。

5.税务人员进行税务检查时，应当出示税务检查证和税务检查通知书；无税务检查证和税务检查通知书的，纳税人、扣缴义务人及其他当事人有权拒绝检查。税务机关对集贸市场及集中经营业户进行检查时，可以使用统一的税务检查通知书。

6.税务机关对纳税人、扣缴义务人及其他当事人处以罚款或者没收违法所得时，应当开付罚没凭证；未开付罚没凭证的，纳税人、扣缴义务人以及其他当事人有权拒绝给付。

7.对采用电算化会计系统的纳税人，税务机关有权对其会计电算化系统进行检查，并可复制与纳税有关的电子数据作为证据。

8.税务机关进入纳税人电算化系统进行检查时，有责任保证纳税人会计电算化系统的安全性，并保守纳税人的商业秘密。

第五节　法律责任

一、违反税务管理基本规定行为的法律责任

（一）《税收征管法》第六十条和《税收征管法实施细则》第九十条的有关规定

纳税人有下列行为之一的，由税务机关责令限期改正，可以处

2 000元以下的罚款；情节严重的，处2 000元以上1万元以下的罚款。具体规定如下：

1.未按照规定的期限申报办理税务登记、变更或者注销登记的。

2.未按照规定设置、保管账簿或者保管记账凭证和有关资料的。

3.未按照规定将财务、会计制度或者财务、会计处理办法和会计核算软件报送税务机关备查的。

4.未按照规定将其全部银行账号向税务机关报告的。

5.未按照规定安装、使用税控装置，或者损毁或擅自改动税控装置的。

6.纳税人未按照规定办理税务登记证件验证或者换证手续的。

（二）纳税人不办理税务登记

由税务机关责令限期改正；逾期不改正的，由工商行政管理机关吊销其营业执照。

（三）有关税务登记证件处罚

纳税人未按照规定使用税务登记证件，或者转借、涂改、损毁、买卖、伪造税务登记证件的，处2 000元以上1万元以下的罚款；情节严重的，处1万元以上5万元以下的罚款。

【知识点应用】

纳税人不办理税务登记的，由税务机关责令限期改正；逾期不改的，由（　　）。

A.税务机关责令停业整顿

B.税务机关处2 000元以下的罚款

C.工商行政管理机关吊销其营业执照

D.税务机关处2 000元以上1万元以下的罚款

【答案】C

二、扣缴义务人违反账簿、凭证管理的法律责任

《税收征管法》第六十一条规定："扣缴义务人未按照规定设置、保管代扣代缴、代收代缴税款账簿或者保管代扣代缴、代收代缴税款记账凭证及有关资料的，由税务机关责令限期改正，可以处2 000元以下的罚款；情节严重的，处2 000元以上5 000元以下的罚款。"

三、纳税人、扣缴义务人未按规定进行纳税申报的法律责任

《税收征管法》第六十二条规定："纳税人未按照规定的期限办理纳税申报和报送纳税资料的.或者扣缴义务人未按照规定的期限向税务机关报送代扣代缴、代收代缴税款报告表和有关资料的，由税务机关责令限期改正，可以处2 000元以下的罚款；情节严重的，可以处2 000元以上1万元以下的罚款。"

四、对偷税的认定及其法律责任

（一）偷税违法

《税收征管法》第六十三条规定："纳税人伪造、变造、隐匿、擅自销毁账簿、记账凭证，或者在账簿上多列支出或者不列、少列收入，或者经税务机关通知申报而拒不申报或者进行虚假的纳税申报，不缴或者少缴应纳税款的，是偷税。对纳税人偷税的，由税务机关追缴其不缴或者少缴的税款、滞纳金，并处不缴或者少缴的税款50%以上5倍以下的罚款；构成犯罪的，依法追究刑事责任。扣缴义务人采取前款所列手段，不缴或者少缴已扣、已收税款，由税务机关追缴其不缴或者少缴的税款、滞纳金，并处不缴或者少缴的税款50%以上5倍以下的罚款；构成犯罪的，依法追究刑事责任。"

（二）偷税犯罪

《中华人民共和国刑法》（以下简称《刑法》）第二百零一条规定："纳税人采取伪造、变造、隐匿、擅自销毁账簿、记账凭证，在账簿上多列支出或者不列、少列收入，经税务机关通知申报而拒不申报或者进行虚假的纳税申报的手段，不缴或者少缴应纳税款，偷税数额占应纳税额的10%以上不满30%并且偷税数额在1万元以上不满10万元的，或者因偷税被税务机关给予二次行政处罚又偷税的，处3年以下有期徒刑或者拘役，并处偷税数额1倍以上5倍以下罚金；偷税数额占应纳税额的30%以上并且偷税数额在10万元以上的，处3年以上7年以下有期徒刑，并处偷税数额1倍以上5倍以下罚金。扣缴义务人采取前款所列手段，不缴或者少缴已扣、已收税款，数额占应缴税额的10%以上并且数额在1万元以上的，依照前款的规定处罚。对多次犯有前两款行为，未经处理的，按照累计数额计算。"

五、虚假申报或不进行申报行为的法律责任

《税收征管法》第六十四条规定："纳税人、扣缴义务人编造虚假计税依据的，由税务机关责令限期改正，并处5万元以下的罚款。纳税人不进行纳税申报，不缴或者少缴应纳税款的，由税务机关追缴其不缴或者少缴的税款、滞纳金，并处不缴或者少缴税款50%以上5倍以下的罚款。"

六、逃避追缴欠税的法律责任

《税收征管法》第六十五条规定："纳税人欠缴应纳税款，采取转移或者隐匿财产的手段，妨碍税务机关追缴欠缴的税款的，由税务机关追缴欠缴的税款、滞纳金，并处欠缴税款50%以上5倍以下的罚款；构成犯罪的，依法追究刑事责任。"

《刑法》第二百零三条规定："纳税人欠缴应纳税款，采取转移或者隐匿财产的手段，致使税务机关无法追缴欠缴的税款，数额在1万元以上不满10万元的，处3年以下有期徒刑或者拘役，并处或者单处欠缴税款1倍以上5倍以下罚金；数额在10万元以上的，处3年以上7年以下有期徒刑，并处欠缴税款1倍以上5倍以下罚金。"

七、骗取出口退税的法律责任

《税收征管法》第六十六条规定："以假报出口或者其他欺骗手段，骗取国家出口退税款的，由税务机关追缴其骗取的退税款，并处骗取税款1倍以上5倍以下的罚款；构成犯罪的，依法追究刑事责任。"

对骗取国家出口退税款的，税务机关可以在规定期间内停止为其办理出口退税。

《刑法》第二百零四条规定："以假报出口或者其他欺骗手段，骗取国家出口退税款，数额较大的，处5年以下有期徒刑或者拘役，并处骗取税款1倍以上5倍以下罚金；数额巨大或者有其他严重情节的，处5年以上10年以下有期徒刑，并处骗取税款1倍以上5倍以下罚金；数额特别巨大或者有其他特别严重情节的，处10年以上有期徒刑或者无期徒刑，并处骗取税款1倍以上5倍以下罚金或者没收财产。"

八、抗税的法律责任

《税收征管法》第六十七条规定："以暴力、威胁方法拒不缴纳税款的，是抗税，除由税务机关追缴其拒缴的税款、滞纳金外，依法追究刑

事责任。情节轻微，未构成犯罪的，由税务机关追缴其拒缴的税款、滞纳金，并处拒缴税款1倍以上5倍以下的罚款。”

《刑法》第二百零二条规定：“以暴力、威胁方法拒不缴纳税款的，处3年以下有期徒刑或者拘役，并处拒缴税款1倍以上5倍以下罚金；情节严重的，处3年以上7年以下有期徒刑，并处拒缴税款1倍以上5倍以下罚金。”

九、在规定期限内不缴或者少缴税款的法律责任

《税收征管法》第六十八条规定：“纳税人、扣缴义务人在规定期限内不缴或者少缴应纳或者应解缴的税款，经税务机关责令限期缴纳，逾期仍未缴纳的，税务机关除依照本法第四十条规定采取强制执行措施追缴其不缴或者少缴的税款外，可以处不缴或者少缴税款50%以上5倍以下的罚款。”

十、扣缴义务人不履行扣缴义务的法律责任

《税收征管法》第六十九条规定：“扣缴义务人应扣未扣、应收而不收税款的，由税务机关向纳税人追缴税款，对扣缴义务人处应扣未扣、应收未收税款50%以上3倍以下的罚款。”

【知识点应用】

根据《税收征管法》的规定，扣缴义务人应扣未扣、应收未收税款的，由税务机关向纳税人追缴税款，对扣缴义务人一定数额的罚款。其罚款限额是（　　）。

A.2 000元以下

B.200元以上5 000元以下

C.应扣未扣、应收未收税款50%以上3倍以下

D.应扣未扣、应收未收税款50%以上5倍以下

【答案】C

十一、不配合税务机关依法检查的法律责任

（一）《税收征管法》第七十条规定：“纳税人、扣缴义务人逃避、拒绝或者以其他方式阻挠税务机关检查的，由税务机关责令改正，可以处1万元以下的罚款；情节严重的，处1万元以上5万元以下的罚款。”

逃避、拒绝或者以其他方式阻挠税务机关检查的情形：

1.提供虚假资料，不如实反映情况，或者拒绝提供有关资料的。

2.拒绝或者阻止税务机关记录、录音、录像、照相和复制与案件有关的情况和资料的。

3.在检查期间，纳税人、扣缴义务人转移、隐匿、销毁有关资料的。

4.有不依法接受税务检查的其他情形的。

（二）税务机关依照《税收征管法》第五十四条第（五）项的规定："到车站、码头、机场、邮政企业及其分支机构检查纳税人有关情况时，有关单位拒绝的，由税务机关责令改正，可以处1万元以下的罚款；情节严重的，处1万元以上5万元以下的罚款。"

十二、非法印制发票的法律责任

（一）《税收征管法》第七十一条规定："违反本法第二十二条规定，非法印制发票的，由税务机关销毁非法印制的发票，没收违法所得和作案工具，并处1万元以上5万元以下的罚款；构成犯罪的，依法追究刑事责任。"

（二）《刑法》第二百零六条规定："伪造或者出售伪造的增值税专用发票的，处3年以下有期徒刑、拘役或者管制，并处2万元以上20万元以下罚金；数量较大或者有其他严重情节的，处3年以上10年以下有期徒刑，并处5万元以上50万元以下罚金；数量巨大或者有其他特别严重情节的，处10年以上有期徒刑或者无期徒刑，并处5万元以上50万元以下罚金或者没收财产。伪造并出售伪造的增值税专用发票，数量特别巨大，情节特别严重，严重破坏经济秩序的，处无期徒刑或者死刑，并处没收财产。单位犯本条规定之罪的，对单位判处罚金，并对其直接负责的主管人员和其他直接责任人员，处3年以下有期徒刑、拘役或者管制；数量较大或者有其他严重情节的，处3年以上10年以下有期徒刑；数量巨大或者有其他特别严重情节的，处10年以上有期徒刑或者无期徒刑。"

（三）《刑法》第二百零九条规定："伪造、擅自制造或者出售伪造、擅自制造的可以用于骗取出口退税、抵扣税款的其他发票的，处3年以下有期徒刑、拘役或者管制，并处2万元以上20万元以下罚金；数量巨大的，处3年以上7年以下有期徒刑，并处5万元以上50万元以下罚金；数量特别巨大的，处7年以上有期徒刑，并处5万元以上50万元以下罚金或者没收财产。伪造、擅自制造或者出售伪造、擅自制造的前款规定以外的其他发票的，处2年以下有期徒刑、拘役或者管制，并处或者单处1万元以上5万元以下罚金；情节严重的，处2年以上7年以下有期徒刑，并处5万元以上50万元以下罚金。”

（四）非法印制、转借、倒卖、变造或者伪造完税凭证的，由税务机关责令改正，处2 000元以上1万元以下的罚款；情节严重的，处1万元以上5万元以下的罚款；构成犯罪的，依法追究刑事责任。

十三、有税收违法行为而拒不接受税务机关处理的法律责任

《税收征管法》第七十二条规定：“从事生产、经营的纳税人、扣缴义务人有本法规定的税收违法行为，拒不接受税务机关处理的，税务机关可以收缴其发票或者停止向其发售发票。”

十四、银行及其他金融机构拒绝配合税务机关依法执行职务的法律责任

（一）银行和其他金融机构未依照《税收征管法》的规定在从事生产、经营的纳税人的账户中登录税务登记证件号码，或者未按规定在税务登记证件中登录从事生产、经营的纳税人的账户账号的，由税务机关责令其限期改正，处2 000元以上2万元以下的罚款；情节严重的，处2万元以上5万元以下的罚款。

（二）为纳税人、扣缴义务人非法提供银行账户、发票、证明或者其他方便，导致未缴、少缴税款或者骗取国家出口退税款的，税务机关除没收其违法所得外，可以处未缴、少缴或者骗取的税款1倍以下的罚款。

（三）《税收征管法》第七十三条规定：“纳税人、扣缴义务人的开户银行或者其他金融机构拒绝接受税务机关依法检查纳税人、扣缴义务人存款账户，或者拒绝执行税务机关做出的冻结存款或者扣缴税款的决定，或者在接到税务机关的书面通知后帮助纳税人、扣缴义务人转移存款，造成税款流失的，由税务机关处10万元以上50万元以下的罚款，对直接负责的主管人员和其他直接责任人员处1 000元以上1万元以下的罚款。”

十五、擅自改变税收征收管理范围的法律责任

《税收征管法》第七十六条规定："税务机关违反规定擅自改变税收征收管理范围和税款入库预算级次的，责令限期改正，对直接负责的主管人员和其他直接责任人员依法给予降级或者撤职的行政处分。"

十六、不移送的法律责任

《税收征管法》第七十七条规定："纳税人、扣缴义务人有本法规定的第六十三条、第六十五条、第六十六条、第六十七条、第七十一条规定的行为涉嫌犯罪的，税务机关应当依法移送司法机关追究刑事责任。税务人员徇私舞弊，对依法应当移送司法机关追究刑事责任的不移送，情节严重的，依法追究刑事责任。"

十七、税务人员不依法行政的法律责任

《税收征管法》第八十条规定："税务人员与纳税人、扣缴义务人勾结，唆使或者协助纳税人、扣缴义务人有本法第六十三条、第六十五条、第六十六条规定的行为，构成犯罪的，按照《刑法》关于共同犯罪的规定处罚；尚不构成犯罪的，依法给予行政处分。税务人员私分扣押、查封的商品、货物或者其他财产，情节严重，构成犯罪的，依法追究刑事责任；尚不构成犯罪的，依法给予行政处分。"

十八、渎职行为的法律责任

（一）《税收征管法》第八十一条规定："税务人员利用职务上的便利，收受或者索取纳税人、扣缴义务人财物或者谋取其他不正当利益，构成犯罪的，依法追究刑事责任；尚不构成犯罪的，依法给予行政处分。"

（二）《税收征管法》第八十二条规定："税务人员徇私舞弊或者玩忽职守，不征收或者少征应征税款，致使国家税收遭受重大损失，构成犯罪的，依法追究刑事责任；尚不构成犯罪的，依法给予行政处分。税务人员滥用职权，故意刁难纳税人、扣缴义务人的，调离税收工作岗位，并依法给予行政处分。税务人员对控告、检举税收违法违纪行为的纳税人、扣缴义务人以及其他检举人进行打击报复，依法给予行政处分；构成犯罪的，依法追究刑事责任。"

（三）《刑法》第四百零四条规定："税务机关的工作人员徇私舞弊，不征或者少征应征税款，致使国家税收遭受重大损失的，处5年以

下有期徒刑或者拘役；造成特别重大损失的，处5年以上有期徒刑。”

（四）《刑法》第四百零五条规定：“税务机关的工作人员违反法律、行政法规的规定，在办理发售发票、抵扣税款、出口退税工作中，徇私舞弊，致使国家利益遭受重大损失的，处5年以下有期徒刑或者拘役；致使国家利益遭受特别重大损失的，处5年以上有期徒刑。”

十九、不按规定征收税款的法律责任

《税收征管法》第八十三条规定：“违反法律、行政法规的规定提前征收、延缓征收或者摊派税款的，由其上级机关或者行政监察机关责令改正，对直接负责的主管人员和其他直接责任人员依法给予行政处分。”

《税收征管法》第八十四条规定：“违反法律、行政法规的规定，擅自做出税收的开征、、停征或者减税、免税、退税、补税以及其他同税收法律、行政法规相抵触的决定的，除依照本法规定撤销其擅自做出的决定外，补征应征未征税款，退还不用征收而征收的税款，并由上级机关追究直接负责的主管人员和其他直接责任人员的行政责任；构成犯罪的，依法追究刑事责任。”

此外，《税收征管法》第七十四条还对行政处罚的权限做出了规定，指出：“罚款额在2 000元以下的，可以由税务所决定。”

二十、违反税务代理的法律责任

税务代理人违反税收法律、行政法规，造成纳税人未缴或者少缴税款的，除由纳税人缴纳或者补缴应纳税款、滞纳金外，对税务代理人处纳税人未缴或者少缴税款50%以上3倍以下的罚款。

本章小结

1. 税务管理主要包括：税务登记管理、账簿凭证管理、纳税申报管理三个方面。税务登记管理主要是设立税务登记、变更、注销税务登记、停业、复业登记、外出经营报验登记及税务登记证的作用和管理；账簿、凭证管理主要是设置管理、财务会计制度管理和账簿、凭证的保管以及发票管理和税控管理；纳税申报管理主要是延期申报管理。

2. 税款征收主要包括税款征收原则、方式和税款征收制度。税款征收制度主要是代扣代缴、代收代缴税款制度、延期缴纳税款制度、税收滞纳金征收制度、减免税收制度、税额核定和税收调整制度、税收保

全措施、税收强制执行措施、欠税清缴制度、税款的退还和追征制和税款入库制度。

3.税务检查主要包括税务检查的形式和方法和职责。

4.法律责任主要包括违反税务管理基本规定行为的处罚；扣缴义务人违反账簿、凭证管理的处罚；纳税人、扣缴义务人未按规定进行纳税申报的法律责任；对偷税的认定及其法律责任；进行虚假申报或不进行申报行为的法律责任；逃避追缴欠税、骗取出口退税、抗税的法律责任；在规定期限内不缴或者少缴税款的法律责任；扣缴义务人不履行扣缴义务的法律责任；不配合税务机关依法检查的法律责任；非法印制发票的法律责任；有税收违法行为而拒不接受税务机关处理的法律责任；银行及其他金融机构拒绝配合税务机关依法执行职务的法律责任；擅自改变税收征收管理范围的法律责任；不移送的法律责任；税务人员不依法行政的法律责任；渎职行为的法律责任；不按规定征收税款的法律责任；违反税务代理的法律责任。

练习与思考

一、单项选择题

1.现行税收征管法的实施时间是（　　）。

A.1993年1月1日　　　　B.2001年4月28日

C.2001年5月1日　　　　D.2002年9月1日

2.从事生产经营的纳税人自领取营业执照之日起（　　）日内，向主管税务机关办理税务登记（　　）。

A.10　　　　B.15

C.30　　　　D.90

3.对纳税人擅自改动税控装置，情节严重的可以处罚款金额为（　　）。

A.2 000元以下

B.2 000元以上，5 000元以下

C.2 000元以上，10 000元以下

D.5 000元以上，10 000元以下

4.税务机关在采取税收保全措施时，（　　）不在保全措施的范

围内。

A.高档消费品

B.易腐烂商品

C.金银首饰

D.个人及所抚养家属维持生活必需的住房和用品

5.纳税人不进行纳税申报，不缴或少缴应纳税款的，由税务机关追缴其不缴或少缴的税款、滞纳金，并处不缴或者少缴税款（　　）的罚款。

A.1倍以上5倍以下　　B.50%以上5倍以下

C.3倍以上5倍以下　　D.5倍以下

二、多项选择题

1.税务登记的种类有（　　）。

A.设立税务登记　　B.变更税务登记

C.外出经营报验登记　　D.停业、复业登记

2.纳税人在办理（　　）业务时必须持税务登记证件。

A.申请减免税　　B.领购发票

C.购进货物　　D.外出经营报验登记

3.税务机关是发票主管机关，负责发票的（　　）。

A.印制　　B.领购

C.保管　　D.缴销

4.纳税人延期缴纳税款必须同时符合以下条件（　　）。

A.纳税人因有特殊困难，不能按期缴纳税款

B.经省级税务局批准

C.延期最长不得超过3个月

D.按照上期实际缴纳税额或者税务机关核定的税额预缴税款

5.下列关于税务机关税款追征期的规定，正确的说法是（　　）。

A.一般情况追征期为3年

B.特殊情况追征期为5年

C.特殊情况追征期为10年

D.对纳税人偷税、骗税少缴的税款无限期追征

三、判断题

1. 从事生产经营的纳税人都必须根据税法规定设置账簿。（　　）

2. 所有税种的税收征收管理均适用《税收征管法》。（　　）

3. 税务机关采取税收强制执行措施时，对纳税人未缴纳的滞纳金和罚款必须同时强制执行。（　　）

4. 税务机关有依据认为纳税人在规定的纳税期限内有逃避纳税的行为，应立即对其采取强制执行措施。（　　）

5. 扣缴义务人应扣未扣，应收而不收的，由扣缴义务人缴纳税款，并对扣缴义务人处应收未扣税款50%以上5倍以下罚款。

（　　）

四、案例分析题

2010年年初，李某开了一家快餐店，并按规定到主管地税机关办理了税务登记，每月按时申报纳税，由于月月亏损，李某于2014年8月将店铺转让给一位朋友。李某把税务登记证件同时转借给那位朋友，2014年12月10日，主管地税机关突然找到李某，下达了《限期改正通知书》和《税务行政处罚事项告知书》，要求李某在3日内办理税务登记变更手续，并对李某未按规定办理变更登记处以500元的罚款，同时又以李某把税务登记证件转借他人为由，处以2 000元的罚款。要求：判断李某的行为和地方税务机关的做法是否正确，并简述理由。

五、思考题

1. 税收征收管理法的适用范围有哪些？

2. 税务登记管理的内容是如何规定的？

3. 税款征收制度是如何规定的？

4. 税务检查的形式、方法和职责是如何规定的？

5. 税收征收管理法规定的法律责任有哪些？

主要参考文献

[1]中国注册会计师协会.税法[M].北京：经济科学出版社，2015.

[2]东奥会计在线.2015年注册会计师考试应试指导及全真模拟测试《税法》[M].北京：北京大学出版社，2015.

[3]陈立，彭启发.税法[M].北京：清华大学出版，2013.

[4]李晓红.税法[M].3版.北京：北京交通大学出版社，2013.

[5]胡志军.税法教程[M].天津：天津大学出版社，2013.

[6]蒋大鸣.新编税收学——税法实务[M].南京：南京大学出版社，2012.

[7]郭兰英，沈晓娟.税法[M].北京：经济科学出版社，2011.

[8]李晶，刘澄.最新中国税收制度[M].北京：中国社会科学出版社，2010.

[9]赵恒群，李晶.税法[M].大连：东北财经大学出版社，2009.